教育部国别和区域研究培育基地
上海外国语大学欧盟研究中心
欧盟及其成员国研究丛书
总主编 曹德明

欧盟及其成员国移民与难民问题研究

A STUDY OF THE IMMIGRATION AND REFUGEE ISSUES IN EU AND ITS MEMBER STATES

曹德明 本册主编

上海外语教育出版社
外教社 SHANGHAI FOREIGN LANGUAGE EDUCATION PRESS
www.sflep.com

图书在版编目（CIP）数据

欧盟及其成员国移民与难民问题研究 / 曹德明主编.
—上海：上海外语教育出版社，2019.8（2020重印）
ISBN 978-7-5446-5863-8

Ⅰ. ①欧… Ⅱ. ①曹… Ⅲ. ①移民问题－研究－欧洲
②难民问题－研究－欧洲 Ⅳ. ①D750.38 ②D750.391

中国版本图书馆CIP数据核字（2019）第092731号

出版发行：上海外语教育出版社
（上海外国语大学内） 邮编：200083
电　　话：021-65425300（总机）
电子邮箱：bookinfo@sflep.com.cn
网　　址：http://www.sflep.com
责任编辑：许进兴

印　　刷：江苏凤凰数码印务有限公司
开　　本：635×965 1/16 印张 33 字数 475千字
版　　次：2019 年 10月第 1版 2020 年 11月第 2次印刷

书　　号：ISBN 978-7-5446-5863-8 / C
定　　价：118.00 元

1949 SISU 2019

上海外国语大学建校七十周年

70TH ANNIVERSARY CELEBRATION

SHANGHAI INTERNATIONAL STUDIES UNIVERSITY

谨以此书献礼上海外国语大学建校七十周年

“欧盟及其成员国研究丛书”

编委会

目 录

绪 论

2019 年是上海外国语大学建校七十周年，也是上海外国语大学（以下简称“上外”）进一步明确建成国别区域全球知识领域特色鲜明的世界一流外国语大学的关键一年。自 2012 年获批教育部国别区域培育研究基地以来，上外欧盟研究中心已经走过了第 7 个年头。在此期间，该中心始终以实体学术平台的方式为我校从事欧洲问题研究的学者提供了各类学术交流的机会，同时也感谢全校欧洲研究团队给予的学术支持。

今天的上外拥有多学科、多语种、多文化的优势，承载着培养区域国别研究和跨文化沟通人才的历史使命。上外素有研究欧盟成员国的基础，出版了大量的经典译著和语言与文化、语言与文学的研究专著。研究工作语言包括法语、德语、西班牙语、葡萄牙语、意大利语、希腊语、荷兰语、瑞典语、匈牙利语、英语等。随着近年来对接国家“一带一路”倡议的需求，上外在学科建设上又新增设了波兰语和捷克语两个非通用的中东欧国家语言专业，目前我校已经拥有 12 种欧盟官方语言专业。随着欧盟日渐成为全球治理中的一个重要角色，上外日益重视欧盟区域研究的发展，进一步与成员国国别研究相互促进。同时，上外积极开展与欧盟成员国高等院校和机构的合作与交流，为研究欧盟及其成员国提供了载体和平台。

2016年英国脱欧公投的结果无疑是对经济复苏稍有起色却深陷难民危机的欧盟又一次打击，英国似乎用其行动向世人揭示欧盟还远非一个行动一致的巨人。英国脱欧一时间引发了陷入多重危机的欧盟即将“崩溃”的论调，欧洲极右民粹主义冒头，一体化一度笼罩在阴霾之中。而一年多来的事实证明，欧洲一体化仍将以一种螺旋式上升的方式向前推进。

文化欧洲构成了欧洲经济、政治联盟的第二特征。加强对欧盟和欧盟成员国的文化及其文化背景研究，有助于上外在传承语言教学、文学教学的基础上，促进文化教学，培养学生跨文化沟通的能力，更好地适应21世纪对外语人才的要求。语言是文化的一种表现形式。学习一种外语不仅要掌握语音、语法、词汇和习语，而且还要了解这一语言所反映的语言国人们的思想、习惯和行为方式，了解人们如何看待事物，如何观察世界。学习语言与了解语言所反映的文化是分不开的。不同语言都有不同民族的文化语义。在这方面，深层次理解语言，需要借助“文化内核”。上外基于这一语言和文化互动性认知推出的“欧盟及其成员国研究丛书”是国内外欧盟及其成员国研究学者互动研究的成果，借助这一学术平台，一方面展现学者们对欧盟及其成员国文化和文化软实力的研究成果，另一方面将科研成果直接转化为课堂教学内容，将语言教学与文化内容融为一体，由此构建上外特有的文化导向型的外语教学模式。在突出外国“语言”的基础上，体现上外特色，打造上外学派。

“欧盟及其成员国研究丛书”已经出版了五部，分别是《文化视角下的欧盟研究》《文化视角下的欧盟成员国研究：德国》《文化视角下的欧盟成员国研究：法国》《文化视角下的欧盟成员国研究：西班牙、葡萄牙、意大利、希腊、荷兰》和《欧盟及其成员国对非洲关系研究》。

作为丛书的第六部，《欧盟及其成员国移民与难民问题研究》一书以近年来在欧洲爆发的“难民危机”作为切入点，分别从欧盟和成员国两个层面考察和分析了当前的“难民危机”以及二战以来各国“移民融入”这两个相互交织并转化的议题。随着全球化的人口流动逐渐成为第三次全球化浪潮,移民与难民问题愈发成为这一浪潮中最为值得关注的议题。2016年9月19日,国际移民组织正式加入联合国系统,进一步标志着移民乃至难民问题已经成为了全球治理最为重要的领域之一。除了选取欧盟这一超国家层面的视角以外,本书选取的欧盟成员国都是历史上接受外来移民以及当前直面"难民危机"冲击的主要国家。在此基础上完成的《欧盟及其成员国移民与难民问题研究》一书分为七个章节,分别为:欧洲移民与难民问题研究;法国移民与难民问题研究;德国移民与难民问题研究;西班牙移民与难民问题研究;葡萄牙移民与难民问题研究;希腊移民问题研究;比利时与瑞典移民问题研究。

第一章　欧洲移民与难民问题研究

二战后出于经济发展需要,欧共体各成员国曾接纳了大量的外来移民,因此欧盟拥有庞大的非本地区出生的人口及二代移民比例。随着欧洲一体化的纵横深入,一些原本是移民输出国的欧洲国家加入欧盟并开始向移民输入国转变,而欧盟内部人口的自由流动使得这一问题进一步复杂化。近年来利比亚和叙利亚局势恶化,使得欧盟这个与中东地区紧密相连的区域成为了难民潮的重灾区。本章第一节以对欧洲社会的初步观察与了解作为基础,从对穆斯林群体文化的深切关注的角度,就移民的融入、难民的涌入和因此引发的文化上的摩擦进行了初步的探讨。第二节以欧盟层面为视角,从欧洲中东移民的概念、由来和现状出发,通过对于后殖民、二战后、冷战后几个不同阶段中东向欧洲移民的不同历史背景和特点的分析,厘清了这两个地区人口流动的模式。随后又分析了2013年"伊斯兰国"兴起后中东难民的现状与赴欧的路径选择,以及当前难民危机给欧盟带来的多重挑战及影响。第三节从欧洲走向联盟的过程、民粹主义的缘起谱系和欧洲文化的多样性等方面进行梳理,在以欧洲民粹回潮为标志的大背景下,分析难民危机和欧洲一体化可能的走向。第四节通过总结引发欧洲难民潮的基本因素,从一体化角度和国内政治角度剖析欧洲难民潮对欧洲国家共同边界、社会福利体系、社会凝聚力方面所产生的消极影响。第五节分析了欧盟难民政策的决策机理，观察和梳理难民政策的决策进程、体系结构和运作特点，通过厘清欧盟难民政策的形成机制与具体内容，更深刻地剖析了欧盟决策体系的结构特征与运作规律。第六节从欧盟共同难民法律体系出发，通过欧盟和成员国两个层面的分析，阐释在 2015 年的难民危机面前这一体系陷入部分失灵状态的原因。

第二章 法国移民与难民问题研究

地处西欧的法国是母语为法语的外来移民的目的地国，向其输送移民的来源国存在一定的相似性。法国在历史上曾是殖民大国，在文化和语言上同前殖民地国家有着千丝万缕的关系，这导致法国的移民中有很大比例的穆斯林人口。由于信仰、文化、经济地位、社会地位以及教育水平上的诸多差异，这些新移民在融入法国社会的过程中遇到了诸多问题。本章第一节从历史的视角探讨了法国移民问题的由来，并从国际冲突与法国国内因素两个方面分析了问题日益激化的原因。第二节回顾了法国早期经历的几次移民潮，并系统性地回顾了欧盟背景下法国的移民问题，尤其是穆斯林移民对于法国宗教、文化、社会思潮、贫富差距带来的冲击和影响。第三节在总结法国经济移民、家属移民、非法移民等各类移民的成因和特点的基础上，阐释为何欧洲难民危机会导致法国移民危机矛盾的显现，并结合在法国社会中存在的极右翼思想，分析移民难以融入法国社会的原因。

第三章 德国移民与难民问题研究

德国在很长时间里自视为单一民族国家，直到进入 21 世纪，才正式承认自己为移民国家。自二战以来,德国经历了几次大规模的移民运动。德国目前已经成为欧盟国家中避难者申请最重要的目标国之一,到达德国并且获得避难权的难民人数大大超出了人们的预期。如何实现这些难民在德国社会的融入是联邦政府面临的一项艰巨的挑战。本章第一节分析了德国目前的移民规模及结构、移民历史传统及移民生存现状。移民所带来的社会问题也日渐成为德国公众关注的重要论题和政党竞争的焦点。由于历史文化传统根深蒂固,德国的移民政策处处可见民主共和国家理念和种族文化国家观念的冲突,这导致德国的移民政策更多是在矛盾和妥协之间摇摆。第二节承接上一节有关移民"融入"的话题,从社会学视域出发,重点关注了德国穆斯林群体定义、形成过程,并在此基础上从"文化社会"与"政治"两个层面考察了这一群体融入德国社会的情况。第三节主要聚焦德国最大少数族裔土耳其移民的政治参与问题,通过分析土耳其穆斯林的政治诉求、参与过程及效果影响,评估其生存现状与身份认同的改善与变化。第四节从当前难民危机出发,在分析德国难民数量与结构状况的基础上,论述了难民在语言、教育和劳动力市场以及文化、宗教和认同方面融入所遇到的挑战。并探讨了德国政府迄今为止的难民融入措施,重点考察德国2016年7月新通过的首部《融入法》及德国难民融入措施在实践中存在的障碍。第五节总结了在欧洲难民危机的发展过程中,德国实施从"谨慎对待"到"友好欢迎"再到"逐渐收紧"三个阶段难民政策的特征,从国内层面和欧盟层面阐述德国为应对此次难民危机所采取的应对举措。

第四章 西班牙移民与难民问题研究

从地理位置上来看,西班牙是非洲、中东等国移民进入欧洲的重要通道,历史上的几次移民浪潮也造就了西班牙当下多民族、多文化的现状。随着整个南欧经济的发展迅猛及宽松的移民政策,西班牙也经历了从移民中转国逐渐成为移民目的国的变化。2008年西班牙受全球经济危机所累,2015 年的欧洲难民危机又进一步对西班牙的社会治理和经济发展形成了挑战。本章第一节通过文献梳理及史料分析,概述西班牙历史上移民的流动趋势及其动因。同时,通过将历史上的移民趋势与 21 世纪的移民现状进行综合分析、比较,探寻西班牙移民政策的变化、当前西班牙政府对于移民的需求及其背后原因。第二节以西班牙移民历史发展为背景,从经济、政策和社会文化因素等方面重点阐述西班牙良好的移民环境,包括针对移民融入的各项优惠政策以及较高的社会包容度。此外,还讨论了西班牙对非法移民的监控力度以及西班牙为缓解经济危机对移民态度的转变。第三节主要以移民融入为视角,分析了西班牙移民政策的变化及取得的效果。通过与其他欧洲国家融入政策的比较,揭示西班牙从“管控”到“促进双向融合”的政策变化对于创造“和谐共荣的社会”的独有特点。第四节主要聚焦移民在西班牙的教育问题。通过回顾西班牙移民教育发展历程及现状,梳理西班牙移民教育法多次修订的变化,揭示西班牙在立法上始终致力于保障移民子女教育平等权的同时,尊重多元教育的权利。第五节对遭遇经济和难民双重危机的西班牙社会、医疗保障制度进行探析,分析双重危机对西班牙移民社会、医疗保障的影响,移民使用社会保障和医疗保障情况以及政府针对移民享受社保和医保过程中存在的问题,以寻求可能解决问题的方法。第六节结合西班牙非法移民问题的现状,从法律法规、防治措施以及国际化合作等方面,研究西班牙政府针对非法移民问题所采取的策略及其特点。

第五章　葡萄牙移民与难民问题研究

曾经在海上称霸的葡萄牙一直以来都是一个移民输出国家,由于其殖民特征,其移民目的国遍布全世界各大洲。至二战前后,仍有大批葡萄牙人为寻求更好的发展移居海外。直到 20 世纪中后期,葡萄牙才开始迎来了移民潮。面对外来移民的发展变化以及不同时期所面临的国内外形势和需求,葡萄牙不断调整其移民政策,对其进行适当补充、修改和重新修订,以期解决日益受到关注的移民社会融入问题。本章第一节选取了移入与移出的双向视角,揭示了葡萄牙在移民问题上区别于其他欧洲国家的特殊性。从葡萄牙人移居海外的方面看,人数还在不断增加且体现出一定的区域特点;从吸引其他国家的移民方面看,中欧、东欧以及拉美和非洲葡语国家等是主要移民来源国。虽然外来移民融入机制并未完善,但现有政策已经体现了葡萄牙政府促进外国移民投资葡萄牙的决心及其对外来移民的接纳程度。第二节主要从入境政策和融入政策两大方面入手,研究葡萄牙移民政策的沿革及变迁,包括以非洲殖民地独立、加入欧共体、《申根协定》正式生效以及金融危机为时间节点,对比分析前后入境政策的修改和变化,并从葡萄牙国籍授予以及移民权利两个角度剖析葡萄牙如何帮助移民融入社会,总结葡萄牙移民政策在不同时期的性质和特点。第三节从葡萄牙各宗教人口及主要外来移民宗教类型与信仰人群的基本状况出发,介绍了该国政府在宗教自由方面制定的法律与政策,探讨了不同宗教与宗教自由在外来移民的社会融入方面所起的重要作用,及其对于葡萄牙这一传统天主教国家所产生的影响。第四节由葡萄牙移民融合政策指数作为切入点,阐述了葡萄牙外来移民的教育与就业情况,分析了葡萄牙政府为帮助外来移民尽快适应葡萄牙的教育与就业环境所实施的一系列政策,并指出在当前经济危机的形势下葡萄牙外来移民所面临的问题及当前叙利亚难民在葡萄牙的情况。第五节从社会保障和医疗救护两个方面,对当代葡萄牙移民的现状进行审视与分析。阐述了葡萄牙现行的社会保障系统之于外来移民的意义,移民群体在法律保护下享有的医疗权利及相应的使用程度,并对葡萄牙移民社会保障面临的问题进行了反思。第六节主要研究葡萄牙的非法移民和移民犯罪问题。针对不同类型、不同情节的非法移民及其移民犯罪,葡萄牙当局从政策法规和措施两方面双管齐下,并加强对移民以及边境的监控,预防和打击移民犯罪,使近几年非法移民及其犯罪的状况得到有效的遏制。第七节试图通过问卷,辅以访谈的方式,以“葡萄牙黄金居留计划”华人移民为对象,着重调查他们社会背景、移民动机和融入当地的情况,分析移民葡萄牙的华人社会阶层,选择移民葡萄牙的原因以及在融入葡萄牙、适应当地社会过程中所遇到的问题和困难等。第八节从欧洲难民危机出现的背景、国内外影响因素出发，阐释葡萄牙面对难民危机，配合欧盟积极应对，扮演建设性角色的原因，并通过联合国及葡萄牙相关机构和组织公布的数据与信息，探讨解决难民问题的有效应对策略。第九节回顾了葡萄牙从移民输出国转变为移民输入国的历史原因，分析了巴西人移民葡萄牙的两次浪潮的原因和特点以及巴西人在葡萄牙遭遇的偏见，并阐述了巴西人在葡萄牙的文化适应状况，希望通过分析巴西移民成功融入葡萄牙社会的案例，为解决移民冲突、促进跨文化对话提供借鉴。

第六章　希腊移民问题研究

位于地中海东部的希腊是中东国家移民进入欧洲最主要的东侧通道。20 世纪 90 年代初期，希腊开始从移民输出国转变成移民输入国。这一转变给希腊政府带来了极大的挑战，也使其面临着移民政策缺失的尴尬。希腊是移民人口占国民比例最高的欧洲国家，近年来爆发的叙利亚难民潮还让越来越多的难民涌入希腊，这对本身已经深陷经济危机的南欧小国造成了雪上加霜的影响。本章第一节以目前困扰包括希腊在内的欧洲各国的难民问题为线索，追根溯源，探寻希腊移民的历史。从古希腊历史上的希腊移民潮到近代历史上的希腊移民，再到 90 年代以后的希腊移民状况，通过分析移民潮的发生和发展，从多方面探究希腊从一个移民输出国转变成移民输入国的原因。第二节从希腊第一部移民法的诞生，浅析 20 世纪 90 年代至今希腊的移民政策经历的变化以及发生变化的原因，包括两次“大赦”以及之后十年的政策修订是否能解决目前移民问题上的困境，希腊又是如何从移民政策上应对当前债务和难民双重危机的。第三节从希腊外来移民的文化适应策略为切入点，分析外来移民在融入希腊社会的过程中在宗教信仰和文化传统方面所面临的挑战与困境。移民人口的过快增长势必对接纳国的就业、大众福利和社会治安带来负面影响，而移民所带来的不同文化传统、宗教习惯也与本土文化产生一定的碰撞。第四节以移居希腊而不拥有希腊国籍的外国移民为研究对象。希腊外国移民群体以青壮年为主,然而希腊外国移民受教育水平不高和专业技艺的缺失阻碍了移民的语言学习、社交和就业。第五节在希腊现行的社会福利制度下考察外国移民在教育、住房和社会保障等方面享受的某些福利,并从经济危机、移民文化程度等外因和内因分析移民在福利制度中成为"弱势群体"的原因。第六节从希腊政府、教育机构和民间组织三个层面介绍希腊社会面对移民问题所采取的应对策略,分析希腊社会为何未出现明显的针对移民的排外情绪,同时揭示为何不仅近期进入希腊境内的叙利亚难民得到了很好的安置,且移民长期以来都受到希腊社会很好的接纳,能够与本国国民和谐共处的原因。

第七章　比利时与瑞典移民问题研究

比利时与瑞典都是欧盟重要的成员国,虽然两个国家都没有处在"欧洲边界"的位置,但在二战后急需大量劳动力的背景下,推出了积极的移民政策。然而,与其他欧盟成员国一样,比利时与瑞典同样面临着移民带来的各种问题。本章第一节通过大量梳理比利时的法律政策、社会民意以及统计数据等,系统地阐述比利时移民的历史渊源、政策沿革。在此基础上,探讨了比利时非法移民的现状以及比利时政府如何处置这些非法居留现象。第二节从比利时移民的生活现状以及融入情况着手,分析比利时移民难以融入当地社会的原因,总结比利时移民问题的症结所在。第三节回顾了瑞典移民的历史及移民政策的沿革,并从社会融入、教育就业、医疗健康状况几个视角评估了瑞典移民的生存现状。最后,分析了瑞典政府当前对于非法移民及难民问题的应对措施。第四节从瑞典移民所引发的诸如社保危机、犯罪率上升、民粹主义抬头等问题出发,分析了瑞典针对上述问题提出的解决措施以及瑞典未来移民问题的发展趋势。

本书是教育部国别区域研究培育基地——上外欧盟研究中心的科研项目成果，凝聚了我校欧盟研究和欧洲问题研究团队以及海内外相关领域学者的智慧与成果，在此对所有提供论文的作者表示感谢！此外，还要感谢上海外语教育出版社孙玉社长以及本书责任编辑许进兴，使得本书顺利与读者见面。

本书大部分作者皆是上外欧洲语言专业教师以及我校优秀毕业生。可以说，本书也是上外近年来欧洲研究与人才培养的成果之一。

谨以此书献礼上海外国语大学建校七十周年！

原上海外国语大学校长

上海外国语大学欧盟研究中心主任

曹德明　教授

2019 年 6 月

第一章 欧洲移民与难民问题研究

第一节 欧洲移民、难民和文化融合：从概念到体验

杨淑岚*

近年来，因叙利亚危机而引发的难民潮不断涌入欧洲，其中又以 2016 年“科隆新年事件”最引发舆论哗然，使得欧洲多年以来的移民融入问题浮出水面，加之当前草木皆兵的反恐局势，使得穆斯林群体和欧洲文化之间仿佛矛盾重重，难以消解，这一切在媒体的大肆渲染之下，究竟是更为明了还是加深了偏见与误解，恐怕是世人所深切忧虑的。

一、移民？难民？从概念到现象

首先，需要明确的是，“移民”和“难民”是两个截然不同的概念。前者是有选择的（他们选择了离开自己原来的国家），而且

* 杨淑岚，浙江师范大学非洲研究院助理研究员、上海外国语大学法语系博士研究生。

其中一部分人还具有较高的知识甚至和一定的资金实力，能在对象国立足并且通过自己的努力取得一定的社会地位，乃至跻身社会名流；而后者是没有选择的，他们被迫离开自己的国家，很多人并非自愿，而是家园战火四起，国既不国，也无所谓家，他们离开的时候，可不像有些移民那样做了充分的准备工作，往往十分仓促，而且很可能骨肉分离，甚至人财两失①。其次，笔者希望通过两个个案为例，从当事人的角度揭示这个群体所面临的窘境。

笔者第一次将“移民”和“难民”混淆是在2010年夏，当时笔者游历至西班牙的科尔多瓦老城。笔者选择去科尔多瓦也是因为其在历史上是穆斯林文化传播至欧洲的一个重要据点，因而在老城中就特意走访了各种阿拉伯文化古迹。在参观一个阿拉伯式民居博物馆时，笔者意外地发现其展览内容十分丰富，并不像一般欧洲私人寓所改建的博物馆大多千篇一律地展示当年繁复的家具与装饰，以及一些从世界各地所搜集的藏品。这个博物馆虽小，但是给参观者留下的印象却远远超过其他的达官贵人府邸。它有一个很小的前厅，却富有生活气息，并向购票的游客提供多种文字的解说。其导览内容写得非常引人入胜，用简单却又意味深长的语言介绍阿拉伯式建筑背后蕴含的意义，让人读了意犹未尽。过了前厅就是一间布置成展厅的书店，房间中央陈列了各种关于伊斯兰文化的书籍，其中不少是颇有年代的，绝非一般的旅游书籍，反倒很像是档案，而且各种语言都有，又以法语居多。房间的四周主要陈列的展品讲述着阿拉伯造纸工艺是如何得益于中国造纸技术传入而得到发展，进而推动了出版业的兴盛和书籍的传播。这间房间还通往一个内院，虽是露天，但是和外面的炎热形成强烈对比，让人不禁暗暗称奇。环顾四周，似乎并无现代降温设备，仅有院子一侧一口小井解释了一切。除此之外，还有浴室外的一条走廊向参观者开放，其中的布置朴实但是却透着精致，结合导览上的解说，让人能领略到阿拉伯文化的魅力。在回到前厅之前，笔者挑了一本

① 这一点，想必尚存二战回忆的国人能够体会，当国土沦陷、兵临城下之际，交通工具一票难求、价格飞涨，寻常人无法负担，只能长途跋涉，而且因迁徙所带来的身心困顿又加剧了患病的风险，来时的路怕已不复存在，眼下四顾难有所依，未来不知道在哪里……

书：华盛顿·欧文（Washington Irving）所写的《阿尔罕伯拉》（*Contes de l'Alhambra*）①，并且以此为契机同前厅售票的负责人攀谈起来。她看上去上了年纪，身着阿拉伯式便服，一脸严肃。然而出人意料，她会法语，而且令人惊喜的是，她的法语很好。她每次问话都慢慢地，若有所思，让人感觉到她仿佛有很多话要说。她告诉笔者，既然对阿拉伯文化感兴趣，那么这本书的确值得一看。当她听说笔者在里昂学的就是阿拉伯世界课程，沉默了片刻突然问道："还有人关心这个吗?"在得到了肯定的回答之后，她意味深长地说："我来自巴勒斯坦。"那一刻，她眼里所表现的东西让人终生难忘，笔者在学校里学到的一切都在她的眼神里得到了印证。那一刻，笔者突然想起老师上课讲过的难民问题，问道："那您是难民?"这下她极其不悦地说："我和你一样在法国上过大学，我去过欧洲很多国家，我从高中起就会说法语。我是1948年离开巴勒斯坦的，我不是难民。"这时笔者突然意识到自己关注的是学术问题，是巴以冲突造成的流离失所的巴勒斯坦民众能否取得联合国难民署的难民资格认可的问题，但是明显"难民"二字，对于生活在欧洲的阿拉伯裔而言，并不是什么中性词汇。想来饱经磨难的他们，即使受过良好的教育，仍然要面对各种偏见，乃至于变得非常敏感，既有强烈的自尊又不愿意多解释。那句"还有人关心这个吗?"恐怕是最好的写照。

在欧洲难民问题再次占据舆论头条的今天，再来回顾这段经历，这样实地访谈体验可以让研究者避免跟着时事的潮流走，退一步观察问题本身的复杂性，并且在此基础上发问：有多少背井离乡的人是心甘情愿地被打上"难民"的标签？有多少人是自愿离开的？站在欧洲的角度，一种盛行的观点认为西欧的高福利和完善的社会救助体制仿佛对于发展中国家和欠发达国家的民众而言是天堂般的去处，仿佛这些国家的人都心心念念想要偷渡到西方，去享受社会救助，并且通过多生孩子的方法来获得额外补助，以弥补失业或者低薪带来的生活窘境。但是站在当事人的角度

① 作者是美国外交官兼历史学家，该书第一次出版于1832年，旋即被翻译成多国文字并且为格拉纳达（Grenade）带来各方来客。

来看，他们的境遇其实要复杂得多。在此再举第二个访谈的案例，希望能够帮助研究者切身体会他们的不易。

2010 年夏，笔者在雅典海滩上同朋友闲聊的时候，她指着远处那些兜售太阳眼镜的非洲裔小商贩，说自己根据外表可以推测每个人来自哪个国家。为了证明这一点，她和其中一位攀谈起来。随即了解到，他的确是塞内加尔人，通过偷渡的方式来到欧洲。然而他对自己的选择非常后悔，因为“我上过大学，我在达喀尔有体面的工作，有自己的房子和车子，但是我听信了“蛇头”的话，以为到欧洲来就能致富，就卖掉了所有的东西，交了偷渡费用。……“蛇头”收走了我的所有证件，把我抛在土耳其和希腊的边界，让我自己穿越森林，当时我经过海上航行，已经精疲力竭，但是在森林里待得越久就越危险，又没有吃的，只能不停往前走，还好到达的第一个村庄得到了村民的帮助。……我被希腊警察抓过，我不想遣返，就撒谎，说自己来自索马里，编了一个我来自的村庄的名字，获得了难民资格，这样才能留下来”。在被问及既然现实落差巨大，为什么不想回国时，他表现出极度的懊悔：“但是终有一天我要回达喀尔，找到那个“蛇头”，抓他去警察局，让他去蹲监狱。”当被问到下一步的打算，他说：“我要到西欧去，我会说法语，这里没有人会说法语，除了法国游客；我可以去卢森堡，去瑞士，不一定要去法国，我不想留在希腊，希腊语太难了，而且这里的人很排外，歧视非洲人。但是我在这里也遇到好心人，愿意雇用我，给我一个工作，我在一个小饭馆里找到了兼职，因为我烧菜非常棒。”现在回想起这段对话，以及当事人难以言说的情绪，笔者能感觉到，移民有时是一条不归路。不管你用什么方式走出来的时候，都需要极大的勇气，即使这种勇气是盲目的。等到面对现实的落差时，他们并不愿意否定自己的决定，而是选择走下去，因为有些人是倾其所有走上了这条路。如果中途放弃回去，就真的一无所有，还难以面对因此产生的社会压力。选择留下和继续，也是因为在当下他们有的就是在欧盟的难民身份①和因此而产生的一线希望。

① 对他们而言，既然千辛万苦来到欧洲，就不能放弃这仅有的一个机会。

笔者想通过这两个个案说明，如果站在当事人的角度去体会，他们就不再是政府公报中的移民或者难民数据，他们是鲜活的人。就像第二个案例中的塞内加尔人，当他来到欧洲，不仅发现致富梦破灭了，更意识到自己简直丧失了尊严。其实，从和他们的交谈中完全可以感受到，他们并不需要同情，他们不愿意置身于一个被怜悯的地位，他们需要的是尊严，而这种尊严感往往又因为社会境遇和所属群体成员的一些偏差行为受到挫败。这也许就是为什么两位当事人都选择了不予多作解释，而且他们也没有将形成这种不平衡的国际秩序的原因全部归咎于他国。笔者甚至认为，在他们的叙述中，的确存在某种难言之隐，即其民族自身在参与历史进程中的责任，因为不能一味地说本国的历史是由列强单方面书写的，仿佛一旦国家命运受到他国主宰之后，就能万事归咎于此，其实被主宰者完全参与了这个过程。如果这种不平衡的局面至今仍在延续，也部分是因为被主宰的国家领导层对这种局面的默认。

再回到实地探访的两个案例，虽说“移民”和“难民”定义明显不同，但是在实际情况中往往又互相交织在一起。按照普遍的理解，由战争产生的迁徙人流应该算是难民，但是其实对难民资格的认定往往有多重限制。如第一个案例中，以1948年巴以冲突产生的“难民”认定来说，联合国近东巴勒斯坦难民救济和工程处（United Nations Relief and Works Agency for Palestine Refugees in the Near East，简称UNRWA）对此的定义是“1946年6月1日至1948年5月15日期间以巴勒斯坦为正常居住地，并且因为1948年冲突的缘故而丧失了家园和生活来源的人”（“persons whose normal place of residence was Palestine during the period 1 June 1946 to 15 May 1948, and who lost both home and means of livelihood as a result of the 1948 conflict”）。由此可以推断，因为巴勒斯坦当时并没有被国际社会承认为国家，致使在以色列建国过程中所产生的流离失所的巴勒斯坦人是否能享有难民的资格，并不取决于其国籍，而是其“居住地”，这就使得在规定时间内并没有居住在巴勒斯坦的巴勒斯坦人（他们当然一般也不享有其他国家的国籍）即使在丧失家园之后，却不具备被认定为“难民”的资格，更不用说在巴以冲突正式爆发前，以色列武力驱逐巴勒斯坦平民，并且用宣传手段引导巴勒斯坦人离开家园，因为"阿拉伯人要打过来了"，事后又将这部分离开家园的巴勒斯坦人说成是自发行为，不属于之后爆发的巴以冲突的受害者，给难民身份鉴定制造障碍，企图降低难民数字，冲淡负面影响。那么在这个大背景下，当时旅居他国的巴勒斯坦人，或者因为战争爆发而滞留他国的，就未必符合联合国的"难民"标准，当然，他们也不是不能在旅居国申请"难民"资格，但是这就又回到文中的案例，并不是所有人都愿意被视作"难民"，也不是所有人都愿意接受怜悯或者施舍。另一方面，因无法得到自己所在地区的难民署的认可，就要转投他国并且接受他国的"难民"标准衡量，这对丧失家园的人而言无疑是雪上加霜的。因此在第一个案例中，因为战争而滞留他国且拒绝难民身份的人在事实上是"移民"了；在第二个案例中因为地区经济差异有着移民计划的人为了取得合法居留就成了"难民"，这使得两个本来不同的概念再次交织在了一起。

二、文化摩擦？"融入"？

移民、难民之类的现象自然引出外来族群的融入问题，这正是一直以来欧洲社会极具争议的话题。如果说德国因为历史因素，即迫害犹太人的黑暗篇章，使得其背上了沉重的思想包袱①，因而特别注重强调文化的多元性、包容性——这在实际中表现为城市规划时注重各个阶层混居，避免形成某些贫民区（ghetto）；那么法国的情况则大不相同，因为法国一贯的雅各宾式作风，即通过中央集权的方式来实现统一，例如统一使用法语来塑造较为同质化的"法国性"，这就使得在法国的舆论中常常一边倒地要求移民融入成为法国人，但实际上这些新老移民未必有被接纳的感受，再者又因为一些文化习俗上的不同，比如在法语中对陌生人使用尊称

① 笔者在法国接触到的德国年轻人身上发现有一个共同特点，即他们在介绍自己的国籍时通常带着愧疚和不安，往往不敢直视来自其他国家的谈话对象。

"您",而在阿拉伯语中并没有这样的讲究,既是单数就用"你",这在交往中会让法国人感觉受到冒犯。诸如此类的小误会往往会让法国人认为对方没有教养。

事实上,笔者认为外来族群的融入问题在某种程度上是一个伪命题,因为这种压力的背后其实反映了本地居民一家独大的心态,认为凡是外来者都必须顺服于本地的主流文化,其理由往往是入乡随俗,如同到异国旅游也会尊重他国风俗,这乍一看无可指摘,可是实际上却被证实行不通。人与人的交往其实是一个互动的过程,如果一方要决定所有的交际规则,必然会让另一方感到尴尬、不安,因为这就意味着后者必须全盘接受新的规则,否则就被认为是"不文明的、落后的"。这并不是说后者不去向前者学习才是"挺直了脊梁",而是说前者在占据天时、地利、人和的情况下表现出一种优越感,让后者本能地反感。这种反感并非针对规则本身,而是不满于对方居高临下的姿态。

笔者通过实际观察发现,一方要求另一方"融入",恐怕有诸多行不通的地方,故而提出"融合"的建议,即双方都要向彼此靠近,因为"融入"就好比一方要求另一方对其施礼,而自己并不作出同样的回应,反而种种挑剔,大有要找出对方礼数不够"标准"之意;而"融合"就好比互相致意,充分体现了平等和尊重,不一味地以"文明人"自居,而是去发现对方文化中美好的一面。只有这样的心态,才能让对方觉得自己是受到尊重的,才能让对方更有"融入"的愿望,否则这种"融入"就仿佛是暗示对方否定自身或者承认自身价值逊人一等,会引发对方的抵触情绪。事实上,不存在所谓的绝对优越,唯有取长补短和互通有无才是共处之道。

再就文化融合过程中就"素质"高低引发的争论展开讨论。是否某些文明中的人素质就高,而另一些族群的人就天生素质低?选择这种比较尖锐的方式提出这个问题就是为了世人能更直接地去审视这种观念背后所折射出的不合理的逻辑。假设存在天生优越的民族,那么按照西方的观念,希腊人应当是西方人中的翘楚。然而事实是,古希腊在历史上的地位与今日希腊的文化状态不得不说是极不相称的,那么希腊人怎么了?事实上是我们的眼光出了问题。如果把历史变迁中的政治、经济等各类因素所带来的后果归结于某种文化的特性，那明显是不合适的。人类还是那个人类，这里并不是要主张环境决定论，而是说人类具有可塑性，其塑造的结果（即自身的修为）不能同某种文化、某种族群的“固有”特性联系起来，因为事实上这种所谓的“固有”特性根本不存在。在某个时间点上，不同族群的总体行为差异的确存在，但这同这个族群的文化无关，承认这种差异并且看到其背后深远的社会因素，恐怕才是比较平和地面对差距和缩小差距的开始。结合当下欧洲面临的难题，就不难看出，这不是穆斯林文化的问题，反而这种标签化的解读容易加深族群间的隔阂与摩擦。

既然谈到一个社会吸收移民时所产生的文化上的摩擦，就不得不提到如今经典文化的逐渐式微引发的文化危机感。笔者在法国听到普通民众的一种腹诽相当有代表性，即认为“那个经典的法国不存在了”，因为“越来越多衣着、行为、观念同我们法国人大相径庭的外国人来到了我们的土地上定居”。可是只要仔细推敲一下这背后的逻辑就不难发现，一个国家要把自己文化断裂危机的根源归咎到“他者”身上，可谓咄咄怪事。自己的文化自己不传承，反而认为是他人的错。其实大可以反过来问：既然本国人都没有好好珍惜自己的文化，如何去影响他人，让他人接受自己的文化呢？由此也可以质疑移民群体的文化水平是否也和接受国自身的文化氛围有一定关联。事实上，假设没有移民，假设不推广外语教学，在一个“本土化”的封闭环境中，大多数人仍然不会积极学习本国文化的精髓，而选择“坐享其成”的态度。也正是在这种心态的影响下，人们才会“自然地”倾向于把本国文化和他国文化盲目对立起来，进而认为本国文化风景是被他者入侵而破坏了。

最后就难民输入的政策应对上提出一些个人的思考。由于“科隆新年事件”带来的负面效应，很容易让人感觉不能再“打肿脸充胖子”了，因为代价太高，难以负担。可是要等到移民成潮、难民涌入了，再关起门来，恐怕为时已晚。然而真正的问题在于：是什么样的世界政治经济秩序使得一些人涌向另一个完全陌生的地域？这种秩序下谁是最大的受益者？事实上，在现行的经济制度下，西欧国家所掌握的经济资源十分有限，就像德国政府其实已经失去了对央行的掌控，又如欧元区各国政府因为采用了统一的货币，所以无法真正出台适合本国国情的货币政策，结果就是各国政府都跟着形势走。形势好的时候受益尚且不均，形势不好的时候简直是多米诺骨牌效应，而困境的时候又正是最需要政府扶持弱势群体的时候。至于承担国际社会危机的责任，很多也只是纸上谈兵罢了。

第二节

欧盟中东移民之由来、现状与挑战

钮　松*

林昕煜**

伴随着全球化的不断拓展,人口流动已然成为继商品贸易与货币金融之后的"第三大全球化浪潮"①,深刻地影响着世界历史的发展进程,从而受到全球注目。从全球范围来看,欧盟拥有最多的聚居外来移民人口,虽然其外来人口所占总人口比例不及美国和澳大利亚等移民国家,但是却拥有高达5,600万的非本国出生人口体量;而中东因常年战争与动乱,导致该地区的外迁人口,尤其是难民数量在全世界范围内都是居于首位的。因此,作为人口流动频繁且地缘相邻的欧盟与中东两个区域,厘清它们之间的主要人口流动模式,即欧盟中东移民的概念、由来与现状,对国际移民问题研究来讲具有十分重要的意义,尤其是针对当前正发生于这两大区域之间的二战以后最大"难民潮"问题,其现实意义更是不言而喻的。

一、欧盟中东移民的概念界定

"欧盟中东移民"作为本文的研究对象,我们有必要首先厘清这一概

* 钮松,上海外国语大学中东研究所研究员,上海高校智库复旦大学宗教与中国国家安全研究中心兼职研究员,法学博士。

** 林昕煜,上海外国语大学国际关系与公共事务学院暨中东研究所硕士研究生,国家公派卡塔尔多哈研究生院联合培养硕士生。

① Jason De Parle, "Global Migration: A World Ever More on the Move", *The New York Times*, June 26, 2010.

念的内涵。简言之,欧盟中东移民主要是指由中东地区迁入欧盟国家的移民群体。

从历史地理学角度来看,欧盟与中东分别代表了两个由若干国家组成的地缘相近的区域。无论是从自身发展历程还是成员国构成来看,欧盟都经历了渐进式演变。一方面,欧洲一体化进程是在具体领域中逐步实现的：自20世纪50年代起,欧洲煤钢共同体成立之初,涉及的范围仅限于煤钢部门的管理权;1957年《罗马条约》的签订,将其扩展为共同关税政策和农业政策的经济共同体,以及原子能部门的欧洲原子能共同体;20世纪80年代之后,才有单一欧洲文件规定成立的进一步开放市场、实现货物、人员、资金和劳务内部完全自由流通的“统一内部大市场”;随后90年代,实现货币统一的欧洲经济与货币联盟,完成单一货币欧元的实施。简要地回顾欧洲一体化进程,我们不难发现,欧盟的产生实际上是从1950年发端的。另一方面,欧盟现有的28个成员国本身也是渐进加入的。法国、德国、意大利、荷兰、比利时、卢森堡作为欧盟创始成员国,于1951年结盟。此后,丹麦、爱尔兰和英国(1973)、希腊(1981)、西班牙和葡萄牙(1986)、奥地利、芬兰、瑞典(1995)先后成为欧盟成员国。2004年,欧盟实现了有史以来规模最大的扩张,波兰、捷克、匈牙利、斯洛伐克、斯洛文尼亚、塞浦路斯、马耳他、拉脱维亚、立陶宛和爱沙尼亚等十个国家同时加入欧盟,随后保加利亚和罗马尼亚(2007)、克罗地亚(2013)入盟。因此,本文研究欧盟中东移民的历史跨度主要是从20世纪50年代至今,也是为了与欧盟成立发展的历史进程相吻合。当然,在涉及各种具体问题时,也会对相关历史进行一定的回溯。

另一个地理概念则是中东。关于中东国家的概念或组成,众说纷纭。在欧洲人的观念中,中东地区从地理位置的角度来说,涉及四个地理区域：第一个是马格里布地区(Maghreb),意为“太阳落下的土地”,包括摩洛哥、阿尔及利亚、突尼斯组成的小马格里布,再加上毛里塔尼亚以及利比亚组成的大马格里布;第二个是马什雷克地区(Mashrek),意为“太阳升起的地方”,该区域也被称为近东,包括埃及、苏丹、叙利亚、黎巴嫩、巴勒斯坦、以色列、约旦、土耳其、塞浦路斯;第三个是海湾地区(the Gulf),主要是指海湾沿岸国家,包括伊朗、伊拉克、科威特、沙特阿拉伯、巴林、卡塔尔、阿拉伯联合酋长国、阿曼、也门;第四个是南亚地区的阿富汗与巴基斯坦。综上可知,本文所指的中东地区,更接近于美国学界定义的“大中东”概念,它包括25个国家。① 特别说明的是,塞浦路斯拥有双重身份,既是中东地区国家又是欧盟成员国,此处将塞浦路斯归为欧盟国家。

接下来,关于“移民”的定义,同样长期处于模糊状态且至今仍存在一些不同界定的标准。联合国及相关权威国际组织,比如国际移民组织(IOM),都曾界定过这一概念。综合来看,移民的界定涉及两个标准:其一,跨越主权国家边界;其二,在他国(入籍和非入籍)居住的时间跨度。首先,移民是跨越国境的行为,必然涉及两个以上的主权国家,即输入国与输出国,因此在两个主权国家之间有移出(emigration)和移入(immigration)两个方向性迁移方式的不同。进一步引申到区域层面,也就是两个地区内的主权国家之间是以何种方向进行人口流动的。据2007年统计数据,来自中东地区的国家总共约1,800万人口移居国外,其中710万属于中东地区区域内人口流动,740万移居到欧盟国家,330万移居到世界其他地区。② 由于自中东地区流向欧盟的移民人口比反向为之的数量大得多,因此本文将只考察一个迁移方向上的具体情况,即移民输入方指的是欧盟成员国,输出方指的是中东地区国家。换言之,本文并未将欧盟国家迁入中东地区的移民纳入研究范围,同时也不具体探讨欧盟国家内部的移民情况,或是中东区域内国家之间的移民流动。其次,另一个判断移民的标准则是在他国居住的时间跨度。一般来说,联合国界定的标准是居住一年以上即可称之为移民,而欧洲很多国家的时间跨度则为3个月或半年以上即可。大多数欧洲国家通常都只允许外国人取得3个月到半年的居住期限,而无需签证或居住许可,超过这个期限就会被输入国

① 关于中东地区的概念,本文综合参考了以下文献:汪波:《欧盟中东政策研究》,时事出版社,2010年版;王联:《中东政治与社会》,北京大学出版社,2009年版。

② Michael Bommes, Heinz Fassmann & Wiebke Sievers eds., *Migration from the Middle East and North Africa to Europe: Past Developments, Current Status and Future Potentials*, Amsterdam University Press, 2014, p. 216.

视为是一种定居行为，需要向主管部门申请居住许可。因此，在著名的移民问题专家托马斯·哈马尔(Thomas Hammar)看来，只要在一个国家逗留超过了 3 个月的外国公民，就可视为移民，这类移民既包括获得许可证的外国公民，也包括那些未取得居住许可证的非法移民和未持证件的外国人。

综上所述，本文的研究对象"欧盟中东移民"，是指 20 世纪 50 年代后从中东地区国家移居至欧盟成员国的移民群体。厘清"欧盟中东移民"的定义之后，我们来对其进行分类。关于移民类型的划分多种多样，既有从移民合法性角度的，也有按照迁移的目的性来划分的。本文结合欧盟国家移民政策与移民实践，将来自中东地区的欧盟国家外来移民分为如下四类。

第一，工作移民，亦可称为劳工移民。在西欧二战以后的社会经济恢复时期，德国、法国、英国、奥地利等欧洲国家先后从广大的中东地区征募了大量的客籍劳工。这类国际劳工主要包括合同服务工、受训工、季节工和边界劳工等几类。第二，家庭团聚移民。欧盟大多数成员国都原则上承认合法移民享有和家庭成员团聚的权利。一些西欧国家对按照协议和合同招募劳工制度征集的移民劳工是否拥有家庭团聚的权利有着明确的规定。由于这一原因，在西欧国家中有为数不少由于家庭成员团聚的因素而来到西欧国家的外国移民，这部分外国移民被称为"家庭团聚者"。第三，难民与寻求避难者。按照联合国 1951 年《难民地位公约》的规定，难民是指由于害怕"因种族、宗族、民族、属于某一特定社会群体或政治观点而受到迫害"，居住国外而不能或不愿返回本国的人。寻求避难者指那些企图越过边境寻求保护者，但未必严格按照联合国 1951 年《难民地位公约》和 1967 年《难民地位议定书》有关规定标准的人。20 世纪 80 年代末，国际移民包括欧洲移民变化的一个重要特征就是寻求避难者数量的迅速增加，尤其是来自中东战乱地区寻求避难的平民。从欧盟成员国的移民政策和避难政策的实践来看，避难者与难民之间的界限不容易区分。第四，非法移民，亦可称为非常规移民，又可分为逾期者、非法偷渡者、虚假避难者、持虚假证件者等。典型的方式就是"蛇头"通过转运非法移民进行劳动力投机，“蛇头”、孤注一掷的中东地区移民和需要廉价劳动力的欧盟流入国雇主们形成了坚固的三角联盟。

关于欧盟中东移民形成的动因，本文将在英国学者拉文施泰因（E. G. Ravenstein）研究移民迁移规律所得出的“推拉模式框架”下进行探讨。拉文施泰因认为，左右人口迁移的动力是推拉因素作用的结果，“推力”（push factor）是指原居地不利于生存、发展的种种排斥力，如战争、动乱、天灾、生态环境恶化等对某地区具有普遍性影响的因素，或是某一小群体遭遇的意外或不幸；“拉力”（pull factors）指移居地所具有的吸引力，它既可以是大量呈现的新机会，也可以是仅仅对于某一小群体的特殊机遇。①经典的移民推拉理论强调输入国与输出国之间对劳动力市场的需求—供给因素，本文在此基础上有机结合了历史因素、政治因素、社会因素与环境因素等，呈现出一条欧盟中东移民链。在欧盟国家和中东地区国家之间存在着一种磁场，即欧盟国家对中东国家有一种强大的吸引力，而中东国家又可弥补欧盟国家的劳动力不足。首先是双方在劳动力市场中的结构性互补。由于欧盟国家最近几十年以来生育率低，导致劳动力缺乏，而中东地区国家则普遍劳动力过剩，并且就业率低，尤其是没有足够合适的职位提供给受过教育的年轻人。因此，欧盟国家需要中东移民来缓解欧洲老龄化问题，以及劳工的缺乏。在“拉力因素”作用下，欧盟国家与中东国家之间在历史上的传统移民链形成一股移民惯性，如从巴基斯坦到英国，从阿尔及利亚至法国，从土耳其到德国，从摩洛哥前往意大利；此外，欧盟国家发达的经济市场、良好的社会福利、较高的教育水平对中东移民来讲都有巨大的吸引力。在“推力因素”影响下，中东地区部分国家的长年政治动荡与社会不稳定、不断增长的人口与孱弱的经济能力，以及部分地区恶劣的环境因素等，都推动着该地区人员向更加繁荣与和平的欧盟地区迁移。

① E. G. Ravenstein, “The Laws of Migration”, *Journal of the Statistical Society of London*, Vol. 48, No. 2, June, 1885, pp. 167 - 235.

二、欧盟中东移民形成的历史进程

纵观欧盟中东移民的发展历程,从中东地区前往欧洲的移民自后殖民时代正式开启,紧接着迎来了二战以后的劳工移民潮,直到 1973 年石油危机终止,随后欧盟国家移民政策普遍收紧,由于前期大量劳工移民而带来的家庭团聚移民成为主流,加上后冷战时期中东地区动乱不断,产生大量难民和寻求庇护者前往欧盟国家。具体而言,可分为以下四个阶段:

(一) 20 世纪 50 年代至 60 年代:后殖民时代前殖民地到前宗主国的迁徙

欧盟中东移民最早的一批是自欧洲国家原殖民地而来的移民。第二次世界大战结束之后,伴随着殖民体系的崩溃瓦解以及民族独立运动的高涨,原殖民地民众可以在原宗主国与新独立民族国家之间选择,有一批当地知识分子、原政府雇员或军队的官员等,选择前宗主国国籍并移居。对于中东地区而言,阿尔及利亚、摩洛哥、突尼斯等北非马格里布国家,它们原是法属殖民地,而巴基斯坦、伊朗、伊拉克等,曾经属于英国的势力范围,基于前宗主国与前殖民地的特殊历史渊源,这些国家或地区的移民可以方便地进入欧洲。

在第二次世界大战期间,英国便招募其殖民地的劳工到军工企业、工厂以及服务业工作,从 1955 年开始,巴基斯坦移民进入英国作为工人和士兵服务于战时需要,是典型的"战争劳工移民"①。二战后,英国政府依然受到大英帝国遗留观念的影响,认为来自前英国殖民地的人作为大英帝国的臣民有权定居英国,虽然英国的实力衰弱了,但寄希望于英联邦能够担任起大英帝国继承人的角色,以此来维持英国的大国地位和国际影响。因此,在英国看来,如果可以争取到这些陆续走向独立的亚非民族和地区的支持,对英联邦的巩固与发展是十分重要的。于是,吸引前殖民地

① Eytan Meyers, *International Immigration Policy: A Theoretical and Comparative Analysis*, Palgrave Macmillan, 2004, pp. 63 - 68.

国家加入英联邦,并保持与它们的特殊关系就构成了英国实现其联邦理想的主要手段。为了加强英联邦的凝聚力,1948 年英国颁布了国籍法,指出独立的英联邦国家公民和联合王国及其殖民地公民都充分享有英国公民权利。第二次世界大战后,英国经历了劳动力短缺,因此促使英国对外招募外籍劳工。战后英国对劳工移民采取的自由放任政策,打开了前殖民地移民进入英国的方便大门。据统计,1956—1962 年,进入英国的巴基斯坦人人口达到 6.54 万。① 与此同时,同属于殖民帝国的法国同英国一样有着相似的移民体系,也自然地接受了大量来自其前殖民地的移民,如北非马格里布三国——阿尔及利亚、突尼斯和摩洛哥——于 20 世纪 50 年代至 60 年代相继独立,但它们作为法国前殖民地,其国民仍然可以自由进入其前宗主国。据统计,1946 年法国的外国移民中有 2 万余人来自马格里布地区。所以,此阶段主要是以英国和法国为代表的老牌殖民帝国对在中东地区的前殖民地进行人员吸纳。

(二) 20 世纪 60 年代至 70 年代:二战以后来自中东地区的劳工移民潮

自 20 世纪 60 年代,欧洲进入经济发展高峰期,此时中东地区成为了欧洲国家稳定的劳动力来源。战后欧洲经济的迅速发展,需要大量初级劳力参与工业、矿产、房屋建设以及农业生产活动,由此触发了来自中东地区的空前的劳工移民潮。

其中,最具代表性的是从土耳其到西德的“客籍劳工”。1961 年 10 月,土耳其与西德签署了首份劳务输出协定,开启了客籍劳工的招募,随后数十万土耳其劳工移民进入了德国的工矿企业,成为其经济发展最为重要的生力军。此后,土耳其又于 1964 年与荷兰、比利时和奥地利三国,于 1965 年与法国,1967 年与瑞典签署了类似的劳务输出协议。在 1961—1973 年劳工输出的黄金十年期间,基本都是男性劳工移民的输入欧洲地区,这也为随后十年中大量与他们有关的家庭团聚移民的到来埋下伏笔。

---

① David Butler and Gareth Butler, *Twentieth-Century British Political Facts 1900 - 2000*, Macmillian, 2000, p. 352.

另外，西欧劳工移民增长的另一个主要来源是摩洛哥。摩洛哥也与相关国家签署了劳工招募协议，主要包括1963年与西德，1963年与法国，1964年与比利时，1969年与荷兰等，这一举动同样也促使了从摩洛哥迁往欧洲的移民在地理空间上变得更加多样化，而不仅仅只有法国一个目的地而已。与此同时，当法国企业界对劳动力需求得不到满足时，大批马格里布人就成为移民潮的又一新来源。据统计，到20世纪80年代，马格里布人占法国移民的比例增至39%，其中仅阿尔及利亚一国移民人数就有80万以上，成为法国最大的外国移民群体。① 此外，还有来自地中海沿岸贫困的中东国家的大量"客籍劳工"被招募到了南欧国家。

来自土耳其与摩洛哥的劳工移民潮在20世纪70年代初达到了顶峰。与此同时，除了正规的劳工移民以外，开始有大量家庭移民入欧。另外，非法移民网络也逐渐兴起，他们通过贿赂等手段规避官方限制，通常先作为旅游者进入欧洲，最后变成逾期滞留人员。

（三）1973年石油危机之后到20世纪80年代中期：家庭团聚移民潮

1973年石油危机的爆发是欧洲移民政策转向的导火索，而且自此次石油危机之后，欧洲对中东地区的移民收紧态势一直持续至今。然而略带讽刺的是欧洲不断收紧的移民政策，特别是对签证申请的限制，反倒是推动了外来移民永久居留的浪潮——原本很多短期居留的移民因为担心签证受限决定选择永久居住下来。这一现象部分解释了在20世纪70年代到80年代，来自摩洛哥和土耳其的移民人口反而不断增加的原因。

同时，作为前一阶段劳工移民的连带效应，此阶段移民潮以大量家庭团聚移民为标志。如前所述，劳工移民浪潮下带来了大部分男性劳动力，于是他们的家人通过申请家庭团聚移民迁至欧洲，单身的土耳其移民又很少跨族婚姻，于是通过婚姻关系带来了新的移民增量，如此使得土耳其移民男女比例基本达到平衡。同样，除了德国以外的其他地区土耳其移

① 李明欢、卡琳娜·盖哈西莫夫：《"共和模式"的困境——法国移民政策研究》，载《欧洲研究》，2003年第4期。

民也经历了这样的过程。据1985年统计,全欧土耳其移民已经接近200万,成为遍布西欧主要国家的移民劳工大军。到了1996年,移民欧盟国家的土耳其人达到将近300万,其中2/3的土耳其移民居住在德国。①

20世纪70年代继阿拉伯国家石油禁运及随后的欧洲经济低迷之后,大多数欧洲国家都对劳工移民关上了大门,但每年仍有将近50万家庭团聚移民和40万寻求避难者前往西欧,其中以来自阿尔及利亚、摩洛哥和土耳其人数居多。②

(四)后冷战时期的中东难民潮

以柏林墙倒塌、东西德统一为标志的冷战终结,对欧洲内部产生了深远影响。冷战结束之后,欧洲国家的主要精力是处理好本区域内的移民事务,特别是来自东欧国家的移民。在此期间,也就是自20世纪80年代中期到90年代中期,来自土耳其的库尔德人作为寻求避难者组成了相当一部分的移民群体。据统计,1983—2003年,有大约100万的土耳其人是为了寻求来自西欧国家的庇护,而且主要都集中在德国。而摩洛哥移民的移居地除了法国以外相对多元化,几乎遍布西欧和南欧,特别是南欧成为了新摩洛哥移民的目的地。从20世纪90年代至21世纪初,一场新的大规模的摩洛哥移民潮开始向南欧国家进发,而主要原因是西班牙、意大利等南欧国家对廉价劳工的大量需求。虽然这其中大部分移民是通过非法或非常规手段入境的,但是后来很多非法移民都获得了居住身份。据统计,1980—2004年,居住在西班牙和意大利的摩洛哥裔人口从2万增长至6.5万。大量非法移民的入境使得南部西班牙和意大利加大了陆地边境控制,使得非法移民开始尝试海上跨越路线。

自冷战结束之后,欧盟国家开始对来自广大中东地区的非法移民及难民表示担忧,于是开始寻求与中东地区移民输出国和过境国之间的合

① Ural Manco, "Turks in Western Europe", http://www.cie.ugent.be/umanco/umanco3.htm.

② International Organization for Migration, *World Migration Report 2000*, Geneva: IOM: 2000, p. 195.

作,共同参与治理非法移民问题。1995 年的《巴塞罗那宣言》,发起了欧盟 17 个成员国与中东 14 个国家之间的巴塞罗那对话进程。随后 1999 年欧盟在坦佩雷会议上,进一步确定了共同难民政策发展的主要目标,包括加强与移民输出国的合作,关注移民输出国、过境国的政治、人权和社会发展问题,对移民实行有效管理,建立共同的避难体系。

进入 21 世纪,自"9·11"事件之后,美国发动的两场反恐战争——阿富汗战争(2001)与伊拉克战争(2003),使得本就严峻的中东难民局势急剧恶化,战后阿富汗与伊拉克两国的难民长期居于联合国难民署所发布的难民排行榜一二位。随着 2010 年底"阿拉伯之春"的到来,中东地区先后经历了突尼斯的"茉莉花革命"、埃及革命、利比亚内战、也门起义、巴林示威、叙利亚危机,还有"伊斯兰国"的崛起,包括来自阿富汗、伊拉克、叙利亚、利比亚的大批难民纷纷向欧盟国家申请庇护,同时非法移民数量也急剧攀升,这些都给欧盟及其成员国带来了巨大的难民压力。

综上所述,不难发现,无论哪一个阶段的欧盟中东移民体系其实都是混合制的,即前殖民地移民、劳工移民、家庭团聚移民和难民以及非法移民混合并存的情况;不同的是,每一个阶段都有一个主流移民类型代表该时期欧盟中东移民的特点。总体来看,在欧盟中东移民史发展过程中,欧盟中东移民的结构从早期的社会精英到技术劳工为主演变成以难民和非法移民为主,随之欧盟国家对中东移民的态度也经历了从主动吸收到被动接纳甚至抵制的转变。

三、欧盟中东难民的现状分析与路径选择

自"阿拉伯之春"以来,特别是 2011 年叙利亚内战的爆发,以及 2013 年"伊斯兰国"的崛起,整个欧盟经历着二战后最大的难民潮冲击波。此次移民潮以来自中东地区的战争难民为主体,尤其是叙利亚难民,给欧盟地区接纳国带来了前所未有的严峻挑战。自 2011 年叙利亚危机开始至今,叙利亚大约有 650 万国内流离失所者(internally displaced persons)、

440 万登记在册的难民，以及 150 万非法难民移民，这一难民人口总数占到危机前叙利亚总人口的一半。从全球范围来看，目前叙利亚已成为世界上最大的难民来源地区，截至 2015 年，共有 420 万叙利亚难民流落到周边国家和地区，排在其后的是阿富汗 259 万和索马里 110 万，另有伊拉克等国也有大量难民被迫逃亡国外。①

具体来看，中东地区国家向欧盟国家输送移民可分为来源国和传送国（途径国）两种类型：来源国主要有叙利亚、阿富汗、伊拉克等；传送国主要有土耳其、利比亚、摩洛哥等。此次叙利亚难民危机首先是给叙利亚周边的中东国家带来了巨大的难民收容压力。目前，在埃及、伊拉克、约旦和黎巴嫩登记的叙利亚难民总数为 210 万，在土耳其政府登记的叙利亚难民数量为 220 万，另外还有在北非地区登记的 26 万叙利亚难民。毋庸置疑，土耳其成为了当前世界上最大的难民庇护国。

与此同时，2011 年 4 月—2016 年 3 月，作为中东难民逃亡目的地的欧盟国家已收到寻求避难的申请高达 68 万份，其中德国和瑞典占 60%，匈牙利、奥地利、荷兰、丹麦和保加利亚占 26%，其他国家占 13%。德国和瑞典成为欧盟收到寻求庇护申请最多的两个国家。据联合国难民署统计，涌入欧盟的难民人数从 2013 年的 6 万左右猛增至 2014 年的 21. 8 万，2015 年这一数字更是翻倍到 50 万，未来两年预计至少有 85 万难民通过地中海前往欧盟国家，再加上陆路进入的难民，其总量将突破百万。②

中东地区的持续动荡与战争，迫使大批中东难民流离失所，他们想尽各种方法逃亡至欧洲避难。总的来看，通过海上与陆路两种方式前往，大体分为东、西、中三个方向的路径。根据欧盟边界主管机构——欧盟边境管理局（Frontex）——提供的资料，具体列出八条入境欧盟国家的路线：西非路线（Western African Route）、地中海西部路线（Western Mediterranean Route）、地中海中部路线（Central Mediterranean Route）、阿

① UNHCR（联合国难民署），*Global Report 2014*，http://www. unhcr. org/gr14/index. xml.

② 孙志明：《危机研究视角下的欧洲难民潮》，中国社会科学网，2015 年 9 月 14 日，http://www. cssn. cn/kxk/slyj/201509/t20150914_2253834_1. shtml.

普利亚与卡拉布里亚路线(Apulia and Calabria Route)、阿尔巴尼亚至希腊之间的环线(Circular Route from Albania to Greece)、巴尔干西部路线(Western Balkan Route)、地中海东部路线(Eastern Mediterranean Route)、东部边境路线(Eastern Boarder Route)。①

首先,西部路径包括西非路线和地中海西部路线,这两条均为海上路线。西非路线是从塞内加尔、毛里塔尼亚和摩洛哥至西班牙的加那利群岛,此路径位于最西边,主要是非洲人入欧的路线,因此少有叙利亚难民会通过此路径入欧。另一条是地中海西部路线,从摩洛哥经梅利利亚港口到西班牙,这是马格里布国家和撒哈拉以南非洲移民的主要路径。据欧盟边境管理局的监控统计,自 2011 年中东变局以来,自该路径进入欧盟地区的非法难民数量大幅增加,年平均量达到 7,000—8,000 人,其中包括叙利亚难民。总体来看,西线承受难民压力虽有增加,但仍是三个方向路径中最小的。

其次,中部路径包括地中海中部路线、阿普利亚与卡拉布里亚路线、阿尔巴尼亚至希腊间环线和巴尔干西部路线共四条路线,其中前两条为海上路线,后两条是陆上路线。地中海中部路线是从利比亚到意大利的海上路线,但海上运输设备破旧、简易,不安全。通过意大利的兰佩杜萨岛和马耳他登陆的难民大部分来自突尼斯、尼日利亚、索马里和厄立特里亚。这条路线在 2009 年意大利与利比亚签署了双边协议之后得到很好的管控,但是在 2011 年“阿拉伯之春”后发生巨大变化。2011 年 1—3 月,近 2.3 万突尼斯人移居至兰佩杜萨岛,渴望申请经济类移民到法国工作。3 月到 8 月,超过 4 万撒哈拉以南地区非洲人抵达兰佩杜萨岛,其中一小部分去了西西里岛和马耳他,这些人大多是被卡扎菲政权强行驱逐,想要申请前往意大利避难。2011 年 8 月,卡扎菲政权倒台,这部分难民数量得到控制。但是到了 2013 年,由于利比亚国内的动乱与暴力,又有大量出逃的非法移民。阿普利亚与卡拉布里亚路线同样是经过公海到达意大利

① Frontex(欧盟边境管理局), *Trends and Routes*, http://frontex.europa.eu/trends-and-routes/migratory-routes-map/.

南部。来自土耳其或埃及到卡拉布里亚地区,很多是叙利亚人,也有巴基斯坦人、阿富汗人和埃及人,或是通过希腊辗转进入欧盟成员国其他国家。“阿拉伯之春”之后,由此路线的人开始增多,后来又下降,更多的选择通过巴尔干西部地区的陆地路线。起初,这条路线从埃及出发到达意大利海岸城市。2014 年后,“蛇头”效仿此路线,大多从土耳其的梅尔辛港口出发。据统计,2014—2015 年,大约有 33 万非法移民由地中海中部路线和阿普利亚与卡拉布里亚路线前往欧洲。另外两条是相对安全的陆上路线,其中一条往返于希腊与阿尔巴尼亚之间的陆地移民环线是跨越欧盟外部边界最重要的一条移民路径。这条路径主要是由经济因素推动,很多季节性劳工移民通过此路线前往希腊进行农业劳作和工地建设;另外一条陆上路线——巴尔干西部路线,此路线在抵达希腊后通过北马其顿和塞尔维亚进入匈牙利。在所有路线中,巴尔干西部路线承担的难民压力排名第二,来自叙利亚、伊拉克、阿富汗的大批难民涌入此路线。路经此路线的难民数量从 2014 年 4. 3 万人激增至 2015 年 76 万人。因此,中部路径的四条路线承受着巨大难民压力,是此次难民危机的重灾区。

最后,东部路径包括地中海东部路线和东部边境路线。地中海东部路线是经希腊北上进入西欧的通道,大部分难民选择从希腊的若干岛屿登陆,大多是在莱斯博斯岛,抵达希腊后再穿过边界到达北马其顿。从海上路线过来,大多是抵达爱琴海岛屿,也有少量抵达塞浦路斯。乘坐航路路线的话,可以直接从伊斯坦布尔飞往欧洲城市。当然也可以通过陆地边界自土耳其进入希腊,或是绕过土耳其直接进入保加利亚南部。据统计,2015 年有 88. 5 万多名难民通过此路线进入欧盟地区,是 2014 年的 17 倍。最东边的东部边境路线主要是欧盟与中东欧和俄罗斯漫长的边境线,少有来自中东的移民。所以,东部路径的全部压力都在地中海东部路线上,它也是难民压力最重的线路。

从以上移民路线来看,难民大军首先直接冲击的是叙利亚周边的国家。据统计,2014 年有 159 万难民逃至土耳其,115 万逃至黎巴嫩。而作为难民冲击“欧洲门户”的希腊、匈牙利、意大利、西班牙也背负着巨大压力,2015 年逃往欧洲的中东难民,目前大约 21.3 万人在希腊,14.5 万人在匈牙利,11.5 万人在意大利。因此不言而喻,此次叙利亚难民危机必将对其周边邻国及欧盟国家产生巨大且深远的政治、经济与社会影响。

四、当前欧盟中东难民危机所带来的多重挑战及其影响

此次中东难民潮对欧盟及其成员国带来了巨大的挑战,尤其对欧盟一体化更是前所未有的考验。事实上,欧盟并不是没有能力吸收当下的难民,正如欧盟主席容克在 2015 年的《盟情咨文》中坦言:“如今逃到欧洲的难民人数是前所未有的,但他们仍然只是欧盟总人口的 0.11%。”然而,欧盟成员国就接纳难民责任问题迟迟未能达成共识,而且大多数成员国对于接受难民表现得过分保守与畏惧,甚至是一反西方国家惯有的人道主义态度。针对欧盟国家对此次难民危机的“非常态反应”,本文认为这是由背后各种压力叠加造成的。

第一,从安全层面来看,来自国际恐怖主义与国家安全威胁的内忧外患。自“9·11”事件之后的全球反恐浪潮,使得欧盟地区持续弥漫着一股“伊斯兰恐惧症”。从 2015 年 1 月的《查理周刊》事件到 11 月的巴黎连环暴恐事件,再到 2016 年比利时布鲁塞尔系列恐怖袭击事件,整个欧洲对伊斯兰极端主义与暴力恐怖主义早已如惊弓之鸟。此次难民潮的来源几乎都是伊斯兰国家,而战争难民本身的身份确认又极为复杂且困难,这使得原本就对穆斯林有恐惧的欧洲国家不敢轻易放开接受难民,况且还有伊斯兰极端分子和暴力恐怖分子趁火打劫对欧洲国家安全造成严重威胁,更是加重了成员国对难民意识上的防范。有欧洲媒体报道,大约 4,000 名“伊斯兰国”恐怖分子借难民潮潜入欧洲,伺机将恐怖活动引入欧洲。类似消息已令欧盟国家极其不安,而更让欧洲社会与民众不安的是激增的“外爆内化”风险。国际恐怖主义势力所带来的国家安全威胁,本身亦和难民危机紧密关联,国内恐怖袭击频发就被视为难民涌入“内

部”后的一个直接后果。2015 年 11 月发生的巴黎袭击中至少一名施袭者在后来的调查中被发现是以叙利亚难民身份进入欧洲，证实了非法移民流成为了恐怖分子进入欧盟的手段。另外，伴随着之前数次中东移民难民潮，欧洲人口结构已然发生了深刻变化，欧洲穆斯林人口的高速增长趋势已经十分明显，他们成为极端主义分子主要的蛊惑对象。因此使得“内爆”风险系数不断攀升，欧盟国家安全受到严峻的挑战。

第二，从经济层面来看，有处理难民危机所带来的巨额经济代价与前金融危机时期尚未完全摆脱经济低迷所带来的新伤旧患。自 2011 年以来，欧盟及其成员国已动用了 39 亿欧元进行人道主义援助叙利亚及其周边国家，这对于刚刚经历过金融危机而处于复苏状态的欧盟及其成员国来讲，或多或少是一种压力。特别是对于诸如匈牙利、意大利和希腊，这些成员国本来就背负着旧有的经济债务，尚未从金融危机中恢复过来而且又是处于难民冲击波下的一线国家，新的经济压力已然出现。即便是欧盟经济的中流砥柱德国，其未来经济形势也不容乐观。慕尼黑经济研究所的一项调查显示，在受访的 220 名经济学教授中，有四成的经济学者认为涌入德国的大量移民拖累了该国经济，另有近四成的受访者尚未做出定论，而只有两成学者认为这些移民为经济带来益处。① 难民要想真正成为劳动力市场的积极因素，面临着诸多障碍：以德国为例，在 2015 年总共接收了 110 万名难民，其中大部分是逃避战争的叙利亚、伊拉克和阿富汗难民，他们多数都不会德文，同时因为受教育程度低以及缺乏学历认证而无法在当地找到工作，也就无法成为有效劳动力而带来经济收益。

另外，为了应对复杂的难民潮，重新启动边界管制对于欧盟国家来说可能是一个富有吸引力的短期方案，但是这项措施对于欧盟经济的长期影响却是负面的。欧洲国际政治经济中心的政策分析师汉娜·德林格尔(Hanna Deringer)发表了《欧洲单一市场停止申根协定的成本》的文章，在

① 中国新闻网：《德国智库调查称大量移民涌入拖累德经济》，2016 年 2 月 19 日，http://gn.cssn.cn/hqxx/hqzhk/201602/t20160219_2874359.shtml

文章中德林格尔表示，如果欧盟不能及时停止申根边境管制，那么欧洲经济将会受到严重损害。① 作者认为，单一市场是欧盟的经济支柱，《申根协定》不仅仅是欧洲一体化的象征，而且能通过促进跨国境的贸易往来进而创造出真正的经济价值。《申根协定》促进了人力、商品、服务和资本跨国境的自由流动，减少了欧盟各国的失业率。但是，目前欧盟内部重现边境管制现象，不但提高了货物运输成本而导致商品价格上涨，而且还使欧盟生产商的生产成本大幅增加，其生产出的产品价格竞争力变低。此外，外国公司对于欧盟的投资意愿也可能受到影响。

第三，从意识形态层面来看，有来自欧盟成员国国内政党政治与社会民众的双重压力。此次难民危机引发了欧盟国家内部右翼保守势力的兴起，搅动国内社会对难民问题的争议不断。欧洲经历的恐怖袭击、难民危机、经济低迷和地区冲突等各种危机叠加后导致欧洲社会紧张，引发恐慌，刺激极端民族主义抬头。曾经长期处于欧洲政治边缘位置的极右翼势力和政党，诸如奥地利自由党、德国选择党、法国国民阵线、丹麦中右翼联盟、瑞典民主党等，目前正在进入欧洲主流政治舞台。欧洲委员会秘书长亚格兰警告称："极端民族主义正在欧洲抬头，对整个欧洲大陆的安全构成严重威胁。"美国《国家利益》杂志也载文指出："极端民族主义正在回归欧洲。"而此次难民危机则被普遍认为给欧洲右翼民粹主义政党快速崛起提供了机会，使得欧洲政治生态向极右翼民族主义的方向发生着变化。欧洲当下的民族极端主义势力尽管组织形态、政治主张、极端程度各异，但都打着为民意代表的旗号，将国家利益置于欧盟共同利益之上，反对移民，反对欧洲一体化。

与此同时，面对诸如经济低迷、难民危机、安全威胁、英国脱欧等一系列的困难与挑战，欧洲民众找不到有效解决方案，感到非常迷茫，继而开始转向保守和封闭，企图通过回归狭隘的民族主义来摆脱面临的危机。尤其是大量难民涌入带来的国内治安事件层出不穷，更是加剧了各成员

① Hanna Deringer, "The Cost of Non-Schengen for the Single Market", *European Centre for International Political Economy*, May 2016, http://ecipe.org/publications/the-cost-of-non-schengen-for-the-single-market/?chapter=all

国民众对吸纳难民的反感。比如，2016 年 1 月在德国科隆发生的大规模性侵事件后，德国国内右翼党派顺势壮大，加深了德国社会与民众对难民的恐慌，国内排外情绪上升。面对空前的难民潮和日益恶化的治安形势，德国社会内部对接受难民的态度发生转变，默克尔总理向难民敞开大门的政策不仅在德国城市和街头招致抗议，甚至在她自己党内和内阁都遭到反对。有学者指出："愈演愈烈的难民危机的确是欧洲极端民族主义抬头的主要诱因，但深层次原因是多重危机交织难解，弥漫在欧洲民众心头日益深重的失败主义情绪的一种宣泄。"①于是，这部分欧洲民众又恰恰被政治右翼政党的精英人士所利用，成为右翼民意坚实的基础。

五、结　　语

总而言之，面对来势汹涌的难民危机，欧盟及其成员国面临着来自安全、经济、意识形态方面的多重压力与挑战，欧盟一体化及其内部团结也经受着前所未有的严峻考验。未来欧盟针对此次难民问题所达成的结果，不仅会影响难民危机的治理前景以及欧盟中东移民体系的未来发展，而且对欧盟的政治图景和欧洲一体化进程将产生深刻影响。

长期以来，欧盟将中东视为其"后院"，对中东地区倾注了大量的精力，尤其是"欧盟—地中海伙伴关系"、欧盟邻邦政策等对于促进欧盟与中东双边关系的发展起到了重要作用。如果说 20 世纪 50 年代以来的很长一段时期内欧盟都是积极主动接受中东移民的话，那么当前欧盟在中东移民问题上的困境则凸显了欧盟自己理念与实践之间的差距。欧盟以"民事力量"和"规范性力量"自居，大力推进自由、民主与人权价值观为内核的外交，这也是欧盟得以建立并扩大的基石。随着近年欧洲经济的衰退、"阿拉伯之春"与叙利亚内战，中东移民在欧盟国家所带来的全方位冲击，包括国家安全、社会安全和经济安全等诸多层面，如欧盟国家要为安

① 任彦：《极端民族主义威胁欧洲安全》，载《人民日报》，2016 年 5 月 3 日。

置中东移民耗费巨额资金，这对其经济而言更是雪上加霜，而且诸多“伊斯兰国”恐怖分子潜入欧盟，伺机发动各种恐怖袭击活动。欧盟如何平衡西欧大国与中东欧成员国之间在吸收中东移民上的分歧，以及如何平衡民众乃至政界的排外呼声与秉持欧盟核心价值观之间日益左右为难，这些甚至影响到了欧盟的团结。

第三节

欧洲一体化之殇——兼论民粹回潮与难民危机

刘　昱*

作为两次世界大战的主战场，遍体鳞伤的欧洲从战争过后的一片狼藉中爬将起来，摇晃着发展成今日之模样实属不易，而欧洲联盟的大胆构想可谓战后欧洲复苏的一颗“还魂丹”。欧洲一体化发展至今，欧洲身份的认同成为一体化深化发展的瓶颈，此番民粹主义的回归是否掐住了欧盟的“七寸”？法国、德国和荷兰作为欧盟的支柱国，亦是民粹主义暗流涌动的阵地，极右翼党派的活跃程度是否已经达到了足以让欧盟支离破碎的地步？面对全球化浪潮的冲击，欧盟能否突破重围，抑或难逃“被拍倒在沙滩”的厄运？民粹主义的抬头是欧洲一体化的掣肘吗？欧盟将以何种文化政策正面迎击四面八方的质疑声？

一、从“舒曼计划”说起

欧洲联合的思想早在 17 世纪便已萌芽——圣·皮埃尔在《给欧洲以永恒和平的回忆录》一书中表达了欧洲联合的愿景，认为建立欧洲联邦是实现欧洲永久和平的必由之路。① 二战之后，欧洲大陆更加明显地体会到建立欧洲联合何其重要。美苏冷战期间，西欧各国在夹缝中生存，经济极

---

* 刘昱，上海外国语大学法语系研究生、法国波尔多政治学院交换生。

① 有关圣·皮埃尔等对欧洲一体化理论的贡献，可参见曹德明，《法国视角下的欧洲联合思想》（《国际观察》2008 年第 3 期，第 10—11 页）。

度脆弱甚至濒于崩溃。怀揣着对德国复兴的不安和恐惧，出于长远考虑，西欧国家选择加入美国的阵营，以期在风雨飘摇之中稳步发展。美国方面也希望欧洲联合起来，对抗苏联。至此，法德之间的和解问题便显得尤为重要。法德两国自古以来便为世仇，二战后双方更是不共戴天，然而纵有深仇大恨，也要以国家发展大局为重。当时，法国经济和政治面临内外交困的窘状，虽极力想肢解德国以永远消除被侵害的可能性，又心有余而力不足：二战后的法国实力极为衰弱，在国际上不受重视，纵辛劳奔走、费尽唇舌，也没能得到美苏等大国的支持。然而幸亏有让·莫内和罗贝尔·舒曼等政治精英，极富创造力地提出"舒曼计划"，建立煤钢共同体，创造法德和解的切入点，迈出了欧洲联合的第一步同时也是最关键的一步。

"舒曼计划"得到了联邦德国政府的积极回应。法国想借此遏制德国的政治用意虽昭然若揭，但德国总理阿登纳对此也表现出极大的热情，毕竟战后的德国亟需获得政治上的认可，而最佳的途径便是实现欧洲联邦。"舒曼计划"的提出对法德双方来说都是一场"及时雨"，以煤钢工业为一体化的起点，表明当年的法国政坛精英对法国自身存在的问题有着非常清醒的认识，对德国的命脉也把握得很精准，抓住了法德在鲁尔、萨尔对煤钢的争夺焦点，化解了"世仇"，实现了和解，一体化由此出现雏形。

"舒曼计划"促成了1951年《建立欧洲煤炭和钢铁共同体条约》的签订，法国、西德、意大利、荷兰、比利时和卢森堡六国合力将欧洲推上了一体化的轨道。但朝鲜战争的爆发让美国开始考虑重新武装德国——这也是法国最担心的事情。为防止德国对法国的威胁，"普利文计划"诞生。1952年，煤钢共同体六国签订《欧洲防务集团条约》，但随后法国国会又否决了防务共同体的建成。欧洲人开始反思：一个联合的欧洲并非能在所有的领域所向无敌，需要找准短板，发挥特长，争取扬长避短，以经济实力的联合实现国际竞争力的增强。

1957年，六国签订《罗马条约》，由此建立了关税同盟，催生了超越国家层面的共同市场，实现了人员、商品、资本和服务的自由流动，而后又逐步实行了共同的农业政策。一体化向经济领域的进发，给联合起来的欧洲提供了更鲜活的力量。兜里有钱之后，欧洲不再围着美国转，而是开始专注于振兴欧洲,自立自强。可以说冷战之后,欧洲人终于有资本开始当家做主了,并在国际社会获得了相当大的影响力,保住了传统欧洲人的自尊心。1993 年,《马斯特里赫特条约》生效,欧洲经济共同体逐渐演变成超国家的经济、政治联盟。不断扩大的欧盟面临越来越多的问题,2009 年生效的《里斯本条约》则更加关注政治外交防务等敏感领域,也更加注重欧盟的未来挑战。

欧洲一体化的进程始于政治性颇强的“舒曼计划”,随后在经济领域的发展如鱼得水,但若要进一步推进一体化,就不得不正视欧洲文化认同问题,而欧洲各国文化多元,若要以统一的面目示人,恐怕众口难调,难以实现一体化在文化领域的构建。如何建立一个“文化欧洲”? 这是目前欧盟比较头疼的一个问题,恰恰又被民粹主义抓住把柄拿来说事儿,在难民问题甚嚣尘上的紧要关头,不由让人畅想欧洲一体化日后的发展方向。

二、民粹主义步步紧逼

从历史角度来看,民粹主义浪潮首发于 19 世纪的俄国(民粹派)和美国(人民党);20 世纪,民粹主义作为一种政治现象在拉丁美洲的发展中国家广泛涌现;20 世纪 90 年代,这种民粹主义现象几乎在西欧诸国同时蔓延。25 年来,意大利一直是民粹主义的“试验场”,传统政党的支持率不断下滑,政坛涌现的反精英政党支持率持续走高,这直接导致了民粹主义形式的多样化。近些年,一种新民粹主义在意大利诞生——五星运动党,这个政党厉害之处在于其运作方式与传统政党完全不同,采用软件计算法,根据谷歌用户的喜好推送相应的内容,达到出神入化的宣传效果。从最新民调来看,五星运动党处于领跑地位,因此“五星运动”这一意大利民粹政党对欧洲来说意味着一个更加艰巨的挑战。从 2017 年 9 月德国议会大选结果分析,尽管德国政治的总体格局未发生巨大变化,默克尔领导的保守党继续以较大的优势保持议会第一大党的地位,大局暂稳,但也要注意到极右的选择党以 12.6%的得票率在议会选举中雄踞第三位。由于特殊的历史原因，自二战结束以来，德国从来没有民粹性质的政党在大选中崭露头角并成功进入联邦议会，而选择党近年的异军突起可以说结束了德国的民粹真空时代。当然，其他党派也竭力阻止选择党在政府挑起重任，因此，选择党的影响力极其有限，其发展壮大还有赖于难民危机的发展趋势。2017 年 10 月 15 日，奥地利国民议会换届选举，此前极右翼民粹主义政党自由党呼声极高，最终以一席之差成为议会第三大党派①。马克龙虽赢得了法国总统大选，但对于法国来说，抵抗民粹主义将是一场旷日持久的战役；欧洲其他国家也存在类似的处境。欧盟许多成员国正被极右翼党派渗透裹挟，大有右转之势。从 2017 年的大选结果看来，虽然有惊无险，但不可就此掉以轻心。当今社会，经济发展受阻而导致不平等现象的激化，民众对未来的恐慌成为民粹主义滋长的温床。近两年法国乃至欧洲各国频繁遭受恐袭，也为国民阵线的发展提供了广阔的发展空间。值得注意的是，社会不平等现象越严重的地区对国民阵线的支持率往往越高。选民吃勒庞那一套，证明民粹主义有很大的市场潜力。经济危机引发的贫困造就了新民粹主义的滋生——此为当代民主的弊病之一，而投机政客恰恰利用了这种现象，煽动饱受苦难的底层群众，打着追求平等的旗号，号召人民揭竿而起。这迎合了民众对传统党派的积怨和对强有力的新政权的渴望。

“民粹主义”一词在法国出现的光景不算久远：20 世纪 80 年代，勒庞领导下的法国国民阵线开始使用“民族—民粹主义”的概念。那么民粹主义在法国的出现，仅仅是因为民粹浪潮蔓延到了法国这么简单吗？法国社会思潮史学家皮埃尔—安德烈·塔基耶夫（Pierre-André Taguieff）对民粹主义进行了定性分析，并将其分为两类：抗争型（populisme protestataire）和归属型（populisme identitaire）。法国历史学家米歇尔·维诺克（Michel Winock）从 19 世纪的法国历史取材，印证了塔基耶夫的分析：布朗热主义（抗争型）和反犹主义（归属型）。布朗热运动由极左翼政

① 奥地利国会第一大党人民党与自由党将商讨联合组阁，如果人民党和自由党联合组阁，奥地利政府内外政策整体向右转的趋势恐怕将不可避免（新华社 2017 年 10 月 16 日）。

党发起,在 1887 年得到发展,对政体的繁冗进行了抨击,主张修改 1875 年宪法,但其政治纲领带有一定的模糊性。从意识形态的角度看来,布朗热主义带有些波拿巴主义的意味——以人民之名觊觎专制之实。可见民粹主义在法国有一定的内生思想基础,并非简单受到别国的影响。归属型民粹主义试图在人民与民族之间建立狭隘联系,主张跨越阶级,具有反犹思想,极右翼勒庞的"民族—民粹主义"可归于此列,强调非精英的泱泱大众,主张"法国人的法国",将外国人视为社会的敌人,排外情绪十分强烈。在法国左翼党派中,民粹成分的社会性和政治性紧密交织(法国共产党尤甚,社会党也有所表征)。2016 年,梅朗雄创建了极左翼政党"不屈的法国"(La France insoumise),从他的竞选纲领中可以看到一些布朗热主义的痕迹。与勒庞的极端难民政策相比,梅朗雄的主张总体相对温和开放,强调妥善安置难民,维护其人格尊严。可见在对待难民的态度上,左翼民粹显得相对宽容厚道,右翼民粹则有些不近人情,而勒庞点燃的极端排外情绪,使得难民在融入法国社会时受到了更大的阻力。

民粹主义缘何泛滥,又何以步步紧逼? 对此,我们可从各民粹主义政党的竞选纲领中寻找答案,而难民问题似乎为民粹主义卷土重来创造了契机。在欧盟各国大选中,反移民的议题往往能获得民众最大限度的响应。德国选择党的竞选纲领以反移民、反伊斯兰教著称,法国国民阵线的勒庞表示希望停止接纳移民,杜绝非法移民,控制合法移民的数量,反全球化;反移民成为右翼民粹主义政党的一个招牌。据欧洲统计局(Institut statistique européen, Eurostat)2016 年统计,70 多万寻求避难者获得了由欧盟国家授予的欧洲难民身份,其中半数以上是叙利亚人,[①]法国方面收到了 8 万多份难民申请。面对如此庞大的群体,欧盟各成员国对难民配额的立场出现了两极分化的趋势,匈牙利、波兰等东欧国家反对难民分配的态度十分坚决。欧盟成员国内部的步调不一致造成了难民危机悬而未决的棘手局面,这就给民粹主义政党的发展提供了政治空间,亦成了民粹

① *Plus de 700, 000 demandeurs d'asile ont obtenu le statut de réfugié en Europe en 2016*, Le Monde, le 26 avril 2017, consulté le 15 novembre 2017.

主义借题发挥的好材料。穆斯林移民在融入社会中遭遇重重阻碍,甚至有恐怖分子伪装成难民混入接纳国,频频制造恐袭,给底层民众造成巨大的冲击。移民问题带来一系列社会、经济等方面的消极影响,促使民众对传统政党的反感不断升级,民粹主义政党借着难民危机的东风,在各国大选中狠狠捞了一把支持率,趁势而起。

2016 年 11 月 9 日,法国大选初选期间,共和党的候选人之一阿兰·朱佩(Alain Juppé)曾让选民们警惕"煽动性宣传、极端主义和民粹主义"(la démagogie, l'extrémisme et le populisme),一时间,各路学者纷纷展开对民粹主义的分析。在精英们看来,这是个令人恐惧的词(un mot épouvantable)。其实从民粹主义(populisme)这个词本身看来,并不能断定其褒贬性,在不同场合用法截然不同:在历史学家让—皮埃尔·里乌(Jean-Pierre Rioux)看来,这个混成词本意是指"对民意的无条件表达,人民是第一位"。但许多政客常用"民粹主义"一词来讽刺敌手,对此政治思想史学家奥利维尔·伊尔(Olivier Ihl)表示:"政客们的言下之意是将人民视为一群贱民(populace),而将自己视为智者精英。"①2017 年 7 月,Kantar Public 机构在 LCP 调查网上发布了关于"欧洲人与民粹主义"的民意调查②,调查对象分别抽取自法国、德国、英国和荷兰。在国人对本国政治精英的失望程度一项,竟有 81%的法国人认为 20 年以来法国的精英群体都很失败;86%的法国人认为政界官员不懂得体察民情。这足以体现法国政治精英与民众之间的脱节。纵观今日欧洲之民主,可以说开始让人失望了。无论是左翼还是右翼党派中,民粹主义的存在都带有一定的矛盾性:将精英与民众简单粗暴地套入二分法的概念图里,而使二者对立起来的,恰恰又是身处精英之列的民粹分子。就欧盟而言,面对民粹主义的狂轰滥炸,当务之急是直面文化和身份认同问题,缓和难民危机,实现经济的稳定增长,持续推进社会公平;更要意识到,精英与民众脱节产生的

① Béatrice Bouniol, *Qu'est-ce que le populisme?* JOURNAL DE LA PRIMAIRE, le 11/11/2016.

② Vincent Kranen, *POPULISME: LA FRANCE, "PAYS MALADE" EN EUROPE?* 17/07/2017. (http://www.lcp.fr/actualites/populisme-la-france-pays-malade-en-europe)

空层只会让民粹主义有机可乘，而欧洲认同缺位的重要原因在于精英与民众在欧洲问题上的脱节，这才是欧洲一体化的真正掣肘，民粹主义只是利用了欧洲认同的缺位，以此虚晃一枪，让人们产生更大的恐慌，制造出民粹主义将阻滞甚至粉碎欧盟的假象。民粹主义再利用人们的恐惧感，顺势推出反移民政策，掀起“爱国热潮”，间接施加影响，从而拖住欧洲一体化的后腿。

三、文化大同谈何容易

欧洲一体化进程中遭遇的一次又一次“滑铁卢”，归根结底就是因为文化认同的缺位，各成员国之间“同床异梦”，尤其表现为政治立场上的分歧。为什么文化认同会出现缺位？从欧盟的结构上看，决策的作出从来都是自上而下的：是从精英到民众的单向流动。一体化发展至今，我们容易忘记追本溯源，其实欧洲真正走向联合，就是精英们提出的设想。从最初的“舒曼计划”，一步步筹划都仰仗精英们挥洒智慧与才华。前法国总统德斯坦被誉为欧洲宪法之父，为什么呢？因为他组建了一支精英团队，起草了《欧盟宪法条约》，虽然后来法荷全民公投否决了这一宪法条约，但却足够引人深思。整个欧洲一体化的进程是精英们下的一盘大棋，棋面时常陷入死局，缺乏灵气，原因就在于民众对这盘大棋压根儿就不感兴趣，谈何认同感？1993 年出台的《德洛尔报告》曾一针见血地指出：“欧洲一体化是一个建立在政治家而不是人民意愿基础上的概念”，“人们很少有对欧洲的归属感，欧洲的认同还没有渗入人民意识中”①。正因为如此，全民公投的结果往往让精英们掩面叹息。由于缺乏群众基础，民众参与度低，决策的初衷与产出结果往往存在相当的距离，“这种巨大的反差在一向注重民众参与的欧洲国家来说是不正常的。”②精英与民众之间缺乏

① 李明明：《欧盟文化政策与“文化欧洲”的建构》，《复旦国际关系评论》，2009 年。

② 徐枫：《精英与大众在欧洲认同上的差异》，《云南民族大学学报》，2008 年 5 月第 25 卷第 3 期。

交流互动，官不察民情何以为民解忧？民不解官意何谈官民配合，又岂能期待民众对欧盟满怀认同与信心？

如果说追求欧洲认同是一种无法实现的理想愿景，那么欧盟能做的便是努力接近于这个愿景，让各国民众对本国的认同感与对欧洲的认同感进行有机统一。欧洲文化的多样性是欧洲人引以为豪的，法国尤甚。面对全球化的文化浪潮，法国仍然死守“文化多样性”的原则不动摇。以电影行业为例，法国的文化政策就是为抵抗好莱坞大片而制定。“文化多样性”的说辞足以抵挡美国的快餐文化，也足以守住长期积淀的古老文明。欧洲人有着共同的文化传统，在此基础上构建文化共同体是极具可行性的，而在文化共同体的框架上实现政治步调的统一才不会遭遇那么多致命的窘境。在欧盟所制定的文化政策中，“多样性中的统一”是一项重要原则，追求的是一种以“多元”谋求“一元”的文化大同境界，其独到之处在于“能够尊重27个成员国不同的传统、历史、艺术以及语言”①，强调的是共同的欧洲精神，类似于一种文化的命运共同体。文化欧洲的构想是极富想象力的，其创造力可与“舒曼计划”相媲美——前者是欧盟的灵魂，后者是欧盟的产物。文化身份的统一有助于促进民众对欧洲身份的认同；这并不意味着对文化多样性的否定，而是追求对文化差异的包容，追求和而不同的文化政策，将欧盟“打扮成欧洲文化保护者和促进者的角色”②，不遗余力地保护欧洲灿烂的历史文化遗产。

需要承认的是，实现欧洲文化认同存在着许多难以克服的困难，语言便是其中一大障碍。欧洲小国众多，小语种也极其丰富，语言无法得到统一，这不是因为不能，而是因为不想。比如不少法国人虽然懂英语，但是非常鄙视英语，甚至不屑于讲英语，怀揣对法语的自豪感，不惜花费重金向世界推广法语。此外，欧盟推行的多语言教育进展十分缓慢，也很难界定多元语言的目标是否切实可行（近年关于欧盟国家青少年语言技能方面的调研结果颇令人失望），但共同语言的缺位确实在某种程度上给政治

---

① 严天钦：《法国头巾法案：欧盟文化政策的试金石》，《湖北民族学院报（哲学社会科学版）》，2013年第4期。

② 李明明：《欧盟文化政策与“文化欧洲”的建构》，《复旦国际关系评论》，2009年。

一体化带来一些阻力。

2015年难民危机爆发以来，异教文化冲突更是“针尖对麦芒”。申根区的建立给欧洲人才的流动带来了便利，也为难民的迁移创造了条件。带有穆斯林背景的难民在西欧诸国的“不适应”也给欧洲的文化认同带来了负面冲击，异质文化的融合失败则造成了层出不穷的社会问题。在恐怖事件接连发生的背景下，欧洲对难民接收的态度也由人道主义援助变得强硬起来，这种变化在媒体的渲染报道下被放大，随之而来的便是对申根区的质疑，极右翼民粹主义政党借机发声，认为过多的穆斯林移民会改变国内固有的传统文化，随后以国家安全为舆论导向，迫使欧洲各国加强边界管控、收紧难民政策。无可否认，欧洲政界对难民问题的处理不力给“欧洲怀疑论”增添了新的依据。

四、难民危机与欧洲一体化展望

难民危机给欧洲一体化带来诸多不稳定因素，不管是左翼民粹对难民的开放包容还是右翼民粹对难民的强硬打压，两种声音的纠缠打斗似乎永无休止。从选情来看，欧洲政局基本稳定下来，对难民问题的处理暂未走向极端，一系列恐怖事件过后，暂未看到难民危机进一步恶化的迹象，这意味着触底反弹的情况可能即将出现，在对难民问题暗含的宗教文化冲突有进一步的认知后，时局极有可能得到缓和。

埃德加·莫兰在《反思欧洲》中提道：“今天，敌人不只是潜在的摧毁者，也是虚无本身……在我们头上盘旋的威胁同时是：不明来历，难于预测，不可思议。”①说到可能性与不确定性，不由令人想起薛定谔的“猫定理”：欧盟就像箱子里的猫，而民粹主义便是一把大锤，难民危机是那随时可能发生衰变的放射性元素，民众对欧洲的不认同是那罐毒气。当元素

① 埃德加·莫兰[法]著，康征、齐小曼译：《反思欧洲》，北京：生活·读书·新知三联书店，2005.1(2007.12重印)(法国思想家新论)，第105页。

衰变导致大锤失控砸向罐子，毒气泄出便会将猫毒死；而不打开箱子，无从知晓猫的死活。欧盟的存亡亦如薛定谔比喻的猫一样，让人无法预见终局，也许“向死而生”才是欧洲一体化发展的方向，一如莫兰所说：“只有在面对毁灭的生存意志中，才能找到独立意志。”欧盟也许只有在面对分崩离析的联合意志中，才能找到欧洲认同感和共同的意愿。

第四节

欧洲难民危机：结构、成因及影响分析

宋全成*

近年来，由美国主导、欧洲国家积极参与对西亚和北非地区的局部战争以及其他因素，致使西亚北非局势动荡，部族、族群与宗教内部冲突不断，由此产生大量离境的国际难民。由于临近欧洲的地缘关系，越来越多的西亚非洲难民通过地中海和东南欧陆路大举进入欧洲，自 2014 年以来，数以万计的西亚非洲难民不断进入欧洲国家，难民问题逐渐进入欧洲各国政府和主流社会的视野。国际移民组织的数据显示，2014 年有 21.9 万名西亚非洲难民进入欧洲。但此时难民只是一个国际问题，还没有形成难民危机。进入 2015 年以后，来自西亚北非的难民规模迅速扩大，欧洲难民问题逐渐成为人们关注的焦点。“国际移民组织日前发布的最新数字显示，2015 年已有 23.7 万名非法移民横渡地中海进入欧洲，超过去年 21 万的总和。据欧洲边防局称，2015 年 1 月至 7 月，约 34 万移民来到欧洲，远高于去年同一时期的 12 万人。2015 年 5 月，到达欧洲的非法移民刷新历史纪录，7 月更是暴涨，逾 10 万名非法移民进入欧盟国家境内，是上一年 7 月的三倍。”①8 月份以后，数以十万计的难民不断冲击着欧洲国家脆弱的边防线，南欧、东欧到处充斥着成群结队的难民队伍。欧洲地区的难民危机逐渐形成。9 月 9 日，欧盟委员会主席容克披露：“今年到目前为止，已经有 50 余万难民抵达欧洲，其中大多数难民来自叙利亚、利比

---

* 宋全成，山东大学移民研究所所长、哲学与社会发展学院副院长、社会学系教授。

① 任彦：《欧盟何以难解移民危机》，载《人民日报》，2015 年 8 月 24 日，第 21 版。

亚等战乱地区。”①可以预料，在未来一段时间里，随着西亚、北非局势的日益动荡，欧洲国家的外部边境线会更加脆弱，难民涌向欧洲的势头必将更加猛烈。毫无疑问，当下欧洲正面临着自二战以来最大的难民危机。目前学术界关于欧洲难民危机的研究刚刚起步，尚无学术论文发表。本文拟从人口社会学的视角，考察欧洲难民在世界难民中的结构、难民来源地结构、进入欧洲的路线结构，分析产生欧洲难民的动因以及对欧洲产生的消极影响。

一、进入欧洲地区的难民结构分析

进入欧洲地区难民的结构，可区分为欧洲难民在全球难民中的结构、难民来源国家结构、进入欧洲的路线结构等。首先，欧洲地区的难民是全球难民的重要组成部分。“根据联合国难民署 2015 年 6 月份发布的年度《战乱世界：全球难民趋势》，2014 年战乱在世界范围内至少导致 1,950 万国际难民与 3,820 万国内难民，其中，超过一半（53%）的难民源自叙利亚（388 万）、阿富汗（259 万）与索马里（111 万）”②。无疑，由于地缘关系的原因，越来越多的叙利亚、阿富汗等西亚北非难民通过各种途径，跨越地中海和国界线，奔向已建立了相对完善的移民网络，对难民提供了更人道、更好待遇且经济富庶的欧洲国家，寻求庇护。正因为如此，欧洲境内始终存在着数以百万计的难民。近两年来，由于日益恶化的西亚北非局势，导致越来越多的难民成规模地逃往欧洲国家，并呈现出急剧上升的趋势。2014 年，欧洲境内的难民数量达到 670 万人，比 2013 年增加了 230

① 中新社：《欧盟成员国将共同“分担”难民》，载网易新闻网，http://3g.163.com/ntes/special/0034073A/wechat_articial.html?from=special&docid=B33SLRD100014JB6，访问日期：2015－09－10。

② 毛维准：《损友聚集，“欧洲顶梁柱”德国难以承受难民之重》，载澎湃新闻网·外交学人，http://www.thepaper.cn/newsDetaiforward_135490，访问日期：2015－09－10。

万人①。其次，欧洲难民主要来自西亚，就国别而言，主要来自叙利亚、阿富汗、巴基斯坦、伊拉克等。但就进入欧洲地区的难民而言，主要来自叙利亚。联合国难民署最新公布的数据表明，2015 年 1—8 月，已有 30 多万名难民和非法移民经地中海进入欧洲，超过去年总和，其中 80%来自叙利亚②。欧洲边防局的数据显示，来自叙利亚的难民总数是 106, 939 人，其他分别为：阿富汗 61, 826 人，巴基斯坦 6, 641 人，科索沃 23, 260 人，非洲厄立特里亚 23, 878 人，尼日利亚 10, 747 人，其他撒哈拉国家 9, 766 人③。由此可见，就地区而言，难民主要来自西亚的中东地区，总数是 175, 406 人，占难民总数 246, 057 人的 72. 17%；而来自非洲地区的难民总数是 44, 391 人，占欧洲难民总数的 18. 26%。就国别而言，难民主要来自叙利亚和阿富汗，其中叙利亚的难民占难民总数的 43. 99%，阿富汗的难民占难民总数的 25. 44%。这两个国家的难民总数占欧洲难民总数的 69. 43%。再次，难民进入欧洲的路线结构是研究难民结构的重要组成部分。从总体来看，有六条进入欧洲的路线，分别是：地中海西线（从阿尔及利亚到西班牙）、地中海中线（从突尼斯和利比亚进入意大利）、地中海东线（从土耳其进入希腊）、巴尔干西线（从希腊到欧洲国家的匈牙利等）、欧洲东部边界线（从乌克兰到匈牙利等）、巴尔干东线（从阿尔巴尼亚到希腊）。依据欧洲边防局提供的 2014—2015 年（1—7 月）进入欧洲的相关数据，地中海中线、地中海东线和巴尔干西线是来自西亚北非难民进入欧洲国家的三条主要通道，其中：地中海中线 2014 年进入欧洲的难民人数是 17 万，2015 年是 9 万；地中海东线 2014 年进入欧洲的难民人数是 5 万，2015 年是 13 万；巴尔干西线 2014 年进入欧洲的难民人数是 4 万，2015 年是 11 万④。由以上三条进入欧洲国家的路线进入欧洲的难民人

① 毛维准：《损友聚集，“欧洲顶梁柱”德国难以承受难民之重》，载澎湃新闻网 · 外交学人，http://www.thepaper.cn/newsDetaiforward_135490，访问日期：2015 - 09 - 10。

② 新华社：《普京：欧洲盲目从美致难民潮》，载《京华时报》，2015 年 9 月 6 日，第 10 版。

③ 数字图书馆：《欧洲围城？欧洲怎么了？》，载 360Doc 个人图书馆网，http://www.360doc.com/content/15/0902/18/462272_496518730.shtml，访问日期：2015 - 09 - 10。

④ 同上。

数,2015 年 1—7 月已经突破了 30 万,占 2015 年进入欧洲国家难民总人数 34 万人的 88.2%。尽管目前还无法统计出 2015 年全年的数据,但现有的数据表明,通过以上三条入境欧洲国家的路线进入欧洲的难民人数,2015 年比 2014 年有较大幅度的增长。通过上述的数据和分析可以看出,进入欧洲国家的难民是全球难民的重要组成部分,主要来自西亚,特别是来自叙利亚和阿富汗,进入欧洲的路线主要是从突尼斯和利比亚进入意大利的地中海中线、从土耳其进入希腊的地中海东线以及从希腊到欧洲国家的匈牙利的巴尔干西线。

二、欧洲地区产生难民危机的成因

欧洲地区出现难民潮的因素是复杂的,是国际政治因素、地缘政治因素、地缘关系因素、历史因素与宗教冲突因素综合影响的直接产物。其中,美国因素、欧洲国家因素、国际格局、人口走私组织以及欧洲国家内部对待难民的差异等因素是产生欧洲难民潮的基本因素。

第一,美国因素是欧洲地区产生难民危机的主要因素。从国际政治的视角来看,美国应对目前在欧洲地区产生的难民危机负主要责任。就目前欧洲地区难民的主要构成来看,难民主要来自叙利亚、阿富汗和科索沃。这些国家产生数以百万计的难民,最重要的原因就是美国直接或间接地发动了一系列针对上述国家的战争。众所周知,从历史发生学的视角来看,数以万计颠沛流离的科索沃难民正是美国及其西方盟友发动科索沃战争的直接后果。尽管欧洲国家,特别是西欧国家,以其特有的人道主义情怀和宽容地接纳难民的大国风范,接纳了数以十万计的科索沃难民,但科索沃战争结束十多年后的今天,科索沃依然处于不断产生难民的动荡之中。至于近日欧洲地区难民主体部分的叙利亚难民,更是美国及其西方盟友支持叙利亚反对派打击叙利亚巴沙尔·阿萨德政权从而造成叙利亚内战的直接后果。“虽然当年法国挑头军事干涉叙利亚,但最积极要搞掉巴沙尔政权的力量是美国,叙利亚内战催生了‘伊斯兰国’,又导致了当下罕见的难民潮。"①显而易见的是,如果没有美国及其西方盟友的干预,叙利亚就不会产生如此众多的难民,在近日的欧洲地区就不会有如此众多的叙利亚难民。至于至今尚在欧洲地区的难民中占据重要比例的阿富汗难民,也是美国发动的阿富汗战争的直接后果。尽管早在美国发动阿富汗战争以前,阿富汗国内也有大量的国内难民,但在欧洲国家只有少量的阿富汗难民进入并申请难民身份。自从 2001 年美国及其主导的联军发动了针对塔利班政权的阿富汗战争以后,欧洲国家,特别是西欧国家到处都有要求难民庇护的阿富汗难民的身影。无论是在叙利亚还是在阿富汗,打着维护人权和人道主义、打击独裁专制的旗帜而直接或间接发动战争的最终结果,是产生了更大的人道主义灾难——数以百万计的难民。正是在这个意义上,美国应为欧洲地区的难民危机负主要责任。

第二,欧洲因素是欧洲地区产生难民危机的重要因素。二战以后的人类历史表明,战争和地区动荡往往是产生难民的重要成因。今日西亚北非地区的动荡与冲突,以及由此造成的数以百万计的难民潮,都与美国发动、欧洲国家积极参与的军事行动紧密相关。无论利比亚战争,还是伊拉克战争、阿富汗战争、科索沃战争以及叙利亚内战中,美国主导的北约中的欧洲国家,多数时候都与美国的对外政策,特别是军事对外政策保持着亦步亦趋的紧密关系。在利比亚、科索沃、阿富汗和叙利亚,当美国决定对上述国家的政权进行军事打击的时候,作为美国主导下的北约成员国,欧洲国家都充当了军事打击的急先锋。另外,在美国政治干预和军事干预阿拉伯国家现有政治秩序的"阿拉伯之春"中,欧洲国家,特别是西欧国家同样充当了得力帮手。这样做的直接后果就是,中东和北非地区上述国家现有政治秩序与社会秩序的崩塌、族群的严重分裂与宗教的激烈冲突,由此造成了大量的难民等社会问题。正如普京所说:"如果我们的西方伙伴在中东和北非等地继续实行错误的外交政策,将会引发大规模的问题。"普京认为,欧洲国家在这些地区的外交政策"实际上就是美国的

① 《环球时报》社评:《美国坑惨了为中东战乱接盘的欧洲》,载《环球时报》,2015 年 9 月 9 日,第 14 版。

外交政策”，他们“盲目地对美国亦步亦趋”。普京进一步指出：“这是种什么样的政策？这种政策是强加自己的标准，不顾当地的历史、宗教、文化特征和国情。”①这样的强权政策必然带来严重的后果。可以这样说，上述地区产生的严重后果之一，即属于人道主义灾难的难民潮以及由此在欧洲地区出现的难民危机，正是美国主导，欧洲国家，特别是西欧国家积极参与的直接后果。就欧洲难民的主要组成部分的叙利亚难民而言，欧洲国家追随美国“惩罚叙利亚”，当时欧洲社会上至政治精英，下至普通民众，慷慨激昂，支持美国的政治孤立和军事打击叙利亚的对外政策，但根本没有想到的是，仅仅时隔几年，欧洲国家就成为自己参与和支持的同一场战乱的受害者。毫无疑问，“任性地摧毁一个西方不喜欢的国家是要付出代价的，这一印象相当深刻”②。正是在这个意义上，我们认为，作为北约成员国的欧洲国家，特别是西欧国家，应对西亚北非地区出现的真正的人道主义灾难的难民潮和欧洲的难民危机担负重要责任。

第三，世界大国在不合理的国际格局中对中东地区某些国家的争夺，也是欧洲地区产生难民危机的重要因素。众所周知，当今世界的国际秩序并不是合理的，发达国家与发展中国家、现代化国家和经济社会落后国家、政治民主政局稳定国家与独裁专制政局不稳国家并存。世界大国经常插手某些有特殊战略意义或世界意义的国家和地区的内部事务，出于大国的国家地缘战略目的，大国对某些特定国家和地区的争夺依然存在，而且有日益激化的趋势。如本次欧洲地区难民潮产生的主要地区——中东地区，就正是这样一个具有重要战略意义、美俄愿意插手以争夺利益的地区。无论在冷战时期，还是在后冷战时代，美国同苏联以及后来和俄罗斯的较量从来就没有停止过。但这一地区的国家稳定却是十分脆弱。首先，这些“国家没有完成向现代国家的转型，国民没有建立起统一的身份认同，而是以宗教、宗派、部族等为认同要素，只要一经刺激就会沿着这些界限而分裂。其次，越是存在内部分裂可能性的国家，其经济就越是落

① 新华社：《普京：欧洲盲目从美致难民潮》。
② 同上。

后,民众的不满情绪强烈”①。再次,同是阿拉伯国家信奉伊斯兰教的穆斯林,也分为相互冲突的逊尼派和什叶派,存在着严重的族群分裂和宗教冲突,不仅表现为国内的部族冲突和宗教冲突,而且表现为中东地区国家间的冲突。最后,中东地区盛产具有重要经济意义的石油这一重要资源,吸引美国和俄罗斯插手中东地区某些国家的国内事务,以实现其地缘政治利益和经济利益,由此产生了大国对这一地区某些国家的争夺。总之,正是上述原因,中东地区成为大国角逐的舞台。以这次欧洲地区主要难民产生地叙利亚为例,“俄罗斯与巴沙尔政府有着深厚的外交、贸易和防务关系。然而,美国在叙利亚的利益几乎与俄罗斯完全相反”②。正是因为美国反对巴沙尔·阿萨德政权,由此支持叙利亚反对派,而俄罗斯支持巴沙尔·阿萨德政权,打击反对派,由此造成了旷日持久的叙利亚内战。“各大国各自支持一方,进行‘代理人战争’,而默默牺牲的是叙利亚的老百姓。”由此,叙利亚产生了近 400 万流离失所的难民。“从巴勒斯坦到伊拉克,数十年来中东地区的武装冲突已经造成了一波又一波的难民潮,叙利亚人只不过是最近才加入这个行列。解决难民问题的根本办法在于消弭这些国际与国内冲突。然而,国际格局以及中东地缘政治格局让这成为一个不可能完成的任务”③,也是欧洲地区产生难民危机的重要因素。

第四,欧洲国家对非法走私人口的犯罪组织打击不力,也是欧洲地区产生难民潮的重要诱因。一方面,欧洲国家自身对日益猖獗的人口走私犯罪组织的打击缺乏有效措施。欧洲刑警组织(Europol)的有组织犯罪网络部门负责人克雷潘科认为:“如果说欧洲各地的非法移民活动,而不只是局限于地中海的话,疑犯人数约 3 万人。”如何打击和取缔大量存在的日益规模化、组织化的人口走私犯罪组织,“对欧洲刑警组织乃至所有欧

① 刘波:《不合理的国际秩序是难民危机根源》,载《21 世纪经济报道》,2015 年 9 月 7 日,第 4 版。

② 萧达等:《叙利亚成美俄直接对峙的闪爆点　两个大国已经开始摊牌》,载网易新闻网,http://world.huaqiu.com/exclusive/2015-09/7453096.html,访问日期:2015-09-10。

③ 刘波:《不合理的国际秩序是难民危机根源》,载《21 世纪经济报道》,2015 年 9 月 7 日,第 4 版。

盟成员国来说都是最优先的事项。”尽管欧洲刑警组织在意大利的西西里岛和希腊的比雷埃夫斯设立了办事处，以便确认和瓦解那些协助移民越过地中海偷渡到欧洲的“人蛇”集团和打击源自土耳其的偷渡活动。但打击的效果并不明显。因为“在 30,000 个人蛇贩子中，只有 3,000 个或一成只涉及地中海的走私活动”，这就迫使欧洲刑警组织将目光投向其他陆路偷渡路线，“包括越来越多移民选择的从巴尔干半岛西部进入匈牙利的路线”。因为“据欧盟边防局（Frontex）的资料，移民走私活动，加上性奴隶和强制劳动方面的人口走私活动，为犯罪集团带来的收益，比贩卖军火和毒品还来得多。边防局发言人库珀说：‘这可能是最赚钱的生意。’”。正因为如此，人口走私组织不仅敢于铤而走险，而且善于国际合作①。面对数以万计的人口走私组织成员和数以百万计的难民潮，欧洲刑警组织也是一筹莫展。另一方面，欧洲国家对周边地区国家与政府打击非法移民和走私人口的支持力度不够，致使人口走私集团组织的人口偷渡与走私活动日益猖獗。美国及其北约军事打击利比亚之前，法国和意大利出于国家利益和欧盟利益的考虑，对地中海南岸的一些非法移民和难民走私较为严重的北非国家（如利比亚）给予了财政上和技术上的有限支持。但在美国及其主导下的北约对利比亚军事打击以后，利比亚陷入内战，无政府状态和动荡的社会局势产生了数以万计的难民，同时，厄立特里亚等大量的非洲难民，云集利比亚海岸，伺机进入欧洲国家。这就为人口走私集团通过地中海偷渡难民到欧洲提供了有利条件。欧洲国家参与军事打击利比亚以后，致使边防松弛、动荡的利比亚政府也无法有力打击人口走私集团，由此导致欧洲国家提供给利比亚的有限的财政支持和技术支持也陷入完全停顿之中。“欧盟边防局就发现了一条厄立特里亚人经营的路线，从厄立特里亚出发到利比亚经苏丹进入欧洲。另一条路线则是途经加纳、布基纳法索和尼日尔……一旦抵达利比亚，就可找到许多擅长协助移民渡过地中海的“人蛇”集团。但他们通常罔顾安全，会强迫移民挤

① 中新网：《欧洲刑警：3 万人口贩子偷运难民牟利，比贩卖军火毒品更赚钱》，载澎湃新闻网 · 澎湃国际，http://www.thepaper.cn/newsDetail_forward_1372453，访问日期：2015 - 09 - 10。

上超载的渔船或小艇。”①由此，人口走私集团的人口走私与偷渡活动日益猖獗，来自非洲的难民通过地中海大量进入欧洲。欧洲地区发生难民危机，也就可以理解了。

第五，欧盟成员国和欧洲国家内部对难民甄别的宽严标准不同、对待难民申请者的态度不同，也是产生欧洲难民危机的基本因素。尽管欧洲国家，特别是欧盟成员国都加入了联合国《关于难民地位的公约》和欧盟的《都柏林公约》，因此，上述签约国都必须遵循这两份公约。但实际上，各成员国对待难民甄别的标准、发给的暂时居留的证件类型依然是各成员国的主权行为。由于欧盟各国面临的难民申请者的形势不同，接纳难民的历史传统和国家对待难民的标准不同，因此，像意大利和希腊这样直接面对大量难民但又不是难民申请庇护的目标国家，往往对难民申请者的甄别标准给予了较大的宽松。因为意大利和希腊国家的政府深知，自己的国家不是难民申请者理想的目的地国家，因此，即使给予难民申请者以难民地位和资格，这些难民也会根据《申根协定》所提供的自由迁徙和自由流动的便利条件，流向其他难民居留、工作和社会保障条件更好的国家——法国、英国、德国、奥地利等。正因为如此，意大利曾经因为大量放任难民申请者和非法移民入境而被欧洲其他国家视为“欧洲非法移民的漏勺”。在本次欧洲地区的难民潮中，意大利和希腊因为地缘关系的原因，首当其冲，成为首先面对难民最多的欧洲国家。依据联合国难民署公布的 2015 年 1 月到 7 月份的数据，在已经进入欧洲地区的 31 万难民中，有 20 万人首先进入希腊，有 11 万人首先进入意大利。“根据现行的欧盟关于难民管理的《都柏林公约》相关规定，难民事务首先应由难民的第一入境国负责处理。第一入境国是欧盟难民治理的第一责任人，负责难民的救援、接待、注册、审核发放到欧盟其他国家所需文件以及遣返等工作。作为非法移民涌入欧洲的主要门户，意大利和希腊自身经济形势尚不见

① 中新网：《欧洲刑警：3 万人口贩子偷运难民牟利，比贩卖军火毒品更赚钱》，载澎湃新闻网 · 澎湃国际，http://www.thepaper.cn/newsDetail_forward_1372453，访问日期：2015 - 09 - 10。

好转，特别是希腊深陷债务危机而自顾不暇，根本没有能力对汹涌而至的非法移民给予及时的救援和安置。这样的结果就是，大量难民在欧洲海岸国家‘抢滩’成功之后，便在边界开放的欧盟国家内四处流窜。”①然后，难民申请者会迁徙到他们想去的其他欧洲国家。希腊、意大利和德国对难民申请者来说，边境的控制相对宽松，而中东欧国家则强化边境控制，拒绝难民申请者的进入。正是由于欧盟各成员国宽严不一的难民标准和难民政策，才使得大量来自西亚北非的难民纷纷通过边境线相对宽松的希腊和意大利，进入其他欧洲国家。就这个意义而言，缺乏统一的难民申请者的甄别标准，对待难民申请者的态度不同，面临的难民申请者的形势不同，因而欧盟各国对难民申请者采取了不同的行动，这也是产生欧洲难民危机的基本因素。

三、难民危机对欧洲产生的消极影响

欧洲地区发生的难民危机对欧洲国家，特别是欧盟国家产生了深远的消极影响，这集中体现在如下五个方面：第一，在难民危机中，欧盟各成员国对待难民的不同态度和行为凸显了欧盟内部的分裂。面对大量入境的非法移民和难民申请者，“欧盟委员会今年 5 月底曾就应对非法移民挑战提出数项具体建议，其中包括成立应急机制，在两年内向其他欧盟国家转移安置 4 万名非法进入意大利和希腊的难民。但是这一提议遭到包括法国在内的多个成员国的反对”②。由于部分成员国的反对，欧盟无法形成协调一致的具体应对机制和采取可操作的应对举措，最终演变成大量非法移民和难民申请者井喷式地涌入欧洲，直接导致难民危机的出现。9 月 9 日，欧盟委员会主席容克“在斯特拉斯堡出席欧洲议会的会议时披露，欧盟将出台‘一揽子’措施来应对二战以来欧洲面临的最为严峻的难

① 任彦：《欧盟何以难解移民危机》，载《人民日报》，2015 年 8 月 24 日，第 21 版。
② 王义：《中东欧四国拒绝欧盟摊派难民份额》，载新华网，http://news.xinhuanet.com/world/2015－09/05/c_1116464789.htm，访问日期：2015－09－10。

民危机”。这些措施“包括22个欧盟成员国共同‘分担’16万难民，加快难民申请的速度，提高‘遣返’机制的效率，并从根源上解决难民逃离故土的深层次问题……欧盟成员国中，英国、爱尔兰、丹麦、希腊、意大利和匈牙利不在该计划之中”。这一计划刚一出炉，就得到了德国和法国的支持，默克尔和奥朗德表示，可能接纳更多的难民。但这一计划也遭到捷克、斯洛伐克等东欧国家的反对，反对者认为“不应该根据‘配额’来分配难民。更有人指出，难民的字眼对于大部分抵达欧洲的非法移民来说并不确切，他们中的大部分人是因为经济上的原因才偷渡欧洲的”①。实际上，早在9月4日，维谢格拉德集团成员匈牙利、捷克、波兰和斯洛伐克总理在捷克首都布拉格召开会议，会后四国发表声明就已经明确“拒绝接受欧盟提出的重新分配12万名难民份额的方案”。他们认为：“任何强制性的措施都是不可接受的……我们需要区分经济移民和战乱难民。欧盟边境应严加保护，我们只能保障欧盟内部国家的民众自由活动。”②实际上，在对待难民问题上，欧盟国家内部也经常相互指责。欧洲改革中心移民问题专家嘎米诺·马丁内兹(Camino Mortera-Martinez)曾明确指出：“英国指责法国没有负起监管非法移民的责任，致使大量非法移民通过连接两国的海底隧道偷渡至英国，法国则批评意大利和希腊放任难民在欧洲流窜，意大利和希腊又把矛头对准西欧和北欧富裕国家，不满它们袖手旁观。”③由此可见，在对待难民问题以及难民分配方案问题上，欧盟成员国之间产生了日益显著的分歧，凸显了欧盟内部的严重分裂。第二，欧洲难民危机凸显了理智与情感、法律与现实的较量，冲垮了欧洲难民法律的束缚，对欧洲国家的共同边界形成了强有力的冲击。在9月2日之前，尽管在欧洲地区已经发生了难民危机和人道主义灾难，但欧洲国家，包括法国、英国，特别是中东欧国家依然坚持严格限制难民的法律理智行动。因

① 沈晨：《欧盟出台“一揽子”措施应对难民危机》，载中国新闻网，http://www.chinanews.com/gj/2015/09-09/7514891.shtml，访问日期：2015-09-10。

② 王义：《中东欧四国拒绝欧盟摊派难民份额》，载新华网，http://news.xinhuanet.com/world/2015-09/05/c_1116464789.htm，访问日期：2015-09-10。

③ 任彦：《欧盟何以难解移民危机》，载《人民日报》，2015年8月24日，第21版。

此,除了德国和奥地利对难民持有极大的博爱和宽容胸怀,并伸出援助之手,热情接纳他们以外,其他欧洲国家多持观望或拒斥态度。但9月2日叙利亚难民小艾兰之死的照片通过各大媒体传遍世界以后,其画面凄惨令全世界为之唏嘘和动情,“成为欧洲难民危机爆发以来最让人痛心的画面。而这两天最让欧洲政治家们挠头揪心的字眼,一定也非‘难民’二字莫属。用欧盟外交与安全政策高级代表莫盖里尼的话来说,现在的形势已经刻不容缓,欧盟国家之间不能再继续玩互相指责的游戏了,现在到了全欧洲协调一致,立刻行动起来,拿出应对办法的时候了。另外,联合国难民事务高级专员古特雷斯也呼吁欧洲坚持人道主义价值观,扩大正规渠道,接纳更多逃避战乱的难民”①。在这种背景下,欧洲国家的政要和社会公众,在理智与情感、法律与现实的较量中,最终道义冲破了法律的藩篱,而选择了人道主义的积极救助。于是,在欧洲,一场救助难民的行动迅速展开。英国、奥地利、德国、法国、爱尔兰等多国政府相继表示将允许更多难民入境。客观而论,这种救助难民的行为也产生了如下两个方面的消极后果:一是欧洲国家的边界遭到自二战结束以来前所未有的冲击。“国家边界对难民的权威有可能被削弱,难民向富裕国家流动的权利会得到更多同情和承认。难民们在一个方向上集中起来进行突破,可能会被当成成功的模式来效仿。”②果真如此,欧洲国家的边界将面临更大难民潮的严峻考验。二是欧洲限制难民的法律受到严重冲击。在世界各国的移民法规中,非法移民和难民是不受欢迎的移民类型。因此,包括欧洲各国在内的发达国家,都制订和实施了限制难民的政策。但“这次难民潮很可能成为一个里程碑。那些可怜的中东北非人为逃向欧洲冒着真正的生命危险,最终冲破了欧洲限制难民的法律障碍,生生撞开了欧洲的大门。这的确会对潜在的难民发出一个信号,也会让发达国家今后在强制阻挡难

① 中国之声·新闻纵横:《数千名难民徒步穿越匈奥边境多数人拟西进赴德》,载央广网,http://china.cnr.cn/yaowen/20150906/t20150906_519773824.shtml,访问日期:2015-09-10。

② 环球:《美在中东闯祸欧洲接盘》,载网易新闻网,http://3g.163.com/ntes/special/0034073A/wechat_article.html?docid=B327LICV00014OVF&spst=&spss=newsapp&spsf=qq&spsw=1,访问日期:2015-09-10。

民流动时有所忌讳”①。客观而论，这种不区分难民与非法移民、战争难民与非法经济移民的做法，也是对现有欧洲限制难民法律政策的极大突破，这在很大程度上动摇了欧洲限制难民的法律权威。第三，欧洲地区的难民危机必将拖累欧盟经济，延缓欧盟国家在移民与难民政策上的一体化步伐。首先，难民危机将影响欧洲经济的恢复与发展。按照目前难民进入欧洲的速度，到2015年底，大约100万到150万难民进入欧洲国家并非不可能。尽管这一数量的难民相对欧盟国家总人口来说，只占很小的比例，但由于难民在不同的国家分布不同，因此，有可能对接纳难民较多的国家形成沉重的负担。仅以德国为例，德国政府本来预计2015将收到40万份难民申请，但仅仅一个月以后，德国官方更新预测的数据是80万份。为此德国政府将拨付100亿欧元，用于安置这些颠沛流离的难民。“而在州的层面上，每个州有责任为难民提供住宿、食物、医疗与衣物方面的服务，基本安置成本为每人1.3万欧元左右，包括每个成人都会给予每月140欧元左右的现金；但是巴伐利亚州在未来两年需要至少花费10亿欧元，占州年预算的1%。”②毫无疑问，这在一定的意义上将影响德国和整个欧洲经济恢复与发展。经济发达的德国尚且如此，其他深处2008年金融危机打击、发生债务危机的其他欧洲国家（如希腊）更是可想而知。其次，难民危机将延缓欧盟国家在移民与难民政策上的一体化步伐。众所周知，难民和非法移民是最不受欢迎的移民类型，因此，欧洲国家在欧盟层面上制订了统一的难民法律和打击非法移民的法律，以便步调一致地采取行动。在此次难民危机中，尽管有欧盟层面上统一的难民法规，但由于难民的接纳涉及国家的主权，再加上欧盟的统一行动必须征得各成员国的一致同意，因此，难民危机发生以来，欧盟层面至今没有统一行动。

① 环球：《美在中东闯祸　欧洲接盘》，载网易新闻网，http://3g.163.com/ntes/special/0034073A/wechat_article.html?docid=B327LICV00014OVF&spst=&spss=newsapp&spsf=qq&spsw=1，访问日期：2015-09-10。

② 毛维准：《损友聚集，“欧洲顶梁柱”德国难以承受难民之重》，载澎湃新闻网·外交学人，http://www.thepaper.cn/newsDetaiforward_135490，访问日期：2015-09-10。

"欧盟作为一个多层面和多舞台体系的特殊结构，不是通过权威机构的表决来进行控制，而是通过一种十分艰难的共识来管理。这种治理体系可以倾听各方声音，有利于做出更加公平合理的决定，但对于扩容后的欧盟来说，由于其成员国历史、文化差异明显，政治、经济发展水平也不平衡，要取得共识更加艰难。""正是欧盟多边协商治理的低效，欧盟成员国才不得不采取单边或者双边行动。这种应对之道在未来很长时间或会成为常态。"在欧盟层面上无法尽快达成共识、统一采取行动的背景下，面对汹涌而至的难民潮，一些欧洲国家只得采取单独或双边行动，以遏制难民潮。"就困扰两国的非法移民偷渡问题争吵了一段时间之后，英法两国于 8 月 20 日签署联合声明，宣布了一系列新措施：在法国加莱成立一个由两国警方合作管理的联合指挥控制中心，及时向两国内政部报告任务执行情况；法国增加在英法海底隧道的警察数量；英国在隧道入口处增建栅栏、监控设备等，英国政府将为此在两年内拨款 1,000 万欧元。"①可以预料，在难民和非法移民等事关国家主权核心利益的移民政策问题上，欧盟层面上的一体化步伐将更加艰难。第四，难民危机以及可能随后而来的汹涌而至的西亚北非难民潮，有可能对欧洲国家的社会福利体系构成严峻挑战。众所周知，二战以后，欧洲国家，特别是西欧国家相继建立了"从摇篮到坟墓"的至臻完善的社会福利体系。但 20 世纪 70 年代石油危机，特别是 80 年代以后，在经济与社会发展陷入滞涨阶段、人口老龄化日益加剧的情况下，庞大的社会福利支出已经成为欧洲国家，特别是西欧国家沉重的财政负担。因此，自 90 年代开始，欧洲国家，特别是西欧国家尝试意在削减福利水平、增加个人支出的社会福利改革，但此类改革毫无例外地遭到了社会大众的抵制，声势浩大的抗议福利改革的游行此起彼伏，政治家们不得不考虑民意和选票而延缓福利改革的步伐。近二三十年来，大量的新移民不断冲击着欧洲国家现有的福利体系，由此导致反移民的情绪滋生。而今数以百万计的难民和非法移民蜂拥而至，必将激发反移民、抵制难民的情绪蔓延。而这"也许会松动福利政策的民意基础。一方面，

① 任彦：《欧盟何以难解移民危机》。

当本国主流民众觉得移民自身不纳税却享受着不该享受的福利待遇时，可能倾向于认为福利制度本身是不公平的，也更不愿意承担福利开支带来的财政负担；另一方面，本土民众和移民之间的群体撕裂会阻碍阶级意识的形成，而以阶级为基础的政治行动恰恰是欧洲福利国家扩张的主要推力。经济学家艾莱斯那(Alberto Alesina)和格莱泽(Edward Glaeser)提出，族群多元性带来了族群矛盾的可能，使得人们更不支持广泛的社会再分配"①。特别是当下这种只顾道义的拯救而践踏难民法律的广泛接受难民和非法移民的做法，会在两个层面产生不同的效应。一方面，对西亚北非的难民和非法移民来说，现在缺乏严格的边防检查和难民甄别程序，西欧国家对难民持来者不拒的接纳甚至是欢迎的态度，毫无疑问，现在是进入欧洲国家的绝佳时期。这将激发400多万名叙利亚难民、200多万名伊拉克难民和100多万名阿富汗难民以及数以百万的非洲难民，燃起奔赴欧洲国家的希望之火，赴汤蹈火进入欧洲。安置和融合这些难民必将耗费大量的财政收入，从而对欧洲国家捉襟见肘的社会福利开支构成严重的威胁，由此必将对欧洲国家的社会福利体系构成一定程度的冲击；另一方面，数以百万计的难民的涌入，必将让欧洲国家的主流民众，特别是社会中坚力量的中产阶级和企业家阶层，逐渐产生反移民的情绪，从而不愿意为这些难民和非法移民支付相关的税负。由此引发的严重后果是：要么在本国国民和外国移民间建立起不同水准的福利体系，但这可能招致歧视外国移民的违法风险；要么降低全体国民的社会福利水平。总之，难民危机以及可能随后而来的西亚北非难民潮，有可能对欧洲国家的社会福利体系构成严峻挑战。第五，难民危机以及可能随后而来的汹涌澎湃的西亚北非难民潮，有可能让反移民的民粹主义、新纳粹主义和排外主义的社会思潮沉渣泛起，让高举反移民旗帜的欧洲极右翼政党东山再起，从而导致欧洲国家的政治右转。进入21世纪以来，伴随着外国移民的大量增加，在欧洲国家，一些反移民和排外为特征的极右翼政党逐渐进入了人

① 张耀然：《反移民浪潮会摧毁欧洲福利国家吗?》，载政见CNPoliticsh网，http://www. sociologyol. org/shehuibankuai/shehuipinglunliebiao/2015 - 09 - 09/20626. html，访问日期：2015 - 09 - 10。

们的视野,并获得了较快的发展。欧洲极右翼政党如法国的国民阵线、奥地利的自由党、荷兰的名单党和德国的国家民主党和共和党,“打出了维护本国民众利益的民粹主义和种族主义的大旗,努力使自己的政党成为社会下层民众的代言人,从而赢得了社会下层选民的广泛支持”①。“2000 年 2 月,海德尔领导的奥地利极右翼政党——自由党——在选举中以高达 27%的选票获胜组阁,引发了欧盟 14 国对奥地利实施联合制裁。法国极右翼政党国民阵线主席勒庞,在 2002 年法国总统第一轮大选中获得 17.94%的得票率,向得票率 19.6%的法国传统右翼候选人、总统希拉克发起了挑战,强烈震撼了整个欧洲政坛。2002 年 4 月下旬,刚成立仅两个月的荷兰‘富图恩名单党’在议会选举中,一跃成为荷兰的第二大政党。以反对外来移民为旗帜,采取取悦于大众的、蛊惑人心策略的欧洲极右翼政党迅速崛起。”②特别是进入 2014 年以来,伴随着进入欧洲国家的来自西亚北非难民的增多,以反移民和排外为特征的极右翼政党再次获得了较大发展。仅以反移民和排外的法国国民阵线为例,它在 2014 年的三次选举中,“高歌猛进,取得了骄人的‘战绩’。在 3 月的(市镇)选举中,拿下 11 个市镇,获得历史性的突破;在 5 月的(欧洲议会)选举中,以高得票率战胜(社会党和人民运动联盟)两大主流政党,震惊了法国和欧洲政坛;在 9 月(参议院)的选举中,获得两个议席,在法兰西第五共和国的历史上首次进入参议院。目前,‘国民阵线’已稳坐法国政坛的第三把交椅,是一个具有广泛影响力和吸引力且影响力持续上升的政党,在一定程度上正在把法国政坛由左右翼两大政党主导的格局变成左翼、右翼、极右三足鼎立的格局”③。在德国,打着反移民、反西方伊斯兰化旗帜的 Pegida 运动,在德国社会引起轩然大波。2014 年 10 月 Pegida 运动在德累斯顿组织数千人参加游行示威,“后参加该运动的人数逐渐增加,甚至吸引了全国各

① 宋全成:《欧洲移民问题的形成与欧极右翼政党的崛起》,载《山东大学学报》,2005 年第 6 期,第 92—99 页。

② 宋全成:《欧洲移民问题的形成与欧极右翼政党的崛起》。

③ 彭姝祎:《法国》,载周弘、黄平、江时学主编:《欧洲发展报告》(2014—2015),北京:社会科学文献出版社,2015 年版,第 183—189 页。

地的支持者前往声援。Pegida 的集会地点也逐步扩展至柏林、科隆、慕尼黑、波恩、杜塞尔多夫等多个城市。12 月 23 日,德累斯顿有近 1.75 万人参加 Pegida 游行,游行者在歌剧院前抗议政府的移民和难民政策",反对外来移民,反对伊斯兰化。依据经合组织统计,"德国已经成为世界第二大移民国家,目前德国的穆斯林占其总人口的 5%。2014 年,德国接受了 20 万名来自伊拉克、利比亚和叙利亚等地的难民。短期内穆斯林移民和难民数量的急速增加给德国民众带来了不安全感"①,必将引起德国部分民众对政府的不满。2015 年 9 月 11 日,德国政府宣布,2015 年将接受 80 万份难民申请。这有可能更加激起反移民的极右翼政党和反伊斯兰化的 Pegida 运动的合流。其他欧洲国家,特别是西欧国家也同样面临着这种风险。在这种背景下,欧洲国家的政治家们为了取悦选民,有可能在政治和社会政策层面上提出收紧难民政策、限制难民入境和强化边境控制的政策。正因为如此,我们认为,难民危机以及可能随后汹涌而至的西亚北非难民潮,有可能导致欧洲国家的政治右转。

① 杨解朴:《德国》,载周弘、黄平、江时学主编:《欧洲发展报告》(2014—2015),北京:社会科学文献出版社,2015 年版,第 175—182 页,这里第 179 页。

第五节
欧盟难民政策的决策机理分析

忻　华*

肇端于2008年的全球金融危机不仅重创了欧盟经济,也使欧盟的内外环境急剧动荡,进入多事之秋。在主权债务、恐怖袭击、英国脱欧、难民大潮等多重危机交替冲击之下,欧盟陷入危局,欧洲一体化进程也因而遭遇严重的阻力,这一形势变化延续至今。在欧盟遇到的内外多重危机之中,难民危机显得很特别。一方面,难民危机是欧盟外部的国际战略环境剧变的产物,与欧盟周边的地缘政治形势直接相关,欧盟以南的中东北非在“阿拉伯之春”爆发后出现的政治格局趋于碎片化的态势,引发了难民危机;另一方面,难民危机与欧盟同时遇到的英国脱欧和恐怖袭击等其他危机存在千丝万缕的联系,甚至会影响到欧盟内部的认同与团结,可谓“牵一发而动全身”。正因为难民危机具有高度的复杂性与特殊性,欧盟难民政策的形成与运作也显得头绪繁多,变化迅速。因此,分析欧盟难民政策的决策机理,观察和梳理难民政策的决策进程、体系结构和运作特点,有助于厘清欧盟难民政策的形成机制与确切内容,具有重要意义。

一、欧盟难民政策的决策进程

要分析欧盟应对难民危机的决策过程,就需要将中东北非的政局演变、难民数量的变化、欧盟应对难民危机的决策内容和欧盟相应的外交活

* 忻华,上海外国语大学欧盟研究中心常务副主任,上海欧洲学会学术研究部主任。

动结合起来加以考察。笔者认为,难民危机的发展和欧盟应对这一危机的决策进程,可以分为三个阶段。如表 1 所示。

表 1　欧盟关于难民问题的决策进程

决策相关内容 阶　段	第一阶段 (难民危机的酝酿与发展)	第二阶段 (难民危机的集中爆发)	第三阶段 (难民危机的相对缓解)
时间	2011 年初至 2014 年 3 月	2014 年 3 月至 2016 年 3 月	2016 年 3 月至今
地中海东岸和南岸的形势变化	“阿拉伯之春”爆发,突尼斯、埃及、利比亚相继出现政权更迭,叙利亚爆发内战	叙利亚内战大幅度升级,伊拉克出现分裂和动荡,“伊斯兰国”宣告成立并向北非、西非、南亚等地拓展影响	叙利亚的内战和埃及、利比亚等国的内部冲突仍在延续,伊拉克局势稍许趋于缓和
穿越地中海涌入欧盟的难民数量	涌入欧洲的难民人数开始小幅增加	2014 年 3 月以后,涌入欧洲的难民人数急剧增加,在 2014 年 9 月和 2015 年 10 月两度达到高峰	涌入欧洲难民人数相比 2015 年有所减少,但不少于 2014 年的涌入人数,在 2016 年 9 月和 2017 年 5 月两次出现高峰
欧盟为应对难民危机而着手调整的主要政策架构	● 小幅修改“欧洲睦邻政策”(ENP)和“地中海联盟”(UfM)两项架构 ● “应对移民与人口流动的全球方案”(GAMM) ● “人口流动伙伴关系”的设想	● 大幅修改“欧洲睦邻政策”(ENP)架构 ● 提出“欧洲移民议程” ● 提出建立“欧洲共同避难体系”(CEAS) ● 提出建立“欧洲边界与海岸警卫署”和“共同边界控制体系”	● 与土耳其达成难民问题协议 ● 修订《申根协定》,加强内外边界管控 ● 正式成立“欧洲边界与海岸警卫署”
欧盟为应对难民危机而开展的外交活动	▲ 派遣观察团进入埃及和突尼斯,试图影响“阿拉伯之春”的进程 ▲ 试图调解叙利亚内战	▲ 加强与阿拉伯联盟、非洲联盟等组织的对话和沟通 ▲ 向埃及、利比亚、突尼斯、伊拉克等国提供援助	▲ 开展对土耳其、黎巴嫩、约旦等国的密集外交,并提供大量援助

资料来源:作者自行制作

（一）危机酝酿与发展阶段的决策

如表 1 所示，整个危机的演进和欧盟的相应决策可分为三个阶段。2011 年初“阿拉伯之春”全面爆发至 2014 年 3 月叙利亚内战大幅度升级之前，是第一阶段，即难民危机的酝酿和发展的阶段。在此阶段，突尼斯、埃及、利比亚三国出现急剧动荡，政权更迭，社会失序，同时叙利亚的激烈冲突演变为内战。在此阶段，成批难民自发渡过地中海向欧洲流动，难民进入欧洲的数量虽然在持续增加，但幅度不大，速度不快。在这一阶段，欧盟聚焦于对既有政策架构展开微调，对长期以来欧盟用于处理对中东北非的关系的两项主要政策架构，即“欧洲睦邻政策”（European Neighborhood Policy，ENP）和“地中海联盟”（Union of Mediterranean，UfM）这两项架构的一些内容进行了微小的调整。① 欧盟在这两项架构中确立了一项新的原则，即“（中东北非地区）更多的改变换取（来自欧盟的）更多的回报”（More for More Principle），其出发点是对中东北非实施单向的改造和输出，试图将欧盟的经济模式、政治制度和价值观移植到中东北非。

在这一阶段，欧盟也提出了一些处理难民与移民问题的政策设想。如 2011 年 11 月，欧盟委员会提出了“应对移民与人口流动的全球方案”（Global Approach for Migration and Mobility，简称 GAMM）的主张。② 当

① 欧盟为应对“阿拉伯之春”的形势剧变而对其“欧洲睦邻政策”和“地中海联盟”两项架构作出的调整，详见于其 13 份官方文件：3069th Foreign Affairs Council Meeting Conclusions on Developments in the Southern Neighborhood, February 21st, 2011; Commission document COM (2011) 200 Final, March 8th, 2011; Parliament document B7 - 0199/2011, April 7th, 2011; Commission document COM (2011) 303 Final, May 25th, 2011; 3101st Foreign Affairs Council Meeting Conclusions on the European Neighborhood Policy, June 20th, 2011; Foreign Affairs Council document of Background on Trade Issues, September 23rd, 2011; Commission document MEMO/11/638, September 27th, 2011; 3130th Foreign Affairs Council Meeting Conclusions on EU's Response to the Developments in Southern Neighborhood, December 1st, 2011; Parliament document A7 - 0400/2011, December 14th, 2011; Parliament document SPEECH/12/23, January 24th, 2012; Commission document JOIN (2012) 27 Final, October 3rd, 2012; Commission document MEMO/13/81, February 8th, 2013; Commission document JOIN (2013) 4 final, March 20th, 2013.

② Commission Document, COM (2011) 743 final, November 11th, 2011.

时欧盟委员会认为，欧洲人口老龄化的趋势将强烈阻碍欧洲经济的可持续发展，而全球化使劳动力的流动愈加便利，“阿拉伯之春”爆发后的中东人口流动，若能加以引导和管理，可以为欧洲经济注入新的动力。在此基础上，欧盟还提出了与欧盟周边的中东和非洲国家建立“人口流动伙伴关系”（Migration Partnership）的主张，认为可以按照自己的意愿吸纳中东和非洲的劳动力。这些设想表明，欧盟决策层在此阶段盲目乐观，并未意识到危机已出现在地平线上，没有预料到中东乱局将直接危害到欧盟自身的内部秩序。

（二）危机集中爆发阶段的决策

2014 年 4 月叙利亚内战大幅度升级至 2016 年 3 月欧盟与土耳其达成协议，是第二阶段，即难民危机集中爆发并猛烈冲击欧盟的现存秩序的阶段。2014 年 4—6 月，黎巴嫩、以色列卷入叙利亚内战，伊拉克出现分裂和动荡，“伊斯兰国”在叙利亚和伊拉克之间迅速崛起。特别是 2014 年 6 月“伊斯兰国”宣布建立，成为标志性的事件，表明中东政治格局的碎片化升级到新的阶段，像“伊斯兰国”这样的极端组织已经掌握了过去只有主权国家才能掌握的资源和权力，能在很大程度上塑造着中东乱局的演变方向。“伊斯兰国”的控制范围和影响力不断扩大，在埃及、利比亚乃至西非和南亚建立据点。与此相应，流入欧洲的难民数量开始剧增。联合国难民署的实测数据显示，2014 年 4 月，穿越地中海流入欧洲的难民数量与 3 月份相比突然增加了 1.3 倍，突破万人的关口，达到 1.7 万多人，此后迅速上升，直到 2014 年底，平均每个月有两万多人到达欧洲，这还不包括联合国难民署未能予以登记的偷渡人数。① 因此，从 2014 年 4 月开始，欧洲难民危机进入了集中爆发和严重恶化的阶段。

在整个 2014 年内，由于欧洲议会和欧盟委员会的换届和权力交接，欧盟决策层似乎仍未意识到难民危机的严重性。2014 年下半年，德国、瑞

① http://data2.unhcr.org/en/situations/mediterranean，访问日期：2015 年 10 月 20 日。

典、瑞士等欧盟成员国已经察觉到，偷渡活动突然迅速增加，大量难民突然出现并申请避难，似乎不太正常，但仍未表现出严重的关注或担忧。2015 年 4 月初以后，难民偷渡地中海的数量和频率骤然增多，相应的海难事故也骤然增多，4 月 15 日之后的五天里连续出现三起地中海难民沉船事件，经过媒体的曝光，使欧洲社会倍感震动，也惊动了欧盟决策层。从此时起，欧盟决策层才开始认真面对和思考难民危机。2015 年 5 月，欧盟委员会提出了"欧洲移民议程"，这是欧盟为应对难民危机而提出的第一项系统的总体政策架构。① 2015 年 3—11 月，欧盟委员会对"欧洲睦邻政策"架构进行了评估并作出了重大修改。② 同时欧盟决策层还提出了真正建立起"欧洲共同避难体系"（Common European Asylum System，简称 CEAS）、③"共同外部边界控制体系"（Common External Border Control System）④和"欧洲边界与海岸警卫队"（European Border and Coast Guard）⑤的目标。2015 年 4 月和 11 月，欧盟理事会还两次召集紧急会议，商议难民危机的对策。

（三）危机相对趋缓阶段的决策

2016 年 3 月下旬欧盟与土耳其达成难民问题协议至今，是难民危机的第三阶段，即危机相对趋缓的阶段。大量难民进入欧盟各成员国，不仅剧烈改变了欧洲内部的社会生态，而且容易成为推动恐怖主义传播的诱

① European Commission, *A European Agenda on Migration*, Commission document, COM (2015) 240 final, May 13th, 2015.

② European Commission, *Review of the European Neighborhood Policy*, Commission document, JOIN (2015) 50 final, November 18th, 2015.

③ European Commission Memorandum, *EU Action in the Fields of Migration and Asylum*, Brussels, October 9th, 2013; European Commission, DG Home Affairs, *A Common European Asylum System*, 2014.

④ Jean-Claude Juncker, *Political Guidelines for the Next European Commission*, Opening Statement in the European Parliament Plenary Session, Strasbourg, July 15th, 2014; Council document, 14141/14, *Take Action to Better Manage Migratory Flows: Strategic Approach and Operational Priorities*, Brussels, October 10th, 2014.

⑤ European Commission, *Securing Europe's External Borders: A European Border and Coast Guard*, December 15th, 2015.

因，成为亟待解决的紧迫问题，而欧盟制订的政策架构不论多么完善，都难以迅速奏效。因此，2016 年 3 月欧盟与土耳其达成协议：土耳其作为难民和移民北上进入欧洲的重要中转国，帮助阻止不符合欧盟避难条件的难民或移民向欧洲迁徙，而欧盟向土耳其提供大量资金，并承诺将加快决策进程，以便最终为土耳其公民提供免签证的优惠待遇。① 此后，欧盟又正式建立"欧洲边境与海岸警卫队"，②在北约的协助下对欧盟南部的边界和地中海区域加紧开展巡逻和警戒行动。自 2016 年春以后至今，进入欧洲的难民人数逐渐减少，没有再出现 2015 年夏秋之交那样的数量高峰。

（四）危机演进和欧盟应对的节奏

难民数量的变化能够最直接地反映出整个危机的起伏。将 2014 年初以来逐月实测的跨越地中海进入欧洲的难民数量进行汇总，并加以整理，就形成了图 1，从中可以看出难民数量的变化速度与欧盟应对难民危机的决策进程的关联。

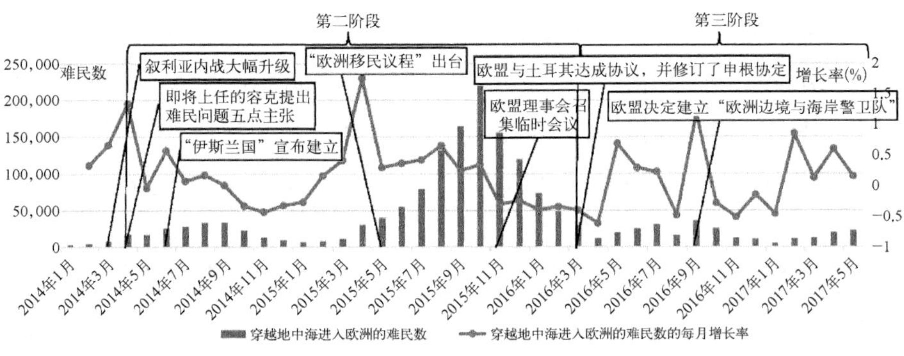

资料来源：由作者对联合国难民署（UNHCR）和"国际移民组织"（IMO）提供的数据进行逐月统计和整理后制作

图 1 穿越地中海进入欧洲的难民的实测数量的变化（2014 年 1 月至 2017 年 5 月）

① European Union Press Release, 144/16, *EU-Turkey Statement*, March 18th, 2016.

② Regulation (EU) 2016/1624 of the European Parliament and of the Council of September 14th 2016 on the European Border and Coast Guard, *Official Journal of the European Union*, September 16th, 2016, L 251/1.

中东北非难民穿越地中海进入欧洲的路线主要有三条：西线在西班牙登陆；中线进入意大利；东线集中于希腊。2014 年初以后，联合国难民署（UNHCR）和“国际移民组织”（International Migration Organization，简称 IMO）在西班牙、意大利和希腊等国的地中海北岸设立了工作站，对上岸的难民进行登记和实时统计。[①] 根据图 1 显示，由于地中海气候的缘故，难民迁徙数量在每年的夏秋之交会形成高峰。在难民危机集中爆发的 2014—2015 年，难民数量的这种高峰表现出明显的规律性，而且 2015 年与 2014 年的高峰数量（即 2015 年 10 月与 2014 年 9 月的实测数）相差 6.5 倍，由此可见难民危机的升级速度之快。2016 年 3 月欧盟与土耳其达成协议并加强边境管控之后，涌入欧洲的难民数量减少，危机得到一定程度的缓解，但 2016 年和 2017 年跨越地中海进入欧洲的难民数量并不低于 2014 年的水平，这表明难民危机并未得到彻底解决。

二、欧盟难民政策的体系结构

2011 年初“阿拉伯之春”全面爆发之后，欧盟即开始着手修订针对难民和移民的政策。随着中东乱局趋于动荡，难民危机渐露端倪，为应对形势变化和危机的升级，欧盟不断出台更为系统的新的政策架构，并提出更契合实际的政策构想。在将近 7 年的时间里，欧盟的难民政策已形成一个庞杂的体系，包含多个架构和设想，每一个架构和设想又包含多个更为具体的政策项目或实施方案，由欧盟决策体系里的多个机构协同实施，而这些架构、设想、项目的内容多有交叉和重合之处，显得琐碎繁乱。为清楚展现欧盟难民政策的体系结构，笔者制作了表 2。

① 联合国难民署和“国际移民组织”每月都会更新关于穿过地中海进入欧洲的难民总数的统计数据，详见：https://www.iom.int/press-room/press-releases，http://data2.unhcr.org/en/situations/mediterranean. 访问日期：2017 年 6 月 18—20 日。

表 2　欧盟难民政策的体系结构

政策内容体系 政策运作层面	总体政策架构	具体政策项目	实施政策的欧盟机构
Ⅰ. 超国家和地区间层面（欧盟外部层面）	经过修改的“欧洲睦邻政策”（ENP）架构	“欧洲睦邻政策工具”（ENPI）框架内的各种援助、贸易、交流与双边对话的项目	• “欧洲投资银行”（EIB） • “欧洲复兴开发银行”（ERBD） • 欧盟对外行动署（EEAS）
	得到修改和加强的“地中海联盟”（UfM）架构	在经济与社会事务领域开展的援助、交流与双边对话的项目体系	• 欧盟与北非国家联合运作的“地中海联盟秘书处”
	“应对移民与人口流动的全球方案”（GAMM）	1. “斯德哥尔摩进程” 2. “地区发展与保护项目”（RDPPs） 3. “人口流动伙伴关系”项目	• 欧盟理事会的“避难与移民问题高级工作组”（HLWG） • 欧盟对外行动署（EEAS）
	“欧盟与土耳其联合行动计划”	1. “一对一的难民安置”机制 2. “自愿人道主义吸纳”项目	• “欧盟边界与海岸警卫署”（Frontex） • “欧洲投资银行”（EIB）
Ⅱ. 带有超国家色彩的国家间层面（欧盟内部与外部之间的层面）	“欧洲共同边界控制体系”设想	1. “难民登陆热点追踪”机制 2. 欧盟联合边界与海岸巡逻行动（“波塞冬行动”“特雷顿行动”“索菲亚行动”）	• “欧盟边界与海岸警卫署”（Frontex） • “欧洲警察署”（Europol）

续 表

政策内容体系 政策运作层面	总体政策架构	具体政策项目	实施政策的欧盟机构
Ⅲ. 国家和次国家层面(欧盟内部层面)	“欧洲共同避难体系”设想	1. “都柏林规则改革计划”; 2. “欧洲安置项目”(European Resettlement Scheme) 3. “欧盟安置架构”(Union Resettlement Framework)	● “欧盟避难支持办公室”(EASO)
Ⅳ. 跨越多个层面的交叉综合体系	“欧洲移民议程”架构	▲ 内部:1. “欧盟民事保护机制”;2. 难民迁居与安置分配协调机制 ▲ 外部:1. “欧盟对非洲紧急信托基金”项目;2. “欧盟地区信托基金”项目	● 欧盟委员会 ● 欧盟理事会 ● 欧盟对外行动署 ● “欧洲投资银行”(EIB)

资料来源:作者自行制作

(一) 欧盟难民政策的高端层面:欧盟外部的层面

如表2所示,按照政策内容和实施主体的差异,可将欧盟难民政策的体系划分为三个层面。首先是高端层面,即欧盟外部的层面。在此层面,欧盟凭借“超国家”的独立实体的身份,借助欧盟对外行动署和欧盟驻中东北非主要国家的外交使团,以双边或多边外交活动的方式,通过开展具体项目的合作,来实施较为宏观和长远的综合政策架构,如“欧洲睦邻政策”(ENP)、“地中海联盟”架构(UfM)、“应对移民与人口流动的全球方案”(GAMM)等。这些宏观性的综合架构,致力于向欧盟周边地区和国家输送资金,开展交流,施加影响,来实现欧盟周边地区的经济发展、社会进步和政治改革，借以确保欧盟周边的地缘战略格局的相对稳定与和谐。只有在欧盟周边的国家予以认可和配合的情况下，这些架构才能顺利地付诸实施并产生效果。因此，将这一层面的政策架构付诸实施的主体，不是特定的欧盟成员国，而是作为“超国家实体”的欧盟。实施的渠道，是欧盟与周边的区域性组织之间的地区间合作机制，或欧盟与周边特定国家之间的双边合作架构。

（二）欧盟难民政策的中间层面：欧盟内部与外部之间的结合层面

中间层面，即欧盟内部与外部之间的结合层面。这一层面的政策架构和具体项目都聚焦于建立“欧洲共同边界控制体系”这一目标，致力于推动欧盟各成员国在边防、警察、情报和执法等强力部门主导的领域开展协作，以达到有效打击偷渡和遏制非法移民流入欧洲的目的。2016 年 9 月欧盟理事会以立法的形式建立起“欧洲边境与海岸警卫署”（European Border and Coast Guard Agency，Frontex）①是这一层面应对难民危机的一项最重要的决策。由强力部门主导的上述领域，都是国家主权最重要的组成部分，在上述领域开展行动的权力，都是国家主权最核心的要素，因而欧盟成员国并不愿意将上述领域的实质性的权力让渡给欧盟。有鉴于此，欧盟对这一层面政策架构的制订与实施，并不享有强制性的主导权或指挥权，欧盟各成员国只有在达成共识的基础上，通过国家间的协商与合作，才能出台和实施与“欧洲共同边界控制”有关的政策架构和项目。

（三）欧盟难民政策的基础层面：欧盟内部的层面

基础层面，即欧盟内部社会治理的层面。这一层面的总体架构主要是“欧洲共同避难体系”（Common European Asylum System，简称 CEAS）。在欧盟决策层看来，“欧洲共同避难体系”尚未完全建立，当初设想的诸多

---

① Regulation（EU）2016/1624 of the European Parliament and of the Council of September 14th 2016 on the European Border and Coast Guard, *Official Journal of the European Union*, September 16th, 2016, L 251/1.

制度要素并未在实践中确立,所以这一"体系"仍是介于政策设想和实质性的政策架构之间的一项制度安排。这一体系最具体的政策架构是关于难民避难申请的"都柏林规则",但 2014 年以来难民危机的集中爆发,表明"都柏林规则"僵化而低效,难以应对实际问题。因而自从 2016 年 5 月以来,欧盟决策层开始力推关于"都柏林规则"的改革计划。① 然而,受理难民避难申请、审查和决定是否接纳难民在本国居留的权力仍在欧盟各个成员国主权范围之内,属于各成员国实施内部社会治理的一项权力。随着当前反全球化和疑欧主义的民粹力量的崛起,欧盟各成员国的决策层不得不对移民与避难事务采取愈加严苛的立场,对"都柏林规则"改革计划的认可度越来越低,抵触心态越来越强烈。在此情形下,真正建立起"欧洲共同避难体系"的时间仍显得遥遥无期。

三、欧盟难民政策的决策机理的突出特点

从对欧盟难民政策的决策过程和体系结构的分析,我们可以看出欧盟关于难民问题的决策机理的两项特点。这两个特点制约着欧盟关于难民问题的决策活动的进程,影响乃至塑造了欧盟难民政策的议程设置、方案选择、实施方式和实际效果。因此,了解这两个特点有助于我们理解欧盟难民政策的本质特征和变化规律。

(一)特点之一:欧盟组织运作的双重特征

欧盟难民政策的体系结构,表明欧盟既是一个"超国家"(Supranational)实体,也是一个"国家间"(Inter-state)的国际组织,具有组织运作上的双重性特征。关于欧盟的决策机制的本质特征,历来存在"新

① European Commission, Proposal for Establishing the Criteria and Mechanisms for Determining the Member States Responsible for Examining an Application for International Protection Lodged in one of the Member States by a Third-Country National or a Stateless Person, COM (2016) 270 final, Brussels, May 4th, 2016.

功能主义”(Neo-functionalism)和“政府间主义”(Inter-governmentalism)两种理论范式之间的争论。① 前者认为欧盟的决策本质是“超国家”权威对原属于国家主权范围内的事务的管制与运作,后者则认为欧盟的运作是主权国家之间协商与妥协的结果,其决策本质上仍是主权国家的决策者的意图与偏好的反映,欧盟所体现的欧洲一体化,并不可能永远不断向前推进。上述对欧盟难民政策的结构层次的分析表明,“新功能主义”和“政府间主义”两种理论范式都有一定道理,因为欧盟同时兼备“超国家”和“国家间”的两种组织结构的特性。欧盟难民政策虽然体系庞杂,内容繁多,但各项总体架构和具体政策项目都可以归入从“超国家”到“次国家”的各个层面。

例如,“欧洲睦邻政策”“地中海联盟”和“应对移民与人口流动的全球方案”这三项用于应对难民危机的架构,都是欧盟在21世纪的最初十年里推出的,并已平稳运行多年。欧盟内“超国家”色彩最为强烈的决策机构,即欧盟委员会,完成了这三项架构的总体规划与具体项目的政策设计;欧盟自身的财政收入成为这三项架构所需资金的主要来源,欧盟作为独立实体对欧洲区域外以外的国际组织和特定国家开展的外交行动,成为这三项架构的主要实施方式,因而这三项架构成为特征鲜明的“超国家”层面的政策架构。而与此形成对照的是,关于“欧洲共同边界控制体系”的设想,以及“欧洲边界与海岸警卫署”的运作,则完全依赖欧盟各成员国的共识与协作,是“国家间”的架构。边界控制必然涉及边防、警察、情报、执法等国家主权的核心领域,欧盟各成员国在这些领域并未让渡实质性的权力,其对具体项目和具体事务的合作意愿,影响着“欧洲共同边界控制体系”建设的推进程度。

① Ernst Haas, “International Integration: The European and Universal Process”, *International Organization*, 1961, 15/3, pp. 366 – 392; L. N. Lindberg and S. A. Scheingold, *Europe's Would-be Policy*, Englewood Cliffs of New Jersey: Prentice-Hall, 1970; Stanley Hoffmann, “Obstinate or Obsolete? The Fate of the Nation-State and the Case of Western Europe”, *Daedalus*, 1966, 95/3, pp. 862 – 915; A. S. Milard, *the European Rescue of Nation State*, London: Routledge, 2000.

（二）特点之二：双重特征影响下的欧盟认知与决策的速度和实效

欧盟具有的"超国家"实体和"国家间"组织的双重特征，延缓了欧盟关于难民问题的决策节奏和速度，减弱了欧盟难民政策的实施力度和实际效果，致使欧盟关于难民问题的认知严重滞后，相关决策进程相当缓慢，而且内部分歧严重，实施效果较差。欧盟作为"超国家"实体，是欧洲政治体系的上层精英按照抽象理念建构起来的，并不是西欧民族国家那样的具备牢固社会基础的代议制民主体系。其凌驾于国家体系之上的"超国家"特性，导致欧盟的组织架构重床叠屋，决策层级繁复混乱，社会诉求难以上传，最终使其在一些复杂问题上认识和决策落后于现实的变化。欧盟作为"国家间"组织的特性，表明一些重大决策的制订和执行，需要以成员国的一致认可和支持。一旦成员国在涉及切身利益的问题上各执一端，议而不决或决而不行，则欧盟的一些重大决策就可能无法落实或实效不佳。欧盟东扩以后，新老成员国之间在文化传统、历史经验、意识形态和政策偏好等观念层面的差异逐渐凸显出来，欧盟内部在难民危机这样的复杂问题上的分歧难以避免。

一方面，欧盟决策者形势认知与决策进程的速度，与难民危机和中东乱局的演进速度相比，存在明显的滞后。实际上，2010 年底"阿拉伯之春"爆发后，难民与移民问题就一直处在欧共体和欧盟决策层的关注范围之内，但却一直未进入决策者优先考虑的议题范围。2011—2012 年，随着中东北非乱局的持续发展，欧盟决策层对其处理与中东北非关系的政策架构进行了微调，也提出了一些预案和设想，但并未预计到难民问题的严重性。2014 年春夏之交的时候，"伊斯兰国"宣告成立，叙利亚和伊拉克的形势急剧恶化，涌入欧洲的难民数量大幅上升，欧盟决策者的关注度才开始提高。2014 年 5 月至 9 月新一届欧洲议会和欧盟委员会产生时，即将上任的欧盟委员会主席容克在其施政纲领中阐述了关于移民政策的五点主张，但此时在欧盟决策者看来，难民仍然只是众多"问题"里的一项，而不是"危机"。直到 2015 年 4 月难民在地中海里沉船死亡的事件连续发生，震动了欧洲社会，欧盟决策者才意识到难民的涌入已经从"问题"演变成了一场"危机"。自此之后欧盟决策才开始启动危机决策的程序，开始较为密集地研讨相关的政策方案。

另一方面,2015 年下半年以来,随着难民危机的加剧,欧盟开始在“欧洲共同避难体系”构想的框架之内推行“欧洲安置项目”,以接近硬性摊派的方式向各成员国分配其必须接受和安置的难民配额,引起中东欧成员国的反感和抵制。欧盟决策层与中东欧成员国之间矛盾不断积累,双方的对立从 2017 年初以来愈加激烈,趋于公开化。特别是维谢格拉德集团的波兰、匈牙利、捷克和斯洛伐克四国的抵制尤为强烈,波兰和匈牙利始终拒绝接纳任何难民,捷克从 2017 年初开始也坚决停止接纳难民。2017 年 6 月 13 日欧盟委员会宣布对波兰、匈牙利和捷克三国正式启动制裁程序,①而这三国也已将欧盟委员会告上欧洲法院,②波兰外交部还立即发表了措辞强硬的声明,抨击欧盟委员会的这一做法。③ 在此情形下,“欧洲共同避难体系”的推行已遭遇严重阻力,欧盟内部围绕难民政策产生了很深的裂痕。

四、结　　语

上至罗马教皇方济各,下至欧洲媒体,都将 2014—2015 年集中爆发的难民危机称为“二战以来欧洲面临的最大的悲剧”。确实,难民危机强烈冲击了欧洲现有的社会秩序,改变了欧盟在对外战略、边界管控和内部治理等领域的形势认知和决策方向,甚至导致欧盟内部的分歧与裂痕,抑制

---

① Commission Press Release, Relocation: Commission Launches Infringement Procedures against the Czech Republic, Hungary and Poland, Brussels, June 14th, 2017; Commission Press Release, Commissioner Avramopoulos's Press Conference, Strasbourg, June 13th, 2017.

② POLITICO, Brussels Prepares Penalty over Refugee Inactions. http://www.politico.eu/article/europe-refugees-brussels-prepares-penalties-over-inaction-czech-republic-hungary-and-poland/, 访问日期: 2017 年 6 月 20 日。

③ http://www.mfa.gov.pl/en/news/mfa_statement_on_the_european_commission_s_decision_to_launch_infringement_procedures_against_poland_the_czech_republic_and_hungary, 访问日期: 2017 年 6 月 20 日。

了欧洲一体化的推进节奏与速度，可谓意义重大，影响深远。欧盟对难民问题虽早有考虑，却未能预见到危机的爆发，为应对危机而不得不开展密集的评估与决策。如表 1、表 2 和图 1 所示，欧盟难民政策历经三个阶段，跨越四个层面，包含了一系列的宏观架构和具体项目，形成了庞杂的体系。实际上，难民危机与 2010 年底“阿拉伯之春”爆发后延续至今的中东北非乱局密切关联，只要中东北非乱局的碎片化趋势仍在持续演进，难民危机就难以彻底平息，欧盟决策层应对这一危机的决策活动也就必然会持续下去。同时，欧盟所具有的“超国家”实体和“国家间组织”的双重特性，决定了欧盟的难民政策隐含着结构性的内在矛盾，这些矛盾将随着相关决策活动的持续进行而逐渐凸显，今后欧盟内部围绕难民政策产生的分歧与裂痕仍会继续加深。对欧盟难民政策的决策机理的分析，能够为我们更深刻地认识欧盟决策体系的结构特征与运作规律提供独特的视角，也为深入研究奠定坚实的基础。

第六节
欧盟共同难民法律框架运作与部分失灵的原因分析

寿冰琰*

刘佳程**

2015年春,由于中东、西亚、北非等地区的动荡与战乱,大量的难民涌入欧洲。难民的到来犹如在地中海掀起了巨浪,冲击着欧洲原有的社会秩序,令后者几乎不堪重负。欧洲各大媒体纷纷以“有史以来最严重的难民危机”形容此次难民潮。同年9月29日,欧洲理事会主席唐纳德·图斯克(Donald Tusk)在联合国大会上称,欧洲正面临着几十年来都未曾有过的挑战——一场“空前的难民和移民危机”。① 早在2015年欧洲难民危机全面爆发前,欧盟各国在难民领域已出台了一系列条约和文件,构建了以《都柏林公约》为核心的欧盟共同难民法律体系。

一、欧盟共同难民法律体系的原则与现实的矛盾

然而在面临这场“空前的难民危机”的冲击时,欧盟各国的现实应对与欧盟共同难民法律体系的法律框架之间出现了一些矛盾与相悖之处,

---

* 寿冰琰,上海外国语大学欧盟研究中心硕士毕业生。

** 刘佳程,上海外国语大学欧盟研究中心助理研究员。

① “Donald Tusk Defends European Response to ‘Unprecedented’ Refugee Crisis”, http://www.google.fr/amp/s/amp.theguardian.com/world/2015/sep/29/donald-tusk-defends-european-values-united-nations, 访问日期: 2016-11-5.

其中最主要的几对矛盾体现在以下几方面：（1）根据《都柏林公约》规定，难民入境后抵达的首个欧盟成员国应负有难民审查和收容的义务。然而在此次难民危机中，由于入境难民人数过多，希腊、意大利、匈牙利等一线国家并未能如公约所要求的那样担负起登记和审查责任，反而选择对过境难民大开绿灯，将其引入欧盟其他国家。（2）根据《马斯特里赫特条约》，欧盟可以决定承认非欧盟公民作为难民或者避难申请人身份的最低标准以及将避难申请人及难民均衡分配到各个成员国的措施。但是在此次难民危机中，当欧盟委员会要求各成员国分摊难民人数时，只有部分国家响应，其余一些国家则表现出不配合甚至反对的态度（如波兰、捷克、斯洛伐克等）。（3）根据欧盟规定，每个避难申请者入境欧盟后都需要留下指纹数据并上传到欧盟指纹数据库中，一旦避难者在一个成员国提出了避难申请后，无论成功与否都不得再向其他成员国提出申请。但是根据德国媒体的报道，约有 1/8 在德国境内登记的难民在完成登记后不知所踪，德国内政部对此解释称，这些难民最有可能的去向是越过边境进入了别的欧盟国家。① 无论德国内政部的说法是否属实，难民在欧盟境内随意流动已是不争的事实，说明《都柏林公约》从欧盟层面统一对难民流动进行管控的措施已经失效。对于欧盟共同难民法律体系的原则与现实间的矛盾产生的原因，以下将从成员国和欧盟两个层面分别展开分析。

二、成员国层面的原因分析

欧盟是长期处于超国家的“联邦欧洲”模式与国家中心的“联盟欧洲”模式的相互竞争和不断妥协的博弈的结果，这也使得欧盟在一些领域的合作既坚持主权国家之间的合作，实行超国家的原则和规则，又尊重并保

① “Jeder achte Asylbewerver verschwunden”, http://www.tagesschau.de/inland/fluechtlinge-1503.html，访问日期：2016-11-5。

持国家主权的独立性。① 由于欧盟自身这样一种特殊的结构，决定了对于欧盟往往不能一味遵循由上自下或由下自上这样单一的研究方式，而需要从欧盟层面和成员国层面双方面入手。在难民领域，尽管失效的表现发生在欧盟层面，但是鉴于该领域显著的政府间特性，从成员国层面探究矛盾的根源亦是必不可少的。

(一) 地缘因素

在此次难民危机的应对中，欧盟各国表现出了不同的态度：德国和瑞典等国采取了较为宽松的收容政策，承担了大部分的难民；匈牙利、意大利、希腊等国或是限制难民入境，或是对其采取不安置的消极处置，放任其进入其他欧盟国家；希腊政府在难民潮到来的初期，曾试图对其进行安置和援助，但因源源不断涌入的难民超出了希腊的承载力，希腊政府不得不"开闸放水"，对路经希腊的难民进行放行，引导其进入其他欧盟内陆国家；意大利政府则将难民安置在食宿条件都不符合安置标准的停车场内，并向难民发放申根旅游签证，纵容他们前往德、法等国寻求避难；匈牙利政府则更为强势，面对滚滚而至的难民，匈牙利总理欧尔班(Viktor Orbán)在接受《德国画报》采访时称："让难民从哪来回哪去。"②试问是什么造成了各国对待难民差异如此之大的态度呢？如果对此次难民潮的来势进行分析，不难发现，这些采取较为严厉和消极态度的国家大多处在欧洲的边境线上，是接收难民的"一线国家"。根据联合国难民署等多家机构统计的信息，难民和移民们以非正常手段入境欧洲，主要经由三条线路：西线是从北非最西的摩洛哥进入西班牙；中线是从突尼斯、利比亚和埃及前往意大利；东线则是从土耳其渡海来到希腊。可以清晰地看到，意大利、西班牙、希腊等国作为欧盟的海路边境，毋庸置疑处于"一线国家"之中，而匈牙利作为登陆欧洲大陆的难民进入申根国家的第一道防线，是

---

① 伍贻康等著：《多元一体：欧洲区域共治模式探析》，上海：上海社会科学院出版社，2009年12月版，第24页。

② "Viktor Orbán's interview with Bild", http://hungarianspectrum.org/2015/09/12/viktor-orbans-interview-with-bild/，访问日期：2016年12月9日。

陆路上的"一线国家"。由于《都柏林公约》中强调了难民入境的"第一接收国"对难民审查的责任和义务,致使这些"一线国家"不得不耗费大量人力物力对难民进行甄别。当这些难民在"一线国家"提出避难申请,那么依照《都柏林公约》,他们将不得继续进入欧盟其他国家申请避难,这也就意味着"一线国家"必须至少负责这些难民在甄别期间的食宿。尽管公约赋予了这些国家遣返不符合甄别标准的申请者的权力,但却无法实际减轻"一线国家"的负担。该公约表面上赋予了当事国处理难民问题的若干权力,但实际对希腊、意大利和匈牙利这些"一线国家"来说,等于给政府套上了法律的"紧箍咒",逼迫它们对第一次进入本国的难民进行全程管理,这无形中给了这些国家巨大的压力。① 通过上述分析不难看出地缘因素对成员国的政策立场的影响,当各国不同的地缘条件结合《都柏林公约》的"第一接收国原则"时,难免产生各国接收压力不均的现象：处于外围的边境国家几乎承担了所有的难民入境压力,而处于内陆的中欧国家则因此规避了大多数难民入境的可能性。这也解释了为什么在此次难民危机中,"一线国家"纷纷选择违反《都柏林公约》,放任难民入境欧洲大陆。"第一接收国"原则的实际落实效果不佳,也从另一个侧面反映了《都柏林公约》和《都柏林条例》在相关法律设计上的缺陷。尽管通过《申根协定》,欧盟成员国在边境开放和管控问题上达成了一种超越传统主权国家的合作模式,但是各国的边境管控权限实际仍掌握在各成员国的手中。即便在《申根协定》的框架下,成员国仍具有自主选择开放或关闭其边境的权力。② 两相比较,不难看出"第一接收国"原则在制度设计与现实之间存在的矛盾——保障"第一接收国"原则实施的基础在于强有力的边境管控。如果边境管控失效,就会造成"一线国家"与内陆国家在难民分摊压力上的极大不均衡,从而有可能导致整个公约体系的崩溃。然而,对于边境管控的关键权限却并没有掌握在欧盟手中,这也就意味着一旦"一线

① 赵俊杰著：《欧洲难民危机专题研究报告》,北京：中国社会科学出版社,2016 年 6 月版,第 61 页。

② 根据《申根边界准则条例》,成员国可在发生重大安全事件或面临严重安全威胁时重启边境监控措施。

国家”选择违反公约开放其边境任由难民过境，或是内陆国家出于道义考量主动引入难民入境，都会影响到《都柏林公约》实施的效果。并且，在此次的难民危机中，我们也已经看到了类似情况的发生，当意大利向难民发放旅游签证，鼓励其进入内陆国家时，欧盟所能做的也只有通过召开内政部长理事会进行协商。

（二）内政因素

除了地缘因素外，内政因素也是影响成员国在应对难民问题时不同表现的重要因素。以下将选取德、法两国进行案例分析，观察内政因素，尤其是国内政党对成员国的影响力。从输出结果来看，德、法两国在此次难民危机的应对中采取的态度有着明显差别。法国政府对待难民的态度不甚积极，尽管给人以自由浪漫印象的法国一直以来标榜本民族的人道主义传统，但在此次难民危机中，法国政府的作为却颇有些“雷声大，雨点小”的架势。法国政府不仅没有采取实质性的措施收容难民，反而用严苛的移民程序“吓退”了不少难民；而欧盟的另一个核心成员国德国则对难民实施“门户开放”政策，敞开怀抱“拥抱难民”。根据欧洲统计局公布的2015年第一季度各国收到的难民申请数量来看，德国以73,120的申请数位居第一，占整个欧盟接收难民申请数量的39.6%；法国则仅有14,770份申请，占比8%。① 但是两国在地缘特征和经济体量上的差别却不大。从欧盟28国2014年的主要经济指标的对比可以看出，德国2014年的国内生产总值是29,156.50亿欧元，法国是21,324.49亿欧元，两者分别占欧盟28国2014年国内生产总值总和的20.90%和15.29%，位列第一与第三位。② 考虑到排名第二的英国在欧盟中较为特殊的角色，德、法两国实际是欧盟中最重要的两大成员国。而从两国的地缘特征来看，德、法两国都不属于难民首先登陆的“一线国家”。若难民要入境法国，则必须先

① “Asylum in the EU in the first quarter 2015”, http://ec.europa.eu/eurostat/documents/2995521/6887997/3-18062015-CP-EN.pdf/4457b050-26f9-4cf1-bf27-9ffb73ff8c7b，访问日期：2016-12-9。

② 赵俊杰著：《欧洲难民危机专题研究报告》，同上，第45页。

通过意大利或西班牙的国境线。同样，德国的面前也有匈牙利、捷克、斯洛伐克等国作为"安全国"。由此看来，德、法两国在客观条件上"势均力敌"。那么，排除外因，导致两国对待难民态度这一输出结果不同的变量最有可能就是两国自身的内政因素。在此我们不得不关注的是两国的右翼政党在其中发挥的作用。德、法两国虽同为多党制国家，但两国的政党有着自己独特的历史"记忆"。按照历史制度学派的看法，发生交往的各种行动人并不只受到制度的限制，他们还进一步沿着各种事先决定的行动路径活动。换言之，德、法两国的政党以一种路径依赖的方式在发展着。法国第五共和国的传统政党制度是一种温和多党制，由社会党所在的左翼与共和党（原人民运动联盟）所在的右翼通过选举进行执政。但是随着极右翼政党国民阵线的崛起，渐渐在法国形成一种新的局面。国民阵线是法国公认的极右政党，在创建之初，该党经历了将近十年的低迷期，从 2002 年到 2006 年，国民阵线才逐渐确立了自己在法国的第三大党地位，紧跟在人民运动联盟和法国社会党之后。然而，令人震惊的是，在 2011 年总统候选人的民意调查中，国民阵线的领导人玛琳娜·勒庞（Marine Le Pen）成为排名第三的总统候选人。据法国《巴黎报》报道，在 2011 年 2 月的民调现实中，她的支持率是 23%，比时任总统萨科齐的民意支持率还高出 2%。[①] 从国民阵线的崛起也可以看出法国社会右倾化的趋势。作为法国的极右翼政党，国民阵线从组建之初就将矛头指向了外来移民。无独有偶，根据法国《快报》2015 年 9 月所做的一项民调表明，55% 的法国人反对放宽接收难民的政策。[②] 由于本国民众的右倾思想，法国政府尽管有着在共同难民法律体系内分摊难民的责任和义务，但为了保全支持率，也不得不顾及国内舆论，只能选择将自己的后背转向前来寻求帮助的难民。德国也有着多党制的传统，二战后逐渐形成了"两大一小"的政党体制，近年来随着绿党的发展与新选项党的异军突起，这一格局已渐渐演变为"两大两小"，乃至"两大多小"。但是德国的右翼政党在成为社

① 杨云珍著：《当代西欧极右翼政党研究》，上海：上海人民出版社，2012 年 8 月版，第 89 页。

② 赵俊杰著：《欧洲难民危机专题研究报告》，同上，第 55 页。

会主流的道路上却遭遇到了比在其他欧洲国家更大的阻力,这与德国自身独特的历史有关。由于德国经历了魏玛共和国时期希特勒"合法"上台的历史教训,各界民众的思想意识已经大大提高,同时有法律制度上的多重防范及保障机制,政府及社会各界也与极右翼势力不断进行斗争,因此也导致了德国的极右翼势力很难成为社会主流,而只会处于社会的边缘。① 换言之,尽管愈演愈烈的难民危机以及由非法移民带来的社会问题使德国民众产生了厌烦的情绪,但是出于一种历史路径的依赖,德国民众对于宣扬民族主义的右翼势力仍持有谨慎的态度。在 2016 年 9 月,德国的选项党(AfD)女党首弗劳克·佩特里(Frauke Petry)曾发表言论,试图为"民族的"(völkisch,原纳粹用语)一词"洗白",但却触动了德国民众对纳粹敏感的神经,引发了许多负面反响。② 更有甚者,纳粹德国时期的历史背景更影响到了德国在难民庇护问题上的立法。有观点认为,正是出于对二战历史的负罪感,如今的德国在对待难民问题上才会如此"宽容",更是将"庇护权"写进了德国的《基本法》中。③ 综上所述,便不难理解为何有着相似经济和地理条件的德、法两国在应对难民时会有着如此不同的表现,而从这两个国家的表现我们也可以进一步了解到,成员国即使在欧盟共同的庇护政策的约束下,依然有充分的理由和行动力"各自为政",导致对共同庇护政策的事实上的违背。

除了国内政党对成员国的决策所产生的影响外,成员国内部不同层级之间的权限对接也是影响各国难民接收的实际操作的重要因素。同样以德国为例,作为联邦国家,整体国家与地方政府的权限划分是其标志性的特征,然而在难民接收的问题上,德国联邦政府与州政府在权限划分和对接中就出现了矛盾。这一矛盾最典型的表现莫过于 2016 年巴伐利亚

① 杨云珍著:《当代西欧极右翼政党研究》,上海:上海人民出版社,2012 年 8 月版,第 105 页。

② "Petry will Begriff 'völkisch' positiv besetzen", http://www.sueddeutsche.de/politik/alternative-fuer-deutschland-petry-will-begriff-voelkisch-positiv-besetzen-1.3156403,访问日期:2016-12-9。

③ 胡春春:《为什么是德国——德国庇护政策的由来》,载《学习时报》,2015 年 10 月 26 日第 006 版。

州州长用大巴车将31名难民运送至柏林的事件。这一事件固然可以视为该州州长的个人行为，但是也体现出了联邦立法权与地方的行政权之间的脱节。作为一个将避难权写进基本法的国家，德国的宪法中对于避难相关事宜的立法权限有明确表述，在《基本法》第70和71条中指出："联邦和各州之间权限的划分应根据基本法关于专属立法和竞合立法的规定。"在专属立法范围内，"各州只有在联邦法律明确授权时，才有立法权"；而在竞合立法范围内，"在联邦不行使立法权制定法律时，各州才有立法权。"①而在进一步划分权限领域的条款中，"难民和被驱逐者的事务"一项被划分在了竞合立法领域中。结合以上条款内容，可以得出如下结论，即在难民事务上，联邦政府享有优先立法权，各州只有在联邦不行使这一立法权时，才有自主立法的权力。这样的条款从法律文本上明确了联邦和州政府的权限划分，看似无疑是清晰而严谨的，但是在实际的操作中，仍存在几个矛盾之处。首先是联邦在竞合领域的立法权限问题，尽管条款确保了联邦在竞合领域立法的优先性，但却也同时对联邦在什么情况下适宜拥有立法权做出了限制，即当"在全国利益下维护法制和经济的统一而有必要由联邦法律规定"时，联邦才享有立法权。这一限制除了是出于联邦整体利益的考虑，更是为了保障州政府的立法权限，在某种程度上与欧盟立法权限的从属性原则相同。但它也使得联邦与州政府在竞合领域的立法权限划分变得模糊起来，对于某一事件是否符合"全国利益"的争议很有可能延缓联邦在该领域的立法进程。其次，联邦与州政府在该领域还存在行政权限的划分问题。作为法律的实体化的独立环节，行政环节并不仅仅是立法或统治的简单延伸。根据《基本法》第8章的相关条款规定，行政权限在常规情况下是交由各州作为其自身事务来完成的，只有在极少数的特殊情况下，"联邦政府可授权州政府发布个别指令"，且"除联邦政府认为情况紧急外，此类指令应向各州的最高行政机关发布"。② 换言之，即使联邦政府就难民收容等相关标准制定了法律，实际

① 孙谦、韩大元主编：《欧洲十国宪法》，北京：中国检察出版社，2013年4月版，第147页。

② 同上，第154页。

进入各州的难民的安置仍是由州政府来执行，而各州政府在执行中不免会有差异存在。来自德国比勒菲尔德大学的研究员就对德国柏林、北莱茵—威斯特法伦、巴伐利亚、巴登—符腾堡四个州针对难民融入的地方法律进行了比较分析，通过对比发现，四个州在政策目标上基本一致，但在具体政策执行中各州都有自己的特色，四个州在例如补助方法、融入政策、难民/移民是否分类等问题上都有不同的考量。① 当然，导致联邦与州政府矛盾的还有一个重要原因就是财政因素。由于州政府承担了行政的职权，在难民安置和审查的过程中也负担了一大笔财政开销。在这个问题上，瑞士曾做出过有效的尝试。瑞士联邦政府设定了一套快速有效的难民甄别审核体系，并且将大部分的审核环节在联邦层面下操作，小部分的需要进一步甄别的难民才会分流进各州政府审核，由此大大减轻了各州的负担。到 2020 年，瑞士政府还将设立一套方案，其核心是在各州加强合作的基础上，由各州负责难民安置，而联邦政府将为此全权“买单”。② 如此一来，既避免了联邦与州政府因财政问题而起分歧，又减少了因各州安置条件不同而引起的安置压力不均。

三、欧盟层面的原因分析

除了从地缘因素与内政因素两方面分析成员国为何会选择打破欧盟共同难民法律体系的约束外，还存在另一个更值得反思的问题，即：为何成员国能够有打破约束的权力？显然，除了成员国自身的选择外，欧盟层面的制度设计也是造成欧盟共同难民法律体系暂时失灵的重要原因。

（一）向政府间主义倾向的机构平衡

尽管《马斯特里赫特条约》明确了司法与内务合作为欧盟一体化的第

① Eichenhofer：Integrationsgesetzgebung，*ZAR*，2016，p. 251.

② Thränhardt：Kann Deutschland vom neuen Schweizer Asyverfahren lernen?，*ZAR*，2016，p. 329.

三大支柱，但是从该领域目前的机构设计来看，其政府间主义的倾向是显而易见的。第三章已经对欧盟各主要机构在第三支柱的决策程序中所拥有的职能做了简要概述，从政策制定的参与程度来看，超国家级别的欧盟机构所拥有的权力十分有限，这是第三支柱的决策程序在设计上向政府间主义倾斜的一方面。另一方面，除了政策参与度较低外，超国家机构在政策监督上所有的权力也受到了制约，这与第三支柱内生效的法律文件的性质也有关联。欧盟的法律文件按期适用范围不同可主要分为两类：一类是由条约构成的欧盟“一级法律”；另一类则是由条约的派生法构成的“二级法律”。由条约构成的欧盟“一级法律”体系，是欧盟的法律渊源，主要包括欧盟的基础条约、欧洲法院通过司法实践形成的一般法律原则，“一级法律”体系在欧盟发挥着如同国家宪法的作用；“二级法律”主要包括欧盟部长理事会和欧盟委员会的条例、指令、决定、建议与意见。如《阿姆斯特丹条约》就属于“一级法律”体系，而在第三支柱的决策程序下由理事会做的决议则可归入“二级法律”体系中。在“二级法律”体系中，条例、指令、决定、建议与意见也都有着不同的约束效力。条例（Regulations）是具有最普遍意义的二级法律，它在每一个成员国都有着直接适用的效力，换言之，条例生效后不需要成员国国内立法机关采取其他措施即可在成员国内生效，且成员国不得以任何理由拒绝执行效力；指令（Directives）的适用范围和适用效力略低于条例，其效力只适用于其所针对的特定的国家，并且指令在成员国内的执行需要通过成员国国内法的转换，其具体执行方式的决定权也掌握在成员国手中；决定（Decisions）是共同体机构就某一特定事项针对某一成员国或欧盟公民作出的裁决，具有完全法律效力，但是只适用于裁决的接受者；建议与意见（Suggestions and opinions）则属于欧盟机构就某一问题所表达的观点，它们在法律上不具有约束力。欧盟在第三支柱中所通过的框架决定则不同于上述决定。框架决定由欧盟理事会以一致同意方式通过，主要是为了反映该领域的政府间合作，而非为了寻求成员国国内的法律法规的趋同化。因此，第三支柱中的框架决定从其法律效力上而言更接近于欧盟“二级法律”体系中的指令。框架决定虽对成员国具有法律约束力,但成员国可以自行选择其执行形式和方法。这也使得欧盟超国家机构失去了政策的执行权与司法解释权。完善的法律体系一直是欧盟赖以运行的基石,在欧洲一体化的过程中,随着法律影响范围的扩大,许多传统上属于成员国主权范围内的事项开始被纳入到了共同体的法律体系中,这其中也包括第三支柱下的难民领域。但是从欧盟共同难民法律体系的制度设计和实际运行中可以看到,欧盟的法律体系在这些传统领域内尚不具备成型、成熟的条件,来自成员国主权和欧盟法律体系扩大之间的冲突从未停止,也为这一领域的法律体系建设带来了不确定性。

(二)欧盟超国家特性的局限性

欧共体委员会首任主席哈尔斯坦曾把欧共体的发展比作三级火箭:"第一级是关税联盟,第二级是经济联盟,第三级是政治联盟。"现今欧盟一体化的三大支柱也无出其外,除了第一支柱的经济联盟,第二支柱的共同外交与安全政策与第三支柱的司法与内务合作都可列入政治联盟的范畴中。从"经济欧洲"到"政治欧洲",欧盟身份的转变既符合一体化发展规律,也顺应了欧洲发展的客观要求。然而,欧盟建立以来的实践表明,政治联盟建设与经货联盟建设相比较,一体化水平严重滞后,存在体制、机制上的致命缺陷,缺乏发挥整体性的功能。① 难民危机的爆发恰巧发挥了"试金石"的作用,基于欧盟第三支柱合作下的欧盟共同难民法律体系在危机的考验下暴露出了其协调能力不足的问题,也是欧盟政治建设存在体制缺陷的表现。就共同庇护体系自身而言,问题的根源主要在于欧盟与成员国之间在该领域仍然无法取得主权转让的实质性突破。由于外交、内务等话题历来属于成员国的内部事务,相较经济合作更深触及了成员国的核心利益,因此欧盟虽有在该领域达成合作的需求,但基本还是停留在政府间合作上。即使有着具有联盟表象的

① 伍贻康著:《欧洲一体化发展轨迹研究:伍贻康文集》,上海:上海社会科学院出版社,2015 年 6 月版,第 40 页。

合作机制，但由于成员国还不愿意将政治职能直接赋予欧盟超国家机构，也注定了这些机制在真正面临考验时出现行动能力受限，甚至失效的问题。对于这一表象和实际操作层面的矛盾也可以通过职能分割的理论来尝试解释。该理论的预设前提是超国家和国家之间在职能的行使权上的零和关系，即一旦国家转让一定程度的职能给超国家，就意味着国家在该职能上失去了相应程度的自主性。出于一种“功能外溢”的需求，国家让渡的职能范围逐步扩大，但同时在国家主权需求比较敏感的职能领域内，国家又会自主产生“控制外溢”的政治意图。最终的结果就是职能让渡的不完备和由此带来的职能领域的分割：传统的统一于领土国家的职能结构被分裂到了两个相对独立的决策层次。[①] 有学者在论述《稳定与增长公约》的失灵时就以职能分割理论进行解释。由于《马斯特里赫特条约》“将统一货币政策相关职权授予欧元体系，而将其他经济政策职权保留给成员国”，使得货币政策和财政政策两个重要的职能权力被分裂到了两个决策层次中。职能的分离导致了两个决策层面政策导向的分化，并最终导致《稳定与增长公约》的僵化和失灵。在制定难民共同法律体系的过程中，成员国与超国家机构之间也存在这样一种职能分割。在超国家层面上，政策的制定有着明显的价值导向，几乎完全服务于“政治欧盟”建设的需要，但却没有认真考虑到成员国国内稳定的因素，同时第三支柱执行机制的薄弱更是使得欧盟共同难民法律体系在先天上就显得不足。

无论是从主权让渡的角度还是从职能分割的角度来看超国家与国家间的冲突，最终都指向了一个根本的问题——欧盟自身的定位不明。对于欧盟这样一个特殊的存在，学者们一直在为其定位而争论不休，莫衷一是，而这样一种争论的存在本身也反映出欧盟身份的复杂性。概括起来，国内外学术界对欧盟性质的判别主要分为两大类：邦联论（国际组织）和联邦论（超国家组织）。支持邦联论的观点认为，欧盟虽然设有超国家的

---

① 吴志成、薛晓源主编：《欧洲研究前沿报告》，上海：华东师范大学出版社，2007 年 2 月版，第 229 页。

立法和司法机关,但这些机构的权力来自成员国主动的给予,欧盟在本质上仍是若干独立的主权国家为了特定的目的而组成的联盟体;而支持联邦论的学者则提出,现实的欧盟虽然尚没达至联邦国家的程度,但与美国早期的邦联相比较,其超国家特性更为明显。若将欧盟视为邦联或国际组织,是低估了欧盟的"超国家性",只有以动态的眼光观察欧盟成员国家主权让渡的程度变化,才能更准确地把握欧盟的性质。目前的欧盟虽未达到联邦的程度,但是正处于朝联邦发展的过程中,至少应将其视为一个"准联邦"而非国际组织看待。① 欧盟定位的不同也对如何看待欧盟共同难民法律体系带来了不同的视角。若以"邦联"看待欧盟,那么欧盟在第三支柱的合作已经高于传统邦联的合作程度,此次难民危机的爆发不过是验证了欧盟在这一领域的合作超出了国际组织力所能及的范围,《都柏林条约》的失灵也仅仅是成员国行使本应属于它们的权力。但若以"联邦"看待欧盟,那么难民危机则是指示了欧盟在政治领域合作的欠缺之处。如果欧洲一体化的方向真是走向联邦,那么欧盟所必须要面对和解决的问题就是欧洲联邦与民族国家的关系。

四、结　　语

如果在难民危机爆发伊始成员国之间的态度差别还可归咎于应对无措的话,摊派计划的艰难推行则清晰地暴露出了欧盟共同难民法律体系在体制上存在的缺陷。面对个别国家的不合作态度,除了发出暂停拨款或经济制裁的警告,欧盟所能做的十分有限。欧盟所拥有的权力从根本上来自成员国的给予,尤其在政治合作领域,欧盟的决议仍有赖于成员国的自愿执行。

从难民危机造成的影响来看,欧盟所面临的考验是严峻的。难民的

① 张定准著:《欧洲联盟: 体制与对外行为能力》,重庆: 重庆出版社,2011 年 3 月版,第 19—22 页。

大量到来不仅对接收国的经济造成了压力，也对其社会稳定产生了影响。根据德国联邦警局公布的统计，2015 年德国犯罪案件增长高达 31.6%，其中近四成案件都与非法入境有关，总数达到 171,477 件，比 2014 年暴增 151.6%。但是这并不是最严峻的问题，眼看着欧盟的共同难民法律体系陷入无力执行的困境，欧盟更应该反思的应是共同体的政治建设下一步应何去何从。若单以制度的设计缺陷为考量，想要修复失灵的共同难民法律体系并不困难，无非是查缺补漏，但困难之处在于：若想使得欧盟的共同难民法律体系得以有效运转，则必须进一步扩大超国家机构的管辖权限，加深欧洲司法体系的介入。这一过程的结果指向仍是未知的。有悲观的观点认为，如果欧洲司法体系越来越多地介入到成员国间各种利益的平衡，会使得欧洲的司法体系陷入危机。① 这样的考量未必没有道理，反观成员国让渡权力给欧盟委员会的原因，大致可以归结为三类：（1）成员国政府需要欧盟机构提供立法观念；（2）成员国需要特定的欧盟机构执行立法案；（3）成员国政府希望迎合民意获得国内选举胜利。② 三类动机都包含一个共同特点，即成员国权力的让渡来自于成员国政府的自愿，而这样一种意愿无疑是基于维护成员国自身的核心利益的。如果无法调和成员国之间的利益，那么欧盟权限的扩大势必引来反弹，甚至于将欧洲的司法体系置于危机之中。但与此同时，也不宜对欧盟共同难民法律体系的前景过分悲观。在这次的难民危机中，欧盟的表现并非没有可取之处。德国对难民的宽容和开放让世界看到了作为欧盟砥柱的担当，尽管有国家明确反对，也有国家不甚情愿，但大多数的成员国还是接受了容克的摊派计划，可见各国在该领域合作的意愿仍然存在。欧盟在一体化的道路上从来不是一帆风顺的，但挫折并未使欧洲的政治精英们放弃努力。《欧盟宪法》未能通过，他们就迅速推出了保留了宪法条约大部分实质内容的《里斯本条约》，“遇到困难绕着走”是欧洲在一体化进程

① 程卫东主编：《欧盟法律创新》，北京：社会科学文献出版社，2008 年 12 月版，第 25—26 页。

② 杨娜著：《欧洲治理体系中欧盟理事会权力的嬗变》，天津：南开大学出版社，2013 年 12 月版，第 150 页。

中所摸索出来的特有的方式,或许也不失为一种成功有效的策略。难民危机虽然对欧洲带来了冲击,但是如果欧洲的政治精英们能从此次危机中找到政治一体化前进的方向,那也不失为一种转机。

第二章

法国移民与难民问题研究

第一节

从大历史的角度观察法国的移民与难民问题

李云飞*

冷战后,特别是进入 21 世纪后,包括法国在内的欧洲(非法)移民—难民问题层出不穷,矛盾重重,愈演愈烈,颇有疑无出路之感。人们对这方面的问题颇为关注,有关的研究文献汗牛充栋,采用了诸多新的研究方法,诸如大数据、数学统计等。但移民—难民问题究竟是怎么产生乃至激化的?是否不可避免?是天灾,还是人祸?本文试图将移民—难民问题置于世界历史发展的大背景下,循着历史发展的轨迹对这一全球焦点问题进行考察,以期从独特的视角提出一些看法,旨在对进一步拓展这方面的研究起到抛砖引玉的作用。

* 李云飞,上海外国语大学欧盟研究中心兼职研究人员。

一、法国的移民—难民问题：历史与现状

法国地处欧、亚、非大板块交汇之地，特殊的地缘政治位置导致其自古以来就是个各种族民族文化交汇之场所，虽还称不上“种族的熔炉”，但无数个种族、民族在法兰西的土地上你来我往，不断交汇融合。就人种而言，有北欧人种、阿尔卑斯人种和地中海人种等，民族上凯尔特—高卢人、罗马人、日耳曼人、维京人等汇聚此处，其种族民族构成相当复杂。

到了近代，工业化以及战争导致对外来劳动力的大量需求，从而引发了数次移民的潮流。仅二战后，便经历了殖民地移民、工作移民、冷战避难和回迁移民及非法移民为特征的四次移民潮。总体而言，这几次移民潮都对法国的经济和社会发展起到了一定的推动作用，作出了相当大的贡献。两极格局的中后期，也就是 20 世纪七八十年代，由于国际战略平衡下世界大局势相对稳定，经济也从恢复与腾飞时期进入了缓慢发展乃至停滞阶段，因而移民—难民问题逐渐进入低位运行状态，在国际政治中一度不再成为一个突出的问题。这是符合经济和社会发展规律的：一般总是从巨变到逐渐达到一定的平衡和稳定。随着冷战结束，“经济全球化”时代到来，本应是“莺歌燕舞”、和平与发展的大好时机，然而世界又重新陷入混乱之中，移民—难民问题又一次成为困扰国际社会的棘手难题，甚至比以往还要突出，更加错综复杂。此次移民潮的突出特点是非法移民成为主流，而且多以难民的形式出现，更加无序，这是有别于以往几次移民潮的特点，有些悖于常理。按理，经济全球化的特点是各种生产要素向成本低的地区（如东南亚等地）集聚。作为发达经济体的西方国家的劳动力相对过剩，并不像以往几次那样需要大量的工业移民。冷战结束，国际（社会）矛盾也理应相对缓和。因此，与以往情况大不相同的是，此次移民潮的产生缺乏一切既定的客观历史条件，不是历史合力作用而“水到渠成”的结果，出现得有些莫名其妙，更多地体现人为的情形。

二、当今移民—难民问题日益激化的主客观根源

（一）国际战略格局的失衡对移民—难民问题加剧的深刻影响

两极格局的解体对整个世界局势的影响是巨大而又深远的，作为国际政治中的一个"枝节"的难民问题，自然也难以脱离其场域效应。可以说，世界格局的巨变对于西方难民问题的加剧恶化具有巨大的、直接的作用和影响。

首先，在客观上，以苏联解体、苏东集团瓦解为标志的国际战略格局的改变使得西方以"胜利者"的姿态出现，原先面临的巨大安全乃至生存压力瞬间释然，这必然对它们的政治思维模式和内外政策产生深远的影响，从而波及整个国际政治的走向和变局。最凸显的，就是在东西方严重对峙的冷战时期，狭义上的国家安全，即生存居于绝对优先的地位，即所谓"高政治"，国家和国家集团的一切内外政策必须服从和服务于这个大局，而维护自身营垒的团结和稳定成为首要任务。在这种情势下，西方集团为了加强对其阵营内的第三世界国家的管控，增强凝聚力，就不得不在一些问题上作一定的让步，放松对其内政的干涉，此外还得加大"援助"和投入力度，以维持这些国家政权的稳固。随着西方在冷战中的"胜出"，原先森严的阵营壁垒被打破，原苏东集团中相当一些国家纷纷投靠西方，大大超出了其（西方的）消纳能力，于是其中一些国家成了"没娘的孩子"，乱局也就不可避免。此外，随着国际战略格局的变化，西方国家原先无暇顾及的"低政治"逐渐占据了其主要的政治议题，而原先迫于生存压力对第三世界国家的"凝聚力工程"和"援助"政策也被迫放弃和调整。一方面是经济援助的减弱，另一方面是政治上干预和控制加强，从而使得那些贫弱小国本已脆弱的政局和经济陷入动荡甚至面临崩溃，百姓生活无以为继，只能选择逃亡，从而造成大量的移民—难民。

其次，更有甚者，西方在冷战中的"胜出"给人们造成"历史终结"的错觉，而这种认知导致西方一些人失去了生存危局时期保持的起码理性和审慎，在内政外交上非理性主义猖獗，系统性、全局性地出台了许多错误政策，少数国家唯西方马首是瞻，出现了向西方一边倒的态势，（西方）错

误的政策非但不能抵制，反而人为加剧了世界乱局，这是导致移民—难民问题泛滥成灾的主要的主观原因。

所谓西方在冷战中的“胜出”，带有很大的偶然性和脆弱性，西方政治精英本当对此有正确的认识。正如金灿荣教授所说：“冷战结束的结果是美国赢了，可是冷战结束的原因，不是美国击败了苏联，而是苏联放弃了冷战。如果当时美国的精英层很冷静，深刻认识到这是一个意外之喜，是上帝送了他一个胜利，他就会保持谦卑……”然而，历史不能假设，美国和西方的精英们并未抓住机遇制定出正确的国家治理方针和发展路径。相反，许多人被“胜利”冲昏了头脑，对其政治、经济理念“普世性”的信念执着到了几乎痴迷的程度，乃至以极端的方式推行，从而造成了难以挽回的巨大负面结果，最终殃及自身，真可谓“搬起石头砸自己的脚”。如在政治上，完全放弃了两极格局下对“属国”内政相对“清静无为”的态度，转而积极干涉，强力推行西方的政治制度，结果在发展相对落后的许多第三世界国家造成“水土不服”，人为造成了这些国家的政局混乱，民不聊生，百姓只能背井离乡，沦落为难民；经济上，新自由主义被奉为圭臬，如入无人之境，不受任何制约。两极格局时期，由于苏东阵营这个强大对立面的存在，西方世界心存诫惧，被迫采纳了一些带有社会主义性质的改良，如加强国家对经济的调控，严格管控金融（投机），对劳动阶级的诉求给予了一定程度的响应等。这些措施尽管是其统治阶级“违心”而为，但客观上是符合国家治理和经济发展规律的，对调整资本主义国家的阶级关系、缓和内部矛盾、一致对外都具有积极的作用，是延缓其经济、社会危机爆发的根本因素。随着两极格局解体，国际战略格局失衡，西方国家的危机感顿消，没有了压力，进行社会改良的动机自然懈怠。不仅如此，西方统治集团看不到，正是其社会改良措施延缓了政治、经济危机爆发在一定程度上帮助其“赢得”了对苏东集团的胜利，而是反其道而思之，以所谓“历史终结者”的姿态，加倍补偿式地推进经济自由化、政治民主化，结果便是加速引发了全球范围内的经济危机，使得很长一段时间来这种人们似已逐渐淡忘的梦魇又复活且变本加厉，在极短的时间内促使了全球范围内国家和人民间的两极分化。处于全球体系边缘地带的广大发展中国家根本经不起这般冲击，除了首当其冲地遭遇到严重的经济危机外，政治和社会危机也迅速蔓延，导致国家崩溃，人民只能流离失所，沦落为难民。

军事上的恶果更是显现。由于失去制约，以美国为首的西方国家为所欲为，指谁打谁，许多小国，特别是原来苏东阵营的国家失去了保护和依靠，被任意宰割，山河破碎。这是形成难民危机的直接原因。

再者，更令人慨叹的是全世界人民的自信心受到了致命的打击，经历了惨重的精神破产，所导致的绝望引发并极大加剧了包括难民危机在内的各种危机。两极格局不仅客观上使广大发展中国家的安全和主权有一定保障，使其有在大国强国的夹缝中求生存的空间并进行政治平衡的可能，更为重要和深刻的是给了饱受西方列强殖民奴役的第三世界国家建立起一个崭新世界的希望，使其认识到了自己的力量，从自在飞跃到自为阶段。然而，国际格局的失衡似乎又把弱小国家和民族翻身的一线希望打回原形，使其认识到，这个世界永远是强者的天下，弱者永远不可能改变自己被奴役和被剥削的命运，它们唯一的选择就是听凭践踏。哀莫大于心死，这种摧垮人的意志、陷人于绝望的精神奴役堪称最残忍的奴役，令普遍看不清真正形势的一些国家完全被西方的价值观洗脑，再也不相信自己的力量，甘愿成为西方国家的附庸。这也是许多贫弱国家百姓如同飞蛾扑火般逃往发达国家，宁可成为难民也不愿意在自己的土地上建设家园最关键的心理因素。

（二）移民—难民矛盾激化的法国因素

法国是移民—难民问题较为严重的国家之一，作为西方国家的重要成员，法国问题自然受到上述国际大背景因素的影响，但其同时也是一个特色鲜明的国家，其自身在这个移民—难民问题/危机上的“贡献”也使其在这方面的严重程度与表现形式等与其他西方国家有着不同的特点。

首先，法国是大革命的发源地，是个自我标榜为“人权祖师”的国家，对于推广西方的政治制度有着不可遏制的热情，而它同时又是个前殖民大国，在其原殖民地有着巨大的影响力，这两者兼备一身的特质是其他国家所没有的，因此它在推行其“理想”时具有特殊的便利性，但在这方面的执行力和破坏力也都是绝无仅有的。特别是许多原法属非洲国家，出于对前宗主国的信任和依赖，对其“忽悠”毫不设防，按照其要求，大尺度地在本国推进多党制、自由选举和经济自由化等，结果往往造成政局混乱、经济凋敝、民不聊生，人为地制造了许多难民问题。

其次，法兰西民族特有的性格也是导致移民—难民问题加剧的另一大主观因素。法兰西民族生性浪漫，酷爱自由，追求个性，喜好张扬，这些特性有利于创新和发明，是法兰西民族科学特别是艺术上创新活力不竭，成为世界著名的文化大国的重要原因，但这种民族性格也存在着消极的一面，尽管并不占据主流。法国移民—难民问题之泛滥、恶化，在很大程度上与法兰西的国民性（民族性格）及理想主义情怀具有相当的关联，所谓“三分天灾，七分人祸”实在不虚。在叙利亚与利比亚事务上，法国深度介入，特别是在干涉利比亚的战争中法国萨科齐政府勇打头阵，向卡扎菲打响了第一枪，在全世界面前出尽风头，在叙利亚变局中法国也是冲锋在前。然而祸福相倚，其代价也是惨重的——利比亚、叙利亚遭受重创，不仅破坏了两国的政局，也彻底打破了长期来形成的力量平衡，严重改变了地缘政治格局，在两国凭空制造出无数的难民和大量恐怖分子，还使得原先的坚固屏障变成了绿色通道，极大地方便了非法移民和难民进入欧洲。原本卡扎菲统治时期利比亚社会相对稳定，边防牢固，来自撒哈拉以南的移民—难民要想进入极为困难，因此无形中利比亚起到了法国南部地缘屏障的作用，很大程度上阻挡了非洲非法移民和难民偷渡进入欧洲。卡扎菲政权的倒台使得利比亚陷入无政府状态，加上利比亚紧邻包括法国在内的南欧，原先难民偷渡的隘道一夜间变成了捷径，畏途成为坦途，大量的非洲难民顿时如决堤般通过利比亚而涌入意大利等南欧国家，进而流向整个欧洲发达国家，直接加剧了难民问题的复杂性和严重性。同样，叙利亚本是中东阿拉伯国家中各方面发展较好的国家，内部本无不可调和的矛盾，只是由于包括法国在内的西方国家的插手导致局势恶化而失控，所产生的严重后果不仅使本来相对安居乐业的叙利亚人民流离失所，因此而衍生出来的难民危机也极大地影响到包括法国在内的欧洲国家。更为致命的是，利比亚、叙利亚由中东相对稳定国家蜕变为动乱的策源地和恐怖分子的“乐园”，受害的不仅仅是当地人民，更是当今西方特别是欧洲国家暴力恐怖活动不断的主要根源。

三、法国政府和社会关于移民——难民问题的对策及角色定位

非法移民—难民问题是严重困扰法国政府和社会的难题，甚至可以说是影响整个法国社会团结与发展的关键因素，法国上下自然渴望彻底治愈这一顽疾，应该说也进行了不懈的努力，投入了许多资源，然而效果却甚不尽人意，这是由法国特殊的国情所决定的。

首先，法国社会在思想上的僵化和机械，导致其不能正确认识移民问题产生的根源，因此自然找不到解决问题的正确方法，所采取的举措往往是缘木求鱼、南辕北辙，效果自然不理想，有时甚至适得其反。如在干涉利比亚、叙利亚问题上，整个法国，无论政界还是普通公众，政治立场上几乎一边倒地认为是正义的，鲜有人对此进行反思和质疑，所谓的政治正确性遮蔽了原则是非。法国社会的主流价值观和意识形态成为人们观察问题的“标杆”，因此对问题的看法和得出的结论就不可能是客观和现实的，也就更无从指望其找到正确的解决问题方法。在给这些受害国家造成人为灾难的同时，法国政界和民众却还普遍地认为这是在“拯救”他们，受害者不仅不应怨恨反而应该感谢法兰西，至于产生的混乱、动荡则被认为是获得民主自由过程中所必须付出的代价，这不能不说是种悲哀。这种与实际情况完全不符的认知注定法国社会不可能找到对症下药的良方。

其次，法国社会对移民—难民问题产生的社会根源认识不清。本该让受害国政治安定，并给予经济扶持，但实际往往不能执行到位，甚至反其道而行，那就等于是抱薪救火，如法国对于前殖民地和法语国家的援助不可谓不重视，也投入了大量的人力财力，但这些资金资源主要是用于培养亲法国的精英阶层，或过多地用于输出法国的文化和价值观，投入这些国家基础设施建设和职业培训的少之又少，对解决当地的民生问题基本

于事无补，因而也无法从根本上源头上遏制移民—难民问题的恶性发展。

四、缓解移民—难民危机的中国智慧和方案

西方社会的移民—难民危机看似无解，但只要转换观念和思路，借鉴中国智慧和方案，其实还是可以“柳暗花明又一村”的。“习近平新时代中国特色社会主义思想”所提出的建设人类命运共同体以及“一带一路”倡议就是解开西方世界难题的法宝。只有抛弃狭隘的西方中心论和高高在上的所谓的“普世观念”，愿与广大第三世界的人民平等共处，包括法国在内的西方社会才能真正免受非法移民—难民问题乃至恐怖袭击的困扰。

第二节
欧洲一体化背景下的法国移民问题

[法] 多米尼克·马亚尔*(Dominique Maillard)

马小彦、顾晋宇、郝运丰译**

一、引　言

在法国旧制度时期，从阿尔卑斯山到莱茵河口，从莱茵河谷再到整个欧洲，当地季节性移民已是寻常现象。19 世纪初，民族国家先后建立，边界出现，一方面促使国家对外国人进行监视，另一方面将与国内少数种族和文化无法完全适应的民族身份隔开。1805 年第一帝国时期，法国成为第一个统计和评估移民潮的欧洲国家。根据当时本土的当地移民统计，有的冬季从山区来到平原，有的顺河而下。他们或者像萨瓦人一样钟爱城市，做些清理烟囱的活计，或者像奥弗涅人一样，登上简易木筏，沿卢瓦尔河叫卖山货和木炭。后来，工业城市和巴黎、里昂、马赛等大都市逐步建立，需要新居民和廉价劳动力填充工厂，移民的季节性特点至此终结，最初来自农村和周边市郊的移民在都市定居下来。

移民对于接收国来说是无意义的，除非：1. 能够被体面接纳（避免社会和地域隔绝）；2. 具有经济附加值（如廉价劳动力或高技能工人）；3. 融

* 多米尼克·马亚尔(Dominique Maillard)，博士，巴黎第十二大学(Université Paris Est Créteil)教授。

** 马小彦，上海外国语大学法语系讲师。
顾晋宇，上海外国语大学国别区域研究(欧盟研究方向)博士研究生。
郝运丰，上海外国语大学法语系博士研究生。

入并尊重主流社会的价值观与生活方式。移民国家制定接收合法移民政策的标准通常有两个：1. 经济移民（追求更好的生活），视工作岗位情况而定；2. 政治和宗教移民（也称“难民”，需证明在来源国有被迫害的风险）。移民因推动因素（push factors）和接收国的拉动因素（pull factors）离开祖国。法国在20世纪多次经历移民潮，不断调整移民政策，纳入法国国籍成为一个重要的政策工具。

（一）法国移民潮

19世纪，法国死亡率高于出生率，人口减少。第一次世界大战后，法国人口损失更为严重，急需新生力量的注入。因此，1889—1940年，法兰西第三共和国实行入籍政策，使移民劳动力定居下来，暂时缓解出生率不足导致的人口老龄化问题。所以在一战期间，华工涌入法国，形成第一次华人移民潮，进一步推动了法国的移民政策。我们不能忘记的是，直到20世纪20年代“勤工俭学计划”实施前，华工为重建满目疮痍的法国作出了巨大的贡献。约3,000名华人旅居法国，组建家庭并获得法国国籍。在两次世界大战期间（1918—1939），意大利人不时受到墨索里尼法西斯政治宣传网络“意大利之家”（casas d'Italia）影响，进入法国东南一带。1936—1939年西班牙内战结束后，共和国失败，西班牙人也进入法国西南一带。二战结束后，中国解放战争期间，出现了小规模移民活动，有的离开中国，有的则回到中国。1954年7月21日《日内瓦协议》签署后，中南半岛的移民也来到法国。

“黄金三十年”期间，法国经济快速发展，工厂对廉价劳动力的需求日益增长。20世纪60年代，葡萄牙经济举步维艰，而重建后的法国则相对繁荣，就业机会增多，大批葡萄牙人移民法国，人数达90万之多。1964年，戴高乐将军承认中华人民共和国，华人移民与浙江温州及周边区域尘封多年的联系又焕发生机。1975年，越南战争结束，美国溃败，越共获胜，大批“船民”形成移民潮，其中有一半来自中国。这些难民数最终达到100万。起初，亚洲移民深受儒家观念影响，鼓励子女努力学习。后者包揽了巴黎学校授予最刻苦的学生所有奖章，完成了一种“平静的”融入进程，获得了整个法国社会的好感。到了 20 世纪 80 年代，中国东北产业结构调整，大量满族女性来到法国，试图改变命运。1990—2000 年期间，又有一些中国学生留在了法国。

阿尔及利亚、突尼斯、摩洛哥的马格里布移民和撒哈拉以南地区的非洲移民最终构成了法国移民的主体。20 世纪 70 年代，“黄金三十年”结束，石油匮乏引起经济危机，法国经济出现衰退，移民社会保障受到冲击，法国政府开始担心并质疑其移民政策。执政者于是实施了“支持回归”政策，试图遏制非法移民。劳动力移民戛然而止，移民潮开始减退。但寻求家庭团聚的移民有增无减，“支持回归法”未达到预期目的。移民也成了政治辩论的一个主题，甚至被某些政客描述为一种“入侵”。国民阵线的民粹主义言论隐隐约约滋生出一种“反移民”情绪。两次“石油危机”给法国经济造成重创，部分民众开始怀念“失去的”的阿尔及利亚，长期压抑的集体记忆也死灰复燃。

1995 年《申根协定》正式生效，边境管控解除，非法移民成为法国乃至扩员后的整个欧盟关切的问题。自此，法国与欧盟一体化建设都将移民上升到了政治高度，即在自由主义经济全球化和制度性“欧洲一体化”时代，在面对来自欧洲以外的移民潮时，表现为这些称为“地道法兰西人”对身份认同的恐惧和愤怒。因此，这些对身份认同的恐惧和愤怒在法国公共舆论中也有所表露，面对来自欧洲内部的移民和来自欧盟中东部的移民，他们或攻之为“波兰管道工”，或斥其为“社会倾销”。面对非法移民，成员国内部政策与欧盟公共政策缺乏协调，申根区成员国与其他欧盟成员国之间的边界管控也不复存在，局面进一步激化。近东与非洲流血冲突不断，危机加剧，难民不断涌入欧盟，而成员国之间却各自为战，缺乏一致的移民政策，无疑给法国舆论火上浇油。移民问题是欧盟一体化进程的未竟事业之一。

（二）法国国籍

自第一共和国开始，法国就在建设现代国籍法。1790—1791 年，法兰西国籍的定义被写进宪法；1790—1795 年，法律规定了两种获得法兰西国籍的方式：拥有"荣誉公民"①称号或自动入籍。1793 年，宪法对外国人非常宽容，第 4 条入籍条件规定如下："出生和居住在法国且年满 21 岁的人；年满 21 岁，在法国居住一年，或拥有工作，或拥有房产，或娶法国女子为妻，或收养法国儿童，或照料法国老人的外国人；法律机关认定具有健全人道精神的外国人，均获准行使法国公民权利。"但是，当法国遭遇战争时，外国人会受到怀疑，要证明对法国的忠心，否则将被流放或关押。1803 年，国籍条款被写进《民法典》，采取血缘国籍制（jus sanguinis），废弃属地主义（jus soli），以便拿破仑扩充兵源。今天的法国仍旧如此，其背后的逻辑是一样的。

尽管如此，属地主义仍在 1803—1889 年逐渐为人接受，成为法国本土定义法国国籍的基础。与广为流传的观念相反，法国属地主义国籍制与德国特有的血缘国籍制的传统对立不过是表面现象。事实上，1830—1842 年，普鲁士的国籍法受到了法国影响，这一点通过两国的政治对立表现出来。为了争夺阿尔萨斯—洛林的归属权，法、德两国的理论家针锋相对，各自提出截然相反的民族理论："政治上"的民族与"种族和文化上"的民族。经过三次血腥冲突，直到第二次世界大战结束，两国才迎来持久的和平，对立的理论也失去了政治意义。首先，1989 年 11 月 9 日柏林墙倒塌后，德国统一，和平生活成为共同愿望。德意志联邦共和国和德意志民主共和国之间可以自由流动后，欧内斯特 · 勒南（Ernest Renan）描述的"每天的全民公决"自然出现。德国的重新统一与约翰 · 戈特利布 · 赫尔德（Johann Gottlieb Herder，1744—1803）和约翰 · 戈特利布 · 费希特（Johann Gottlieb Fichte，1762—1814）依照马丁 · 路德 1520 年《德国贵族宣言》所设想的不同，不是以"种族和文化"上的民族的名义进行的，恰恰

---

① 1792 年 8 月 26 日，依据法案，Joseph Priestley、Thomas Payne、Jérémie Bentham、William Wilberforce、Thomas Clarkson、Jacques Mackintosh、David Williams、N. Gorani、Anacharsis Cloots、Corneille Pauw、Joachim-Henry Campe、N. Pestalozzi、Georges Washington、Jean Hamilton、N. Madison、H. Klopstock、Thadée Kosciuszko 被授予法国公民头衔。但法案同时规定，上述人员只有获得有效住所后才可成为公民头衔授予国公民。Thomas Payne 和 Anacharsis Cloots 便属于此种情况，他们后来当选制宪会议成员。

是以法国的“政治上”的民族的名义完成的。

正如帕特里克·维尔(Patrick Weil)所指出的那样，在纳粹占领期间，维希政权施行国籍的种族政策，法国国籍的第一次“种族危机”出现。1940—1943年，法国国籍新法尤为推崇这一举措，但前者因德国人的反对而作罢。新法阻止“不受欢迎的人”成为法国人，剥夺在法外国犹太人的国籍，主要针对来自中、东欧且获得法国国籍的犹太人。二战结束后，废除维希政权的移民法律并不容易落地。解放后，乔治·迈科(Georges Mauco)的种族标准类似于用配额对可入籍人员进行分类，与1953—1973年间[①]实行的自由主义入籍政策格格不入，在新入籍法出台以后便遭废除。法国国籍第二次“种族危机”源于阿尔及利亚独立。阿尔及利亚1848年被法国吞并，1902—1956年，它始终是由三个省组成(阿尔及利亚南部领土未被划分为省级单位)的法国领土。在这片法国领土上，生活着欧洲多个民族，还有原住民族群和犹太族群，依据1870年《克雷米厄法令[②]》，他们都加入了法国国籍。当局势(1954—1962)逐步恶化，政治解决阿尔及利亚问题的希望破灭时，该国独立后穆斯林的国籍问题已经公开。戴高乐将军自1959年起，让内政部长阿朗·佩雷菲特(Alain Peyrefitte)未雨绸缪，应对阿尔及利亚不可避免的独立问题，并对法国甚至欧洲的身份进行反思。2015年，政客们又突然回到了这个问题上面。戴高乐认为：“有黄色法国人、黑色法国人和棕色法国人，非常好。这表明法国对所有种族开放，有全球性的抱负。但条件是，移民只能占少数。否则，法国将不再是法国。我们说到底还是欧洲人，是白种人，是拉丁希腊文明，是基督教信仰。”他还指出：“抛开历史不谈，这些穆斯林，你们去看看他们。你

---

① Patrick Weil, *Qu'est-ce qu'un Français? Histoire de la nationalité française depuis la Révolution* (Paris: Grasset, 2002), pp. 97–163.

② 《克雷米厄法令》即第136号法令，1870年依法授予阿尔及利亚以色列土著即35,000名犹太人法国公民资格。第137号法令对此进行了补充，特别是“关于阿尔及利亚当地土著穆斯林和外国居民的入籍问题”：相关人员不能自动获取法国公民身份，必须满21岁后主动申请。事实上，历史学家吉尔·曼塞隆(Gilles Manceron)指出，当地政权治下的土著穆斯林很少能获得法国国籍。1889年6月26日，允许居住在阿尔及利亚的外国人密集自动入籍的类似法律出台。

们看看他们的头巾和罩袍,你们很清楚,他们不是法国人。宣扬融合的人,即便很博学,也是长了蜂鸟的脑子。你们去试试让油和醋融在一起,你们晃动一下瓶子,它们马上又分开如初。阿拉伯人是阿拉伯人,法国人是法国人。你们认为法国人能容纳一千万穆斯林,他们第二天就变成两千万,后天就是四千万。如果我们接纳他们,如果阿尔及利亚所有阿拉伯和柏柏尔人都被视为法国人,如何阻止他们涌入大城市享受如此便利的生活条件?我的故乡也不再称为'科龙贝双教堂'村,而是'科龙贝双清真寺'村①"。

于是,法国政府代表和阿尔及利亚共和国临时政府(GPRA)代表经过磋商,于1962年3月18日签署《埃维昂协议》,决定授予生活在阿尔及利亚的穆斯林阿尔及利亚国籍,而非法国国籍,但法、阿之间的移民流动仍是协议的核心。法方代表旨在维护法国在非洲大陆的政治利益和影响力。自由流动原则起初是法国对非政策的一项策略,随后通过一系列"特别"协议②向所有非洲国家铺开。从1974到1984年,过了整整十年,法国北非移民的地位才有了保障,但其入籍与第二代移民的融入问题也构成了严峻的挑战③。《埃维昂协议》终结了长达七年的战争,在1962年4月8日的全民公投中,法国本土91%的选民(阿尔及利亚三省选民被排除在外)投了赞成票。第二代穆斯林移民在法国土地上进行了再伊斯兰化,一方面,他们排斥父母的权威和来源国的文化;另一方面,他们又感到被抛弃,甚至被打上烙印,至少受到法国社会主流文化的区别对待。这些"年轻人"难以抵抗来自社会和宗教的压力,从21世纪的第一个十年中期开始便走在法国本土穆斯林的舞台前。他们的群体不再局限于一个被抛弃的群体,在荒凉郊区的"社区"说着黑话。他们当中也浮现出一些法国穆斯林精英,接受法国教育,其中部分人获得了法国高中和大学文凭,成为公职人员,拥护左翼观点,支持工人传统的社会再分配模式。同样,从2000年开始,也出现了一些年轻的移民企业家,认可市场的角色,支持右翼。

---

① Alain Peyrefitte, *C'était de Gaulle* le 5 mars 1959.
② 同上,p. 218.
③ 同上,pp. 165 - 181.

我们能否自问，这些法国青年中前殖民地穆斯林移民后代的激进化，是“法国式”共和价值观融合上无足轻重的失败还是影响深远的失败？法国移民后代的激进化始于阿尔及利亚内战。阿尔及利亚伊斯兰恐怖主义组织（GIA）头面人物哈立德·凯卡尔（Khaled Kelkal，1971—1995），1995年夏在法国发动了一系列袭击。随后，在基地组织（1995—2004）策动的“国际圣战”（jihad）背景下，萨拉菲主义渗入法国。与西班牙或英国不同，情报部门对法国萨拉菲清真寺进行监控，在16年内避免了国土遭受袭击。然而2005年，法国失业严重、安全难以保障的郊区发生骚乱（10月27日至11月8日），为应对国内穆斯林族群主义和萨拉菲主义激进化蔓延带来的城市暴力，政府宣布为期三周的“紧急状态”。基地组织的金字塔形架构由阿布·穆萨·苏里（Abu Musab al-Suri①）提出的根系策略取代，他是叙利亚裔西班牙人，曾在法国学习工程专业，中途辍学。他瞄准了欧洲弱势的年轻穆斯林，通过残杀“伊斯兰恐惧症”论者，戳痛他们备受歧视的伤疤，企图挑起欧洲各族群的内战，这正是欧洲的软肋。因此，数字时代的年轻法国穆斯林在共和国的学校接受教育，受社交网络影响而激进化，到叙利亚和伊拉克参加“国际圣战”（2005—2015）。一些年轻的法国“圣战”分子（约5,000人，35%为女性）在近东被灌输意识形态，经过训练回到法国后便发起恐怖活动。“达伊沙”②组织操控他们，要掀起一场“文明间的战争”，一切皆可成为目标，如2015年11月13日的巴黎恐袭。这一局面显然导致面临内外威胁的法国公众舆论对移民产生了新的看法。《查理周刊》总部遇袭后，2015年1月11日，法国发生大规模游行活动，四百多万人参与，几乎全部赞成“共和”观念，积极捍卫法国的共和价值，尤其是言论自由。随后，近东和非洲难民涌入欧盟，法国舆论分裂，一方惧怕渗透（11月13日袭击巴黎的恐怖分子随叙利亚难民穿越欧洲），

---

① Mustafa Setmariam Nasar, alias Abu Musab al-Suri, *Appel à la résistance islamique mondiale* (2005)，在线文档。

② 伊斯兰国组织。伊斯兰主义武装恐怖组织，属萨拉菲和激进派。因地缘政治动荡，伊拉克和叙利亚战争不断，部分领土被“达伊沙”侵占，后者2014年6月29日宣布建立“哈里发”。2015年，“哈里发”通常被视为原生国家。

一方坚持“博爱”话语。尽管如此，法国公众舆论已今非昔比，明白要挫败“达伊沙”组织及同伙设计的自杀袭击，单单坚持 1789 年大革命以来深入人心的自由原则是不够的，还要发扬法国穆斯林和非穆斯林之间的博爱精神，减少全体公民间的不平等。

二、欧盟背景下的法国移民问题

（一）阿拉伯和穆斯林来源的移民人口在法国移民群体中的位置

2008 年，法国的非洲裔的移民人口共计 227.1 万人，占移民总人口的 42.5%。71.3 万人是来源于阿尔及利亚，占 13.4%；摩洛哥来源为 65.4 万人，占 12.2%；突尼斯来源的 23.5 万人，占 4.4%。法国的外来人口曾为 376.9 万人，占总人口的 5.8%①。

2010 年，欧盟 27 个成员国（EU－27）有 5 亿多居民，和 3,240 万名外国人，其占总人口的 6.5%。在这个外来人口中，2,020 万人，即 62.2%是来自欧盟以外的第三国。在 2010 年，法国的人口为 6,471.6 万居民。总的移民人口为 376.9 万人，占 5.8%。欧洲内部的移民在法国是 131.8 万人，占 2.0%。欧洲外部移民是 245.1 万，占 3.8%。在国外出生的人口为 719.7 万，占 11.1%。在欧洲范围内的国外出生的人口为 211.8 万，占 3.3%。在欧洲以外的国外出生的人口为 5,078.4 万，占 7.8%。在 19.6 万人中（100%），来源国籍排在前五位的国家分别为：1）阿尔及利亚 2.4 万人，占 12.4%；2）摩洛哥 2.39 万人，占 12.2%；3）中国人 1.34 万，占 7.2%；4）突尼斯 1.24 万人，占 6.4%；5）美国 0.7 万人，占 3.8%。所有其他国籍的有 11.37 万人，占 58%。在国外出生的 8.6 万人中（100%），1.77 万人出生在摩洛哥，占 20.4%；1.6 万人出生在阿尔及利亚，占 19%；0.6 万人出生于突尼斯，占 6.5%；0.4 万人出生在土耳其；0.3 万人出生在

① 数据来源：Insee, recensement 2008 exploitation principale. Immigrés selon le pays de naissance. http://www.insee.fr/fr/themes/document.asp?ref_id=T12F037.

俄罗斯,占 3.7%。在国外出生的其他 4 万人占 46%。在 2010 年,穆斯林在法国人口的比重为 9.8%①,在 2013 年,总移民数是 33.3 万人。为欧盟另一国家公民的是 9 万人,第三国公民的是 12.6 万人。在 2014 年,整个在国外出生的法国人的人口为 76.6 万人,占 11.6%。216.7 万人,占 3.3%为出生在欧盟(EU - 28)的另一国。549 万人,占 8.3%为出生在欧盟以外②。在 2013 年,有 9.7 万人入籍。0.9 万人得益于来自欧盟的另一国,占 9.6%。8.6 万人为来自第三国公民,占 88.0%③。获得法国国籍的以前曾是欧洲内部的公民的移民:葡萄牙(3,890 人,占 18.0%),罗马尼亚(3,840 人,占 17.7%),意大利(3,040 人,占 14.0%),波兰(1,900 人,占 8.8%),西班牙(1,890 人,占 8.7%);其他国籍公民为 7,090 人,占 32.8%。在 2013 年,欧洲外的已取得法国国籍之前是公民的移民:摩洛哥(16,700 人,占 19.5%),阿尔及利亚(13,400 人,占 15.7%),土耳其(5,900 人,占 6.9%),突尼斯(5,600 人,占 6.5%),塞内加尔(2,800 人,占 3.3%);其他国家(41,300 人,占 48.2%)④。

应该知道的是,非法移民的数字很难定义,大约是合法移民的双倍。到 2015 年,法国的穆斯林人口仍然是欧盟国家中最多的。这种情况可能因为德国而改变,因为其大量接收来自中东、非洲之角和撒哈拉以南非洲难民。在 2015 年夏天,德国总理默克尔在德国及周边国家掀起的“欢迎文化”(Wilkommenskultur),于 2016 年初告吹。欧洲民粹主义政党曾对于难民涌入反应强烈,这里面混杂着经济移民和“达伊沙”的同伙,这些同伙里就有某些在 2015 年 11 月 13 日的巴黎恐袭的肇事者。可以肯定的是,推动因素(拉动因素)促使理智的人逃离战争,而土耳其和俄罗斯这两国希望能从不堪重负的部分欧盟国家收到良好的外交红利。此外,德国渴

① 数据来源:Eurostat, Eurobarometer, *Financial Times*, 2014.

② 数据来源:Eurostat code des données en ligne: migr_pop3ctb. Foreign-born_population_by_country_of_birth,_1_January_2014_YB15-fr.

③ 数据来源:Eurostat Persons_having_acquired_the_citizenship_of_the_reporting_country,_2013_(1)_YB15-fr.

④ 数据来源:Eurostat, Main_countries_of_previous_EU_and_non-EU_citizenships_of_persons_acquiring_citizenship_in_the_EU-28_and_EFTA_countries,_2013.

望使其老龄化了的人口变得年轻而吸纳人才，但也没有形成“吸引力因素”（拉动因素），法国在这方面也不具有，并且还受经济困难之苦，在2016年初，失业造成约360万的求职者，并且存在需要在其领土上打击恐怖主义的“紧急状态”。因此，如果法国已经同意在未来两年接收30,000名难民，为帮助不堪重负的德国，很可能因为法国经济缺乏足够的吸引力而无法完成配额，虽然接待难民可以使在叙利亚和伊拉克附近作战的法国“圣战者”返回，也使国民阵线的政治方案由此获益。不管在什么情况下，在欧洲寻求庇护的难民问题的解决方案，都是欧盟的未完成工作之一，保护欧盟的共同边界是申根区内部和分摊成员国之间的共同责任，如此方能达到对民族国家的边界流动性的控制。

（二）1983年“法国马格里布后裔运动”系列请愿活动

后殖民时期，第一代穆斯林进入政治领域要追溯到1983年秋发生的“平等和反对种族主义运动”，法国媒体称之为“马格里布后裔运动”。《埃维昂协议》签署和阿尔及利亚独立20年后，也就是一代人的时间，法国人口中新的组成部分首次被确认。“马格里布后裔运动”始于马赛北部以阿尔及利亚人为主的城区，经里昂和鲁贝走向整个法国。它以象征性的方式，将法国居住区的平民团结在一起，他们大多是北非移民及其后裔。“马格里布后裔运动”参与者于1983年12月3日在巴黎爱丽舍宫向总统弗朗索瓦·密特朗请愿，希望在法国社会获得参与政治的权利。这些诉求，即参与者自认为在法国社会被剥夺的普世理想，源于在法国定居的阿尔及利亚民族解放阵线（FLN）的后裔。1983年，弗朗索瓦·密特朗入主爱丽舍宫才两年，而1954年11月1日“红色万圣节”爆发时，他恰好是孟戴斯·弗朗斯政府的内政部长，这是历史的嘲讽。当时密特朗反对阿尔及利亚独立，主张强硬回击阿尔及利亚起义。他曾说：“10月31日到11月1日夜间，从君士坦丁到阿尔及尔，从阿尔及尔到奥兰，阿尔及利亚全境发生了武装袭击和炸弹袭击，破坏交通线路和纵火事件。在君士坦丁省事件最为严重，五人被杀，包括一名军官、两名执行任务的士兵、一名土著地方官和一名小学教师，没人能充分说清其目的……就这样，阿尔及利亚突遭劫难。摩洛哥和突尼斯的城市和农村都曾发生过这种恐怖主义现象,难道阿尔及利亚也要加入持续十五年暴乱的阵营来反对这些宗主国吗？当然不可以,我们不允许这样,因为阿尔及利亚碰到了法国,因为阿尔及利亚的领土就是法兰西共和国的领土。从佛兰德到刚果,都要遵守法律——遵守法国法律,尽管执行情况有所不同。这正是你们投票通过的法律,在所有的海外领地,在阿尔及利亚所有省份,在法国本土,只有一个议会,一个民族。"①

1983 年,面对反种族主义协会"SOS Racisme"的移民后裔,总统弗朗索瓦·密特朗不但没有努力确保其更好融入法国社会,提供在法国同化的可能性,反而施以计谋,使他们的请愿活动半途而废。这些郊区"年轻人"的文化杂交,通过其使用的黑话(法语倒置)便可见一斑。他们借此在法国社会实现自我认同("阿拉伯人"一词"arabes"变成"beurs",即第二代马格里布裔年轻人),此举却使法国极右翼势力快速扩张,导致整个右翼四分五裂,密特朗"渔翁得利",1988 年顺利连任,减弱了反种族主义运动亲巴勒斯坦一方马格里布后裔的影响。在运动中,他们带着阿拉法特(Yasser Arafat)式的阿拉伯方形花纹头巾。在整个大规模的反种族主义运动中,法国犹太人的组织扮演了发动者角色,以"别碰我兄弟!"为口号。事实上,法国极右翼已然扎根在法国政治的核心,而被社会边缘化的后殖民时期第二代穆斯林却转向萨拉菲主义,少数人还投向了伊斯兰"圣战"组织。

(三)"共和国丢失的领土"和 2005 年城市骚乱

1983 年马格里布后裔运动结束 20 年后,法国政界未能从 2005 年郊区骚乱中得到教训。在共和国大范围的"代表危机"背景下,政府没有考虑到后殖民时期第二代穆斯林"年轻人"的特殊诉求。他们在 2005 年的骚乱中与警察对峙,他们的愤怒没有得到政党和社会组织的理解,更没能变成一种共同的主张。一些征兆,如反犹太主义、反种族主义和反性别歧

① 时任内政部长弗朗索瓦·密特朗 1954 年 11 月 12 日国民议会讲话。

视，都不是新现象。2002—2015 年，与这些“社区”的“年轻人”有直接接触的中学教师对它们进行了反复的分析。“9 · 11”事件发生后的十年，反犹主义、反种族主义和反性别歧视的“事件”接连出现。作为共和国立国基石的价值观，确保了新国民及其子女的融入，但在“社区”青年看来，它们已经腐朽①。《共和国丢失的领土》出版 12 年后，价值观被抛弃的征兆令人不安，腐化了整个法国社会。

在左翼，法国前殖民地移民和劳工组织的历史联盟土崩瓦解。社会运动、工会和劳工组织再也不能扮演熔炉的角色，像以前那样以全世界无产阶级中的工人阶级和社会党国际同为一家的名义，融合文化和宗教差异。法国共产党为争取其他政党的选票，采用了民族主义色彩浓厚的话语。与父辈移民不同，后殖民时期的穆斯林移民没有稳定的工作，未能形成普通工薪群体，从而丧失了与雇主抗争的团结互助的基础。他们的资源、跳板和杠杆被剥夺了，不能效仿长辈们提出和实现共同的政治诉求。另外，国民阵线的仇外言论从 1984 年起进入政治舞台，加剧了社会关系的“种族冲突”。移民问题已成为一场重大的政治博弈，成为左翼争执的焦点。社会学家奥利维耶 · 马斯克莱（Olivier Masclet）将左翼和“社区”的“年轻人”之间的关系总结为一场“错失的约会”②。

---

① Emmanuel Brenner, dir., *Les territoires perdus de la République: antisémitisme, racisme et sexisme en milieu scolaire* (Paris: Mille et une nuits, 2002, 2004: Pluriel, 2015).

② Olivier Masclet, (1995), compte-rendu de Sayad Abdelmalek, avec Dupuy Eliane, Un Nanterre algérien, terre de bidonvilles, Editions *Autrement*, avril 1995; (2004), Lire les sciences sociales, MSH, vol. IV, 2004; (2005), «Le PC et les militants de cité», *Contretemps*, n°13, mai, pp. 21 – 30; «Du “bastion” au “ghetto”. Le communisme municipal en butte à l'immigration», *Actes de la recherche en sciences sociales*, n°159, septembre, pp. 10 – 26; (2006) «Des quartiers sans voix. Sur le divorce entre la gauche et les enfants d'immigrés», *French politics, culture and society*, vol 24, n°3, winter, pp. 5 – 22; «Le silence politique des quartiers», *Economie et Humanisme*, n° 376, pp. 53 – 56; «Bairros sem voz», *Tempo social*, vol 18, no°1, Sao Paulo, june 2006, pp. 137 – 161; avec Stéphane Beaud, «Des “marcheurs” de 1983 aux “émeutiers” de 2005. Deux générations sociales d'enfants d'immigrés», *Annales, Histoire, Sciences sociales*, n°4, juillet-août 2006, pp. 809 – 843.

（四）谋求郊区“社区”政治参与的“社会反抗”联合运动尝试的失败

社团界试图弥补“城区”与“社区”社会空间的政治真空。为此，克利希区（Clichy）“自由平等博爱联合一体”协会（ACLEFEU）（下称“自由友爱协会”）极力为2005年秋发生的“社区”“社会反抗”带来政治影响。该协会在寻访全法“敏感”城区的时候，在《陈情书》中收录了“闹事者”先辈的诉求。协会坚持认为，是经济原因，特别是失业和居民的生活状况引发了城区的暴力活动。“这些‘悲愤者’仍旧相信共和国及其价值观。法国人彼此团结一致，希望‘全体联合’加入对社会的积极改造”。

为“危机社区”排忧解难，也就是说，解决那些岛状居民区的重重难题（老旧的居住环境、失业、移民人口的聚集、贫困家庭、低技能工人、学业失败以及犯罪活动等），首先要进行城区改造。改造工程于1977年提上日程，1982—1983年系列政策出台后正式拉开帷幕。这些政策也调动了人力和财力资源，首次进行住所的翻新。自由友爱协会不仅与当局谈判，以落实对边缘城区有利的社会政策，也尽力维护该地区的相对平静。协会一方面向以前的“闹事者”让步，承认存在接二连三的失职和疏忽；另一方面勉励他们走出纯粹的暴力，动员公民参与政治，借鉴美国“社区组织”（community organizing）的模式。

长期以来，左翼一直有扎根平民社区的传统，自由友爱协会的诉求也带着这种痕迹。尽管如此，由于时代背景已经改变，法国大城市的边缘化社区已与主流社会脱节。事实上，“城区”的暴力、破坏、焚烧车辆、三番五次用石块伏击消防员以及各种非法贩卖活动，折射出负面的形象，与同情郊区“年轻人”的主流社会日渐疏远。在法国共产党与左翼组织还控制着平民“社区”的时代，主流社会的这种同情心本可以占据上风的。2005年骚乱发生时，法国公共舆论的宽容指数大幅下降。

（五）城市改造、种族—宗教分裂及“社区”政治参与的长期缺席

面对困局，法国政府延续两年前通过的“博洛（Borloo）计划”，实施了雄心勃勃的“城市升级计划”（PRU）。国家市区改造局（ANRU）也成立了，任务是拆毁20万套旧房，改造20万套住房，建设20万套新房。这些

措施虽然重要，却没有考虑到落后社区的封闭情况和城市交通的必要调整，也没有兼顾这些“社区”居民的就业机会。然而，“城市升级计划”还是为外围城区的经济活动带来了周期性增长。反过来，经济增长也为相关市政当局创造了新的财政收入。但是，大城市外围被忽略的“社区”政治参与的缺席继续长期存在。此外，当局的战略决策继续忽视经济问题，这正是郊区社会和种族宗教边缘化的源头。大城市郊区的“社区”被忽略，从而导致政治参与的缺席，侵蚀了自由友爱协会、“话语之外”协会（ADM）及“移民和郊区运动”（MIB）等协会的正当性，它们的宗旨是将“郊区”移民后代“年轻人”的暴力抗议活动转化为政治参与。“平民社区居民的选民登记和政治参与得到了加强，但在骚乱期间，将抗议活动政治化的主张无法构成强大的选民力量”。

社团界未能影响公共政策，遭遇局部失败和一部分不愿妥协的郊区青年的抛弃。一些青年继续上街抗争，与政界民主表达针锋相对。郊区潜在的对抗是一种温床，再加上平民社区松散的政治社会联系，在 21 世纪第一个十年的后半段，终于滋生了伊斯兰主义运动，要求与法国社会的决裂。2003 年 4 月，法国伊斯兰组织联盟（UOIF）召开大会，时任内政部长尼古拉·萨科齐（Nicolas Sarkozy）也曾欣然前往，而此后该联盟却在雅克·希拉克政府的眼中名声扫地。事实上，联盟一直无法像自己对外宣称的那样，对郊区居民进行社会管理。这些居民对联盟的信任微乎其微。主流社会的公共舆论已经明显一边倒地敌视移民。根据 2006 年的一份调查，25%的法国人把 2005 年骚乱归因于移民过剩。为应对公共舆论对 2005 年暴乱的反应，右翼控制的议会实施了意识形态上的翻转。尼古拉·萨科奇原计划与道德上保守的穆斯林组织结盟，2007 年总统选举临近，他又毅然选择了一种切割策略。他要与雅克·希拉克的方略划清界限，他认为这条政治路线从 90 年代起就过于软弱，当然，这是与社会党政府左右共治的结果。

（六）“社区”对尼古拉·萨科奇个性的抛弃和 2007 年总统选举中后殖民时期第二代移民对左翼的支持

萨科齐 2007 年总统选举的对手塞格林·罗雅尔（Ségolène Royal）选

择亲近平民“社区”的做法，这一举措的动员效果依然不足以使左翼选民回心转意。2005 年骚乱后，他们已被右翼的移民主张所吸引。借用政治学家樊尚·蒂贝吉(Vincent Tiberj)的话，尼古拉·萨科齐在 2007 年总统大选的胜利很大程度上归因于团结一致的保守选民，在“法兰西紧张状态”的背景下，他们更关心自己民族的前途①。事实上，2005 年的骚乱已经深刻改变了法国维系多年的形象，某些人甚至谈到了“真正的文明危机”②。此外，2007 年总统大选时，塞格林·罗雅尔的普世共和言论未能调和分裂的左翼，后者在共和国应该选择伊斯兰还是世俗的问题上摇摆不定。尽管如此，登记选民的数量在 2006—2007 年间显著上升。在塞纳—圣但尼省，选民人数从 63.7 万增至 70.8 万，增长了 11%，而全国只增长了 6%。在大城市群周边的市镇，增长尤为明显：克里希—苏—波伊思增长 19%，库尔讷夫增长 14%，沃克斯—恩—韦兰增长 12%，阿让特伊增长 15%。尤其在被媒体热炒的那些与时任内政部长尼古拉·萨科齐水火不容的地区，选民登记活动更加突出。从这个意义上说，2005 年骚乱的记忆只是强化了已经存在的两极分化。在边缘化的“社区”，移民青少年在 2007 年大选新登记选民中代表比例过高。他们拥有法国国籍，渴望得到长辈们因外国国籍而被剥夺的投票权。1997 年 11 月若斯潘政府改革后，登记条件快速改善，也加强了这一自然趋势。因此，人口变化产生机械效应，强化了移民青少年在选民中的地位，人口统计学者弗朗索瓦·埃朗(François Héran)把这一时期称为“移民时期”③。

后殖民时期穆斯林第二代移民和平民郊区居民日益增长的政治参与，发生在法国政治体制“加强总统权力”的背景下。“加强总统权力”即引入五年任期和翻转选举日程，以降低两党共治出现瘫痪的风险。它的后果是，选民更注重候选人个性，忽略政党本身。此外，根据记录，选民投

---

① Vincent Tiberj, *La crispation hexagonale: France fermée contre France plurielle, 2001 - 2007* (Paris: Fondation Jean Jaurès: Plon, 2008).

② Gilles Kepel, *Terreur dans l'Hexagone. Genèse du djihad français* (Paris: Gallimard nrf, 2015), p. 75.

③ François Héran, *Le temps des immigrés: essai sur le destin de la population française* (Paris: Seuil, 2007).

票率在 2007 年和 2012 年总统选举期间显著提升。这种现象是时局背景影响的结果：2005 年骚乱造成的无法愈合的创伤，接连发生的事件（国歌遭嘘，阿尔及利亚国旗遍地开花，炫耀式佩戴头巾或留着伊斯兰胡须）和日常的粗野言行（尤其在公共交通方面）。这些被认为是对民族认同的侵袭，这种两极分化在竞选活动或选举期间候选人相互角逐时尤为明显。2007 年尼古拉·萨科齐当选时，国民阵线正处于结构性衰弱期间（2005—2010）。2002 年总统选举中，国民阵线第一轮获得 480 万票，第二轮获得 552 万票，到了 2007 年大选第一轮，它的得票跌至 380 万张。无论如何，后殖民时期第二代移民基本上把票投给了左翼。

2008 年，法国有 320 万非洲和亚洲移民以及 140 万上述“移民”的直接后裔。在表象的背后，是社会的深度混合，这一点通过政治参与的规则和“社区”对于新总统个性的阻断表现得尤为深刻。个人靠着经历的差异（如教育、混合婚姻、入籍和家庭结构的变化）像那些在主流社会上占优势的人物一样，深深地融入法国社会当中，这一现象应当引起我们的重视。这种融入也可以减弱反对移民后裔成为主流社会成员的声音。然而，尽管在候选人名单上登记的后殖民时期第二代年轻穆斯林的人数有显著上升，但是还有一部分平民出身的“年轻人”未在选民名单上登记。而且还应该提到的事实是，40 岁以下选民的选举努力中断了。郊区边缘化“社区”“年轻人”精神上的不信任正在继续，这令人更为担心。美国发动的伊拉克战争和巴以冲突使中东暴力冲突不断，进一步加剧了郊区“年轻人”集体意识中的不信任。

（七）2008 年世界“大萧条”对法国郊区“城市敏感地区”的考验

2008 年夏，美国次贷危机导致的经济危机爆发，法国郊区的平民“社区”首当其冲，受到大规模失业、非正规就业、临时工或“黑工”的影响。危机拉大了后殖民时期第二代穆斯林和法国社会其他阶层的差距。民众都面临一种不稳定性，长期合同（CDI）减少，短期合同（CDD）增多，生活愈发困难。就业人口举步维艰，就业质量进一步下降，年轻毕业生就业机会更加渺茫，有再多的实习经验也无法顺利进入劳动力市场。“城市敏感地区”公共交通不便，居民大都困于一隅，地理分隔日益严重，外加经济危机的各种影响，情形每况愈下。2008 年的经济危机也深化了就业与住房歧视。例如，塞纳—圣但尼省奥奈丛林（Aulnay-sous-Bois）标致雪铁龙工厂的关闭，使第二产业直接减少了 10 万个就业岗位。由此可见，与其他阶层相比，后殖民时期穆斯林移民在就业市场上更加脆弱，饱受失业和社会保障问题的折磨。

（八）关于国民身份和罩袍禁令的争论

面对本应成为重中之重的经济问题，政界不闻不问，反而对国民身份这一主题展开争论，内容包括移民、法国历史、政教分离和伊斯兰教，但是对移民及其后裔深受其害的歧视问题缺乏全面考虑。法国总统萨科齐援引人类学家克洛德·列维—斯特劳斯（Claude Lévi-Strauss）的话“身份不是一种病理学”为展开这一争论辩解，他认为，“因为害怕民族主义而想要抹掉这些民族”将会重新激发“认同危机”。在他看来，“民族主义在国家认同的危机中诞生，用仇恨他人代替了对祖国的热爱”①。2007 年 7 月 26 日访问达喀尔时，在面向非洲青年的讲话中，法国总统认为，共和国处在法国王权的连续性上。“看看吧，共和国已经实现了卡佩王朝的古老梦想，将法国打造成了一个统一和不可分割的国家，封建主义得到了控制。历代国王的梦想，在共和国变成现实……数个世纪以来，法国没有停止过混合、杂交和同化，‘杂交’这个词吓不了我，正是在混合、杂交和同化中，法国不断地蜕化和发展。”②

面对左翼对杂交与强制同化的区分，萨科齐总统强调“对过往杂交的同化”。基于此，尼古拉·萨科齐指出，公共空间“没有罩袍的位置”，它被视为“奴役女性”的标志，在共和国境内不被接受。因此，在 2009 年 6 月 23 日共产党籍国民议会议员安德烈·盖兰领衔的调查委员会提交《关于佩戴全罩面纱的调查报告》之后，国民议会在 2010 年 9 月 14 日通过了禁

① Nicolas Sarkozy, Discours, 12 novembre 2009 à La Chapelle en Vercors.

② Nicolas Sarkozy, Discours, 26 juillet 2007 à l'université Cheikh-Anta-Diop à Dakar.

止罩袍法令,但是大多数左翼两院议员投了弃权票。

(九)“伊斯兰恐惧症”和“犹太恐惧症”背景下极端右翼的崛起

2012年总统大选时,尼古拉·萨科齐贸然发表的身份认同言论,使国民阵线受益。让—玛丽·勒庞(Jean-Marie Le Pen)将党首之位让与他的女儿玛琳娜(Marine)。让—玛丽·勒庞的主张具有民族革命元素灵感,与传统一致,谴责移民,宣扬国家至上。玛琳娜则认为,面对欧洲一体化和全球化,应该抛弃旧观点,优先考虑法国和伊斯兰教、欧盟以及经济发展的关系。借用文化纯粹概念之后,一个理想的旧式法国社会的理论原则成型。在这套理论中,穆斯林不是由于自身原因被抛弃,而是因为法国社会注重自身的纯正,伊斯兰群体与此不能相容。这一理论再次受到部分法国极右翼的追捧。因此,2010年12月18日,皮埃尔·卡桑(Pierre Cassen)的“身份群体”在巴黎组织“反对欧洲伊斯兰化静坐”,吸引了部分欧洲团体的参加。法国极右翼运动的新论点完全属于伊斯兰恐惧症,它宣称“伊斯兰威胁”和“法国伊斯兰化”会带来危险。2002年与让—玛丽·勒庞的国民阵线分裂时,布鲁诺·梅格莱(Bruno Mégret)的国家共和运动(MNR)纲领的核心也是如此。玛琳娜·勒庞认为,其团队排斥伊斯兰和法国众多穆斯林遵守礼仪习俗一样,都是基于共和国的政教分离原则。所以,2010年2月15日,在Canal +频道节目上,她对快餐餐厅QUICK法国区的开始营业提出质疑。该餐厅在一些法国平民街区只提供清真汉堡。事实上,QUICK法国经理部早前提出,在法国300多家门店中的8家专门提供清真汉堡:马赛(罗讷河口省)两家,阿让特伊、加尔热莱戈内塞(瓦勒德瓦兹省)、布切莱(伊夫林省)、鲁贝(北方省)、图卢兹(上加龙省)和维勒班(罗纳省)各一家。猪肉换成烟熏火鸡和清真肉类,经过资格认证的牧师将待宰动物头部转向麦加,根据伊斯兰教仪式进行屠宰。玛琳娜·勒庞愤然道:“不想吃清真餐的人甚至没有选择,我觉得这是不可接受的。”2010年12月10日,这位女党首在“法国伊斯兰化”的主题上再犯错误,她谴责每周五在巴黎巴柏思街区米腊路的街头祈祷,实质是十八区缺乏足够的宗教场所。玛琳娜·勒庞声称:“这是一种对领土的蚕食，这些街区成了宗教戒律的天下，这就是一种占领。”①米腊路清真寺的教长回应：“我们人太多，我们在使用这条路，不是占领它。”然而，里昂轻罪法院并没有惩罚她的言论。②

（十）后殖民时期第二代穆斯林和法国极右翼暴力活动的增加

2005 年的骚乱曾遭到当地的反抗，尤其在维利耶尔—勒伯或维特里—勒弗朗索瓦。在维利耶尔—勒伯，警察掀翻了越野摩托车，导致两名青年死亡，引起了两天的骚乱（2007 年 11 月 25—27 日）。在维特里—勒弗朗索瓦，2008 年 6 月 14 日爆发的暴力事件与治安无关。一名 20 岁青年在试图分开两名青年人时额头中弹而死。警方的看法是“帮派火并”，受害者亲属予以否认，表示“这是颗流弹，穆罕默德当时在劝阻两个打架的家伙”。司法界认为“毫无疑问，这是毒品交易引起的纠纷”。社会党籍市长让·皮埃尔—布盖（Jean-Pierre Bouquet）指出：“小城有 1.7 万居民，家庭收入仅为全国平均水平的 71%。在罗马—圣查尔斯街区的幼儿园中，86%来自贫困家庭。现在是极端暴力多发期，难以控制，这也是一个信号，即在法国，在我们的社会，潜在的暴力随时随地都会出现。”③这种潜在的暴力在格勒诺布尔愈发严重，一名持械抢匪被警察击毙后，拉维伦纽夫街区 2008 年 7 月 17 日和 18 日发生骚乱，甚至有暴徒使用了枪支。骚乱发生后，尼古拉·萨科齐下令，侵犯“任何行使公安司法权力人员”的任何“外来人员”的法国籍都应该予以取消，“若外来未成年人犯轻罪，成年时不能自动获取法国籍”④。国民阵线在法国政坛崛起，使行政当局处于压力之下，也给公众一种政策失败导致局势日益恶化的感觉。

---

① 2010 年 12 月 10 日讲话。此时，马琳娜·勒庞在竞选国民阵线主席，竞选对手是里昂人布鲁诺·高尔尼时。她参加了该党积极分子在金头公园馆舍大厅举办的公开集会。

② *Les Echos*, le 15 décembre 2015.

③ Le Monde, «Vitry-le-Francois, après l'émeute, les-souffrances d'un quartier», le 16 juin 2008. http://www.lemonde.fr/societe/article/2008/06/16/vitry-le-francois-apres-l-emeute-les-souffrances-d-un-quartier_1058565_3224.html.

④ Nicolas Sarkozy, *Discours*, Grenoble, le 30 juillet 2010.

与玛琳娜·勒庞决裂后,阿兰·索拉尔(Alain Soral)2007年再次投身民族主义革命者运动,创建"反建制"的平等与和解协会。该协会同时追求"左翼式劳工"和"右翼式价值观",呼应国民阵线旧口号"左翼式社会,右翼式经济,法国式民族"。与敌视伊斯兰和穆斯林相比,索拉尔更重视极右翼历史上的"犹太恐惧症"。对他而言,穆斯林代表一种关键资源,有助于法国民族主义者反对"犹太复国主义"。他因此质疑法国在巴以冲突上的立场。在1990年10月6日夜间曾经爆发骚乱的沃—昂夫兰大会上,他表示法国应当依靠伊斯兰教及这些郊区来对抗"全球主义的帝国"。这种与后殖民时期第二代穆斯林激进分子意识形态的接近,使他和黑人反犹幽默作家迪约德内(Dieudonné)成为共同候选人,得益于持"反犹太主义"立场的选民,他们在2009年欧洲议会选举收获了4万多选票。事实上,他们的倡议是五年前欧洲议会选举期间出现的欧洲巴勒斯坦选民群体的延续,当时供职于《查理周刊》的漫画家西内(Siné)和柔道运动员贾麦尔·布拉(Djamel Boura)都是其中一员,不过后者已经加入了中间派"民主运动"。

多年来,阿兰·索拉尔及其平等与和解运动继承了革命民族主义论点和口号,宣扬国际政治,与郊区平民选民的某些期待产生了共鸣。因此,阿拉伯民族主义在很长一段时间内被认为是同共产主义和盎格鲁—撒克逊资本主义对抗的堡垒。阿兰·索拉尔发起的运动符合叙利亚和伊拉克复兴党政权的利益。

阿兰·索拉尔认为,挪威人安德斯·布雷维克(Anders Breivik)在奥斯陆和于特岛上发动的针对青年社会民主党人的袭击事件,是一个阴谋,想毁坏欧洲极右翼的名声。与此相反,国民阵线前领导人让—玛丽·勒庞则认为,袭击与挪威的移民人数上升有关。布雷维克事件总能成为欧洲极右翼的借口,他们认为这属于"土生土长的暴力"。2005年,阿布·穆萨·苏里极力推行此类暴力活动,以便在欧洲发动"飞地战争"。

(十一)伊斯兰选举游说集团的建立

2011年的区政选举是2012年总统大选的"晴雨表"。面对以反对

“法国伊斯兰化”及世俗主义担保者自居的国民阵线，人民运动联盟（UMP）将自己的立场定位于国民阵线和左翼之间。2008 年美国大选，民主党采用接地气的竞选策略，使巴拉克·奥巴马赢得选举。法国左翼受此启发，欲重新获得对自己失去信心的法国社会底层的支持。“蓝色大海联盟”是国民阵线新领导层所期望的“去妖魔化”的先锋，注重基督教，更注重天主教。但新一届国民阵线重申并赞同如下观点：使国际组织承认国家主权的合法性；“投票权与法国国籍密不可分”；“民族优先”。

与此同时，在塞纳—圣但尼省，穆斯林协会联盟（UAM93）将政治参与模式从传统整合转向团体组织，引导一些穆斯林信徒的选举行为。该联盟支持各党派的候选人，即便失去清晰的团体政治阵线也在所不惜。尽管如此，那些主张种族主义、歧视、移民和伊斯兰教应成为优先议题的候选人仍然获得了联盟的偏爱。因此，联盟的做法是承认一些代表的单极化，而不是考虑提出能够影响公共政策的具体建议。2011 年区政选举中，郊区新选民也在寻找地方政治代表，后者不仅要了解他们的困难，也要同情他们的宗教习俗。然而传统政党无视这些“城区”的“年轻人”的诉求，双方的疏远有时也被这些年轻人视为敌意，使郊区选民对此产生极大的不耐烦心理。因此，在 2011 年的区政选举中，穆斯林政治动员首次出现一种质变，这是社区政治战略的具体显现。例如，在 2011 年 3 月 25 日区政选举呼吁书中，蒙特勒伊穆斯林群体指出：“如果右翼侮辱我们，那是因为我们不去投票。如果左翼忽视我们，那也是因为我们不去投票。”①

尽管如此，穆斯林协会联盟的创举还是遇到了问题：法国贫困“城区”的“年轻人”缺乏身份对象。提到身份，“年轻人”唯一可以肯定的是宗教。他们知道自己是穆斯林，这一点不可退让。但他们对自身身份的认知也仅限于此。这些贫困郊区的“年轻人”的另一个共同特征，是希望离开“城区”，摆脱“城区”带来的耻辱标签。2012 年议会选举时，上塞纳省候选人指出，隔离和边缘化现象的受害者是这些“街区”的“年轻人”。

① Collectif des musulmans de Montreuil, élections cantonales de 2011; texte rapporté dans Gilles Kepel, *Terreur dans l'Hexagone. Genèse du djihad français* (Paris: Gallimard, 2015), p. 99.

他说："今天，你叫洛朗也好，叫马马杜也好，如果你住在塞夫朗或克里希—苏—波伊思，你就完了！"①于是，在2011年的区政选举中，穆斯林协会联盟发出了惩罚性投票的建议，从而获取谈判的空间，以自己可以支配并快速动员的团体选民为筹码，说服地方离任民选代表和候选人。然而，联盟言过其实。所有的数据显示，法国伊斯兰选民还没有重要到翻转政治多数派的地步。此外，联盟只是针对"年轻人"的宗教感情来表达自己诉求，而"城区"社会生活的其他问题（如教育或交通）并没有被提及。

总之，无论是2010年的大区议会选举，还是2011年的区政选举，穆斯林社团组织都进行了切实的努力，但它们都不足以影响候选人的当选。此外，穆斯林组织的身份诉求不符合后殖民时期第二代移民的经济和社会期望，与法国其他青年相比，他们受危机影响更为严重。一个有组织、同质化的"穆斯林票仓"现象的突然出现，是宗教和社团情感的结果，经不起事实的分析。然而，法国穆斯林进入政坛，用"选票"来表达自己，也是事实。

（十二）2012年总统大选穆斯林投票情况和弗朗索瓦·奥朗德的胜利假象

2012年5月6日，弗朗索瓦·奥朗德赢得总统选举。主要城市议会、大部分省议会和大多数大区议会都落入社会党及其盟友手中。在担任了十几年的社会党主席后，弗朗索瓦·奥朗德的个性展现出来，他既没有棱角，也没有真正负面的行为。奥朗德希望自己成为"普通的总统"，结束前任导致的两极分化。然而，在左翼发展的同时，国民阵线也表现强劲，将对萨科齐五年任期失望的选民聚拢在自己麾下，他们激进的身份诉求在玛琳娜·勒庞那里得到了特别回应。

① Mohamed Bentebra, candidat aux élections législatives de 2012 dans le département des Hauts-de-Seine; propos rapporté dans Gilles Kepel, *Terreur dans l'Hexagone. Genèse du djihad français* (Paris: Gallimard, 2015), p. 98.

在塞纳—圣但尼省,情形大不相同,那里的穆斯林人口众多。[①] 在该省,弗朗索瓦·奥朗德在第一轮总统选举中获得38%的选票,而尼古拉·萨科齐和勒庞的得票率分别只有19.5%和13.5%。民调机构"舆论之路"(OpinionWay)估计,93%的穆斯林选民投给了社会党候选人,法国公共舆论研究所(IFOP)的估计为86%。在法国,即便各教派选民的抽样调查很难实现,但是在2012年总统大选期间,经济危机、民族认同辩论和对伊斯兰教态度的分化,已经史无前例地激起了后殖民时期穆斯林第二代移民的选举热情。

我们不能因此认为这是一种身份和宗教上的"穆斯林选票"。在政治格局中,穆斯林的站位比法国其他选民更靠近左翼,是一种防御反应,主要是为了反对尼古拉·萨科齐竞选连任。尽管如此,从2005年的骚乱到2012年爱丽舍宫迎来左翼总统的回归,在此期间,贫困郊区的政治联系发生了"一种非典型性的深度衰减"[②]。在衰减过程中,后殖民时期穆斯林移民对宗教的认识逐渐与身份和政治诉求发生关系,同时伴随着某种程度的道德保守主义,有时甚至转化为激进主义。2012年总统大选时,后殖民时期第二代穆斯林移民团结一致,登上政治舞台。但是,与表面的团结相反的是,在总统选举之前就已存在的分裂,在弗朗索瓦·奥朗德当选给穆斯林团体带来的希望破灭之后变得更为严重。

(十三) 激进主义的崛起及叙利亚和法国萨拉菲主义到"圣战主义"的蜕变

法国穆斯林首次有意义的投票,发生在2012年总统大选期间。在法

① 2016年2月,塞纳—圣但尼省人口刚刚超过150万。省长菲利普·伽利估计,塞纳—圣但尼省穆斯林人口为70万,约占该省总人口的45%。http://aulnaycap.com/2015/02/02/environ-700 - 000-musulmans-en-seine-saint-denis-selon-le-prefet-philippe-galli/众所周知,在法国,种族或宗教普查是被禁止的,除非情况特殊。然而,根据相关数据,法兰西岛大区2015年9月穆斯林人口数量为60万,约占塞纳—圣但尼省人口的38%。http://aulnaycap.com/2015/09/27/600 - 000-musulmans-en-seine-saint-denis-selon-le-parisien/.

② Gilles Kepel, *Terreur dans l'Hexagone. Genèse du djihad français* (Paris: Gallimard, 2015), p. 108.

国第一次发生“圣战”屠杀的背景下，他们顺应了社会的选择，没有借用民主共和的行为明确表达宗教倾向。穆罕默德·梅拉赫（Mohamed Merah）2012年3月15日在蒙托邦和3月19日在图卢兹的犯罪活动表明，激进主义和暴力的起因在尼古拉·萨科齐任期末尾就已形成，当时边缘化郊区的政治关系瓦解，部分后殖民时期穆斯林第二代移民与法国社会其他人之间的社会联系被解构。《埃维昂协议》签署50年后，阿尔及利亚裔法国人穆罕默德·梅拉赫2012年3月19日在图卢兹一所犹太学校进行冷血屠杀，三名犹太儿童和一名教师丧生。于是，梅拉赫事件终结了法国人的幻想。16年来，他们始终认为“圣战”恐怖主义离自己很遥远，2003年的英国和2005年的西班牙与法国不同。法国郊区“城区”青年在图卢兹的杀戮行为，使得长期压抑在法国集体记忆深处的法阿争议重新显露。法国以世俗、共和模式进行同化的正确性重新受到强烈质疑。法国政府没有预见到郊区“街区”“3G一代”的激进化。2015年1月8—9日，阿米迪·库利巴利（Amedy Coulibaly）在蒙鲁日杀害了一名女警，在文森门Hyper Casher店杀害了四名人质，又在同一月伙同卡拉奇兄弟组织策划了一系列袭击，这一切揭示了当局面对恐袭的无能为力。库利巴利1982年出生在埃松省格里尼的一户马里移民家庭，是十个孩子中唯一的男孩。这种生育率表明，与马格里布来源的家庭不同，非洲其他国家居住在法国的家庭还没有开始人口上的转变。库利巴利犯下多起盗窃罪，又因抢劫受到指控，后来，像很多蹲过监狱的人一样，他通过“圣战”找到了所谓的救赎路径。2009年7月，他和一名阿尔及利亚裔女售货员办了穆斯林婚礼。国庆节刚过，他又作为成功融入社会的榜样，在爱丽舍宫受到总统尼古拉·萨科齐的召见。他精于形势判断，为达目的不择手段。他平日低调，无人知晓他通过基地组织同伙加入了“圣战组织”。

绝大多数法国穆斯林想行使公民权利，完整参与所在国家的政治生活。“完整伊斯兰”主要源于法国萨拉菲主义内部的阿尔及利亚文化亲缘关系。法国萨拉菲主义，尤其是“圣战”分支，对法国这种昔日殖民霸权充满一种发自内心的愤恨。这种愤恨转化为全球“圣战”战略，叙利亚裔西班牙人阿布·穆萨·苏里2005年发出“全球伊斯兰抵抗呼吁”，将此战略理论化。这份呼吁文件在一些很普通的伊斯兰数字网站上被多次下载，成为一小撮萨拉菲主义顽固网民付诸行动的灵感来源。梅拉赫、奈穆什①和卡拉奇②兄弟之流都是阿尔及利亚裔法国人。也是这些阿尔及利亚裔法国人，组成了“圣战者”在欧洲最庞大的队伍，在 2015 年加入“达伊沙”组织，赴叙利亚参加战斗。法国“圣战主义”的阿尔及利亚根源可以追溯到 20 世纪 90 年代，受到阿尔及利亚内战的影响，法国出现了哈立德・凯卡尔③的武装萨拉菲主义。尽管凯卡尔已被消灭，但阿尔及利亚萨拉菲主义的温床将继续在法国蔓延。除了卡比利亚地区，阿尔及利亚军队即将成功消灭国内的萨拉菲分子，萨拉菲主义游击队幸存者组成非法移民潜入法国。法国萨拉菲激进主义的另一来源是沙特阿訇在法国清真寺的布道活动。他们鼓动法国穆斯林与“异教”的法国社会价值观彻底决裂。瓦哈比教派教士想要通过传播伊斯兰教，重获欧洲穆斯林逊尼派的支持，后者已为萨达姆・侯赛因在中东的声望所迷。由此，法国萨拉菲运动在鲁贝和里昂地区发展迅猛，这两个地区是阿尔及利亚移民社团在法国的桥头堡。2015 年 11 月 13 日巴黎袭击的凶手是“达伊沙”的同伙，都是阿尔及利亚或摩洛哥移民的后代，在法国或比利时出生并接受教育。2014 年 7 月 19 日和 20 日，巴黎街区巴尔贝斯和北部郊区萨塞勒发生的冲突是阿布・穆萨・苏里鼓吹的“飞地战争”幽灵的先兆。巴尔贝斯是阿尔及利亚移民在巴黎的传统象征，也是新来非法移民的中转站。在法国政府的一次治安行动中，巴尔贝斯对外宣称“被围”，还引用伊斯兰观点，指责政府为“殖民—犹太复国主义”，并与巴勒斯坦阿拉伯人的安置状况作对比，但是他们对于此次治安行动的缘由，有着自己的一套说辞。萨塞勒是 20 世

① 麦赫迪・奈穆什（Mehdi Nemmouche），1985 年 4 月 17 日出生在法国鲁贝，法国刑事犯和恐怖分子，2014 年 5 月 24 日在比利时犹太博物馆发动袭击。

② 萨义德・卡拉奇（Saïd Kouachi）和谢里夫・卡拉奇（Chérif Kouachi）分别在 1980 年和 1982 年生在巴黎，法国籍恐怖分子，2015 年 1 月 7 日屠杀查理周刊 12 人后，自称属于基地组织也门分支。2015 年 1 月 9 日，警方在达玛町—恩各埃勒一家印刷厂解救人质时与其交火，将他们当场击毙。

③ 哈立德・凯卡尔（Khaled Kelkal），1971 年出生在阿尔及利亚穆斯塔加奈姆，阿尔及利亚伊斯兰恐怖分子，伊斯兰武装集团（GIA）成员，是 1995 年夏法国一系列袭击的主要发动者。1995 年 9 月，他在里昂市郊以西的沃尼莱被法国警方击毙。

纪 60 年代法国第一个“廉租房新村”，到处是冷冰冰的钢筋栅栏与混凝土高楼。21 世纪初，该地区人口由三个族群构成：穆斯林、来自北非的犹太人以及来自土耳其和伊拉克的迦勒底基督徒难民。在萨塞勒，当地犹太人被视为令人憎恶的犹太复国主义者，是萨拉菲“圣战”分子的目标。在伊拉克“圣战”分子和法国“圣战”分子之间，好像有一面镜子，摩苏尔的“哈里发”通过这面镜子附体法国“圣战”分子，继续追踪逃到法国的伊拉克基督徒，在同一天内将迦勒底基督徒和犹太人在萨塞勒的店铺洗劫一空。

法国社会突然回到“逆殖民时期”①，法国人正面临着在本土发生的第三波“圣战主义”浪潮，他们在自己的领土上遭遇内部出现的“圣战”分子。2005—2015 十年间，郊区平民“街区”的“年轻人”群体出现“逆融入”过程。那些经济状况恶劣、社会地位底下、文化和社会习俗被主流社会排斥的居民，在进行“耻辱翻转”②。他们逃离“街区”的念头变成了与法国撇清关系、摆脱法国社会并逃离的愿望。宗教激进化遵循着严格的标准。因此，在控诉不平等和不公正与采用强硬做法之间，有一定的折中地带。在“街区”里，不管是不是穆斯林，只要感觉受到了排斥，都会想到诉诸武力反抗。推行严格的宗教准则，成为满足“街区”伊斯兰教皈依者愿望，即恢复社会控制的方法。此外，后殖民时期穆斯林第二代移民与父母的关系已经疏远。一方面，他们排斥原籍国、家长权威和法国社会，很难融入其中；另一方面，他们是数字化一代，生活方式和习惯与父辈完全不同。法国数字时代穆斯林在法国伊斯兰郊区出生，恰逢他们的父辈在 1983 年发起的“马格里布后裔游行”运动遭遇政治失败。作为青少年，他们参与了 2005 年骚乱，成年后不再抱有幻想。无论现实世界还是互联网数字世界，萨拉菲主义都宣传严守戒律的生活方式，与他们所认为的法国社会无处不在的“异教”方式形成对比。自相矛盾的是，在后左翼的欧洲，基督信仰被抛弃，萨拉菲主义继而繁荣。

---

① Gilles Kepel, *Terreur dans l'Hexagone. Genèse du djihad français* (Paris: Gallimard, 2015), p. 112.

② 同上，p. 222.

萨拉菲主义甚至取代了反社会乌托邦世俗模式，后者曾先后表现为欧洲共产主义、巴黎五月风暴意识形态、反全球化论、拉扎克农业“法伦斯泰尔”、嬉皮士社团或太阳神殿式邪教。例如，“圣战”分子穆罕默德·梅拉赫的部分成长经历与南部—比利牛斯地区阿尔蒂加（阿里埃日省）新乡村社区有关。他多次从那里赴麦加朝圣，接受宗教灌输；他在突尼斯停留，接受复兴运动党（伊斯兰复兴运动）指挥；他在阿富汗、巴基斯坦或叙利亚参加所谓的“人道主义”行动；他在塞纳河谷与来自穆罗或芒特的同伙密谋，利用一个夏季的时间把阿尔蒂加变成了“绿色伊斯兰”①。

因此，自 2012 年起，法国全球“圣战主义”阴云笼罩，社会遗弃、殖民历史、政治幻想破灭和萨拉菲主义实践加剧的伊斯兰化相互交织。萨拉菲主义也在炮制特有的社会惯习。2014 年 7 月“声援加沙示威游行”期间，左翼世俗和反教权两分支的决裂被利用，往常支持巴勒斯坦事业的“反帝国主义”的支持者，与哈马斯和“达伊沙”狂热信徒保持了距离。事实上，从这个时期开始，法国各大城市的伊斯兰郊区大多数都转向了萨拉菲主义，少数外籍传教士发出指令，使打着特殊政治宗教事业的名义杀害“异教徒”成为“合法”行为。正是在这种新背景下，2015 年 1 月 9 日《查理周刊》记者被杀，蒙鲁日一名安的列斯裔女警被杀，巴黎文森门 Hyper Casher 超市犹太人质被杀。漫画家沃林斯基（Wolinski）、卡布（Cabu）以及反全球化经济学家贝尔纳·马里（Bernard Maris）被杀后，左翼世俗和反教权两个分支惊恐不已。30 年来，他们一直在捍卫移民及其子女的权利。两位最有名的漫画家也一样，他们的作品推动了“五月风暴”以来法国流行文化本土历史的书写②。

反过来，2015 年 11 月 13 日的袭击事件标志着法国伊斯兰“圣战”的

① Francetvinfo. fr, «A Artigat, ambiance pesante au village de ‘l’émir blanc’», 26 novembre 2015. http://www. francetvinfo. fr/faits-divers/terrorisme/attaques-du-13-novembre-a-paris/a-artigat-ambiance-pesante-au-village-de-l-emir-blanc_1192167. html «Plusieurs jihadistes sont soupçonnés d’être passés dans ce village de l’Ariège où habite Olivier Corel, un prédicateur salafiste surveillé par les services de renseignement, et dont le domicile vient d’être perquisitionné. »

② 法国 1968 年 5 至 6 月展开的政治、社会和文化抗议运动。

新阶段：受害者被屠杀，只因为自己是法国人。事实上，正如袭击发生后，“达伊沙”在公开宣布对此负责的声明中用阿拉伯语命名的“神圣突袭”(razzia bénie)一样，他们滥杀巴黎人民。他们试图袭击法国和德国足球友谊赛的观众，在巴黎城区移民密集的咖啡和餐厅露台疯狂扫射，在巴塔克兰剧院进行屠杀，或效仿中东的自杀式爆炸袭击。这是第三代恐怖主义，是一种网状恐怖主义，发展一些由极端暴力和失意的激进分子组成的网络，这些人大多是移民。这些给他们以启发的理论家，想让被欧洲主流社会“伊斯兰恐惧症”打压的整个穆斯林倒向伊斯兰“圣战”，使“异教的”欧洲社会分裂成少数族裔的宗教聚居区，最终在“飞地战争”中灰飞烟灭。

（十四）法国穆斯林群体的幻灭：社会和经济绝望以及穆斯林文化背景法国公民的社会宗教差异

近三十年来，是否应该授予居住在法国的外国人投票权这一问题，令法国政坛疲惫不堪。1981 年，总统候选人弗朗索瓦·密特朗曾在其 110 条竞选提案的第 80 条里提出，赞同“五年后给予市议会选举投票权……在法国境内”。2012 年，弗朗索瓦·奥朗德在其 60 条竞选承诺中的第 50 条里做了详细说明：“对于在法国合法居留五年的外国人，我将授予他们地方选举中的投票权。”

1988 年连任后，密特朗却妥协了，他遗憾地表示：“我们的道德状况不允许我们……投票通过这一举措。”2000 年，在时任总理莱昂内尔·若斯潘的带领下，国民议会通过了一项法案，但他未将其转到参议院。2011 年，情况恰恰相反，参议院为左翼控制，通过了 2000 年提出的法案，但它从未进入国民议会的议程。

2012 年，弗朗索瓦·奥朗德要授予欧盟以外外国人的投票权，因为欧盟的侨民 1998 年已经获得市一级选举的投票权，这是《马斯特里赫特条约》对法国法律提出的要求。时任社会党移民事务国务秘书的桑德里娜·马泽蒂埃(Sandrine Mazetier)在 2010 年提交给国民议会一份报告，认为此项措施可能“只会涉及 6%的选民”。《解放报》估计，有 180 万非欧盟国家的潜在选民会受益。要实现这一目标，需要修改宪法，政府也需要在国会(国民议会和参议院)获得 3/5 的多数支持。左翼在道德层面的论点是：人人平等，承认外国人在法国社会建设中的角色，为打算奉行族群主义的外国人的融入提供便利。左翼还指出，外国人通过工作来纳税，为国家财政作出了贡献。对于上述观点，右翼则主张，投票权与法国国籍不可分割。他们认为，授予外国人投票权只会强化族群主义：“接受外国人的选票，就是打开通往族群主义的大门……”

最后，右翼号召法国人用公投解决问题。鉴于议会两院穿梭审议的复杂性，公投提议不了了之。自弗朗索瓦・密特朗开启七年任期以来，投票权始终是国民阵线选民争议不断的话题。

关于外国人投票权的辩论，还有一个事实不应忘记，即法国穆斯林人口内部形成了伊斯兰宗教资产阶级。阶级成员学历最强，融入职场程度最好，属于保守的政治派别，为移民家庭的法国青年提供了政治社团化的机会。他们与左翼渐行渐远，认为左翼的“滥发补助”不利于创业，而他们尤其擅长时装或清真食品交易，家乐福之类的连锁超市都在销售他们的食品。他们认为，国家对平民“社区”的结构性补助会使这些居民产生依赖性，长期处于劣势地位。在这些伊斯兰企业家看来，与工作脱钩的社会保障像一种权宜之计，只能在短期内应对系统性歧视和中、高等教育领域日益严重的不平等现象。一些出身移民家庭的年轻毕业生，由于教育经历时断时续，加之社会提供的机会有限，终被劳动力市场拒之门外。

弗朗索瓦・奥朗德执政期间，司法部长克里斯蒂安・陶比拉(Christiane Taubira)出台法律，允许同性恋婚姻，激起“为所有人的示威游行”①，一部分穆斯林资产阶级与基督徒组织结盟。长期以来，伊斯兰资产阶级没有穆斯林教育机构，他们放弃了公立教育，更喜欢把孩子交给私立天主教学校。“退学日”(JRE)活动就是一个证明。该活动发生在 2013 年，起因是教育部在全国公立学校开展“性别理论”教学，并要求普及男孩

① 2012 年，几家协会联合发起“为所有人的示威游行”，反对“对同性伴侣开放婚姻”，即“人人皆可结婚”法案。陶比拉 2013 年 5 月颁布该法案后两年时间里，抗议内容由最初的同性恋养育(收养、医疗辅助生育及代孕)，扩大至保卫“传统家庭”和拒绝“性别理论”教学。

和女孩的平等教育。在社会和价值观问题上，伊斯兰资产阶级毫不犹豫地与所有法国保守派团结在一起。人们甚至已经在谈论“伊斯兰教—天主教联合”。此外，也有立场更加接近右翼的伊斯兰团体，如2012年的“法国之子”吸引了民族主义右翼或极右翼人士、依靠传媒名声大振的天主教高级教士和波尔多清真寺伊玛目的共同参与。该伊斯兰团体与基督教团体“耶稣鱼”（Ichtus）和“施威特斯”（Civitas）相似，认同非共和传统的法国民族主义意识形态。

三、结　　论

与20世纪最后25年占优势的情况相反，大量北非移民家庭子女社会地位的崛起不再表现为举止世俗化。1989年之前，是法国的第一代伊斯兰，即“达隆”（darons），他们没有碰上“完整伊斯兰”。法国的第二代伊斯兰，称为“布雷达尔”（blédards），属于“法国穆斯林组织联盟（UOIF）”，受穆斯林兄弟会指导，在1989—2005年间，他们使“完整伊斯兰”保持在萌芽状态。然而，美国2001年“9·11”恐怖袭击事件和2005年骚乱发生后，萨拉菲主义的完整倾向导致一种与“异教”社会的价值观决裂的模式出现。因此，法国第三代伊斯兰的特点，是2005—2015年间萨拉菲主义运动在法国领土上迅速蔓延。萨拉菲主义的侵入，伴随着一种与法国社会的价值观彻底决裂的意志，因为这种社会已经遭到部分穆斯林信徒的“唾弃”。于是，移居到伊斯兰国家过一种“完整伊斯兰”生活或在法国境内建立封闭穆斯林社区的想法被鼓动起来。有着穆斯林文化背景的高学历人员、管理人员和企业家，接受右翼价值观，开始信赖市场的力量。萨拉菲主义准则加剧了行为举止和消费模式的身份认同，给平民郊区的“有机知识分子”带来希望，他们认为能够以“完整伊斯兰”的名义超越阶层。萨拉菲主义运动在法国快速蔓延的时候，大多数穆斯林文化背景或血统的年轻法国穆斯林，在2005年骚乱不久就开始行使新获得的法国国籍的权利，融入民主选举进程中。因此，后殖民时期第二代穆斯林移民的大多数在考虑未来时，都会想到“行使主权的人民”，而“完整伊斯兰”的支持者却想颠覆这种观念，以维护伊斯兰教法。穆斯林选民群体仍然是杂乱、异质的，缺乏一个能表达法国穆斯林共同诉求的政党。说到底，宗教和意识形态的分裂，只是社会差异和穆斯林个体在法国社会轨迹差异的表现。从这个意义上说，穆斯林移民与其他移民潮没有什么不同。

第三节
法国移民危机的因与果

王丽云*

作为老牌资本主义国家，法国是一个移民大国，当然，它与美国这个移民大国有本质区别。美国本身就是一个由各移民组成的“大熔炉”，相对开放、宽容；而法国在19世纪中后期才开始大量“引入”移民。

（一）经济移民

当时法国受工业革命影响，机器生产代替手工劳动，社会关系发生重大变革，经济迅猛发展，对劳动力需求旺盛；而当欧洲其他国家的人口数量成倍增长时，法国人口增长却处于几乎停滞状态，无论是在农村还是在城市，劳动力都严重短缺。在这种情况下，只能从外界寻求平衡。为了满足经济发展对劳动力的需求，当时的法国政府大力鼓励移民进入，这些移民主要来自意大利、比利时、西班牙、瑞士等邻边国家。移民只要在其居住地的市政府做一个简单的宣誓，就可定居法国并从事相关职业。

所以，法国境内最初的移民专指“经济移民”，即出于工作需要而迁居另一个国家的人。这类移民通常可以很快在迁入国找准自己的位置，成为推动其经济、社会发展的重要力量。此外，从移民的迁出国不难看出，这些与法国本土公民有着同样肤色，信仰相同或宗教类似(犹太教)，秉持同等价值理念的外来人员基本不会存在融入困难的问题，也就不存在所谓的“移民问题”，更谈不上“移民危机”。

* 王丽云，同济大学外国语学院讲师、法语区域研究中心助理研究员、上海外国语大学与巴黎三大联合培养博士研究生。

20 世纪五六十年代，随着非殖民化进程的加快和新国家的建立，加上 1958 年《罗马条约》（允许不同国家之间的人员自由流动）的实施，法国继续鼓励移民进入。但这时期的移民开始呈现出新特点，摩洛哥、阿尔及利亚、突尼斯等马格里布地区及其他非洲国家的移民开始大批涌入法国。不同宗教信仰、不同价值观念或生活方式在法国出现第一次大碰撞，这在一定程度上为之后移民引发社会危机埋下了伏笔。但此时的法国经济正处于 30 年发展的“黄金时期”，而当经济处于快速发展时，一切看起来都蒸蒸日上，人民幸福指数高，社会矛盾缓和。此外，新移民的到来为劳动力市场注入了新鲜血液，是迁入国的“大功臣”。

（二）家属移民与移民后代

但到了 20 世纪 70 年代，第一次石油危机引发全球经济危机，法国经济不可避免得遭受重创，“黄金时期”结束，劳动力开始出现剩余。时任法国总统的瓦雷里·德斯坦（Valéry d'Estaing）主张“停止一切移民”，严格控制移民进出，并给予适当资助（10,000 法郎[①]），鼓励移民自主返回输出国。

自此，法国经济再难上巅峰，这直接导致外国人移民法国的动机发生了本质性变化。经济移民让位于家属移民，以劳务输出为主导的男性移民数量减少，以与丈夫团聚、定居法国为目的的女性移民骤增。移民融入秘书处统计研究文献部门主管杰拉德·布维尔（Gérard Bouvier）认为：“以女性为主的家属移民是产生移民后代的重要因素。”[②]

到 90 年代，法国政府继续推行紧缩移民政策。1990 年，时任总统希拉克再次重申，“必须完全停止移民”，而内政部长夏尔·帕斯卡（Charles Pasqua）也于 1993 年提出“零移民”。尽管如此，仍有移民不断进入法国，且输出国更加多样化。除马格里布地区外，来自非洲其他国家、土耳其、

① http://www.vie-publique.fr/politiques-publiques/politique-immigration/chiffres-cles-statistiques/（2017.6.14）.

② http://www.lefigaro.fr/actualite-france/2012/10/10/01016-20121010ARTFIG00262-immigration-les-chiffres-de-l-insee.php（2017.6.14）.

中国等地的移民数量开始增加，现在巴黎的"十三区""美丽城"等就是最有力的见证。

（三）非法移民数量激增

当地政府越来越严苛的移民政策，"使外国人子女入法国国籍，外国人家属移民，申请避难，以及阿尔及利亚人获得法国签证变得更加困难[①]"。必须指出的是，这种移民政策间接刺激了非法移民数量的增长。经济学家乔治·达比诺(Georges Tapinos)曾说过的一句话很好地诠释了这表面看似矛盾的推论："非法移民只有在限制和宽容同时存在时才会出现[②]"。自此，非法移民数量的逐年增加成为法国移民危机爆发的前奏。

虽是"亡羊补牢"，但为时尚未晚。意识到问题的严重性后，法国与欧盟一道，将移民政策的侧重点放在了打击和惩治非法移民上。2002 年，欧盟司法和内政委员会表决通过了一项反对非法移民和人口贩卖的总规划，并出版了一本绿皮书，详细说明了欧盟在遣返非法移民方面的政策规定；2004 年，欧盟成立边防局(Frontex)，主要负责协调各成员国边境机构管理工作。法国前内政部长尼古拉·萨科齐也曾积极响应欧盟政策，召开部长会议，并与各国政要协商，讨论非法移民问题。

尽管法国及欧盟在加强边境管理方面作了不少努力，但成效甚微，非法移民不仅没有被遏制，反而数量呈逐年增加之势。当然，鉴于非法移民的特殊性，很难掌握确切数据来证明这种趋势。但我们可以从相关机构提供的估测性数据中发现一些苗头。据维尔潘政府的一项报告显示，2005—2007 年间，法国非法移民数量预计在 20 万—40 万人之间[③]。2009 年，超过 2 万名非法移民身份合法化[④]；2012 和 2013 年分别为 3.6 万和

---

① 塞谬尔·亨廷顿：《文明的冲突与世界秩序的重建》(修订版)，周琪、刘绯、张立平、王圆等译，北京：新华出版社，2015 年版，第 179 页。

② http://notes-geopolitiques.com/leurope-face-a-limmigration-illegale/(2017.6.14)

③ http://www.la-croix.com/Solidarite/En-France/Les-limites-de-la-nouvelle-politique-de-regularisation-des-sans-papiers-2013-06-06-969871 (2017.6.15)

④ http://www.lemonde.fr/societe/article/2009/12/21/plus-de-20-000-sans-papiers-regularises-en-2009_1283590_3224.html (2017.6.15)

4.6万①。从非法移民身份合法化数量的增加,我们至少可以推测出两点:政府政策直接或间接有利于非法到合法化进程;这种政策导向释放出一个“欢迎”信号,“吸引”更多非法移民来法。

这种信号显然是法国政府最不愿意释放的,这也是为什么原移民部部长埃里克·贝松(Eric Besson)面对这类问题时始终不愿透露精确数据的原因。他对自己这种“遮遮掩掩”的举动也做过类似解释:“法国很慷慨,但不要去怒争这个事实;如果公开表明,某些在法国非法居留的外国人有望合法化,那就释放出了一种欢迎信号。”②

“法国很慷慨”,这句话暗示的另一层意思是法国很宽容、很人性。法国注重人权并不奇怪,《人权和公民权宣言》不正诞生在法国吗? “自由、平等、博爱”难道不是法兰西的国家格言吗? 而这一点恰巧是法国移民政策,或更广一点讲,是整个欧洲移民政策的驳论源泉。这也可以解释,资本主义国家是个人主义、享乐主义滋生的沃土。1948年12月10日,联合国大会在法国巴黎夏乐宫通过《世界人权宣言》,旨在维护人类基本权利,当然包括生存权。

就这样,法国政府或欧洲一方面强调加强边境管控,打击非法移民;另一方面又迫于“人权”压力,采取适当的宽容手段,或紧或松。这再次印证了经济学家达比诺有关非法移民来源的阐释:“这是欧洲自己造的孽!”支持者和反对者异口同声地喊道③。

(四)难民危机加重移民危机

这种无法从一而终、左右相矛盾的移民政策在难民大潮来袭时更是不堪一击。2010年底,“阿拉伯之春”爆发。这场旨在推翻本国专制政

---

① http://www. lefigaro. fr/actualite-france/2013/11/05/01016-20131105ARTFIG00624-immigration-en-2013-valls-aura-regularise-10000-sans-papiers-supplementaires. php (2017. 6. 16)

② http://www. lemonde. fr/societe/article/2009/12/21/plus-de-20 - 000-sans-papiers-regularises-en-2009_1283590_3224. html (2017. 6. 15)

③ http://notes-geopolitiques. com/leurope-face-a-limmigration-illegale/(2017. 6. 18)

体、争取民主权利的革命运动不但未获成功，反将阿拉伯很多国家卷入永无休止的战乱中。自此，极端恐怖组织“伊斯兰国”趁乱崛起，成为欧洲各国的梦魇；而“多事”的西方大国“越帮越乱”。2011 年北约协助叛军推翻卡扎菲政权，利比亚陷入长期动乱，伊拉克式悲剧再次上演；同年，叙利亚内战爆发，成为美国与俄罗斯之间的角力场，多股反政府武装并存，混战不堪。自此，从中东、非洲和亚洲等地途经地中海及巴尔干半岛进入欧洲国家寻求庇护的难民数量激增。位于地中海沿岸的西班牙、希腊等国当然最先感受到难民潮的冲击波，但冲击波力量如此之大，加上涉事国家，尤其是欧盟相关政策缺乏力度，难民不可避免地向欧洲中北部蔓延，法国也成为重灾区，其西北部最大的露天难民营“加莱丛林”（于 2016 年 10 月拆除，难民被分散于法国各地）就是在这种背景下产生的。

作为欧盟主要成员国，出于人道主义援助，法国自然应接收难民。新上任总统马克龙在其竞选纲领中就曾表示，法国应展示出友好姿态，接收难民，后者有权享受法国的保护；主张将庇护权申请期限缩短到 6 个月以内①。但残酷的现实摆在眼前：当看到成群结队来自叙利亚、阿富汗等国难民露宿街头，地铁乞讨时，“不接地气”的政治家们是否会反思自己政策的可行性？2016 年，法国相关部门收到了 85,244 份庇护权申请表，比去年增长了 6.5%，是 1992 年的两倍②；32,285 份居留证以人道主义的名义发放，比 2015 年增加了 41%③。

所谓的人道主义援助，加上管理不善，数量不断增加的难民不仅加重了法国财政负担，更引发安全危机。事实上，并非所有“难民”都是真正意义上的难民。1951 年通过的《日内万公约》将“难民”定义为“那些因为宗族、宗教信仰、国籍、社会组织或政治组织成员身份而遭到迫害，不得不离开母国的人”④。在那些进入法国的“难民”中，有一部分因其祖国战乱不

① 参阅“前进运动”总统候选人马克龙竞选纲领，第 19 页。

② http://www.la-croix.com/France/En-2016-France-accueilli-plus-refugies-quen-2015-2017-01-16-1200817619（2017.6.17）

③ http://www.lemonde.fr/les-nouveaux-arrivants/article/2017/03/01/devenir-refugie-en-france-mode-d-emploi_5087507_5084811.html（2017.6.16）

④ http://www.jiemian.com/article/382931.html（2017.5.10）

断，家破人亡，被迫逃离到其他国家。这部分人大多来自叙利亚、阿富汗，他们也最有可能获得法国政府开具的难民庇护证明。据统计，2016 年，35%的申请人获得庇护权，其中，5, 641 位阿富汗难民在法申请庇护权，成功率达 80%；3, 562 位叙利亚难民在法成功申请到庇护权的概率高达 97%；而其他国家（如苏丹）难民的成功率只有 33%，阿尔巴尼亚难民也只有 5%的可能性①。

还有一部分混在难民队伍里充当"难民"。这部分人主要分为以下两种情况：因自己国家贫穷，来法追求更好的生活，这部分占很大比例；还有一小股极端分子，混在难民中，成为迁入国重大的安全隐患。

第一种情况中的"难民"，准确来讲，应称为"移民"。《联合国移民权利公约》（*UN Convention on the Migrants' Rights*）对"移民"定义如下：所有凭借个人意志选择移民的人；他们做出这一决定是出于个人考虑，而非外力影响②。这部分人通过冒充难民，从而更容易获得在法国居留的权利。因为，对西方人来讲，主动离国与被迫离开有本质区别，他们对后者抱有更多同情，或者政府当局迫于外界压力，也会对难民高抬贵手；而对前者会设置很高的门槛，迁入国有权选择谁可以定居于此。很多政治家将"难民"统称为"移民"正是出于这方面的算计。尤其在法国，失业率居高（9. 6%③），财政赤字走高（占国内生产总值的 3. 4%④），经济增长缓慢。在这种情况下，新移民的到来更多地会成为法国社会负担。法国前总理弗朗索瓦·菲永就曾指出："法国是欧洲大陆人口增长最活跃的国家之一（年均增长率为 0. 5%⑤），因此，与我们的邻国不同的是，法国不需要增加新移民来支撑其发展。⑥"

① http://www. lemonde. fr/les-nouveaux-arrivants/article/2017/03/01/devenir-refugie-en-france-mode-d-emploi_5087507_5084811. html（2017. 5. 15）

② http://www. jiemian. com/article/382931. html（2017. 4. 20）

③ http://www. lemonde. fr/economie-francaise/article/2017/05/18/le-taux-de-chomage-en-france-passe-sous-la-barre-des-10_5129578_1656968. html（2017. 6. 10）

④ http://france-inflation. com/dette_publique_france_1950. php（2017. 6. 15）

⑤ http://www. lemonde. fr/les-decodeurs/article/2017/01/03/la-population-francaise-en-croissance-surtout-dans-les-villes-moyennes_5057082_4355770. html（2017. 6. 14）

⑥ 参阅中右派总统候选人菲永竞选纲领，第 69 页。

但这也并不表示,法国完全不接受新移民。如果某些行业急需某类人才,而在本国人又无法满足的情况下,政府肯定会很乐意引入新移民,以填补劳动力空缺。2011 年 6 月通过的“贝松法案”(Loi Besson)就曾提出一系列新手段,鼓励此类移民进入法国;对于高学历或具有丰富工作经验的移民(至少 bac+3 或至少具有五年工作经验),政府会发给他们一张“欧洲蓝卡”。凭借这张卡,他们可以相对容易地找到工作,并在所有欧盟国家享受同等条件的居住权,但居住期限取决于劳动合同期限。

反过来讲,这些充当“难民”的移民又有多少可以符合这些要求呢?只应是极少数人。有些人或许比较“幸运”,博得同情,拿到了难民庇护证明;而另一些人则很可能会成为非法移民。为了生存而打黑工,有些老板确实喜欢雇佣非法移民,因为无合同,无责任,开支低;还有一些非法移民,或无所事事,或干非法勾当,成为法国社会的不安定因素,导致犯罪率上升。

(五) 恐袭频发,极右翼崛起

那部分混在难民队伍、进入法国的极端分子成为法国频遭恐袭的直接原因。2015 年 11 月 13 日,巴黎发生一连串恐怖袭击,造成至少 130 人死亡,400 多人受伤①。随后的调查发现,至少一名施暴者是于 2015 年进入欧洲寻求庇护的人。

当然,不能将法国近年来频遭恐袭的原因全部归咎于这些人,难道不是以美国为首的西方大国打着国际警察、普世价值的番号,干涉内政,造成阿拉伯国家战乱不断、百姓流离失所、家破人亡,从而给极端分子留下可乘之机吗?但难民潮涌入欧洲,到达法国,确实极大提高了其遭受恐怖袭击的可能性。

频繁的恐怖袭击不仅对法国本土安全造成极大危害,还被某些政客利用,使得具有浓厚民粹色彩的极右翼力量壮大,引发政治危机。2017 年法国总统大选,极右翼国民阵线候选人玛琳娜 · 勒庞以 21. 53%的得票率

① http://atelier. leparisien. fr/sites/attentats-novembre-2015-paris/(2017. 6. 16)

打败两大传统政党——共和党和社会党，成功入围第二轮，比中间派"前进运动"候选人马克龙只差 2. 22%①。虽然极右翼最终未能冲破"玻璃天花板"，没能抵住其他政党的联合狙击而问鼎总统宝座，但"她创造了极右翼国民阵线史上最高得票纪录，拉拢了近 1, 100 万民众"②。

在这些最终将票投给勒庞的人中，应有相当一部分是受其移民政策吸引。据一项调查显示，勒庞在解决移民问题方面比同进入第二轮的马克龙更具有说服力③。

事实上，勒庞的移民政策也是最受争议的地方。她提出极其苛刻的移民政策，主张将新移民数量限制在每年 1 万以内，暂停长期签证和家属移民；取消出生地国籍权，提高获得法籍的条件等。法国国家人口研究院（Ined）科研主任弗朗索瓦·埃朗（François Héran）认为，这意味着"法国将不太可能再接收新合法移民"，而这是"完全不现实的"④。

为什么如此"不实际的移民政策"仍会吸引大批选民，甚至成为法国极右翼崛起的有力武器呢？这里涉及一个关键点，就是穆斯林移民问题，这也是导致法国移民危机的终极落脚点。

（六）穆斯林移民融入困难

2010 年，法国约有 670 万移民，占其总人口的 10. 7%⑤，其中，穆斯林人口有 470 多万⑥。法国也是欧盟成员国中穆斯林人口最多的国家⑦，伊斯兰教因此也成为法国第二大宗教。据 Pew Research Centre 发布的一项研究显示，2008 年，法国共有 210 万穆斯林人，占其总人口的 3. 35%；到 2010 年，该群体的比例上升至 7. 5%；预计到 2030 年，法国穆斯林人口将

① 《最纠结大选将迎最简单结局?》，《文汇报》，2017. 4. 25。

② 《中间派新总统能团结法国吗?》，《文汇报》，2017. 5. 9。

③ 《粗野辩论没有赢家》，《文汇报》，2017. 5. 4。

④ http://www. lepoint. fr/politiquc/immigration-mesures-choc-pour-le-pen-grandes-lignes-pour-macron-24 - 04 - 2017 - 2122345_20. php（2017. 6. 17）

⑤ http://www. ined. fr/fichier/s_rubrique/19140/472. fr. pdf（2017. 6. 16）

⑥ *The future of the global muslim population*（Projections for 2010 - 2030），by Pew Research Center, 2011. 1, p. 124.

⑦ 同上。

达到680多万,约占其总人口的10.3%①。

逐年增加的穆斯林移民群体以及日渐明显的"非西方特征"引起法国人的恐慌,他们担心自己被伊斯兰化,担心法兰西共和国价值观念遭到侵犯,担心法国失去自己的文化理念。因此,政府打着"积极推动移民融入法国社会"的旗号,采取措施,以加强对本国外来移民,尤其对穆斯林移民的规范管理。2004年,不顾各界反对,法国国民议会几乎以压倒性票数通过了"头巾法案",禁止人们在中小学佩戴带有明显宗教特征的服饰或装饰;2011年,法国成为欧洲第一个通过立法的方式在全国范围内禁止人们在公共场合佩戴面纱的国家。2006年7月政府通过一项法案,规定新移民自2007年1月1日起必须签署接纳和融入合同,接受有关法国机构和"共和国价值观念"(尤其在世俗化、男女平等方面)的公民培训、语言以及职业技能培训。

这些努力尽管获得一定成效,但要想实现穆斯林移民的完全融入,可谓如步蜀道。反过来讲,什么叫"完全融入"呢?难道是指穆斯林移民放弃宗教信仰,完全按照法国习惯、法式理念生活?这或许是大部分法国人希望的。首先,至少从短期来看,这种情景很难实现。伊斯兰教和基督教有着本质区别,在很多地方与西方的价值体系相背离;其次,即使世俗化的穆斯林移民或许也很难得到法国人的完全认可,因为,"融入"不是单方面的,而是双方共同努力的结果。

法国国家人口研究院曾做了一项有关法国移民融入问题的研究,调查数据显示,移民后代,尤其是第二代感到更多的融入困难②。而与其邻国相比,法国移民第二代无论从数量还是从占相关人口比例(占25—54岁年龄之间人群的13.5%)上来看都稳居榜首③。在这些移民第二代中,

---

① *The future of the global muslim population* (Projections for 2010 - 2030), by Pew Research Center,2011.1,第124页。

② http://www.la-croix.com/Actualite/France/La-difficile-integration-des-immigres-de-la-deuxieme-generation-2016-01-08-1401825 (2017.6.16)

③ http://www.lefigaro.fr/actualite-france/2012/10/10/01016-20121010ARTFIG00262-immigration-les-chiffres-de-l-insee.php (2017.6.15)

93%的人“认为自己是法国人”或“将法国看作自己的家”；但50%来自非洲的移民，即使已经获得法国国籍，也认为“自己并没有被当作法国人来对待”①。

事实证明，穆斯林移民中一部分人的表现很难让法国人完全接受他们。一方面，很多来自阿拉伯国家或非洲的移民将自己国家及宗教的理念带入法国，长期居住于此。因歧视、教育程度低等各种原因很难找到工作，或只能从事一些最基本的工作；加上法国经济非常不景气，使得他们成为沉重的社会负担。此外，他们中的不少人并没有很好地遵循法国社会秩序、法令法规，地铁逃票、小偷小摸等现象随处可见，成为影响法国社会稳定的重要因素。

长此以往，这部分人的表现加深了法国人对穆斯林人固有的成见，使其产生强烈的“排外心理”。英国调研机构益普索—莫里（Ipsos Mori）2016年12月份发表的一项研究表明②，法国人远远高估了穆斯林人在法的数量，而且比其他来自39个国家的人估错的偏差都要大。受访的法国人认为，穆斯林人口占法国总人口的31%，四年后这个数字将攀升至40%；实际上对应的两个数字应分别为7.5%（Pew Research Center，2010）和8.3%。该调研机构科研处处长鲍比·杜菲（Bobby Duffy）对如此大的落差给出了几项解释：“这或许是简单的计算错误，或许是某些媒体过度炒作的缘故，还可能是因为成见。③”

此外，从整个欧洲来看，1990年，穆斯林人有2,960万，占总人口的4.1%；2010年，为4,410万，占6%；预计到2030年，将超过5,800万，约占8%。然而，尽管从数据来看，欧洲穆斯林人口在逐年增加，但其在整个穆斯林人口中所占比例很小，在2010年，仅为2.7%；而20年后，这个比例

---

① http://www.la-croix.com/Actualite/France/La-difficile-integration-des-immigres-de-la-deuxieme-generation-2016-01-08-1401825（2017.6.18）

② http://www.lefigaro.fr/actualite-france/2016/12/14/01016-20161214ARTFIG00214-la-population-musulmane-largement-surestimee-en-france.php（2017.6.18）

③ 同上。

不会有太大变化,预计不到3%①。

以上数据均表明,实际的穆斯林移民比欧洲人或法国人认为的要少得多。或许解决移民危机的第一步应从放下成见开始,不以偏概全。比如,不应将所有信仰伊斯兰教的穆斯林移民等同于极端分子。

宽容,平等相待,放下民族优越感。据法国国家人口研究院调查数据显示,47%来自非洲撒哈拉地区的人受到歧视,摩洛哥和阿尔及利亚移民分别占32%和30%②。

外来移民在法受歧视的现象仍屡见不鲜。尽管法国在大革命时就已颁布《人权宣言》,宣扬人人生来平等;尽管大部分人避谈“种族”这个敏感话题,但事实胜于雄辩,法国仍有相当一部分人怀有那种“白人优越感”。否则民族主义极强的极右翼“国民阵线”在法国怎么会有如此强的号召力?2007年,尼古拉·萨科齐当选为法国总统后,为更好地解决移民问题,增设了“移民、融入、民族认同和共同发展部”,专门出台移民政策。但此部因将“移民”和“民族认同”放在一起而备受争议,2010年被迫取消。

纵观法国移民历史,多种因素相互作用,最终导致移民危机,并由此引发经济、政治、社会、安全等一系列危机。为了尽快解除危机,需要各方力量的共同努力,从根处入手,而不是“只治标,不治本”。

加强边境管控,加强边防队伍建设,打击非法移民,当是必需。但法国作为欧盟成员国之一,不可能单打独斗,需要与其他国家合作,共同应对移民和难民危机。据欧洲警察署表示,80%的偷渡者都是由犯罪组织一手操控③。面对这种情况,欧盟及其成员国一方面严格控制边境,阻挡非法移民入欧;另一方面,又要遵守国际法,实施人道主义援助,比如拯救落难船只等,而这恰恰又给非法分子留下了可乘之机。如何走出这一怪圈,是包括法国在内的欧洲各国需要共同讨论的问题。

---

① *The future of the global muslim population* (Projections for 2010 - 2030), by Pew Research Center,2011.1,第121页。

② http://www.la-croix.com/Actualite/France/La-difficile-integration-des-immigres-de-la-deuxieme-generation-2016-01-08-1401825 (2017.6.18)

③ http://notes-geopolitiques.com/leurope-face-a-limmigration-illegale/(2017.6.17)

有法国政治家提出，应根据本国接纳外籍人员的能力，制定移民限额。但这很难从根本上解决移民问题。1945—1973 年间的“黄金时期”告诉我们，发展经济才是解决问题的关键。经济萧条，民不聊生；经济繁荣，国泰民安。

此外，移民在法国的融入是解决问题的根本。针对移民在法国的身份问题，主要存在两大立场：大部分人主张移民融入法国社会；而另一部分人则以保护“民族身份”的名义，将移民排除在外。后一种立场当然逆时代发展潮流，属于民族保护主义，但它涉及一个很关键的问题：什么叫“民族身份”？它其实与第一种立场中出现的一个问题相呼应：什么叫“融入”？

菲永竞选纲领中有这么一句话：“法国是一个‘国家’，它有权选择什么样的人可移民本国，也有权要求在法移民遵守其法律和风俗习惯。”①也就是说，移民要“入乡随俗”，要遵从迁入国价值理念。移民自己国家的风俗习惯、文化宗教理念是否应该摒弃？哪些可以保留，哪些必须放弃，而选择同化？客人“不请自来”，主人或情愿，或被迫选择接待。而客人一来，就喧宾夺主，搞得鸡犬不宁，主人肯定不乐意；反之，如果客随主便，主人会更容易接受来客。至于客人能否按照自己意愿对环境做微小变动，这就要取决于主人的肚量了。

① 参阅中右派总统候选人菲永竞选纲领，第 69 页。

第三章

德国移民与难民问题研究

第一节

“融入”的现实困境与文化冲突
——德国的移民政策和外来移民运动

伍慧萍*

一、德国移民的规模与生存现状

德国在很长时间里自视为单一民族国家,除了为数不多的索布人、丹麦人和犹太人等少数民族以外,绝大多数人口是德意志人,因此,直到 21 世纪,德国才正式承认自身为移民国家。德国处于事实上的移民国家和多元文化状态的历史,则可以追溯到 19 世纪。当时,德国的鲁尔区矿山中就雇用了相当数量的波兰、奥地利、俄罗斯移民。[①]表 1 列出了 2007—2009 年的外国人口发展,如果论及有移民背景、即父母之中至少有一方是外国人的移民人口,则将近 1/5 的德国人都可以归入此列,严格意义上

---

* 伍慧萍,同济大学德国问题研究所教授。

① Armin Laschet, Die Aufsteigerrepublik. Zuwanderung als Chance, Köln: Verlag Kiepenheuer & Witsch, 2009, p. 115.

的外来移民则需将已入籍的那部分排除在外。照此标准,2010 年,在外国人中央登记册(AZR)正式登记的外来移民人口为 675 万,①占总人口 8%以上,在欧盟各国当中,德国的外国人比例处于中等水平。

德国外来人口的最主要来源是其他欧洲国家,尤其是其他欧盟成员国。不过,如果论及单个国家,则最大的移民族裔无疑来自土耳其。加上已经入籍以及来自其他伊斯兰国家的人数,德国移民群体分布的一个显著特征是穆斯林人数众多,粗略估计在 300 万—400 万人之间。其他较大的移民群体分别来自意大利、波兰、希腊、克罗地亚、俄罗斯等欧洲国家。

总体而言,目前居住在德国的外来移民在教育、就业、社会接受度以及政治参与等各个领域始终处于不利境地,生存状况低于德国民众平均水平。由于很多移民对其子女教育的忽视,使得移民教育素质欠佳,“社会背景被继承到下一代”②。经合组织“国际学生评估项目”(PISA)测验结果显示,移民子女的辍学率偏高,且更多就读于水平相对较低的普通中学。③ 语言和教育是通往成功的钥匙,教育的落差无疑直接影响到劳动力市场上的机遇,包括德国联邦统计局在内的各个机构所做的众多调查显示,移民家庭子女相对于德国人的失业风险高一倍,许多移民子女因为德语水平太低,没有普通中学毕业文凭或者无法接受完整的职业培训,难以找到工作。在 25—65 岁的人群当中,有移民背景者的失业率几乎比没有移民背景的多出一倍,④即便是在就业者中,有移民背景的人也主要供职于制造业、贸易和餐饮业等低收入岗位,在公共部门任职的职员和公务员的比例相应偏低,领取失业救济金的比例也高于非移民。⑤

① “Ausländische Bevölkerung-Fachserie 1 Reihe 2”, 2010, Statistisches Bundesamt.

② Yasemin Karakaşoğlu, “Da werden jahrelange Errungenschaften kaputt gemacht”, Neue Gesellschaft, Frankfurter Hefe, 11/2010, p. 18, p. 17.

③ Yasemin Karakaşoğlu, “Da werden jahrelange Errungenschaften kaputt gemacht”, Neue Gesellschaft, Frankfurter Hefe, 11/2010,p. 18, p. 17.

④ www. welt. de,访问日期:2010 年 1 月 26 日。

⑤ www. welt. de,访问日期:2007 年 5 月 4 日。

表 1　2007—2009 年德国的外国人口统计①

移民人口规模			
总　数	2007 年	2008 年	2009 年
	单位：1,000 人		
人口	82,257	82,135	81,904
有移民背景的人口	15,411	15,566	15,703
登记在册的外国人口	6,745	6,728	6,695
当年入籍人数	113	94	96

在移民的政治参与方面，根据马克斯—普朗克多元宗教与多元民族社会研究所（MPI - MMG）针对 2001—2011 年间所有德国大城市市议会的研究结果，德国的市议会并未体现人口的多元化，有移民背景的议员比例远远低于无移民背景的议员在总人口中的比例。德国 10 万以上人口的大城市中，移民背景比例平均为 27%，但 4,670 名市议会议员中只有 4%有移民背景。德国联邦议院 620 名议员中也只有 20 人具有移民背景，尤其是联盟党和自民党等保守政党提供给移民的从政机会太少。② 造成这一现状的原因并非是移民缺乏政治参与热情，各大政党即便是吸收移民加入议会，也更多只是出于议题相关性的考虑，让他们参与移民政策主题或与其来源国相关的事务，而不是去处理更为宽泛的议题。

不过，需要认清的一个事实是，由于不同的外来移民群体中存在着较大的教育落差，德国移民的生存现状也因来源国不同而存在极大差异。根据德国联邦移民与难民署的移民调查，在德国生活的五个最大外国人群体（土耳其、意大利、波兰、希腊、前南斯拉夫），多数极好地融入了当地

① “Ausländische Bevölkerung-Fachserie 1 Reihe 2”, 2010, Statistisches Bundesamt.

② Karen Schönwälder/Cihan Sinanoglu/Daniel Volkert, Vielfalt sucht Rat. Ratsmitglieder mit Migrationshintergrund in deutschen Großstädten Eine Studie des Max-Planck-Instituts zur Erforschung multireligiöserund multiethnischer Gesellschaften In Kooperation mit der Heinrich-Böll-Stiftung und gefördert durch die Stiftung Mercator, Heinrich-Böll-Stiftung, Schriften zur Demokratie, Band 27, 2011, p. 36.

社会,能够较好掌握德语,与德国人保持良好关系。德国的移民融入问题在很大程度上存在于穆斯林群体,尤其是土耳其人当中,这一群体融入德国社会及其劳动力市场最为艰难。例如,许多土耳其人只是受过短期训练的工人,而大多数波兰或希腊人都接受过良好的职业资格培训,拥有相应学历;近2/3在德国生活的波兰人和60%的希腊人初中甚至高中毕业,而土耳其人中达到这一受教育程度的比例仅为41%;20%的土耳其人德语差或者不说德语;超过15%的土耳其人以领取“哈茨四”失业金为生,而希腊人当中这一比例仅为7.6%。①

表2 2010年德国外国人的来源国②(单位:1,000人)

国 籍	总 数	男 性	女 性
总 数	6,753,621	3,443,814	3,309,807
欧 洲	5,374,752	2,750,028	2,624,724
欧盟27国	2,443,330	1,283,865	1,159,465
希 腊	276,685	150,311	126,374
意大利	517,546	304,908	212,638
奥地利	175,244	92,341	82,903
波 兰	419,435	203,463	215,972
欧盟候选国	1,928,607	1,001,166	927,441
克罗地亚	220,199	106,984	113,215
土耳其	1,629,480	852,633	776,847
欧洲经济区(EWR)国家/瑞士	44,661	19,700	24,961
欧洲其他地区	971,084	452,127	518,957
波 黑	152,444	78,473	73,971

① Migrantenstudie, “Türken sind die Sorgenkinder der Integration”, Die Welt, 17. April 2010.

② Ausländerzentralregister (AZR)

续 表

国　籍	总　数	男　性	女　性
俄联邦	191,270	73,113	118,157
非　洲	271,431	153,921	117,510
美　洲	215,213	98,699	116,514
亚　洲	824,351	402,118	422,233
大洋洲	11,895	6,450	5,445
无国籍或者不明	55,979	32,598	23,381

近年来，随着穆斯林移民日益增多，伊斯兰教迅猛发展，许多德国人充满疑虑地看待以穆斯林为主的外来移民及其带来的挑战，抵触穆斯林的社会风气大有在各个政治层面蔓延之势。在德国备受争议的扎拉青曾于2010年出版《德国正在自取灭亡》一书，宣扬穆斯林没有融入能力和融入意愿，批判德国穆斯林融入政策失败，这一观点代表了很多德国民众的认知。根据德国Allensbach研究所2010年9月的民意调查结果，55%的德国人认为穆斯林移民群体所带来的财政和社会福利负担超过经济效益，移民的受教育程度低于德国的平均水平，生育子女数却超过德国的平均水平。[①] 对于外来移民，尤其是穆斯林移民的偏见和抵触情绪充斥着德国主流社会，形成了扎拉青过激观点得以传播的社会土壤。不过，根据上文提及的马克斯—普朗克多元宗教与多元民族社会研究所的研究结果，有移民背景的市议员中有40%是土耳其裔，这就完全否定了人们对于土耳其裔移民自我封闭、不愿意融入主流社会的成见。

二、二战以来的移民运动历程

毋庸置疑，德国目前的移民规模及结构组成与其移民历史传统，尤其

① Mehrheit der Deutschen sieht Muslime als Belastung，www. welt. de，访问日期：2010年9月30日。

是二战以来数十年的移民运动密切相关。尽管德国人口出生率一直处于较低水平,但并不欢迎长期居留的外来移民。自二战以来,德国经历了几次大规模的移民运动,包括客籍劳工运动、难民与避难、(晚期)回乡侨民以及欧洲一体化自由迁徙政策带来的共同大市场内部移民,历次移民运动带来的外来移民在语言、文化、宗教观、受教育程度、生活方式等方面大相径庭,这也给德国本土社会带来了前所未有的变化与挑战。

客籍劳工是德国最主要的移民模式和移民来源,这一点有别于英、法等老牌移民国家,而与新兴的移民国家奥地利十分类似。① 在二战之后持久的"经济奇迹"激励下,德国与土耳其、北非、南欧等地签署客籍劳工招募协议(1955—1973),不间断地从这些国家和地区招募大量劳工以满足劳动力市场的需求,其中尤以20世纪60年代的土耳其人和六七十年代的南欧移民这两波工作移民潮规模最大。1957年后,德国对意大利裔劳工吸引力下降,因此加紧了非欧共体国家的劳务输入,在60年代分别与西班牙、希腊(1960)、土耳其(1961)、摩洛哥(1963)、葡萄牙(1964)、突尼斯(1965)、南斯拉夫(1968)等国家签署劳工招募协议②。在招募政策的作用下,德国外国人占总人口的比例迅速地从1960年的1.2%增至1970年的4.9%以上。到1973年,生活在联邦德国的外籍劳工人数达到了260万③。根据招募协议,客籍劳工只具备与工作许可相挂钩的临时居留身份,享受德国的社会福利保障,企业依照轮转制,需要不停地更换劳工。客籍劳工多为低素质的体力劳动者,分布在采矿、钢铁、机械制造等领域,也有少数护士(来自韩国、菲律宾)等受过专门培训的职业。在经济繁荣期间,大批德国人实现了社会升迁,从普通工人转变为中产阶层的职员,

① Han Entzinger, "The Dynamics of Integration Policies: A Multidimensional Model", in Ruud Koopmans/Paul Statham, Challenging immigration and ethnic relations politics: comparative European perspectives, Oxford University Press, 2000, p. 103.

② Armin Laschet, Die Aufsteigerrepublik. Zuwanderung als Chance, Köln: Verlag Kiepenheuer & Witsch, 2009, pp. 113.

③ Carolin Butterwegge, Vonder "Gastarbeiter"-Anwerbung zum Zuwanderungsgesetz, Migrationsgeschehen und Zuwanderungspolitik in der Bundesrepublik, Bundeszentrale für politische Bildung, 15. 03. 2005.

移民在这点上“功不可没”，因为他们填补了普通工人底层职位的空缺。由于政策上允许外籍劳工可以选择不回原籍，长期居留下来并将家庭成员接到德国团聚，企业也并不希望严格按照轮转制重复培训新员工，更由于德国社会福利和工资水平较之客籍劳工来源国极为优越，原本临时性的外来劳工不断推延返回本国的时间，生活重心渐渐转移到德国境内。1973 年的石油危机导致招募停止，更促使大量外籍劳工改变自己的生活计划，积极争取家庭团聚并在德长期定居。

德国《基本法》第 16 条规定了避难的基本权利以及收容难民和审批避难申请的程序。避难问题从 20 世纪 80 年代早期以来一直是引发公众讨论的重点话题，但实际上难民数量远远不及客籍劳工的规模。

两德统一之后，德国申请避难的人数于 1992 年达到了高峰，接近 40 万人，难民数量的增加引发国内舆论对所谓“经济难民”滥用避难权的疑虑，针对难民的极右翼暴力事件时有发生，随着国内有关讨论的激烈化，排外情绪在 1991—1992 年间达到了顶点。1992 年 8 月发生在德国东部城市罗斯托克—利希滕哈根难民收容点的纵火事件是德国战后最严重的种族排外事件。在这一背景下，德国收紧了避难政策，1993 年生效的“避难妥协方案”通过第三国规定以及机场审查程序等新规定，大幅度限制了政治避难权的适用范围，在同一时间，新的避难程序法生效，给避难基本权利的基础带来了极大变化，直接导致大批国内非法居留的劳务移民进入了建筑业、保洁与护理行业。由于限制性政策的实施，与 20 世纪 90 年代初的高峰阶段相比，申请避难的人数自 90 年代末以来明显减少。最近几年，德国申请避难的人数又有了显著增加，从 2009 年的 2.7 万增加至 2013 年的 10 万①。目前，意大利兰蓬杜萨的难民海难事件频发，再度将难民政策提到欧洲各国政府的议事日程上，为此，德国也积极谋求欧盟成员国避难政策的协调和欧洲共同政策的出台。

德国传统上可以长期居留的人群除了受纳粹迫害的犹太人亲属和后

---

① Widerstand gegen Asylbewerberheime. Die Unwillkommenen, Der Stern, 16. 12. 2013.

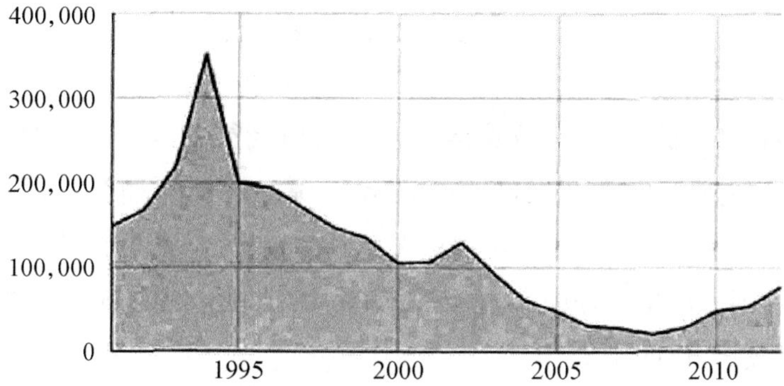

图 1 德国每年的避难申请数量示意①(单位：人)

代,还有一类就是所谓的回乡侨民,即在第二次世界大战结束之后从苏联、波兰、捷克等东欧和南欧地区被驱逐出境的德意志人的后裔,1993年的法律修订之后,称之为“晚期回乡侨民”。德国《基本法》将此类人群及其后裔认可为德国族裔,允许其在一定条件下移居德国,加入德国籍并获得融入援助。自 1950 年起,共有 500 多万回乡侨民及其家属移居德国,构成了除客籍劳工以外最大的移民背景人群,尤其在两德统一之后的 1991—1995 年间,从中东欧地区迁徙至德国的“晚期回乡侨民”更是以每年 20 万人次的数量在增加②。20 世纪 90 年代以前的回乡侨民往往具有良好的德语知识,融入德国社会相对容易。而在这之后的“晚期回乡侨民”,尤其是来自苏联的侨民与德国之间的联系松散得多,德语水平也不及先前的回乡侨民,1990 年的《回乡侨民接收法》提高了对于此类人群的语言要求,这些侨民面临与普通外来移民相似的语言和融入的困难,同样也不易为主流社会所接受。2005 年生效的《移民法》规定,陪同“晚期回乡侨民”入境的非德裔家庭成员也需要参加语言考试,这使得回乡侨民和移民势头明显放缓,到 2012 年大幅度缩减至 2,000 人以下。

① Bundesamt für Migration und Flüchtlinge — Aktuelle Zahlen zu Asyl Juni 2013.
② Jan Schneider, Aussiedler, Bundeszentrale für politische Bildung, 15. 03. 2005.

三、欧盟内部的自由迁徙

欧洲一体化赋予欧盟成员国公民以自由迁徙的权利，欧盟内部的自由迁徙已然成为外来移民的一个重要来源。根据欧洲统计局的数字，2008 年底，德国外籍移民总数为 954.9 万人，占人口总数的 11.6%，其中在欧盟外国家出生的外国人占德国总人口的 7.5%，在其他欧盟国家出生的占德国总人口的 4.2%①。

然而，由于欧盟各国内部既有的社会福利落差，德国国内的保守势力担心来自中东欧的廉价劳动力大规模“倾销”到高工资、高福利的德国，会冲击本国的就业市场，甚至加重社会保障制度的负担，带来“社会倾销”和“贫困移民”。正是出于这一担忧，德国直到 2011 年 5 月才向 2004 年就已加入欧盟的 10 个中东欧新成员国开放劳动力市场，对于 2007 年加入欧盟的罗马尼亚和保加利亚，德国更是拖延到 2014 年 1 月才对其公民提供完全的自由迁徙和就业权利，而随着对这两个在中东欧新成员国中经济社会发展水平最低的国家自由迁徙的准入期限临近，“蹭福利旅游”(Sozialtourismus)一词甚至成为德国 2013 年度最差词汇，充分反映了老欧洲的社会心理和新老欧洲在内部移民中的矛盾。事实上，很多罗马尼亚和保加利亚移民移居德国只是为了获得更高收入，根本不知道自己还能从德国申请福利金。德国融入与移民基金会专家委员会(SVR)2013 年 4 月的年度鉴定报告也证明，罗马尼亚和保加利亚自加入欧盟以来的自由迁徙是成功的，其受教育程度完全不在德国平均水平之下，就业率甚至高于德国平均水平②。

2008 年以来，深陷欧债危机的南欧国家向经济表现强劲的德国移民的趋势明显增强。经合组织的调查显示，2010 年下半年从“重灾国”希腊移民至德国的人数为 7,437 人，而一年之后该数字就翻番至 1.5 万人，同

---

① Eurostat, Migrants in Europe, A statistical portrait of the first and second generation, 2011 edition, Luxembourg: Publications Office of the European Union, 2011, p. 29.

② Ulrike Pape, Bulgarien/Rumänien: Deutschland blockiert Schengen-Aufnahme, Migration und Bevölkerung 10/2013, 12. Dezember 2013.

一时间来自西班牙的移民人数更是翻了两倍以上。

四、德国移民政策沿革

德国在二战之后方才成为事实上的移民国家，而其对自身移民国家状态的承认则更晚，这是因为建立在轮转制基础之上的客籍劳工模式具有显著的临时性和限制性特征。由于客籍劳工模式在制度设计上着眼于短期移民，不带来社会影响和后果，这导致德国很长时间里依据一部《外国人法》来处理外国人的出入境问题，没有专门针对移民出台相应的连贯性政策法规。随着时间的推移，这种模式的弊端日渐明显。首先，德国政府在政治话语上长期否认自身是移民国家，从而造成在移民政策上无所作为，仅仅依靠现代国家理念中的福利制度来吸纳外来移民，不可否认的是，移民在机会均等的原则基础上被最大限度地纳入社会保障体制和就业市场，结构性融入取得巨大成就，但外来移民在融入意愿与语言融入、心理认同方面问题多多；其次，轮转制导致企业重复培训工人，不得不承担极高的用工成本压力。

表 3　2010 年以后从欧债危机国家迁入德国的移民趋势（单位：人）

移民至德国的国家	2010 年下半年	2011 年下半年
希　腊	7, 437	14, 889
爱尔兰	847	1, 177
西班牙	5, 789	13, 415
葡萄牙	3, 399	4, 441

20 世纪 80 年代初以来，移民从德国社会的临时现象转变为不可逆转的趋势，德国成为了社会文化意义上的移民国，移民所带来的社会问题也日渐成为公众关注的重要论题和政党竞争的焦点，从法律意义上的转变则更是一个长期渐进的过程，主要分以下几个步骤实现：第一，通过 1990

年的《外国人法》改革,降低了入籍的难度;第二,通过 2000 年的《国籍法》改革,有限制地引入了国籍获取方面的出生地原则,并在一定期限内容许接受双重国籍;第三,2005 年生效、2007 年修订的《移民法》标志着德国从非正式移民国迈向正式移民国,移民政策成为国家重点调控的政策领域;第四,通过 2006 年以来的融入峰会以及发起成立伊斯兰教联席会议等政治倡议活动,德国加紧引导移民更好地融入本土社会。德国在《外国人法》中早有入籍一说,由于特殊的历史背景,联邦德国从 1949 年建国到 1990 年两德统一之间有意坚持继承了 1913 年的帝国国籍法①。旧有的帝国国籍法始终坚持血统原则,集中表现为对回乡侨民的入籍没有任何限制,却严格控制客籍劳工的入籍,由此,与英国、法国、荷兰等国家相比,联邦德国的外国人入籍率非常之低。两德统一之后,分裂带来的历史包袱不复存在,联邦德国首先通过《外国人法》降低了外国人入籍的难度,随后,2000 年生效的新《国籍法》中修订了血统制,辅之以出生地原则,大幅度修改了外国人入籍条件的法律基础,其中涉及入籍的核心规定包括:外国国籍的父母在德国出生的子女随出生获德国国籍,前提是父母一方合法在德国国内居留满 8 年并持有居留权,或持有无限期居留许可满 3 年。但是外国人子女在 18—23 岁期间必须在德国国籍和父母原国籍之间做出选择,否则年满 23 岁即视为自动放弃德国国籍②。

2000 年 1 月 1 日未满 10 岁的儿童同样可以提出入籍要求,前提条件同上。外来移民居留满 8 年以后就有权提出入籍要求,入籍的前提包括拥有有效的居留许可、掌握德语、拥护宪法、非政治极端主义者等。作为政治妥协的产物,此次国籍法的修改放松了入籍规定,包括将已居留年限从之前规定的 15 年缩减至 8 年,并在原有的血统原则基础之上针对移民子女的国籍引入了相对宽容的出生地原则,但在此处采取了所

---

① Jürgen Gerdes/Thomas Faist, Von ethnischer zu republikanischer Integration. Der Diskurs um die Reform des deutschen Staatsangehörigkeitsrechts, Berl. J. Soziol. 6/2006, p. 316.

② 许多外来移民不受此规定限制,例如欧盟其他国家的公民、摩洛哥人、叙利亚人、伊朗人和阿尔及利亚人等。

谓的“选择模式”，即年满 23 岁时必须作出选择，事实上仍在尽可能地排斥双重国籍①。双重国籍一直是德国公众和政党争议的焦点话题，保守的联盟党认为拥有双重国籍影响到公民对国家的忠诚度，而左翼党和社民党则一直呼吁取消双重国籍的限制。在 2013 年年底德国最新一届政府的联合执政协议中，联盟党就双重国籍做出让步，同意给予所有在德国出生的移民子女以双重国籍，这对于在德国出生的土耳其移民子女无疑是个好消息，因为他们不再需要选择国籍。当然，现行《国籍法》仍然有效，政策松动的改革力度仅限于在德国出生的移民子女，并没有由此实施普遍的双重国籍，第三国移民在入籍时仍旧必须放弃原有国籍②。

20 世纪 90 年代末以来，德国的移民政策话语发生了重大转变，从无所作为到积极倡导，逐步完善移民政策理念，降低外来移民准入、居留和入籍的难度。2001 年，前议长聚斯穆特（基民盟）领导的委员会发布《塑造移民，促进融入》报告，不仅承认了德国是一个移民国家的事实，而且对新世纪德国移民政策调整提出了完整的理念和措施建议。2005 年 1 月，德国历史上首部《移民法》正式生效，对现行的《外国人法》进行了全面的修改，分别对移民的居留许可、工作移民限制、申请避难、移民离开德国的义务、家庭团聚、移民融入当地社会、移民管理机构和移民救助机构的设立做出了详细规定，明确了德国各级政府，尤其是联邦政府在移民方面的权力，简化了居留许可形式，减少了高素质人才的入籍手续，严格了驱逐出境条例，修改了政治庇护权。在《移民法》中最重要的变化是涉及移民融入方面的具体规定，例如：要求移民参加融入必修课，以学习和了解德国的语言和文化。《移民法》对于新移民着眼于从源头上进行疏导和限制，并给两个来自东欧的群体带来了限制和变化：进一步严格签证手续，规定陪同晚期回乡侨民入境的非德裔家庭成员也需要参加语言考试，而犹太人也必须接受某种程度上类似评分制的“融入预测”。这一限制规定

① Jürgen Gerdes/Thomas Faist, “Von ethnischer zu republikanischer Integration”. p. 314, 323.

② Fatma Rebeggiani, “Deutschland: Migrationspolitische Ergebnisse des Koalitionsvertrags”, Migration und Bevölkerung, 12. Dezember 2013.

的出台使得回乡侨民和犹太人的移民势头明显放缓。而自 2007 年起，土耳其裔家属因家庭团聚迁往德国的前提是必须在土耳其通过德语测验，这一新规定同样增加了土耳其人家属在德国团聚的难度。由于德国在《国籍法》和《移民法》中上述规定的限制，事实上移民迁入的势头已经减缓，甚至出现部分移民迁出的情况。自新的《国籍法》生效以来，德国入籍数量反而从 2000 年的 18.67 万持续下降，2008 年更是达到 9.45 万的历史低位①。

2001 年德国移民事务独立委员会的《塑造移民，促进融入》报告真正开始全方位探讨融入问题的现状与对策②，以此为标志性转折点，21 世纪以来德国移民融入政策及其理念的建构主要从三个方面入手：首先是一系列官方文本的发布，包括《移民法》当中对于融入课程的设定；其次是融入促进措施和手段的应用；再者则是动员参与各方谋求共识，其重要标志是融入峰会和德国伊斯兰会议的召开③。《移民法》首次将融入上升到法律任务的高度，正式承认和肯定移民现状，着眼于加强已有移民的融入，不断在政治、经济等各个方面完善法律和社会框架条件。在德国联邦制的政体组织框架下，移民融入的工作主要是由各联邦州具体负责，自 1978 年 12 月起，德国设立了联邦政府移民、难民与融入事务专员一职，意在从联邦层面统筹融入促进的各项工作，2013 年德国新一届内阁更是在历史上第一次委任土耳其裔的厄策谷兹担任这一职务。《移民法》新创建了一个专门负责移民与融入事务的中央管理机构，即位于纽伦堡的联邦移民与难民署(BAMF)，从而加大了政策协调的力度。《移民法》提供了语言和入门课程等形式的融入促进活动，其中某些部分是强制性的，在此框架之下，德国政府将语言列为国家任务，制定国家融入计划，不断推出各种具体融入举措，设立有关融入现状的指标体系，签署融入协议，要求各级

① “Migration und Bevölkerung”, Newsletter 6/2011, Netzwerk Migration in Europa, p. 2, p. 4, p. 3 – 5.

② 郑朗、伍慧萍：《新世纪德国移民融入政策及其理念分析》，《德国研究》，2010 年第 4 期，第 15—16、12—19 页。

③ 同上。

政府、宗教团体、社会团体广泛参与。2006 年以来，德国每年召开联邦、各州和乡镇以及外国人组织共同参加的融入峰会，具体目标包括提高移民子女的德语语言知识水平和受教育程度。2008 年 7 月，联邦内政部公开了包括 300 个问题的入籍国情测试题目录，将语言、国情知识和对民主法治国家的认可作为入籍的前提条件。2009 年，时任移民、难民与融入事务专员波穆尔着手设立融入现状的指标体系①。2013 年底，德国最新一届联合执政协议中重申了所谓“融入和欢迎文化”，其中强调指出，德国将继续实施国家融入行动计划，提高公共部门中有移民背景员工的比例，确立社会多样性的思想，反对行政部门，尤其是警务和安全部门对于移民的歧视，制订可以衡量融入度的指标。

随着人口老龄化的加剧，德国人才荒问题日益突出，在卫生、自然科学和社会科学等领域缺少专业人才，估计德国企业到 2025 年将缺少 650 万专业人才，即便充分扩大国内就业渠道，还是有 200 万的缺口只能通过移民填补。虽然工会及左翼势力极力反对，并希望优先保障国内就业，但经济界和自由主义政党都积极呼吁加大促进高级人才的移民，参与优秀人才的国际竞争，以应对日渐严重的专业人才荒②。为了解决这一问题，德国政府采取了不同程度的应对措施，实施了各种专业人才战略。在 2000 年 8 月至 2003 年 7 月施罗德执政期间，德国政府就曾经一度效仿美国的绿卡政策，在《外国人法》框架下推出了“绿卡计划”，放宽外籍计算机人才的入境条件，以提高德国经济在世界上的竞争能力，但由于居留政策过于保守，没有明显优势，最终只起到了临时过渡作用，甚至都没有达到 3 年内颁发 20, 000 张绿卡的预期计划。2005 年的《移民法》降低了高级人才入籍的门槛以及家属同行的难度，在《移民法》改革之前，独立从业者必须投资 100 万欧元，创造 10 个就业岗位，才被允许至少居留 3 年时间，而在 2005—2009 年的大联合政府执政期间，《移民法》的相关规定进一步放

① Yasemin Karakaşoğlu, “Da werden jahrelange Errungenschaften kaputt gemacht”, Neue Gesellschaft, Frankfurter Hefe, 11/2010, p. 16.

② “Migration und Bevölkerung”, Newsletter 6/2011, Netzwerk Migration in Europa, p. 2, p. 4, p. 3 – 5.

松，分别将要求缩减到了投资50万欧元创造5个就业岗位。但是总体上，这些举措都没有收到明显的效果①。在解决高科技人才缺口以及人口迁出数量逐年上升的问题上，欧盟层面的指导性政策同样影响到德国相应政策的出台。欧盟理事会2009年5月25日签发了欧盟蓝卡指令（2009/50/EG），引入“欧盟蓝卡”，规定了外国留学生和科研人员等高层次人才入境和居留并从事高层次职业的条件。德国将“欧盟蓝卡”新政转化为了本国的法规实行，在这一框架内放松了对于外国留学生在读大学期间的打工时间和毕业后在德国的求职居留期限，并降低了获得欧盟蓝卡的难度，逐步放低了非欧盟国家专业人才的最低收入标准要求，从每年毛收入8万多欧元的要求逐步降至4.48万欧元，在自然科学和数学领域的专业人才、工程师、医生和IT专家等某些特定急需的职业群体中，最低收入界限还可降低至3.5万欧元左右，从而接近德国的平均收入水平。为应对人才需求，德国政府还出台了其他专业人才促进战略，一般情况下，根据德国居留法第39条规定，本国公民在就业中具有优先权，雇主在雇用非欧盟国家专业人才之前需要审核是否有本国的求职者适合该岗位②。2011年6月22日，德国通过《保障专业人才构想》，降低国外电气工程师、医生、机械制造与汽车制造专业人才进入德国劳动力市场的难度，取消了德国针对医生和工程师职业实施的“优先权审核”③，允许这些紧缺行业在全球范围内招募专业人才。

五、结　　语

在应对社会与人口结构变迁的时代挑战中，移民成为包括德国在内的西方发达国家的首选对策之一，然而，移民也是一把双刃剑，虽然带来

① www.welt.de，访问日期：2008年2月25日。

② www.tagesschau.de，访问日期：2011年6月23日。

③ “Migration und Bevölkerung”, Newsletter 6/2011, Netzwerk Migration in Europa, p. 2, p. 4, p. 3－5.

了丰富多彩的文化习俗与生活方式，同时也不可避免地对客居国的社会文化生态带来冲击与挑战。在移民政治话语转变过程中，德国一度寄希望于文化多元主义的理念，努力致力于提高外来移民的政治参与度，贯彻机会平等的原则，实施反歧视的措施，这些政策举措都为移民政策注入了新鲜的血液。然而，多元文化的理想很快被社会分层和种族隔阂的现实所取代，德国总理默克尔就曾在 2010 年公开宣称“多元文化主义已经失败”。由于历史文化传统根深蒂固，德国的移民政策仍然处处可见民主共和国家理念和种族文化国家观念的冲突，这导致德国的移民政策更多是在矛盾和妥协之间摇摆：一方面表现出对于福利国家模式的路径依赖特征；另一方面又在不断调整与完善移民政策，其宏观理念、法律基础和微观工具手段都经历了极大变化。德国正积极地探索移民与融入的最佳途径，从源头和过程两方面吸引和规范移民，同时坚定地贯彻民主共和的价值观念，引导移民以开放的心态理解德国社会，更好融入主流社会的经济社会体制和社会文化之中。

第二节

移民社会学视域下的德国穆斯林移民群体融入状况考察

陈壮鹰*
马 绎**

二战后，经过四次大规模的移民浪潮，德国形成了以日耳曼人为主、多国族裔为辅的移民社会，其中，以伊斯兰教为信仰中心的穆斯林群体则成为其中规模最大的少数族群。虽然德国穆斯林移民在受教育水平、职业地位方面无法与德国本国人匹敌，但得益于德国繁荣的经济状况和积极的融入措施，穆斯林群体在劳动力市场中整体表现相对良好；同时，穆斯林移民对德国的政府机构、民主体制信任度较高。然而，由于文化差异和信仰鸿沟的存在，加之所谓的“伊斯兰恐惧症”的蔓延，对穆斯林移民融入德国主流社会的真正认同和接纳仍存在许多问题，如政治参与度不高。而德国在“阿拉伯之春”后接纳的百万穆斯林难民给社会治安和本土文化带来巨大冲击，令本已取得一定成就的移民融入状况再度面临严峻挑战，穆斯林移民的社会融入和身份认同建构依然任重而道远。

自 2015 年 9 月德国打开国门接纳来自叙利亚等中东国家的难民以来，百万难民涌入德国，德国迎来战后第四波移民潮，穆斯林移民的数量也随之激增。虽然德国人早已习惯了与来自土耳其、东南欧等国的穆斯林共处，但近两年在欧洲等地发生的难民强奸案、恐怖袭击案等进一步加

* 陈壮鹰，上海外国语大学德语系主任、教授、博导。
** 马绎，杭州电子科技大学外国语学院讲师。

重了德国民间普遍存在的“伊斯兰恐惧症”。

庞大的人口基数、参差不齐的人口素质和坚定的伊斯兰信仰使得穆斯林移民的融入问题成为德国社会关注的焦点。那么，德国穆斯林移民的融入状况到底如何？本文拟从德国穆斯林移民群体形成的历史进程入手，结合移民社会学的相关理论，从结构性融入、文化社会融入、政治融入等三个层面考察穆斯林移民的融入状况，探究穆斯林移民在劳动力市场、受教育程度、身份认同、政治参与等方面的情况，展现其现实困境并剖析成因。

一、德国穆斯林移民群体概述

德国联邦移民与难民局 2016 年 12 月发布的报告《多少穆斯林居住在德国?》显示，截至 2015 年 12 月 31 日，德国有 440 万—470 万穆斯林①，占德国 8,220 万人口的 5.4%—5.7%，占 1,860 万具有移民背景人口的 23.6%—25.3%②。其中，230 万穆斯林具有土耳其背景，约 80 万来自中东，来自东南欧的穆斯林为 50 万人，其他主要来源地为南亚、东南亚、北非、撒哈拉以南的非洲等 49 个国家和地区。③

德国最早的穆斯林社群可以追溯到魏玛共和国时期，那个时代遗留

① 该报告特意指出 2008 年公布的统计数据的问题。2008 年的官方数据显示，德国境内有 380 万—420 万穆斯林，但 2011 年的人口普查发现，人们普遍将德国人口高估了 150 万，相应地也多估算了在德外国人的数量。因此德国联邦移民与难民局认为，2008 年的公布的德国穆斯林的数据有虚高的成分，与 2016 年的数据无可比性。

② 德国联邦统计局 2017 年 10 月出版的《2017 年德国统计年鉴》显示，截至 2016 年底，德国总人口为 8,242.5 万(包括德国公民和登记在册的外国人)，其中有移民背景的有 1,857.6 万(其中近 900 万为在德外国人)，占德国总人口的 22.5%。根据联邦统计局的标准，“具有移民背景”指的是出生时本人或至少有父母中的一方不具有德国国籍。参见 Statistisches Bundesamt(Hrsg.)：Statistisches Jahrbuch 2017, Deutschland und Internationales，in：www.destatis.de/jahrbuch，S. 41，访问日期：2017-10-29.

③ Anja Stichs：*Wie viele Muslime leben in Deutschland?*，Bundesamt für Migration und Flüchtlinge，2016.

下来的德国最早的清真寺位于柏林的威尔默斯多夫(Wilmersdorf),始建于 1925 年,至今仍在使用。① 而今天庞大的穆斯林移民群体则源自德国二战后的四次大规模移民潮:第一次移民浪潮兴起于 20 世纪 50 年代中期,西德战后经济高速发展,本国劳动力短缺,故西德政府在 1955—1968 年间先后与意大利、西班牙、希腊、土耳其、葡萄牙、摩洛哥、突尼斯、南斯拉夫等国签署引进劳工的协议,其中以从土耳其引进的劳工数量最巨;第二次则是客籍劳工家庭团聚浪潮,20 世纪 70 年代以后,德国废除原有的轮换劳工制度,为在德工作超过 5 年的外国劳工签发"延续居住许可证和工作许可证",大量客籍劳工就此定居下来,并将配偶和子女接到德国团聚;第三次移民浪潮是 20 世纪八九十年代的寻求政治避难者浪潮。东欧剧变、苏联解体后,苏东地区持续动荡,加之 20 世纪 90 年代以后发生的南斯拉夫战争、伊拉克战争和阿富汗战争等,大量来自巴尔干、中东、中亚、北非等地区的战争难民和经济难民涌入欧洲避难,特别是难民政策相对宽松的德国②;第四次移民潮源自 2011 年的"阿拉伯之春"运动。这股政治飓风导致中东地区多国民众抗议、政权更迭甚至战火连连,造成约 450 万人流离失所而沦为战争难民③,申请去欧洲避难的人数陡增。2015 年 8 月至 9 月之交,默克尔政府放松难民接收限制,慷慨接纳难民,自难民危机爆发至 2017 年 11 月底,德国已收到 143 万份避难申请④。

这四次移民潮的成因、移民规模各不相同,但它们有一个共同点,即为德国社会带来了大量的穆斯林移民。

纵观几次穆斯林移民潮,可以发现,自 20 世纪 60 年代的客籍劳工潮

---

① 参见 Riem Spielraum: Vom Migranten zum Muslim und wieder zurück- Die Vermengung von Integrations- und Islamthemen in Medien, Politik und Forschung. In: D. Halm, H. Meyer (Hrsg.): *Islam und die deutsche Gesellschaft*, Springer Fachmedien Wiesbaden, 2013, p. 169.

② Peter Doerschler& Pamela Irving Jackson: Do Muslims in Germany Really Fail to Integrate? Muslim Integration and Trust in Public Institutions. In: *International Journal of Migration and Integration*. Dordrecht, Springer Netherlands, 2012, p. 504.

③ 参见汪波、许超:《穆斯林难民危机对欧洲社会的影响》,载《阿拉伯世界研究》,2017 年第 3 期,第 61 页。

④ Aktuelle Zahlen zu Asyl(11/2017), in: www. bamf. de,访问日期: 2017 - 12 - 31。

以来,来自土耳其的穆斯林是穆斯林移民德国的主力军,但几十年过去后,土耳其移民大多已定居德国多年,规模基本稳定,数据显示,2011—2015年新增的穆斯林移民中仅有3.1%来自土耳其。“阿拉伯之春”后的难民潮为德国带来了近120万穆斯林,进一步改变了在德穆斯林的人口结构——中东穆斯林的大量涌入稀释了土耳其裔穆斯林的比例。数据表明,土耳其背景的穆斯林由2008年的67.5%降至50.6%,而来自中东国家的穆斯林则以17.1%的占比成为第二大在德穆斯林群体。德国穆斯林移民群体进一步呈现出多样性和异质性。此外,除来自不同的母国外,德国穆斯林移民分别隶属不同的伊斯兰教派别:德国联邦移民和难民局发布的研究报告《在德穆斯林的生活》①称,在德穆斯林中逊尼派占绝对多数(72%),其次较多的是什叶派(14%)和阿勒维派(7%),另有一些小的教派如阿赫迈底亚、苏非派、伊巴德派以及一些难以区分的小教派。② 因此,在德穆斯林并非一个单一性的群体,他们来自不同的母国,拥有不同的宗教派别背景,总体上“呈现出一种同质化而非同一化的宗教认同结构”③。

二、对“融入”概念的界定

在权威《杜登德语大词典》中,“融入”有两个层面的基本含义:一是(从各种事物中)(重新)建立一个整体;二是纳入、合并入一个更大的整体中去。作为社会学专用概念的“融入”涉及第二层意思,是指将大量的单

① 该报告呈现的是首个考察全德范围穆斯林生活状况的研究,发布于2009年,该研究对来自49个伊斯兰国家的6,004名16岁以上移民进行电话访问,整体信息涉及受访者背后的家属总计17,000余人。2016年的最新版报告正在陆续发布中。

② 参见Dr. Habil. Soja Haug, Stephanie Müssig, Dr. Anja Stichs: Muslimisches Leben in Deutschland. Nürnberg: Bundesamt für Migration und Flüchtlinge, 2009, p. 134-135.

③ 刘骞:《德国穆斯林移民社会融入分析和启示》,载《国际关系研究》,2016年第5期,第75页。

个个人或群体联结到一个社会文化整体中去的过程,也指融入后的状态。①

在移民社会学中,社会学家们又进一步对"融入"进行阐释,其中英国社会学家戴维·洛克伍德(David Lockwood)的划分广受学界认可。他将融入区分为系统融入和社会融入,其中:系统融入指的是社会系统各个组成部分之间有序或冲突的关系,将社会体系的融合视为整体,主要通过市场、组织和媒介这三种机制来实现;而社会融入则涉及单个的行为主体,即行为主体或由行为主体所构成的群体纳入现存社会体系的过程。通常情况下,移民和异族群体的"融入"指的是社会融入。德国社会学家哈尔特穆特·埃瑟(Hartmut Esser)在洛克伍德融入理论的基础上,将社会融入划分为四个维度,即文化适应、确立位置、互动和认同。文化适应是指习得知识、技能和获得人力资本,尤指习得客居国的语言;确立位置指的是在社会上占得一席之地并获得权利;互动指的是在日常生活中获得社会关系(如友谊和结婚);身份认同指的是行动主体在价值观、公民感和接受度上转向客居国。四个维度间具有因果上的相互关联。"确立位置"以某种程度上的文化适应为前提;只有在一定程度上对文化适应后,才有机会在社会上找到一席之地;惟有如此,在某一社会体系中进行互动和身份确认才有可能。② 埃瑟教授的融入理论被视为德语国家移民社会学研究中的经典模式。③

落实到政治实践中,"融入"这一移民社会学概念被赋予了更加务实的内涵。德国内政部将"融入"描述为"一个以将所有稳定并合法在德国定居的人们纳入德国社会为目标的长期的过程"④。欧洲议会公民自由、公正和内政委员会在 2007 年发布的《建立基准化分析体系以衡量欧洲融

① 参见 DUDEN Das große Wörterbuch der deutschen Sprache in acht Bänden, Band 4, Mannheim, Leipzig, Wien, Zürich: Dudenverlag, 1994, p. 1719.

② 参见 Hartmut Esser: Integration und ethnische Schichtung. Arbeitspapiere-Mannheimer Zentrum für Europäische Sozialforschung, Nr. 40, 2001, p. 3 - 17.

③ 参见 Anja Stichs, Stephanie Müssig: Muslime in Deutschland und die Rolle der Religion für die Arbeitsmarktintegration. In: D. Halm, H. Meyer(Hrsg.): p. 55.

④ BMI Lexikon Integration. In: https://www.bmi.bund.de,访问日期 2017 - 10 - 17。

入政策的成功性》研究报告，将“融入”定义为“一个社会将其所有成员整合到积极公民权的新安排中去，以确保多样化社会中的所有人能长期幸福生活的能力”①。在这一宽泛的框架下，学者和政策制定者主要关注“融入”的三种特定形式——经济融入、社会融入和政治融入②。

尽管社会学界、德国政界和欧洲层面对“融入”的定义不一而足，但总体来看，这几个层面的融入定义均涉及如下方面：在就业、教育、语言等方面的结构和制度性融入，与客居国主流社会的接触、身份认同等文化社会层面的融入，以及对客居国的政治信任、政治参与等几个方面。

本文将尝试从结构性融入、文化社会融入和政治融入等三个维度入手，借鉴埃瑟的融入理论，结合权威机构发布的最新数据和相关移民社会学报告，定性考察德国穆斯林移民在德国的融入现状——结构性融入，主要研究德国穆斯林在德国劳动力市场中的融入现状及其与之息息相关的教育水平；文化社会融入层面的研究则主要涉及德国主流社会对穆斯林群体的认知和接纳；在政治融入层面，本文主要关注德国政府的融入政策、德国穆斯林的参政情况以及对德国的政治信任等方面。

三、穆斯林移民的结构性融入

结构性融入涉及劳动力市场、教育水平等领域，是移民社会融入的重要参数。根据埃瑟的融入理论，移民就业主要属于社会融入中“确立位置”这一范畴——工作岗位为移民带来经济收入和相应的医疗保障、失业保险和养老保险等一系列社会福利，移民亦有机会借此获得主流社会的认可，即获得相应的社会权利、社会地位，并积累经济和政治资本，因此，

① Jan Nissen & Thomas Huddleston：Setting Up a System of Benchmaking to Measure the Success of Integration Policies in Europa. Brussel：European Commission，2007，p. 73.

② Peter Doerschler&Pamela Irving Jackson：p. 505.

“在社会上确立(尽可能中心的)位置是可持续社会融入的关键”①,也是移民社会参与的核心环节。

数据表明,98%的德国穆斯林生活在西部各州,其中工业重镇北威州的穆斯林比例高达33.1%,为全德最高,其次是经济繁荣、人口密集的巴符州、拜恩州和黑森州等。② 总体而言,在德穆斯林的就业状况呈现如下特征:

首先,穆斯林的就业率明显低于无移民背景的德国居民,且职业地位普遍不高;相应地,平均收入亦偏低。具有移民背景的人口失业率明显高于本土居民是移民国家的共性,但由于联邦统计局统计失业人口时不涉及其宗教信仰,所以我们很难拿到德国穆斯林的失业率的精确数据,但借助德国经济研究所(柏林)旗下的常设民意调查“社会经济调查”的结果或许可以窥见一斑:基督教背景、无宗教信仰受访者的就业率为分别高达75%和77%,而穆斯林的平均就业率仅50%③(图1)。此外,就业穆斯林还呈现出职位偏低的特征——来自土耳其、东南欧、北非以及中亚/独联

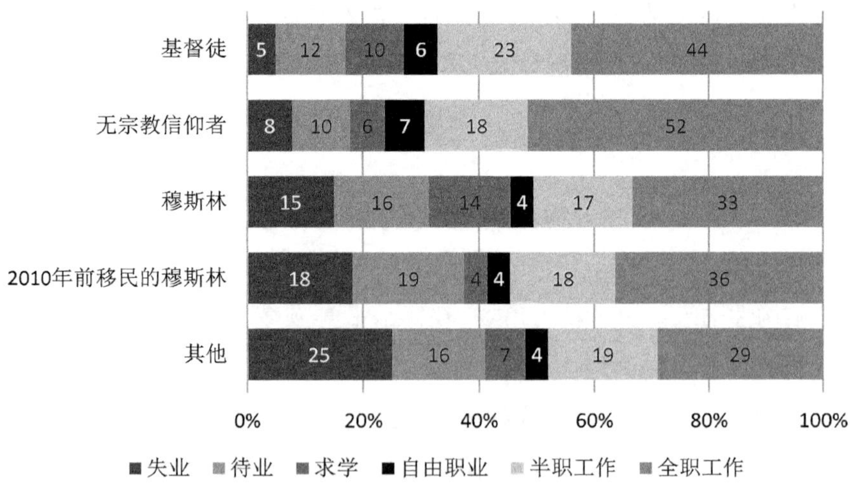

(数据来源:德国经济研究所(科隆),作者翻译、绘制)

图1 不同宗教信仰民众的就业状况(针对15—64岁人群;单位:%)

① Hartmut Esser: p. 10.

② 参见 Dr. Habil. Soja Haug, Stephanie Müssig, Dr. Anja Stichs: pp. 106 - 108.

③ 转引自:Holger Schäfer: Arbeitsmarktintegration von Muslimen: VermeintlicherErfolg. In: www.iwkoeln.de 访问日期:2017 - 10 - 28。

体等国家地区穆斯林男性移民中工人的比例要远高于本土男性，工人相对较低的收入和社会地位使他们取代德国原有的底层民众，成为社会新的底层①。当然，这一现象与德国战后招募低收入、低素质劳动力的劳工政策和以客籍劳工及其团聚家属为主体的移民模式相一致。

其次，穆斯林移民的就业受到其宗教虔诚度和性别因素的制约。在德国，虔诚穆斯林在就业市场上有一定的短板，一方面，宗教虔诚度高的穆斯林很难找到一份与其资质匹配的工作；另一方面，即使成功就业，他们的收入往往远低于并不严格践行宗教实践的穆斯林。② 而在奉行多元文化主义的英国、荷兰、瑞典等国，宗教虔诚度高的穆斯林和虔诚度较低的穆斯林在相同资质下、在相同的职业领域是不分上下的，因为在这些国家，伊斯兰教受到与其他宗教的平等对待。就整个劳动力市场而言，女性的就业率明显低于男性，这一点在女性穆斯林身上体现得尤为明显。在西方话语下，在公共场合佩戴头巾、穿罩袍等被视为伊斯兰宗教归属和信仰虔诚的明显标志，且常常被认为是压迫妇女的象征，这使得穆斯林妇女在就业中遭到更多歧视。再者，穆斯林妇女对女性的传统角色分配的认同和服务于家庭的意愿较基督教背景的女性更为强烈。相应地，她们投入职业培训的时间和精力也更少，易遭到劳动力市场的冷遇。

最后，穆斯林的就业情况取决于穆斯林移民的人力资本。人力资本指的是人类所拥有的知识和有效运用这些知识的能力，具体到德国穆斯林移民身上，主要指就业者的德语水平和职业技能，因而移民，尤其是穆斯林移民在劳动力市场上的劣势则主要归咎于其平均德语水平和受教育程度偏低。一般而言，穆斯林移民的整体受教育水平低于其他宗教信仰的群体，其中又以土耳其移民的学历水平尤为落后（17%无中学毕业文凭，仅28%有高等教育文凭），伊朗穆斯林则在学历水平上遥遥领先（80%具有相当于文理中学毕业的学历）。即使穆斯林移民的第二代在学历上

① 参见 Dr. Habil. Soja Haug, Stephanie Müssig, Dr. Anja Stichs：pp. 229 - 230.

② 参见 Anja Stichs, Stephanie Müssig：pp. 77 - 79.

明显超越其父辈,且在穆斯林女性身上体现得尤为明显,但依然无法改变其较高的辍学率和相对较低的文理中学毕业率。另外,移民在母国获得的较高学历在德国通常难以得到认证,也是移民难以融入劳动力市场的原因之一。①

尽管存在着这样或那样的问题,德国穆斯林在融入劳动力市场方面情况还是相对乐观的：德国贝塔斯曼基金会 2017 年 8 月公布的最新调查报告《宗教显示器》称,德国穆斯林的就业率比肩全德平均值——60%的穆斯林从事全职工作,21%从事兼职工作,其失业率基本和全德失业率持平,在与其他西欧国家的横向对比中,德国穆斯林的就业率名列前茅,领先于法国(66%)、奥地利(75%)等国。② 虽然这一数据公布后在媒体上引发了一定的争议,不少媒体批判性地认为这一数据太过乐观,与联邦劳工局和联邦统计局公布的数字有一定出入,但它的确在某种程度上呼应了德国近年来一降再降的失业率③,体现了德国劳动力市场优良的接纳能力。此外,穆斯林移民良好的就业状况得益于德国政府对移民融入劳动力市场的利好政策,包括迅速签发工作许可,积极介绍工作,开设语言课程等措施,进一步促进了劳动力市场的开放。

四、德国穆斯林群体的文化社会融入

在文化社会领域,融入的四大环节中的“互动”和“认同”主要体现为穆斯林移民与客居国主流社会的接触以及穆斯林群体的身份认同。

① Nilden Vardar, Anne Kuhn：Bildung muslimischer Migranten. In：http://www.deutsche-islam-konferenz.de,访问日期：2017－11－20。

② Dirk Halm, Martina Sauer：Muslime in Europa — Integriert aber nicht akzeptiert? Gütersloh：Bertelsmannstiftung, 2017.

③ 德国联邦统计局公布的《2017 德国统计年鉴》显示,德国 16—65 岁年龄段人口在 2005、2010、2015 和 2016 年的失业率分别为 11.1%、7%、4.6%和 4.1%。参见 Statistisches Bundesamt(Hrsg.)：p. 361。德国政府称,目前本国失业率位于两德统一后的最低点。

虽然大多数德国普通民众并不会明确表达歧视穆斯林、反对接纳难民的想法，但民意调查的结果似乎更能暴露德国民众的心声——在德国融合与移民基金会专家委员会公布的《融入晴雨表 2016》中，尽管有超七成无移民背景的德国人赞同在中小学引入伊斯兰教的宗教课程、同意在本人居住的社区兴建外形特征明显的清真寺，但仅有不到一半（46.9%）的本土居民愿意承认伊斯兰已经是德国社会的一部分①（见图 2），这一自相矛盾的结果一方面反映了德国人开放包容的人道主义思想，对穆斯林移民享有信仰自由权利的尊重；另一方面则折射出德国人内心深处对伊斯兰教徒的抵触和文化身份上的不认同。

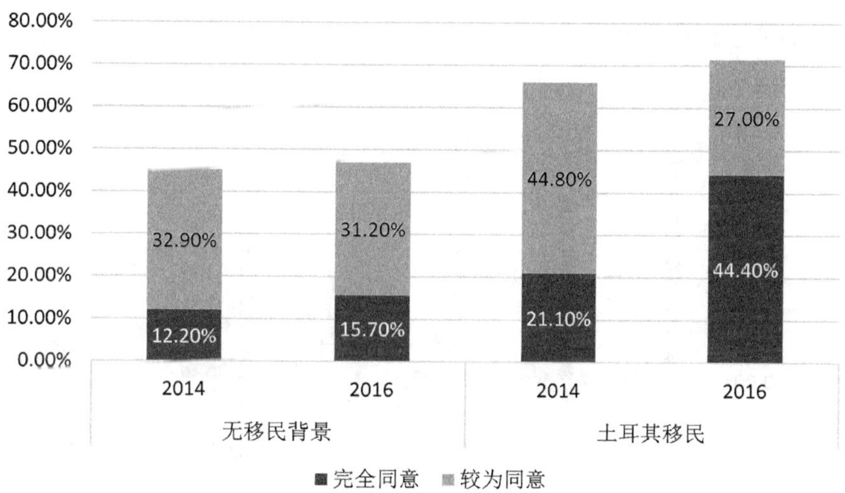

（数据来源：《融入晴雨表 2014》《融入晴雨表 2016》，作者翻译、绘制）

图 2　承认“伊斯兰是德国的一部分”占比

这一调查结果体现出德国国民和穆斯林移民对在德穆斯林身份认同上不对称性。身份由内在和外在结构建构而成，根植于行为体的自我领悟，但这种自我领悟的内容常常依赖于其他行为体对其的再现与自我领悟之间的一致性。集体身份把自我和他者的关系引向其逻辑得出的结

① 《融入晴雨表》，in：https://www.svr-migration.de/barometer/访问日期：2017-11-15。

论，即认同。① 穆斯林群体的集体身份认同在种族、血缘、宗教生活等物质因素基础上形成其自我领悟，在一代又一代的漫长移民岁月中，德国主流社会为其设计了一套贬抑穆斯林移民的形象话语，本我和他者的认知之间难以达成一致，导致了两者间身份认同上的差异——在已有近七成穆斯林移民一代和85%的穆斯林移民二代认为自己已经是德国社会的一分子时，仅不到半数德国国民承认了他们（图2、图3）。正如查尔斯·泰勒所说，我们的认同部分是由他人的承认构成的，如果得不到他人承认，或者只是得到他人扭曲的承认，也会对我们的认同构成显著影响。② 德国主流社会倾向于不承认伊斯兰是德国的一部分，反作用于穆斯林群体对德国的归属感——在德国，基督教移民第二代的归属感要明显高于穆斯林移民的第二代（图3）。

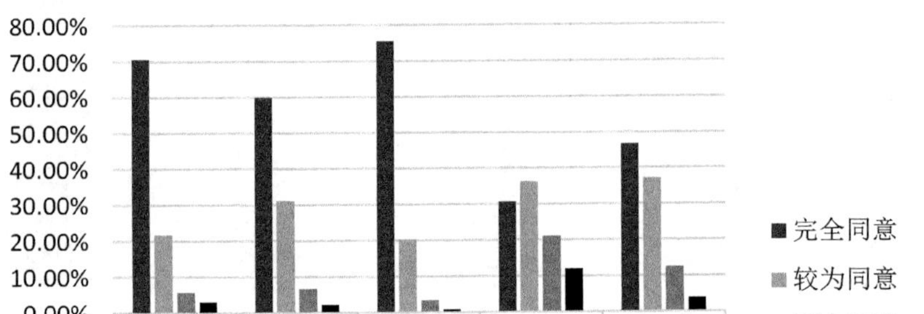

	无移民背景	基督教移民 第一代	基督教移民 第二代	伊斯兰教移民 第一代	伊斯兰教移民 第二代
完全同意	70.60%	60%	75.60%	30.60%	46.70%
较为同意	21.70%	31.20%	20.30%	36.30%	37.10%
不太同意	5.70%	6.60%	3.30%	21.20%	12.40%
完全不同意	3%	2.20%	0.80%	12%	3.90%

（数据来源：《融入晴雨表2016》，作者翻译、绘制）

图3　承认“我感到自己属于德国社会”占比

① 参见亚历山大·温特：《国际政治的社会理论》，秦亚青译，上海：上海人民出版社，2000年，第281—287页。

② 查尔斯·泰勒：《承认的政治》，董之林、陈燕谷译，载汪晖、陈燕谷主编：《文化与公共性》，北京：三联书店，1998年，第290页。

历数历史上伊斯兰教和基督教的冲突，我们会发现，伊斯兰世界在欧洲主流社会的话语中被描述为“邪恶的、野蛮的、乌合的”，加之近代欧洲大陆在政治、经济、军事上的强势地位以及流传甚广的文明冲突论，这种话语模式得以强化并流传下来，并在有意识的政治操作下影响主流社会的认知，对伊斯兰世界的蔑视、恐惧和仇恨演变成所谓的“伊斯兰恐惧症”。这种根深蒂固的身份认同差异与不得不面对的共存、融合问题交织在一起，使得穆斯林问题成为德国当代公共话语中反复出现的话题之一。

事实上，所谓的“伊斯兰恐惧症”，不仅根植于德国部分普通民众的心中，德国政界、传媒界的精英也对此有着隐隐的不确定，并通过媒体传递给大众，甚至有意识地挑起人们的恐惧情绪。前柏林州政府财政委员、联邦银行董事、经济学家蒂洛·萨拉辛（Thilo Sarrazin）在《德国自取灭亡》一书中表达了对穆斯林移民相当激进的观点：穆斯林移民在劳动力市场融入方面低于平均而在对社会转移的依赖方面高于平均，生育率高但受教育意愿弱，更倾向于形成一个平行社会，另类且具有犯罪性，敌视妇女且易转化为恐怖分子。而面对这一切，伊斯兰研究者、社会学家、政治学家等均缄默不言。① 该书 2010 年一出版即创下销售纪录并引发全国性讨论，以默克尔为首的德国统治阶层火速与萨拉辛的观点划清界限，萨拉辛所属的社民党开除其党籍，多个领域的专家学者亦从各自的研究领域对其带有鲜明的种族主义和社会达尔文主义的排外性言论进行抨击。尽管如此，同年 9 月的多项民调显示，超过七成的受访者对萨拉辛的种种观点表示赞同②。精通阿拉伯语的德国电视一台记者康斯坦丁·施莱伯（Constantin Schreiber）在 2017 年初春出版了《在伊斯兰内部——德国的清真寺里在祷告些什么》一书亦受到广泛关注。他在走访了德国多座清

① 参见 Thilo Sarrazin：Will ich den Muezzin hören，dann reise ich ins Morgenland，In：bild. de，24. 08. 2010；Thilo Sarrazin：„Bei keiner anderen Religion ist der Übergang zu Gewalt und Terrorismus so fließend“，in：bild. de，26. 08. 2010.

② 参见 Detlef Pollack：Öffentliche Wahrnehmung des Islam in Deutschland. In：D. Halm，H. Meyer（Hg.）：p. 89.

真寺和伊斯兰宗教社团，聆听布道并与其教长交谈后发现，在布道中，信众们被告诫要远离外面有罪的世界，按照伊斯兰的价值观生存。祷告主要强化信众的母国认同，从不宣介德国的正面形象，而教长们口中所谓的"促进融入"不过是融入他们自己的伊斯兰社群。最后他得出结论：清真寺的布道几乎埋葬了德国政府层面为民主、公平和穆斯林融入所作出的一切努力，而德国政府却将清真寺社团视为非常适合的融入领航员。① 施莱伯的新书主要基于其走访柏林清真寺的所见、所闻、所感，言辞远没有萨拉辛那么具有轰动性，但其特殊的题材依然触发了媒体和公众的敏感神经。该书一度位列《明镜周刊》纪实类畅销书榜首位，《时代在线》《焦点在线》、德国无线电台等主流媒体均对此作了报导并转载了该书的节选，似乎在引导人们关注围绕在清真寺周围的宗教社团对穆斯林融入德国主流社会产生的政治影响。

那么，政客或媒体人的负面言论是否能够代表普通德国百姓的观点呢？基于 2010 年民调机构埃姆尼德(Emnid)在德国、丹麦、法国、荷兰和葡萄牙所进行的民调和德国市场研究院对 1,041 名东德人和 1,002 名西德人的采访所得出的数据或许能够说明问题。就个体而言，德国人对伊斯兰教的态度受到教育程度、年龄、社会地位、政治倾向等社会结构因素的影响——受教育程度高、年轻、有一定社会地位，且政治上"左"倾的人对移民更为友好，更加倾向于赋予伊斯兰宗教团体以平等权利。总体而言，德国人对穆斯林多持批评态度，仅有 34%的西德人和 26%的东德人对穆斯林态度正面，有半数至八成的德国人倾向于将穆斯林与歧视妇女、宗教狂热、滥用暴力、狭隘偏执等形象联系起来②。与欧洲其他国家相比，这一结果显得颇为消极，但亦有以下原因：

首先，德国民众对穆斯林缺乏接触和了解，易形成偏见。调查显示，在与穆斯林有接触的德国人中，3/4 的西德人和 2/3 的东德人认为相处舒服，但问题在于，仅 16%的东德受访者和 40%的西德受访者表示与穆斯林

① 参见 Marie Wildermann：Moscheen in der Kritik. In：http://www.deutschlandfunk.de 访问日期：2017－11－22。

② 参见 Detlef Pollack：同上。

有交往,但联系并不密切。这一比例在丹麦、法国和荷兰等其他西欧国家均超过50%①,因此这些国家的受访者对穆斯林接纳程度比德国人高得多。

其次,穆斯林移民本身的特质也影响了德国人对待穆斯林的态度。受德语水平和受教育程度的限制,穆斯林移民,尤其是以土耳其人为主的第一代移民与德国人之间存在隔阂,其宗教习俗、移民背景和受教育程度等又决定了其价值观、行为方式和政治观点等与主流社会格格不入,而割礼、清真屠宰、强制婚姻、"荣誉谋杀"等穆斯林传统习惯更是令德国人侧目。"9·11"事件后,伊斯兰极端分子与西方世界矛盾激化,恐怖袭击在欧洲频发,此前几乎与恐怖袭击绝缘的德国也难以独善其身,仅2016年就先后发生数起带有"伊斯兰国"或萨拉菲极端分子背景的恐怖袭击事件:7月,一名17岁的阿富汗难民在维尔茨堡附近的列车上持斧砍伤5名乘客,其中4名来自中国香港;仅6天后,一名自杀式袭击者在安斯巴赫一个音乐节附近自爆,造成12人受伤;12月,一名突尼斯难民枪杀卡车司机后劫车冲入柏林闹市区的圣诞市场,导致12人死亡,数十人受伤——虽然恐怖分子和极端分子只占穆斯林移民的极少数,但广大的温和穆斯林群体却因此无辜地被蒙上了一层"威胁国家安全"的阴霾。

再次,德国国内的政治、文化环境决定了主流社会对穆斯林的态度还不够成熟。20世纪的后30年,德国政界对移民问题始终持回避态度,穆斯林融合问题更是甚少成为公共辩论中的议题。其他欧洲国家则在这一点上走在了德国前面,比如实施"多元文化主义,亦即少数民族融入模式"②的荷兰早在70年代便采取了积极的融入措施,保护移民权利,而贯彻"共和主义理念下的同化模式"③的法国则从一开始就赋予移民除选举

① 参见 Marie Wildermann: Moscheen in der Kritik. In: http://www.deutschlandfunk.de 访问日期: 2017-11-22。

② 伍慧萍:《移民与融入——伊斯兰移民的融入与欧洲的文化边界》,上海:上海人民出版社,2015年,第31页。

③ 同上。

权和被选举权外的一切公民权;文化环境方面,法国、荷兰等国由于本国的殖民地传统,反而有更加丰富的应对外国移民的经验,主流社会对阿尔及利亚、摩洛哥人(裔)等穆斯林移民的存在及其文化早已习以为常。与偏好“强调自身的民族性格和文化特点”①的德国相比,法、荷等国的社会文化更为开放多元,更有利于本国人和穆斯林移民间破除偏见的壁垒,增强彼此的融合度。

五、德国穆斯林移民的政治融入

移民的政治融入主要体现在移民对客居国的政治信任、政治参与度等方面,指的是移民参与国家政治意志的塑造,并由此进一步承认客居国的民主“游戏规则”,同时培养出移民对政治机构和行为主体的忠诚的过程,属于移民社会融入中的“确立位置”和“身份认同”这两个环节。政治融入被部分学者视为“成功融入过程的终极阶段”②。

融入是移民自身和社会结构之间的互动机制。移民个体作为融入的主体应发挥主观能动性来进行自我调整,以适应新的社会环境;在运用调控手段对移民主体和移民活动进行有意识、有针对性的干预和调节方面,移民移入的民族国家作为融入的另一个重要主体,在社会融入的过程中起着关键作用。③ 20 世纪 70 年代初期,德国就生活着大量来自不同国家的穆斯林,且有日渐庞大之势,但由于客籍劳工模式的临时性特征,短期内并没有出现社会融入困境,德国始终公开否认自己是一个移民国家。90 年代,德国各界关于移民问题的论辩渐起,直至 20 世纪末,面对不可逆转的移民现状以及本国人口的急剧老化,德国人不得不选择正视现实:各党派纷纷承认德国是一个移民国家,政府推出一系列相应政策的举措,包

---

① 胡雨:《穆斯林移民在德国及其社会融入》,载《德国研究》,2013 年第 3 期,第 76 页。

② 伍慧萍:第 20 页。

③ 参见伍慧萍:第 20—22 页。

括出台新版《公民身份法案》(2000)，颁布德国首部《移民法》(2005)，放松移民入籍归化限制并重新界定和规范了居留权和公民权，启动国家融入峰会(2006)，制定《国家融入计划》(2007)等①。其中，针对移民融入的重要主体穆斯林，德国政府也有了实质性的大动作：2006 年，在时任内政部长朔伊布勒(Wolfgang Schäuble)的倡议下，内政部和其下属的联邦移民和难民局主导开启了德国伊斯兰联席会议，迄今为止已经走过了 2006—2009 年、2009—2013 年、2013—2017 年三个阶段。该联席会议是一个与国家融入峰会平行的、德国国家和穆斯林之间的长期协商机制，就伊玛目培训、女性地位、清真屠宰、公立学校开设伊斯兰宗教课程等争议性问题展开对话；德国借此机会认可了穆斯林与基督教徒、犹太族群的平等地位；除了促进穆斯林融入外，德国政府还有另一层深意，即“在日常政治事件的基础上，国家安全政策应在德国穆斯林联席会议的进程中占据部分主导权，并永久地对融入和宗教等政治领域产生影响”②。至此，德国穆斯林移民融入问题业已上升到国家任务领域和职能范围的层面。德国政客也在各个场合的公开讲话中，向国民表明对穆斯林移民的认同以及政府促进移民融入的态度和决心，如 2010 年 10 月 3 日，时任总统伍尔夫(Christian Wulff)在两德统一庆典上发表了题为《珍惜多样性、促进凝聚力》的讲话，并强调：“我们有着基督教—犹太教的历史，但今天，伊斯兰教也属于德国。……‘我们是一个民族’这句统一的呼唤如今是对所有居住在这里的人的邀请……”③默克尔在李克强总理 2017 年 6 月访德时的讲话中指出：“具有移民背景的德国人的教育机会、在科研领域的参与程度并不像我们期待的那样高。因此我坚信，积极接纳少数族裔、平等对待他们，是阻止极端化的最好的预防政策。”④

德国莱布尼茨社会学研究所主导的“德国普遍社会学研究”2008 年

① 参见胡雨：第 78—79 页。

② Riem Spielhaus：S. 178.

③ http://www. bundespraesident. de/SharedDocs/Reden/DE/Christian-Wulff/Reden/2010/10/20101003_Rede. html，访问日期：2017－11－26。

④ https://www. bundeskanzlerin. de/Content/DE/Rede/2017/06/2017－06－01-rede-merkel-deutsch-chinesisches-forum. html，访问日期：2017－06－02。

的一系列涵盖14组多变量数据的研究显示，生活在德国的穆斯林对德国的民主政体以及对议会、联邦政府、政党、司法、警察等国家机构及其国家所提供的医疗保障、教育等的信任度和满意度要高于无移民背景的德国人。[①] 而这一情形并不仅仅局限于德国。德国明斯特大学2017年底公布的一项针对欧洲16国居民的研究也呼应了这一点：与信仰其他宗教的人相比，欧洲穆斯林对欧盟的评价尤为高，在对欧洲议会的信任度评价中，穆斯林群体给出了5.2的高分值，明显高于天主教（4.5）、新教（4.7）和犹太教（4.7）的受访者。[②] 其原因一方面在于包括德国公民在内的欧洲原住民的政治信任度有所下降；另一方面，德国穆斯林的生活满意度较高：在“推拉理论”作用下，穆斯林移民在母国的贫困、战乱、宗教迫害等不利于生存发展的因素形成推力，而德国的民主、自由、经济繁荣等具有吸引力的因素形成拉力，促使移民行为的发生。因此，即使穆斯林移民来到德国后不得不经历艰难而漫长的开拓过程，大多数移民的整体生活水准依然得到了显著提升，因此对客居国的政治体制、经济状况、医疗条件等产生了好感。

然而，对德国的民主体制和国家机构抱有较大热忱的德国穆斯林，在政治参与方面并不尽如人意。以德国最大的穆斯林群体土耳其裔为例：从20世纪70年代起，在德土耳其人就开始有意识地参与政治以达到自身的利益诉求，其主要通过加入德国政党、组建市民社会团体和媒体传播等三种方式[③]，其中，加入德国政党本是最有效、最直接的参政方式，但德国政党早年只吸纳德国籍的公民，即使后来一些左派政党愿意吸纳非德籍党员，穆斯林党员也只是党内的极少数，分配到联邦和州议会层面，影响力更加有限。在联邦层面，以2017年9月大选后组成的新国会为例，709

① Peter Doerschler & Pamela Irving Jackson：pp. 503 – 523.

② Mutjtaba Isani， Bernd Schlipphak：In the European we trust：European Muslim attitudes toward the European Union，In：European Union Politics，2017，Vol. 18（4），pp. 658 – 677.

③ 参见汪波、王佳尼：《德国土耳其穆斯林的政治诉求、参与和影响》，载《宗教和美国社会》，2015年第1期，第84—110页。

名议员中仅有约15名国会议员是穆斯林①,占议员总数的2.12%,而生活在德国的穆斯林则占到德国总人口的5.4%—5.7%,几乎所有穆斯林议员均隶属于社民党、绿党、左翼党等偏左的政党,母国多为土耳其和伊朗,其中部分议员在本党或本选区中主要负责与移民、融合事务相关的领域;在地方政治层面,有移民背景的议员比例远低于移民背景人口在总人口中的比例:德国马克斯—普朗克研究在2011年发布的有关德国大城市中移民背景市议员的调查报告表明,2001—2011年间,77个10万以上人口的德国大城市议会中总计有4,670位议员,其中仅4%的议员有移民背景,但这些城市生活着超过1/4的移民;在有移民背景的议员中,土耳其裔占比最高(38%),且女性占移民议员的比例(40%)高于全体女性议员的比例(33%)②。移民议员的比例尚且如此之低,穆斯林议员的比例必然微乎其微,因此穆斯林群体无法得到充分的代表。当然,穆斯林移民参政情况不佳有着复杂的原因,但这至少折射出德国在穆斯林移民尚未在机会均等、一视同仁的框架下进入德国政治领域。

经历了对移民融入事务无所作为的阶段后,德国在进入21世纪以来实行了积极的移民融入政策,建立了与穆斯林社团的长期对话平台,为穆斯林移民的融入创造了更好的机制。虽然穆斯林移民的从政比例并不尽如人意,但在政治融入的另一个指标“政治信任度”上得分较高。在民主国家,公民对机构、领导人和政治体制准则的信任是维持良好治理和民主正当性的必备因素,这种信任一旦遭到腐蚀,则会影响政府的公信力,引发反制度运动甚至动摇民主国家的根基。从这个角度来说,欧洲(包括德国)的穆斯林群体对政治体制较高的信任度对于后“9·11”时代深陷伊斯兰极端主义威胁的西方社会而言,具有相当积极的意义。

---

① 该数字由作者根据德国国会官网(http://www.bundestag.de/)公布的议员简历统计,由于部分议员没有标明宗教信仰,故作者根据其姓氏、长相、出生地等几个要素进行了筛选后得出以上数字,仅作参考,准确的数字应略高于作者的统计。其中约10位土耳其裔,3—4位伊朗裔,2位非洲裔。

② Karen Schönwälder, Cihan Sinanoglu und Daniel Volkert: Vielfalt sucht Rat. Ratsmitglieder mit Migrationshintergrund in deutschen Großstädten. Berlin: Heinrich-Böll-Stiftung, 2011.

六、结　语

在德国政府积极的融入政策和德国经济欣欣向荣的框架下，德国穆斯林移民在结构性融入方面总体上情况良好，就业率在西欧各国中名列前茅；在文化社会层面，德国穆斯林移民与无移民背景的德国人之间交往较少，彼此间缺乏了解和宽容，暂时没有得到德国主流社会的绝对接纳和认同；在政治融入层面，穆斯林的政治信任度高于无移民背景的德国人，部分穆斯林虽已逐步走上联邦和各州的政治舞台，其中较为知名的有绿党党魁、土耳其裔泽姆·奥茨德米尔（Cem Özdemir），首位进入内阁的土耳其裔女性并在第三届默克尔内阁中担任移民、难民与融入国务部长的社民党人艾丹·厄策谷兹（Aydan Özoğuz）等。但整体而言，德国穆斯林在联邦和地方政治层面代表性低于普通国民，没有太大的话语权。另外，值得人们注意的是，2015 年以来的难民危机在改变德国穆斯林人口构成结构的同时，也给穆斯林融入问题带来更大的冲击和挑战。此前，德国的穆斯林移民以具有客籍劳工背景的土耳其裔为主，该群体曾参与德国战后的经济社会建设，受到德国法律的政策认可和保护，在某种程度上有利于德国主流社会对其的尊重和接纳，其后辈亦逐步在德国社会占得一席之地。就文化和价值观而言，来自严格实行政教分离、世俗化程度极高的土耳其的穆斯林移民与德国人之间的差异，远没有与来自政教合一且极度保守的中东国家的难民之间的差异那么大。因此，对于接纳了一百多万来自叙利亚、阿富汗等国难民的德国而言，穆斯林移民的社会融入和身份认同建构依然任重而道远。

第三节
德国土耳其穆斯林的政治诉求、参与和影响

汪　波*

王佳尼**

近年来，由于欧洲穆斯林人口的增加和“9 · 11”事件的影响，欧洲国家都开始关注穆斯林群体在本国的存在，特别是穆斯林群体的政治诉求可能对本国政治造成的影响。由于宗教和文化上的差异，西方学者在研究欧洲穆斯林问题时，主要关注其身份认同，强调穆斯林群体强烈的伊斯兰倾向是他们难以融入欧洲主流社会的关键，甚至影响到欧洲国家的内政外交。我国学者则主要从移民和少数族群的角度出发，认为穆斯林群体低于平均水平的社会经济地位是他们难以融入欧洲主流社会并出现极端主义倾向的根本原因。本文在综合考虑以上研究的基础上，以德国土耳其穆斯林为例，系统分析德国土耳其穆斯林的政治诉求及其为实现其政治诉求的政治参与过程，并探讨其政治参与过程对德国政治、土耳其政治、德土关系和土耳其穆斯林群体自身的影响。通过这一研究，有助于读者更加深入地理解德国土耳其穆斯林的政治和社会诉求及其诉求难以实现的根本原因，有利于从根本上寻求解决这一问题的途径，从而杜绝欧洲穆斯林群体中的伊斯兰极端主义倾向，促进穆斯林群体与欧洲主流社会的融合。

* 汪波，上海外国语大学中东研究所教授、法学博士。

** 王佳尼，上海大学文学院讲师，上海外国语大学与杜克大学联合培养博士研究生。

一、德国土耳其穆斯林群体的形成和政治诉求

土耳其穆斯林来到德国的历史，最早可以追溯到 18 世纪普鲁士王国时期。不过这个群体当时的规模很小，对普鲁士几乎都没有影响。第一次世界大战前，奥斯曼帝国为了军事发展的需要，派遣了大批年轻军官前往德国学习先进的军事技术和管理方式，从而导致德国土耳其穆斯林的人数有所增长。而土耳其穆斯林大批移民德国，则是在第二次世界大战结束以后。当时前往德国的土耳其穆斯林移民主要有三种原因：其一是外出务工；其二是家庭团聚；其三则是寻求政治庇护。

土耳其穆斯林作为外来务工人员进入德国的时间，主要从 20 世纪 60 年代开始。当时整个西欧在"马歇尔计划"的支持下经济建设全面恢复。其中德国经济的增长，则创造了联邦德国的"经济奇迹"。但 1961 年柏林墙的修建，使得西德失去了大量来自东德的劳动力，从而引发了德国劳动力短缺。西德政府为了满足经济发展的需求，开始向国外招募大批劳动力。与此同时，土耳其经济在美国杜鲁门总统的"第四点计划"援助下虽然也有所发展，但国内仍然有大量劳动力剩余。土耳其 1960 年军事政变后选举出的新一届联合政府，也希望为国内剩余的劳动力向海外寻找更多的就业机会。在这种背景下，德国和土耳其政府 1961 年 10 月签订了《德国劳工市场向土耳其招聘劳动力协议》。根据这项协议，大批土耳其穆斯林来到德国，成为德国的外来务工人员。

1967 年，西德经济在经历了短暂的衰退后，又开始了新一轮的快速发展，对劳动力的需求也大幅度提高。土耳其国内，则在二战后稳定的经济和政治环境中出现了人口的大规模增长。但土耳其 20 世纪 60 年代初出现的军事政变，影响了土耳其政治和经济的稳定发展，导致失业率上升。在这种情况下，面对西德对劳动力的迫切需求，再加上外籍工人可以享受和德国工人基本相同的工资和福利待遇，因而再次吸引了大批土耳其穆斯林青年前往德国工作。到 20 世纪 70 年代初，土耳其人已经成为德国境内最大的移民群体，约占当时非德裔劳

工总数的23%。①

值得注意的是，前来德国务工的土耳其穆斯林大多来自土耳其农村地区。这些地区经济发展落后，民众宗教情绪强烈，对伊斯兰教有着根深蒂固的强烈认同，受凯末尔世俗主义革命的影响非常有限。另外，前来德国工作的土耳其穆斯林，大多从事那些粗放的制造业工作。这些工作的技术含量低，但劳动强度大。因此，这些人大多只跟工友和雇主接触，很少有机会融入德国社会。在这种情况下，前来德国务工的土耳其穆斯林逐渐形成了自己的生存方式。在工作上，他们主要是集中在制造业和建筑业等劳动密集型产业中；在生活上，他们则因为种族、语言和文化等原因而集中聚居在一起；在精神上，伊斯兰教是他们之间相互认同和团结的唯一精神纽带。

随着大批土耳其穆斯林前来德国务工，他们的亲属很快也随之来到德国实现家庭团聚。1961年的《德国劳工市场向土耳其招聘劳动力协议》中规定，土耳其劳工在德国工作满两年后必须返回土耳其。但事实上，当这些工人成为熟练工之后，不仅德国的雇主不愿意失去这些高效率的劳动力，而且这些在德国生活了两年的土耳其穆斯林也因为德国良好的生活条件和福利待遇而不愿离开。结果，由于德国政府并未强制执行工作满两年后必须返回来源国的规定，因而使得大部分土耳其劳工留在德国成为德国的永久移民。1967年，德国的土耳其穆斯林只有大约13万，但到70年代初已经增加到60万之多。②

另一方面，土耳其国内从70年代初就开始出现政治动荡。1971年的"备忘录政变"虽然缓和了60年代末以来土耳其左派和右派的政治冲突，但政变后军方组建的超党派专家政府施行的改革并没有产生明显成效。这些改革非但没有在国家高层取得一致，而且还导致土耳其国内出现了

① David Horrocks and Eva Kolinsky eds., *Turkish Culture in German Society Today*, Berghabn Books, 1996, p. 82.

② Rudoph Christopher, *National Security and Migration: Policy Development in the United States and Western Europe since 1945*, Stanford University Press, 2006, p. 103.

左派、自由主义和民族主义等三种意识形态。1973—1979 年的短短 6 年中，土耳其就经历了 6 届联合政府更迭。特别是 70 年代，土耳其政党之间的意识形态斗争逐渐演变成政治恐怖主义。不仅暗杀活动频繁，而且国家法律和社会秩序都遭到严重破坏。同时，带有暴力色彩的库尔德分裂主义与伊斯兰复兴运动也和土耳其政治斗争交织在一起，导致土耳其军方 1980 年 9 月再次发动军事政变，宣布解散议会，国家进入紧急状态。土耳其国内这种动荡的政局也促使那些在德国工作的土耳其穆斯林决定留在德国，并将家人接到德国团聚。

从 20 世纪 70 年代初到 80 年代中期，大批土耳其穆斯林工人的家属以家庭团聚的方式进入了德国。在当时情况下，土耳其穆斯林工人家庭团聚的权利，不仅受到德国 1949 年基本法的保护，而且德国 1973 年颁布的《家庭团聚法案》也为土耳其穆斯林工人将配偶和未成年子女迁移到德国提供了法律依据。但也要看到，以家庭团聚形式移居德国的土耳其穆斯林与先前到德国去工作的土耳其穆斯林有很大区别。首先，先前来德国务工的土耳其穆斯林主要是单身男性，而以家庭团聚形式前来德国的则全部是女性和儿童。这些女性和儿童不仅没有经济能力，而且还带来了住房、教育、福利和宗教等社会需求，从而对德国政府和德国社会的接纳能力提出了挑战。其次，先前来德国务工的土耳其穆斯林工人，在服装等方面也没有显著的宗教标志，生活上的禁忌也相对较少。而前来与家人团聚的穆斯林女性，则在面纱和头巾方面的装束上体现出穆斯林显著的宗教特征，而且在适应德国的生活上也遇到很多困难。最后，土耳其穆斯林劳工家庭的子女教育问题也成为德国政府和土耳其穆斯林自身的难题，而且需要立刻加以解决。因此，当土耳其穆斯林家庭在德国大量出现后，原来那些土耳其穆斯林工人便不再是一支符号化的劳动大军，而是有着自己信仰和文化的真实群体存在。①

除了劳工和家庭亲属外，还有一些前来德国的土耳其穆斯林则是为

① Joel. S. Fetzer and J. Christopher. Soper, *Muslim and the State in Britain, France and German*, Cambridge University Press, 2005, p. 102.

了寻求政治避难。这里所说的政治避难，主要是那些要求德国政府提供保护的土耳其政治难民。土耳其当时的政治难民，大多是库尔德人和伊斯兰复兴运动的成员。在库尔德人方面，他们于 20 世纪 80 年代末成立了库尔德工人党。这个党为了在土耳其东南部建立一个独立的库尔德人国家，不惜采取暴力和恐怖主义手段与土耳其政府对抗。他们把自己的恐怖主义活动说成是“反对土耳其帝国主义”的行动，①因而遭到了政府的严厉镇压。90 年代初，土耳其南部的库尔德人又开始组建政党参加议会选举。在 1991 年的议会选举中，他们甚至获得了 13 个议会席位。但由于库尔德议员在宣誓仪式上使用库尔德语并穿着代表库工党的服装，因而遭到政府取缔。在伊斯兰复兴运动方面，尽管 1982 年的宪法禁止宗教团体参加政治活动，以清除伊斯兰复兴运动的影响，但其成员还是成立了一些秘密党派，继续发展伊斯兰运动。特别是其中一些比较极端的团体，表现极其活跃。当时居住在德国的郝查 · 柴玛莱廷 · 卡普兰（Hoca Cemalettin Kaplan）教士，就宣扬要借用伊朗的伊斯兰革命方式在土耳其建立一个伊斯兰国家，并宣称自己是这个伊斯兰国家的哈里发。② 卡普兰领导的伊斯兰复兴运动虽然没有得到广泛支持，但也引起了土耳其政府的警觉，并对其实施打击。结果，在政府的全面镇压和军队的严厉打击下，大批库尔德工人党成员和伊斯兰原教旨主义者纷纷逃离土耳其，前往德国寻求政治避难。他们选择德国的原因有两方面：一方面是德国有大量土耳其穆斯林移民，去德国不仅易于生存，而且还能继续在德国土耳其穆斯林中寻求发展；另一方面，德国 1949 年的基本法规定，受到政治迫害的人享有政治避难的权利，政府应向这些难民提供慷慨的社会福利。③ 因此，从 80 年代中期到 2002 年土耳其正义与发展党上台执政之前，有大批因参加伊斯兰复兴运动的土耳其政治难民涌入了德国。

---

① Aylin Güney, “The People’s Democracy Party”, *Turkish Studies*, Vol. 3, No. 1 (Spring 2002) p. 123.

② Erık J. Zürcher, *Turkey: A Modern History*, London: I. B. Tauris, 2004, p. 290.

③ 陈南雁：《欧洲移民问题及移民政策的趋势分析——兼论德国在欧洲移民政策形成过程中的重要作用》，载于《德国研究》，2006 年第 2 期，第 37 页。

目前,生活在德国的土耳其穆斯林主要是那些最初前来的务工人员及其家庭和后代,同时还有那些向德国政府寻求庇护的政治难民,另外还有一批留学生和各类高级人才。在他们当中,第一类人群的数量最多。但因为他们受教育程度有限,而且并没有真正融入德国社会,因此从事的依然是那些简单粗放的工作。但他们希望继续生活在德国,成为拥有合法身份和被法律承认的德国人。第二类是政治难民,他们在寻求政治庇护的同时,还希望能够在德国的土耳其穆斯林群体中实现自己的政治抱负。他们当中的库尔德人则把土耳其国内库尔德人与土耳其人的矛盾复制到德国的土耳其穆斯林群体中,而那些伊斯兰原教旨主义者则试图增强德国的土耳其穆斯林的宗教热情来获得更多的政治支持。第三类主要是那些来德国学习的年轻一代,他们希望通过自己的努力留在德国,享受更好的物质生活和福利待遇,并且也希望获得在德国居留的合法身份。

很明显,对于这三类德国的土耳其穆斯林来说,获得在德国的合法身份(即德国国籍)是他们的共同诉求。不仅如此,这些德国的土耳其穆斯林甚至希望同时拥有德国和土耳其的双重国籍。这其中的原因有三个方面:首先,作为土耳其人和土耳其后裔,生活在德国的土耳其穆斯林依然有着强烈的民族意识和宗教认同感。因此,他们需要保持土耳其身份来满足自己作为一个穆斯林的精神需求。但由于他们生活在德国,而且外国人的身份在很多时候不能解决他们在现实生活中遇到的问题,特别是不能享受德国公民所有的待遇,因此他们又希望同时获得德国国籍。其次,土耳其穆斯林数量庞大,已成为德国社会最主要的少数族裔。但他们大部分人的社会经济地位依然较低,因此希望通过获得德国国籍,来享受和德国人一样的社会福利待遇,改善自己的生存和生活状况。另外,德国的土耳其穆斯林大多有家庭和孩子,而德国国籍也是他们的子女获得良好教育的关键。因为德国法律并没有规定,出生在德国的孩子就是德国人,而是要等到孩子成年后才能决定。这就意味着父母如果没有获得德国国籍,那么身份问题将一直伴随着孩子直到成年,几乎涵盖所有受教育年龄。因此,生活在德国的土耳其穆斯林最大的政治诉求就是获得德国国籍。为此,德国的土耳其穆斯林始终希望通过政治参与的方式,来实现他们获得德国国籍的政治诉求。

二、德国土耳其穆斯林的政治参与过程

随着在德国生活的不断深入，德国土耳其穆斯林越来越意识到，参与政治才是他们实现自身利益最直接的方式。但在德国这样一个非移民国家中，德国土耳其穆斯林在直接参与德国政治的过程中遇到了国籍身份、宗教信仰、文化认同、代表比例等诸多方面的门槛和挑战。这也使德国土耳其穆斯林认识到，要想争取到政治权利，仅靠参与德国政党是远远不够的。于是他们开始在市民社会中扩大自己的影响力。活跃在市民社会中的各种伊斯兰社团不仅对德国土耳其穆斯林的生活产生了直接影响，而且也促进了德国和土耳其在非官方层面上的交流。同时，一些在德国有影响力的土耳其媒体也通过广播等方式，从意识形态上加强了德国土耳其穆斯林的内部认同和团结。所以，德国土耳其穆斯林在实践中逐渐形成了参与德国政党、组建市民社会团体和媒体传播这三种政治参与方式。

（一）通过德国政党的政治参与

从20世纪70年代开始，土耳其穆斯林就开始通过德国政党来争取政治权利。但因为德国不是一个移民国家，加入德国政党往往有很高的门槛，其首要条件就是德国的公民身份。因此，土耳其穆斯林最初参与德国政党的方式，主要是通过参与那些与政党联合的公会，其中最典型的就是德国工人联合会（Federation of German Labor Union）与德国社会民主党（Social Democratic Party）的联盟。随着德国土耳其穆斯林人口的不断增长，到80年代初，生活在德国的土耳其穆斯林已经达到250万，成为德国最大的少数族裔群体，对德国社会的影响也日益扩大。于是，德国的基督教民主党（Christian-Democrats）开始散布排外情绪，对德国的土耳其穆斯林进行抵制。他们警告德国可能“过分外国人化”，并呼吁减少德国的非

欧盟国家外国人。① 结果，这不仅导致德国土耳其穆斯林被边缘化，而且也使得他们实现获得德国国籍的政治诉求更加困难。截至 1986 年，只有 8, 166 名土耳其人获得了德国国籍，仅占德国公民总数的万分之一。②

此后，德国绿党（Green Parties）的成立，又为德国的土耳其穆斯林参加德国政党带来了希望。因为绿党并不要求其成员必须拥有德国国籍，所以很多土耳其穆斯林都加入了绿党。例如，杰姆 · 厄兹代米尔（Cem Özdemir）、艾金 · 戴利戈兹（Ekin Deligöz）、奥詹 · 杰伊汉（Ozan Ceyhun）和里扎 · 巴兰（Rıza Baran）等土耳其政治人物，都是通过绿党开始在德国的政治舞台上崭露头角。1982 年，绿党通过选举进入了德国联邦议院。在此后的近 20 年中，土耳其穆斯林主要就是依靠德国社会民主党和绿党，为自己争取获得德国国籍的权利③。作为一个传统的民族国家，德国政府在 2000 年之前一直规定，要申请德国国籍必须提供证据，证明其祖先中至少有一人是德国血统。④ 1998 年，德国社会民主党在选举中获胜后，和绿党组成了联合政府。联合政府上台后，立刻开始改革德国国籍法中的血统原则。规定在德国出生的外国小孩，只要其父母中有一方在德国拥有合法居住权并工作满 8 年，或拥有长期居住权并工作满 3 年，那么这个孩子在 18—23 周岁时只要宣布放弃土耳其国籍就可以获得德国国籍。⑤ 这项法案在 2000 年付诸实施后，一些能够满足这个条件的第二代土耳其穆斯林成功获得了德国国籍。但是，父母的身份依然是其他更多第二代土耳其穆斯林获得德国国籍的障碍。

① Selcen Oner, "Turkish Community in Germany and the Role of Turkish Community Organizations", in *European Scientific Journal*, Oct. 2014, Vol. 10, No. 29, p. 73.

② Christian Wernicke, "The Long Road to the German Passport", in Deniz Göktürk, David Gramling, Anton Kaes (eds.), *Germany in Transit: Nation and Migration, 1955 – 2005* (Berkeley: University of California Press, 2007), pp. 156 – 159.

③ Şener Aktürk, "The Turkish Minority in German Politics: Trends, Diversification of Representation, and Policy Implications", in *Insight Turkey*, Vol. 12, No. 1, 2010, pp. 67 – 68.

④ Selcen Oner, "Turkish Community in Germany and the Role of Turkish Community Organizations", in *European Scientific Journal*, Oct. 2014, Vol. 10, No. 29, p. 74.

⑤ Ibid.

联合政府的国籍法改革虽然取消了血统原则，但令土耳其穆斯林感到不满的是，改革并没有解决双重国籍的问题，这也导致了德国土耳其穆斯林对德国社会民主党和绿党的不满。因此，一些土耳其穆斯林在 2000 年后开始转向代表德国自由派的自由民主党（Free Democratic Party）。自由民主党宣称支持人权和公民自由，并奉行国际主义和中间偏右的政治观念。从 20 世纪 80 年代起，自由民主党就大力推行经济自由主义，鼓吹自由市场和私有化。不仅如此，自由民主党也是欧洲自由国际和自由民主联盟的成员。因此，自由民主党对于德国的土耳其穆斯林群体，特别是这个群体中那些在土耳其本土就处于少数地位的库尔德人和阿拉维派穆斯林更具有吸引力。

同时，还有一部分德国的土耳其穆斯林把目光转向了左翼党（Left Party）。左翼党的前身是成立于 2007 年的民主社会主义党（Party of Democratic Socialism），2014 年时已经发展成德国的第四大政党和德国联邦议院的第三大政党。左翼党宣称自己的目标是建立一个“公平和充满关爱的社会”，并且要让“所有人都享受到高质量的教育”。① 因此，左翼党也为土耳其穆斯林提供了一个解决问题的新选择。不过，左翼党更关心的是德国与欧洲和世界的关系，而不是国内问题。

由于争取德国国籍，尤其是双重国籍的政治诉求难以实现，德国土耳其穆斯林开始把他们的政治支持转向不同政党，致力于追求其他现实利益。在德国的政治生活中，不同政治倾向的政党存在，也为土耳其穆斯林的政治参与提供了更大的空间。作为德国少数族裔群体中最大的一支，土耳其穆斯林的选票也吸引了更多德国政党来关心少数族裔问题，并为赢得他们的选票而做出新的承诺和制定新的政策，甚至形成了一种德国各政党竞相为土耳其穆斯林群体提供支持的局面。但从另一方面来看，政治诉求的分化也导致了土耳其穆斯林群体在德国政治参与过程中力量的弱化。特别是德国土耳其穆斯林群体中的库尔德人和阿拉维派，他们

① 左翼党网站：“Policies”，http://en.die-linke.de/die-linke/policies/，2015 年 4 月 11 日访问。

要想发挥重要影响更是难上加难。

（二）通过市民社会的政治参与

除了参与政党外，德国土耳其穆斯林政治参与的另一重要途径是通过市民社会。所谓通过市民社会来参与政治，就是通过参加各种市民社会团体来表达自己的政治诉求，并通过市民社会团体对政府的少数民族政策施加影响。在德国土耳其穆斯林参与的大量市民社会团体中，有些特别关注与土耳其穆斯林相关的政治、文化和社会问题，并积极协助相关政府机构为妇女、学生、工人、商人和教师等提供帮助。同时，也有一些市民社会团体致力于保护居住在德国的土耳其人的民族文化传统，并帮助他们融入德国社会。另外，还有一些市民社会团体特别关注土耳其穆斯林的政治权利，反对德国政府对少数族群的同化政策，强调维护少数民族的平等权利。

从性质上来说，德国土耳其穆斯林参与的社会团体主要有三类：第一类是官方的社会团体；第二类是民间的社会团体；第三类是宗教性质的社会团体。第一类的官方社会团体，主要是指那些在德国活动但却受到土耳其政府控制的社会团体，其中最具代表性的是"土耳其—伊斯兰宗教事务局联盟"（Turkish-Islamic Union of the Directorate for Religious Affairs）。这个团体是土耳其官方为了管理欧洲的土耳其移民，于 1983 年在德国建立的。作为土耳其国家宗教事务局的代表，这个团体的任务就是在维护土耳其和德国国家关系的同时，确保德国土耳其穆斯林对土耳其国家的忠诚。这个团体还代表土耳其官方，呼吁德国的土耳其穆斯林在融入德国社会的过程中不要放弃对土耳其民族的认同。① 土耳其政府对"土耳其—伊斯兰宗教事务局联盟"工作的管理，则主要是通过土耳其驻德国大使馆的宗教专员来实行。这个组织中的官员和宗教学者，都经过土耳其政府的培训和选拔。

---

① Selcen Oner, "Turkish Community in Germany and the Role of Turkish Community Organizations", in *European Scientific Journal*, Oct. 2014, Vol. 10, No. 29, p. 82.

德国政府与“土耳其—伊斯兰宗教事务局联盟”也有很多合作。这不仅是因为后者代表了土耳其官方，而主要是这个机构控制着德国的绝大部分清真寺，是土耳其在德国最重要的社团组织。另外，德国政府也想利用“土耳其—伊斯兰宗教事务局联盟”相对温和的伊斯兰立场，协助德国政府对土耳其穆斯林实行同化政策。然而，在默克尔政府上台后，随着融合峰会和德国伊斯兰会议的召开，德国对伊斯兰同化的政策发生了变化。德国政府开始强调要让德国自己来管理德国的伊斯兰，而不是让土耳其左右伊斯兰在德国的发展。

第二种所谓的民间社会团体，主要是指德国土耳其人创办的那些在德国市民社会中能够发挥影响作用的社会团体。这种社会团体分为两类：一类是为土耳其穆斯林提供社会服务的民间团体，另一类则是通过商业活动来促进土耳其穆斯林政治利益的民间团体。在提供社会服务的民间社团中，最有影响的是 1995 年成立于汉堡的“德国土耳其社团”（Turkish Community in Germany）。这个团体主要代表那些在德国国家机构中任职的土耳其人的利益和要求，并宣称自己独立于政治和宗教意识形态之外，并不具有任何保守派、自由派、社会民主派的政治倾向或是宗教倾向。① 作为一个民间社会团体，其目标就是在土耳其和德国之间建立良好的沟通，并通过文化交流为青少年提供福利以及教育和工作培训，② 使其尽快适应并融入德国的主流社会。同时，“德国土耳其社团”也有自己的出版物，并组织开展公关活动和公共会议。另外，“德国土耳其社团”还致力于为德国的土耳其穆斯林提供生存和生活上的便利。这个组织虽然没有宗教或政治意识形态上的倾向，但他们依然有自己的政治诉求，包括为德国的土耳其穆斯林争取德国国籍，并计划把柏林建立的德国—土耳其欧洲学校（German-Turkish European schools）推广到德

① Amelina, A. and Faist, T., “Turkish migrant associations in Germany: between integration pressure and transnational linkages”, in *Pratiques Transnationales- Mobilite et Territorialites*, 2008, 24 (2), p. 103.

② Ibid.

国的其他行政州。① 在现实生活中，这些德国土耳其穆斯林建立的民间团体，其宗旨就是提供社会服务。这些团体除了提供工作培训外，还通过教授德语来提高德国土耳其穆斯林德语在就业中的竞争力。不仅如此，这些团体还通过教授土耳其语和伊斯兰文化，来加强土耳其穆斯林对土耳其民族和伊斯兰宗教的认同。尤其是，这些团体还为德国的土耳其穆斯林提供法律服务，帮助他们解决在工作中跟雇主产生的权利纠纷。

另一类通过商业组织来促进土耳其穆斯林政治利益的民间团体，大多成立于 90 年代。其中主要是 1994 年德国的土耳其企业家仿效德国企业家设立的"德国—土耳其工商会"模式，在德国建立了"土耳其—德国工商会"(Turkish-German Chamber of Industry and Commerce)。此后，这个组织主要在两个方面积极发挥政治作用，对德国政府施加影响。一方面，"土耳其—德国工商会"致力于要求德国政府改革与土耳其之间的签证制度，为德国的土耳其商人在两国间的频繁往来提供便利；另一方面，这个组织为促进土耳其国内企业的发展，把推动土耳其加入欧盟作为自己的长期目标。② 除"土耳其—德国工商会"外，另一个具有广泛影响力的商业组织是"欧洲土耳其创业者和企业家协会"(Turkish Business Organizations in Germany)。这个组织活动虽然建立在德国，但活动范围遍及整个欧洲，特别是欧盟国家。其目标主要是鼓励德国和其他欧盟国家的土耳其穆斯林开展创业，关注德国土耳其穆斯林的教育问题，提高德国土耳其穆斯林的就业率，并积极支持土耳其加入欧盟。③ 在推动土耳其加入欧盟方面，"欧洲土耳其创业者和企业家协会"发挥了重要作用。它不仅为土耳其和德国之间的经济交流架起了桥梁，而且还为土耳其与其他欧盟国家的经济联系提供便利。特别是，这个组织还在土耳其、德国和

---

① Amelina, A. and Faist, T., "Turkish migrant associations in Germany: between integration pressure and transnational linkages", in *Pratiques Transnationales- Mobilite et Territorialites*, 2008, 24 (2), p. 104.

② Selcen Oner, "Turkish Community in Germany and the Role of Turkish Community Organizations", in *European Scientific Journal*, Oct. 2014, Vol. 10, No. 29, p. 84.

③ 欧洲土耳其创业者和企业家协会官方网站："Hakkımızda", http://www.atiad.org/hakk-m-zda.html，2015 年 4 月 12 日访问。

欧盟的政治家们之间建立了广泛的联系。

相比之下,那些提供社会服务的民间社团虽然在德国土耳其穆斯林的日常生活中发挥着重要作用,为他们解决许多实际问题,但对德国上层政治的影响却比较有限。尽管这些民间社团也有自己的政治目标和诉求,但往往缺少切实可行的措施和强有力的手段。而那些通过商业来促进土耳其穆斯林政治利益的民间团体虽然也是非官方组织,而且只是在经济领域中活动,但由于这些团体把土耳其加入欧盟问题作为自己的重要政治议程,因而弥补了国家间关系中高级政治难以发挥实效的空间,能够与官方外交机构的作用相辅相成。

第三种所谓的宗教社会团体,主要是指土耳其逊尼派穆斯林在德国建立的伊斯兰宗教组织,其中最影响的是"伊斯兰国民意志社团"(IGMG)。1971 年土耳其发生政变后,当时的土耳其总理埃尔巴坎(Necmettin Erbakan)领导的民族秩序党(National Order Party)遭到取缔。于是,埃尔巴坎来到德国,建立了"伊斯兰国民意志社团"。这个组织很快就在欧洲建立了广泛的联系,并得到了土耳其穆斯林的支持。他们希望通过支持埃尔巴坎重返土耳其国内政治舞台,从而促使土耳其政府在双重国籍问题上为他们提供便利。1972 年 10 月,这个组织支持的"救国党"(National Salvation Party),终于重返土耳其并登上了政治舞台。由于"伊斯兰国民意志社团"与土耳其国内政党联系紧密,因而被德国政府视为一个政治伊斯兰组织。德国情报局也将这个组织看作对德国民主的"威胁"①,因为这个组织通过对儿童进行伊斯兰宗教教育来阻碍德国政府对土耳其穆斯林实施同化的政策。② 而"伊斯兰国民意志社团"则宣称自己仅仅是一个组织穆斯林进行宗教生活的伊斯兰社团,其目标不过是改善穆斯林的生存环境并维护穆斯林的一些基本权利。③

---

① Ahmet Yükleyen, GökçeYurdakul, "Islamic Activism and Immigrant Integration: Turkish Organizations in Germany", in *Immigrants & Minorities*, Vol. 29, No. 1, March 2011, p. 73.

② Ibid.

③ 伊斯兰国民意志社团官方网站:"What is IGMG?", http://www. igmg. org/gemeinschaft/islamic-community-milli-goerues. html,2015 年 4 月 12 日访问。

此外,“德国阿拉维派工会联合会”(Alevitic Community of Germany)是土耳其穆斯林中阿拉维派在德国的宗教社团,也是1991年成立的“欧洲阿拉维派工会联合会”(AABK)的一个分支。作为土耳其阿拉维派利益的代表者,这个社团拥有130个地方组织,共有10万名成员。该组织的目标是在德国和土耳其复兴阿拉维派,推动宗教间的对话与合作,开展反歧视教育和人权教育,促进德国和欧洲其他国家的土耳其文化和宗教社团间的对话与合作。① “德国阿拉维派工会联合会”虽然为德国的土耳其穆斯林提供了一些帮助,但其范围仅限于德国土耳其穆斯林中的阿拉维派。

总体而言,在德国的市民社会团体中,具有土耳其官方背景的德国土耳其穆斯林社团在宏观上把握着民间社团和宗教社团的发展;民间社团则主要关心土耳其穆斯林基本的生活和生存问题,同时也从不同方面协助国家高级政治目标的达成;宗教社团则主要关怀土耳其穆斯林的精神世界,并在民族团结和宗教认同方面发挥着不可替代的作用。

(三)通过媒体的政治参与

在德国土耳其穆斯林建立的媒体中,早期的媒体主要是为那些作为外来务工人员进入德国的土耳其穆斯林工人的短期居留提供信息和帮助,同时还向他们报导来自家乡的新闻,而对于土耳其穆斯林融入德国社会这样的话题。则几乎完全没有兴趣。② 但随着土耳其穆斯林劳工家庭在德国的团聚,再加上德国土耳其穆斯林群体政治倾向的分化,这些媒体也开始注意分析自己的受众,重新定位自己的政治和文化取向。因此,德国土耳其穆斯林内部的不同意见和观点,也清晰地反映在这些媒体中。由于德国土耳其穆斯林的教育水平普遍较低,因而在广播、报纸和电视等

① 德国阿拉维派工会联合会官方网站:“Genel Tanıtım”, http://alevi.com/TR/hakkimizda/genel-tanitim/,2015年4月12日访问。

② Abby L. Drwecki, “Turkish Media in Germany: Multiculturalism in Action?”, in Kira Kosnick, *Migrant Media: Turkish Broadcasting and Multicultural Politics in Berlin*, Indiana University Press, 2011.

媒体形式中,广播始终是最受欢迎的媒体形式。

在德国土耳其穆斯林创办的众多广播媒体中,明渠柏林(Open Channel Berlin)①是其中一个政治态度较为激进的广播电台。这个电台敢于质疑德国政府的文化政策,反对民族同化,并为德国的土耳其库尔德人提供服务。不仅如此,德国的土耳其库尔德人也常常利用这个电台对土耳其国内的库尔德人进行广播;另一个称为多元文化广播(Radio Multicultralism)②,则是一个民族主义倾向较为明显的广播电台,常常戏称自己"有着浓重的外国口音",其目标就是为土耳其穆斯林代言。此外,文化广播(Culture Radio)③也是一个土耳其穆斯林的广播电台,但这个电台并不强调民族主义,大多是播放西方风格的音乐节目。

在以上三种政治参与方式中,通过市民社会来参与政治的方式与通过政党和媒体相比,显然是发展最为迅速而且类型最多样化和最主动的参与形式。不过,作为少数族裔的市民社会团体,其影响范围毕竟有限,对决策层也难以产生实质性的影响。相比之下,参加德国政党本来应该是最有影响的政治参与方式,但由于身份等原因的限制,土耳其穆斯林能够参加的党派本来就很有限。即使加入了某些政党,也是其中少数中的少数,很少有机会代表自己的群体发出声音,常常处于被忽略的尴尬境地。而媒体虽然能够调动群体作为一个整体的情绪和热情,并且可以发表自己的政治观点,但大多扮演的不过是服务者的角色,难以对决策者发挥决定性的作用。

除以上这三种合法的政治参与途径外,还有一些土耳其穆斯林的宗教极端分子,也会利用德国宽松的政治环境来建立宗教极端组织。目前,处于德国联邦宪法保卫局监视下的土耳其伊斯兰极端组织主要有"世界民族观""哈里发国家"(也叫"伊斯兰组织及社团协会")以及"大东方伊

① 德语名称为 Offener Kanal Berlin,英语意思是 Open Channel Berlin。
② 德语名称为 Radio MultiKulti,英语意思是 Multiculturalism。
③ 德语名称为 Kulturradio,英语意思是 Culture。

斯兰战士前线”等。[1] 这些组织都有自己的媒体和出版物，在德国土耳其穆斯林中宣传自己的极端思想并招募成员。这些极端组织代表的虽然只是德国土耳其穆斯林中的极少数，但却影响着德国人对于作为整体的土耳其穆斯林群体的看法。

三、德国土耳其穆斯林的政治影响

德国的土耳其穆斯林不仅是德国穆斯林人口中的绝大多数，并且也是德国最大的和最重要的非基督教人口群体。因此，德国土耳其穆斯林的政治参与过程自然会引起德国政府和社会的极大关注。德国土耳其穆斯林在参与德国政治的过程中，往往会受到土耳其政府和宗教势力的影响。这就使得德国土耳其穆斯林的政治参与不仅会影响到德国的政治，而且也会影响到土耳其的政治以及德国和土耳其的关系。当然，这种影响最终还要体现在土耳其穆斯林自身的政治和社会诉求能否实现的问题上。

（一）对德国国内政治的影响

德国土耳其穆斯林的政治参与对德国国内政治的影响，主要体现在德国文化多元化的发展进程中。不过，这种影响目前看来主要是负面的，而且还在相当程度上加深了德国民众对土耳其穆斯林的成见。其原因有三个方面。

首先，德国作为一个传统的民族国家，起初并没有考虑到外来务工的土耳其穆斯林及其家庭和后代会长期生活在德国。因此，德国社会对这些土耳其穆斯林的态度并不包容，而是倾向于排斥。在历史上，德国右翼中的极端民族主义势力对德国土耳其穆斯林群体的迫害曾在 20 世纪 90

① 崔巍：《德国境内的外国恐怖组织一览》，载于《国际资料信息》，2001 年第 12 期，第 30—33 页。

年代初达到顶峰。1993 年 5 月,在北莱因—威斯特伐利亚的索林根,4 名德国右翼青年对一处土耳其家庭居住的房屋纵火,导致 4 名妇女死亡以及包括数名儿童在内的 14 名人员严重烧伤。“索林根纵火袭击案”之后,土耳其穆斯林在德国多个城市和地区组织了抗议游行活动。直到 1995 年,4 名嫌犯才因纵火和谋杀的罪名被判刑。但对于这一事件的争论却持续至今。“索林根纵火袭击案”的发生,加深了土耳其穆斯林与德国主流社会的矛盾。一方面土耳其穆斯林把自己看成是德国“新纳粹主义”的受害者,而另一方面德国人则认为土耳其穆斯林是有色人种,而且与自己宗教信仰不同,因此不愿给予他们德国国籍。这种在国籍问题上的排外性,显然不利于德国社会的多元化发展进程。

其次,德国民众对土耳其穆斯林的看法,在“9·11”事件后也发生了微妙变化。“9·11”事件前,土耳其穆斯林在德国人看来主要是土耳其人;但在“9·11”事件后,他们在德国人眼中只是穆斯林。由于“9·11”事件对西方社会的冲击,导致德国人把关注的焦点更多转向德国穆斯林群体的宗教生活。作为德国的少数族裔,绝大多数土耳其穆斯林并没有获得德国国籍。但对于他们在德国的事实存在,德国政府也没有负起责任来处理好多元文化与教育的关系。这一方面是因为德国土耳其穆斯林不愿让基督教背景的德国政府来干预自己的伊斯兰教教育,但又必须依靠德国的基础教育体系;而另一方面德国政府并不愿意为土耳其穆斯林开设伊斯兰教育课程,而是希望把土耳其穆斯林的教育纳入德国的基础教育体系。不仅如此,德国土耳其穆斯林中的教派矛盾也加大了德国政府将伊斯兰教育纳入国家基础教育体系的难度。在德国的土耳其穆斯林中,主要有逊尼派和阿拉维派,但后者为少数。由于两派的宗教教育有所不同,因而他们对德国伊斯兰教育的预期和要求也有分歧。这也使得德国政府很难在基础教育中对伊斯兰教育进行系统化管理。结果,在“9·11”事件的影响下,德国政府与德国土耳其穆斯林对伊斯兰教育态度的分歧也严重阻碍了德国文化的多元化进程。

最后,德国土耳其穆斯林建立的大量组织和社团,都反复强调伊斯兰宗教认同和土耳其民族团结,这也在事实上拒绝了德国政府的同化政策,不利于土耳其穆斯林融入德国主流社会。这些组织和社团的存在,同样也影响到德国文化多元化的进程。

另外还需注意的是,德国土耳其穆斯林在很大程度上也影响着德国在土耳其加入欧盟问题上的态度和立场。德国土耳其穆斯林虽然对德国国内政治的影响不大,但他们作为德国社会中一个群体,却影响到德国人对土耳其这个国家的看法。由于德国土耳其穆斯林对宗教的强烈认同感,再加上这个群体内部逊尼派和阿拉维派的教派冲突,另外还有土耳其人与库尔德人的民族矛盾,这些都让德国人认为土耳其国内的矛盾十分激烈。因此,大多数德国人都很难接受土耳其共和国是一个真正世俗化的民主国家。

(二)对土耳其国内政治的影响

德国土耳其穆斯林对土耳其国内的政治影响,主要体现在土耳其国内政治中世俗化与伊斯兰化的冲突上。在德国土耳其穆斯林不愿放弃土耳其国籍的多种原因中,除了民族因素外,最重要的是对伊斯兰教的认同。对于德国的土耳其穆斯林来说,伊斯兰教是他们共同的精神寄托。即使是那些当年前来德国务工人员在德国出生的后代,情况也同样如此。这些人虽然在德国出生和成长,而且很多人甚至都没有踏上过土耳其的国土,但对他们而言,自己与德国人最大的区别就在于自己对伊斯兰教的信仰。在他们眼中,土耳其就意味着伊斯兰教。他们对土耳其民族的认同,就是对自己穆斯林身份的认同。

德国土耳其穆斯林这种强烈的宗教认同,让那些流亡德国的土耳其政治家看到了希望。在这些流亡德国的土耳其政治难民中,除了在土耳其国内民族政策和民族矛盾下产生的库尔德难民外,主要是那些因为伊斯兰政治倾向而被取缔的土耳其政党领导人和成员。1971 年,土耳其发生所谓的“备忘录政变”后,军方取缔了具有明显伊斯兰化倾向的民族秩序党(National Order Party)。这一政党领导人埃尔巴坎(Erbakan)流亡德国期间,其政治观点中的伊斯兰化倾向就受到了德国土耳其穆斯林的支持。他们还通过媒体向土耳其国内宣传“土耳其应当是一个纯正的伊斯兰国家,而非世俗化国家”的政治主张。两年后,埃尔巴坎在德国土耳其穆斯林的支持下，重新回到土耳其的政治舞台，成立了“救国党”（National Salvation Party）。1982年土耳其国内再次发生政变后，“救国党”又先后改名为“福利党”（Welfare Party）和“美德党”（Virtue Party），继续在土耳其的政治发展中推行伊斯兰化进程。最后，继承了这种伊斯兰化倾向的“正义与发展党”（Justice and Development Party）终于在埃尔多安（Erdoğan）和居尔（Gül）的领导下成为土耳其的执政党，实现了土耳其政治向伊斯兰化的转变。很明显，德国土耳其穆斯林的宗教认同，特别是他们对土耳其国内伊斯兰政党的支持，加强了土耳其政治中伊斯兰化对世俗化的挑战。

不过，依靠德国土耳其穆斯林支持上台的“正义与发展党”政府，也没有设法解决德国土耳其穆斯林最迫切关心的“双重国籍”问题。根据土耳其的国籍法，土耳其人如果要申请其他国家的国籍，必须在土耳其使领馆确认自己不再拥有土耳其国籍。但土耳其国籍法又规定，公民要放弃国籍必须先回国服完兵役，或者支付一笔费用并服兵役三个星期。① 但德国土耳其穆斯林大多是低收入劳动者，他们既没有时间回土耳其服兵役，更没有财力负担这笔费用。当然，土耳其政府也可以通过修改国籍法为德国土耳其穆斯林争取主动权。因为德国2000年修改的国籍法规定，在德国生活的外国人如果在任何条件下都不可能放弃其原国籍，那么德国政府可以允许其拥有双重国籍。② 因此可见，土耳其国籍法中的有关规定，同样也是导致德国的土耳其穆斯林难以取得德国国籍或是拥有双重国籍的重要原因。

（三）对德国与土耳其关系的影响

德国土耳其穆斯林的政治参与，还直接影响到德国与土耳其之间的关系。造成这种影响的，主要就是“土耳其—伊斯兰宗教事务局联盟”。

---

① Şener Aktürk, “The Turkish Minority in German Politics: Trends, Diversification of Representation, and Policy Implications”, in *Insight Turkey*, Vol. 12, No. 1, 2010, p. 75.

② Ibid.

从某种意义上来说，这个组织是土耳其政府为管理欧洲土耳其穆斯林设立的一个官方机构，它拥有对德国740个清真寺的管理权。① 为了维护与德国关系的稳定，“土耳其—伊斯兰宗教事务局联盟”虽然积极鼓励德国土耳其穆斯林提高自己的社会和经济地位，但同时也要求他们不要发表任何有损两国关系的言论。然而，这个机构又要求德国土耳其穆斯林保持对土耳其共和国和土耳其民族的忠诚，对任何针对土耳其共和国的批评要采取“零容忍”的态度。② 作为土耳其的官方机构，“土耳其—伊斯兰宗教事务局联盟”还代表着土耳其的“官方伊斯兰”，对伊斯兰教的解释也完全听命于土耳其政府。在信仰生活方面，“土耳其—伊斯兰宗教事务局联盟”要求德国土耳其穆斯林必须保持伊斯兰信仰，并把信仰体现在个人生活和道德实践中。对于德国土耳其穆斯林应当如何应对德国政府的同化政策，“土耳其—伊斯兰宗教事务局联盟”的态度则模棱两可，这些显然都不利于德国和土耳其之间的关系。

然而，由于“土耳其—伊斯兰宗教事务局联盟”在德国穆斯林中影响广泛，而且掌握着德国境内几乎所有清真寺的管理权，因此德国政府也不能忽视与这个机构的关系。不过，德国政府也不想通过“土耳其—伊斯兰宗教事务局联盟”对本国领土上的穆斯林和清真寺进行管理，而是希望发展在德国建立的代表德国官方的伊斯兰组织和社团。为了提高来自土耳其阿訇的德语水平，德国政府从2006年就开始为前来德国的阿訇进行语言培训。到2007年时，参加语言培训的阿訇已达到1,000名。③ 不仅如此，德国政府还在国内开展伊玛目教育，希望通过在德国本土用德语和日耳曼文化培养阿訇来逐步取代来自土耳其的

① Goldberg, “Islam in Germany”, p. 41.

② Ahmet Yükleyen, GökçeYurdakul, “Islamic Activism and Immigrant Integration: Turkish Organizations in Germany”, in *Immigrants & Minorities*, Vol. 29, No. 1, March 2011, p. 70.

③ 欧洲伊斯兰信息网：“Islam in Germany”, http://www.euro-islam.info/country-profiles/germany/, 2015年4月15日访问。

阿訇。① 在德国土耳其穆斯林融入德国主流社会的问题上,“土耳其—伊斯兰宗教事务局联盟”与德国政府之间似乎正在展开一场“争夺战”。很明显,这些矛盾必然会对德国与土耳其之间的关系产生微妙的影响,甚至成为德国在土耳其加入欧盟问题上态度犹豫不决的重要原因。

(四)对德国土耳其穆斯林自身的影响

德国土耳其穆斯林政治的参与,还关系到对这个群体自身的影响。这种影响一方面体现为身份认同的混乱,另一方面体现为群体在国家政治生活中边缘化程度的加深。身份认同的混乱主要发生在务工人员家庭团聚后在德国出生的第二代移民身上。这些第二代移民从小在德国说德语长大,受的也是德国的教育,因此应该被视为德国人。但他们从心理上来说,距离真正的德国社会似乎又非常遥远。这主要是因为他们在平时生活中,遵循的是伊斯兰教义。他们在德国的现实生活中,会感到自己与德国人不同。因此,他们又把自己视为土耳其穆斯林。然而,当他们回到土耳其的时候,又发现自己不但连土耳其语都不会说,而且也不习惯土耳其社会的生活环境。特别是他们在融入德国主流社会时有意无意“沾染的德国脾性”,更使自己与土耳其生活方式格格不入。因此,当他们踏上土耳其土地时,反而又觉得自己更像是个德国人。

除了身份认同的混乱外,政治参与还在某些方面导致了德国土耳其穆斯林在国家政治生活中的进一步边缘化。从土耳其方面来说,土耳其政府要求德国土耳其穆斯林强调自己是土耳其人的目的,不过是希望他们有利于维护土耳其的国家利益,但并不想为他们承担责任;而德国土耳其穆斯林在政治参与中特别强调自己的宗教认同,显然也不符合土耳其政府的希望。因为土耳其政府要求德国土耳其穆斯林首先要保持对土耳其的国家认同。因此,强调对伊斯兰认同的德国土耳其穆斯林,实际上已

① Ahmet Yükleyen, GökçeYurdakul, “Islamic Activism and Immigrant Integration: Turkish Organizations in Germany”, in *Immigrants & Minorities*, Vol. 29, No. 1, March 2011, p. 71.

经被土耳其国家边缘化了。从德国方面来看，德国的土耳其穆斯林没有德国国籍，并不是德国公民，德国政府也无需主动为他们负责。德国土耳其穆斯林在政治参与中，并没有积极配合德国的民族同化政策，而是作为一个整体来强调自己的伊斯兰认同，因此很难被德国的基督教社会所接受。这样，德国土耳其穆斯林在德国显然也处于边缘化的地位。

四、结　　论

土耳其穆斯林作为德国最大的少数族裔，为实现自己的政治诉求而进行多方面的政治参与。但客观地说，土耳其穆斯林的政治参与并未完全达到他们预期的目的。究其原因，主要有两个方面值得深思。在国籍问题的政治诉求方面，尽管德国国籍法中原来的血统原则曾是构成土耳其穆斯林移民获得德国国籍的根本障碍，但在德国社会民主党和绿党组成的联合政府对德国国籍法进行改革后，造成部分土耳其穆斯林依然难以获得德国国籍的原因也发生了变化。表面来看，主要是土耳其国籍法中关于放弃国籍的限制及其为获得双重国籍设置的障碍，使得部分不能满足其要求的德国土耳其穆斯林无法获得德国国籍，但从其内在原因来看，主要还是土耳其政府要求德国土耳其移民始终对土耳其国家和民族保持忠诚，因而使得这些移民无法对其生存的国家尽到公民对国家应有的忠诚义务。在德国的多元文化进展方面，一般来说，在一个多元文化社会中，不同民族和文化群体保持自己原有的民族和文化特色，是维持多元文化的基本要求。但如果不同民族和文化群体过度强调自身民族和文化的特殊性，也会造成与其他不同民族和文化群体之间的矛盾和冲突，使得多元化进程难以实现。这种矛盾和冲突如果不能有效解决，甚至会导致极端主义倾向的产生。在现实中也可以看到，土耳其穆斯林在融入德国主流社会的过程中，这种对自身民族和宗教信仰的强烈坚持，不仅造成了土耳其穆斯林群体自身在身份认同上的混乱，也是导致德国多元化进展受挫的重要原因。因此，在德国社会提供的相对宽松的政治环境中，德国土耳其穆斯林应该从自己的自身利益出发,在有条件地满足土耳其政府的认同要求的同时,加强与德国主流社会的融合。也就是说,他们应该利用德国和土耳其政府为其自身群体提供的便利来实现自身群体在融入德国主流社会时对身份和认同的诉求,而不是让这种诉求成为牵制自己的因素。德国土耳其穆斯林作为欧洲穆斯林的重要组成部分,能够较为客观地反映穆斯林在欧洲的生存现状和政治参与过程。和欧洲其他国家的穆斯林一样,他们虽然不能从根本上影响欧洲国家的内政和外交,但他们作为欧洲国家市民社会的重要组成部分,能够以自己独特的方式来影响欧洲社会的发展,并对这些欧洲国家以及他们来源国的内政外交产生间接影响。

第四节
难民危机背景下德国难民融入的挑战及应对

郑春荣*

倪晓姗**

在欧洲目前面临的多重危机中，难民危机带来的冲击最为持久和显著。相当长一段时间以来，德国一直在接收来自西巴尔干国家、非洲国家以及伊拉克和叙利亚等中东国家的难民，但是由于数量不多，并未引起各方关注。2014 年以来，随着“伊斯兰国”的壮大与肆虐，来自叙利亚的难民数量急剧上升。① 从 2015 年夏季开始，欧洲多国政府纷纷向难民关上国门，而德国于 2015 年 9 月单方面中止《都柏林协议》，对难民敞开欢迎的怀抱，因此难民纷纷涌向德国。2015 年，德国总计接收难民 89 万人。伴随着难民涌入数量不断增加，难民危机给德国社会带来了各种挑战，其中，难民的融入问题成为重中之重。成功的融入意味着有更多的人愿意共同构建社会，而不仅仅是生活在一个个相互隔离的“平行世界”里。② 不过，成功的融入需要耗费德国社会大量的人力、物力和财力，但正如德

* 郑春荣，同济大学德国问题研究所/欧盟研究所所长，教授，博士生导师。

** 倪晓姗，同济大学外国语学院博士研究生。

① Michael Griesbeck, Europa als Ziel — Die Entwicklung der Flucht und Asylmigration, Die Politische Meinung, Schwerpunkt Nr. 529, November/Dezember 2014, 59. Jahrgang, S. 24.

② Robert Bosch Stiftung, Forum Flüchtlinge im Schloss Bellevue: “Integration ermöglichen — Zusammenhalt stärken”, http://www. boschstiftung. de/content/language1/html/67520. asp 访问时间：2016 年 6 月 25 日。

国前总统高克表示："我坚信所有的支出和付出都是对未来的良好投资。"①自欧洲难民危机爆发以来,德国针对已经到达本国的难民不断作出政策调整,以实现快速而又有效的融入。那么,德国难民融入具体面临哪些挑战?德国政府又采取了怎样的应对措施?为了回答这些问题,本文将首先根据联邦移民与难民局以及德国经济研究所的数据,阐述德国难民的状况及发展趋势,然后分析德国在难民融入方面所面临的挑战,最后重点结合 2016 年 7 月德国联邦议院和联邦参议院相继通过的首部联邦层面的《融入法》,就德国难民融入的应对措施展开讨论和分析。

一、德国难民状况及发展趋势

德国是避难申请者在欧盟内最主要的目的国,根据欧洲统计局(Eurostat) 2016 年 6 月公布的数据,2016 年第一季度德国收到将近 17.5 万份避难申请,占欧盟避难申请总数的 61%,接下来分别是意大利(2.23 万)、法国(1.8 万)和奥地利(1.39 万)。② 另外,根据德国联邦移民与难民局的报告,2016 年上半年,联邦移民和难民局共收到约 40 万份避难申请,同比增长 121.7%;③上半年共处理约 28 万份申请,其中约 17 万份获审批通过;④所有来源国的难民成功获得避难权的平均比例为 61.5%(包

---

① 高克在 2016 年 4 月 7 日举办的"难民论坛：实现融入——加强团结"研讨会开幕式上的讲话,参见 Joachim Gauck, Forum Flüchtlinge im Schloss Bellevue: "Integration ermöglichen — Zusammenhalt stärken", http://www. bosch-stiftung. de/content/language1/html/67520. Asp 访问时间：2016 年 6 月 24 日。

② Zahl der Asylbewerber deutlich zurückgegangen, http://www. tagesspiegel. de/politik/fluechtlinge-in-europa-zahl-der-asylbewerber-deutlichzurueckgegangen/13744134. html 访问时间：2016 年 6 月 15 日。

③ Bundesamt für Migration und Flüchtlinge, Aktuelle Zahlen zu Asyl Juni 2016, Berlin: BAMF, 2016, S. 4.

④ Ibid., S. 10.

括难民身份、辅助保护或者禁止遣返等各类难民保护类型在内)。① 在德国正式提交避难申请的难民呈现出以男性为主、年轻化和地域集中的显著特点。依据 2016 年上半年的数据,从性别分布来看,男性比例为 66.6%,女性占 33.4%;从年龄分布来看,18 岁以下未成年人比例占到总数的 34.7%,30 岁以下占所有申请者的 73.3%;从来源地来看,排名靠前的难民来源国为叙利亚(44.0%)、阿富汗(15.6%)和伊拉克(14.5%)。②负责避难申请审核的联邦移民与难民局也从 2014 年起就新增岗位,以应对堆积如山的避难申请,加快审理程序。尽管如此,至 2016 年 6 月末,堆积的未处理申请仍有近 49.6 万份。③ 同时,难民的迅猛增加使得负责难民收容和安置的地方政府难以满足实际需求,部分难民安置场所严重超负荷,居住环境和医疗卫生条件恶劣。根据德国四大主要经济研究所 2015 年秋季经济报告估计,2015—2016 年底总共将有 150 万人在德国寻求避难。④ 2015 年末,联邦移民与难民局根据德国叙利亚难民的年龄、子女数量和亲属数量作出预测:平均每名叙利亚难民还将带来一名配偶、子女或无人陪伴的未成年人,未来将有 50 万叙利亚难民因为家庭团聚而来到德国。⑤ 就目前情况来看,虽然由于时间上的迟滞,2016 年以来在德国的避难申请者人数有增无减,但难民危机在德国总体上呈现缓和趋势,2016 年上半年德国接收难民人数仅为 22 万。对于已经在德国获得避难权以及将以家庭团聚的形式来到德国的难民,其融入问题就是德国政府

① Deutschland registriert immer weniger Flüchtlinge, http://www. zeit. de/gesellschaft/zeitgeschehen/2016 - 07/fluechtlinge-deutschland-zahlen-thomas-demaiziere 访问时间:2016 年 7 月 21 日。

② Bundesamt für Migration und Flüchtlinge, Aktuelle Zahlen zu Asyl Juni 2016, 2016, S. 8.

③ Wenig Neuankömmlinge, viele Asylanträge, https://www. tagesschau. de/inland/asylantraegefluechtlinge-101. html 访问时间:2016 年 7 月 21 日。

④ Herbstgutachten: Das raten die Wirtschaftsforscher der Bundesregierung, http://www. spiegel. de/forum/wirtschaft/herbstgutachten-dasraten-die-wirtschaftsforscher-der-bundesregierungthread - 365093 - 2. html 访问时间:2016 年 6 月 15 日。

⑤ 500. 000 Neukömmlinge aus Syrien erwartet, http://www. handelsblatt. com/politik/deutschland/fluechtlinge-500 - 000-neuankoemmlinge-aus-syrien-erwartet/13703562. html 访问时间:2016 年 7 月 21 日。

面临的首要问题，在 2016 年 7 月德国巴伐利亚州接连爆发伊斯兰恐怖主义袭击事件后，融入挑战变得更为迫切和严峻。

二、德国难民融入所面临的挑战

虽然目前德国已然转型为全球第二大移民国家，人口构成不再单一，但是在短时间内骤然大规模迁入文化差异明显的难民，无疑将改变之前的社会秩序和社会心理。对此，德国仍缺乏足够的准备。它将持续面临与不同生活方式、文化传承、行为准则和价值观的共生与冲突。如果说，在难民潮面前，如何收容和安置急需援助的难民成为压倒性的事务，那么，在大量难民长期居留下来而成为德国社会的一部分之后，如何克服思维与行为方式的鸿沟，使难民融入主流社会，将成为长期的任务，难民的社会融入对于德国社会的长治久安影响深远。① 下文主要从语言、教育和劳动力市场，以及宗教、文化与认同两大领域分析难民在德国社会融入方面面临的挑战。

（一）语言、教育和劳动力市场

语言、教育和劳动力市场难民潮中的大多数难民来自叙利亚、伊拉克等战乱国家。这些国家国内由于师资缺乏，无法开设德语课程，因此，这些难民往往不具备德语技能。在德国，只有避难申请审核程序结束后才会向难民提供德语课程。② 德语技能的缺乏进一步影响难民在德国获得职业培训以及获得工作的机会，而良好的教育和工作机会又是成功融入的关键。教育方面，如前所述，根据联邦移民与难民局的数据，2016 年上半年避难申请人数中，18 岁以下未成年人占到总数的 34.7%，30 岁以下

① 伍慧萍：《避难者危机对于德国政治、经济与社会的影响》，郑春荣主编：《德国发展报告（2016）》，社会科学文献出版社，2016 年，第 31 页。

② Massenmigration führt immer zu Problemen, 2016, https://www.tagesschau.de/inland/fluechtlingeintegration-101.html 访问时间：2016 年 7 月 18 日。

占73.3%。因此,无论是基础教育、高等教育还是职业教育方面都存在巨大需求。虽然目前针对整体难民的接受教育和职业培训情况尚无全面数据,但是根据部分难民自愿提供的信息,联邦劳动力市场与职业研究据此所作出统计,认为难民的受教育水平呈现两极分化:具有良好居留机会的难民中有46%接受过大学或高级中学教育,这些人将来很有可能在德国的高等学校继续接受高等教育;①25%未受过或只受过小学教育(6年),这部分人将对德国的基础教育现状提出更高的要求。② 职业资格培训方面,根据联邦劳动事务所的统计数据,来自欧洲以外的难民来源国的就业者和正式登记的避难申请者中,有70%未完成相关职业培训。无须接受后续职业资格培训可以直接进入劳动力市场的劳动力数量相当低。③ 这意味着,难民若要真正实现劳动力市场融入,尚需要时间。劳动力市场方面,根据联邦劳动力市场与职业研究所的一项抽样调查,从历史上看,在德国的难民和避难申请者的平均就业率为55%。而在2015年9月该研究所估计,此次难民潮中难民的平均就业率将下滑至30%。④ 难民就业率受到不同因素的影响。首先,难民的职业资格水平较低,不仅明显低于德国人的平均水平,而且低于来自其他国家的移民。⑤ 其次,由于语言能力未达到劳动力市场的要求、职业经验不足和申请审批程序漫长等原因,难民无法直接进入就业市场。另外,调查表明,即使难民能够进入劳动力市场,低薪职业将成为在德难民最主要的就业类型。⑥ 此外,难民危机可能

① Institut für Arbeitsmarkt-und Berufsforschung, Typisierung von Flüchtlingsgruppen nach Alter und Bildungsstand, Aktuelle Berichte, Nr. 6, 2016, S. 1, http://doku.iab.de/aktuell/2016/aktueller_bericht_1606.pdf 访问时间:2016年6月25日。

② Barbara Schmickler, Was Flüchtlinge für den Arbeitsmarkt bedeuten, http://www.tagesschau.de/wirtschaft/fluechtlinge-arbeitsmarkt-111.html 访问时间:2016年8月18日。

③ Institut für Arbeitsmarkt-und Berufsforschung, Typisierung von Flüchtlingsgruppen nach Alter und Bildungsstand, 2016, S. 3-5.

④ Massenmigration führt immer zu Problemen, 2016.

⑤ Institut für Arbeitsmarkt- und Berufsforschung, Flüchtlinge und andere Migranten am deutschen Arbeitsmarkt: Der Stand im September 2015, Aktuelle Berichte, Nr. 14, 2015, S. 5.

⑥ Marcel Fratzscher & Simon Junker, Integration von Flüchtlingen — eine langfristig lohnende Investition, *DIW Wochenbericht*, Nr. 45, 2015, S. 1085.

对德国的整体失业率造成影响。联邦经济部预测，难民危机将使德国失业率再次攀升，预计2020年德国失业人口将超过300万。[①] 上述现状意味着，首先，德国在难民安置工作中，必须拿出一部分资金用于教育基础设施建设；其次，要加紧规范难民子女入学的问题；再次，要针对难民制定行之有效的语言提高和教学计划，如针对中小学生及其家庭成员的基础语言教学，为将要进入劳动力市场的难民提供与职业有关的语言能力培训等；最后，难民已有的专业知识层次不一，如何实现难民已有专业知识和德国职业市场需求的衔接，不仅要求一系列规范化的审核流程，制定相关的法律法规，也需要增加工作人员数量，而且对相关工作人员的跨文化背景也有一定的要求。在向难民提供受教育机会的过程中还需要注意的是，欧洲各国的移民现状报告和统计数据反复证实，移民家庭普遍存在子女教育失败的现象，并导致其无法进入劳动力市场，继而产生社会问题。这对于难民意味着，即使向他们提供了受教育机会，也并不必然能够保障教育取得实际成效。

（二）文化、宗教与认同

迄今为止已在德国等欧洲国家生活和工作的穆斯林移民的融入现状，可以折射出穆斯林难民在未来的融入中会遇到的文化、宗教与认同上的障碍。在欧洲国家的外来族群中，穆斯林移民族群已成为第一大外来族群。由于族群、宗教、文化价值观和国家认同等方面的巨大差异，该族群并没有很好地融入欧洲国家的主流社会，而是成为与欧洲国家主流社会相隔离的“平行社会”。[②] 具体而言，欧洲穆斯林移民在个人身份、族群身份和国家公民身份领域存在着严重的认同紧张与冲突。

（1）在个人身份认同上，尽管欧洲国家的穆斯林及其后裔获得欧洲

---

① Arbeitslosigkeit steigt wegen Flüchtlingen wieder an，http://www. welt. de/wirtschaft/article157692415/Arbeitslosigkeit-steigt-wegen Fluechtlingen-wieder-an. html 访问时间：2016年8月17日。

② Jocelyne Cesari，Securitization and Religious Divides in Europe，Submission to the Changing Landscape of Citizenship and Security 6th PCRD of European Commission，http//www. euroislam. info/PDFs/ChallengeProject Report. pdf% 20－4. pdf 访问时间：2016年8月17日。

国家国籍,完成了政治和法律上的国家认同,但在文化意义上,穆斯林移民无法真正融入主流的基督教文化和西方主流文化,依然生活在伊斯兰文化氛围中;在社会层面上,基于伊斯兰文化以及欧洲国家对穆斯林移民在教育方面的排斥等原因,穆斯林移民受教育程度远低于欧洲国家本土居民。以德国为例,70%的穆斯林仅有中学或以下学历,而德国其他人这一比例仅为25%左右,另外,仅有5%的穆斯林获得了高等学位,而德国其他人这一比例为19%。① 由于受教育程度较低,穆斯林移民多从事较为低端、艰苦、待遇较差的低收入工作。

(2) 在族群身份认同上,宗教在形成和巩固欧洲国家穆斯林族群的族群识别中具有举足轻重的作用。在穆斯林族群的认同体系中,血统、语言、地域政治共同体(国家)、宗教等共同参与建构了他们的认同,但起决定性因素的无疑是其共同信奉的伊斯兰教。当他们对社会的期盼无法得以实现,"许多人转向伊斯兰教以及更广大的伊斯兰世界",有些人甚至转向伊斯兰极端组织。②

(3) 在国家公民身份认同上,欧洲国家的政府深知,对于有伊斯兰宗教信仰支撑的穆斯林族群,最终目标是应实现其政治认同和国家认同。不同的欧洲国家对穆斯林族群采取了不同的移民融入模式——英国采取了多元文化的模式;法国采取了共和同化模式;德国采取了拒斥与融合模式,以实现穆斯林族群在欧洲国家的国家认同。③ 但是,没有建立在共同族群意识、历史记忆、族群身份和宗教文化认同基础上的德国穆斯林,在宗教和国家两大认同要素中,他们往往以宗教认同自己的集体身份。④ 纵观历史,穆斯林移民的失败通常由于没有掌握客居国语言,在接受教育或

① Jocelyne Cesari, Securitization and Religious Divides in Europe, Submission to the Changing Landscape of Citizenship and Security 6th PCRD of European Commission, http//www. euroislam. info/PDFs/ChallengeProject Report. pdf% 20 - 4. pdf 访问时间: 2016 年 8 月 17 日。

② [英] 乔治·尼尔逊:《欧洲穆斯林要求承认》,《科技潮》,2000 年第 7 期,第 91—92 页。

③ 宋全成:《穆斯林移民在欧洲: 身份认同及其冲突》,《西亚非洲》,2016 年第 1 期,第 27—28,第 30—31 页。

④ 同上,第 34 页。

就业方面受到歧视或陷入困境,存在交流习惯与风俗等文化上的差异。这些因素一旦与伊斯兰教混合在一起,就会加剧移民融入的难度。① 此次难民潮也面临类似的挑战,这些在德国社会中被边缘化的群体,很可能将暴力作为一种对话方式,通过这种极端方式强迫主流社会正视现实中被忽略或被默认的不公平。但是由此造成的恶性循环是,主流社会和民众将进一步将该群体视为“破坏性力量”,进一步加深政府和民众对穆斯林族群的成见和排斥。联邦政府需要制定更加有效的难民融入政策,实现穆斯林族群在德国身份认同的合理建构,促进难民融入德国主流社会,才能真正实现德国经济与社会发展的和谐与繁荣。如何创造更多的社会参与,推广自身的价值观和宪政国家理念,解决不同宗教和文化之间的和平共处问题,对德国社会提出了严峻挑战。② 一方面,伊斯兰世界的难民带来了新的文化特质,眼下的难民危机就是要让本来不属于一体的东西共同生长,如何在新的形势下维护社会安定团结,是德国面临的非常棘手的问题③;另一方面,由于缺乏接触和了解,德国主流社会对穆斯林难民群体的认知容易走入误区,将少数现象推而广之,从而产生畏惧感和防御心理。极右翼排外势力借题发挥,煽动排外情绪,一度沉寂的“欧洲爱国者反西方伊斯兰化”(Pegida)运动再次兴起,右翼民粹的德国另类选择党趁机扩大自身的影响力。④ 欧洲“伊斯兰恐惧症”的蔓延,事实上暴露的是穆斯林移民和难民在社会融入方面的困境。⑤

① Mathias Rohe, Islam und säkularer Rechtsstaat: Grundlagen und gesellschaftlicher Diskur, Aus Politik und Zeitgeschichte, Nr. 13 - 14, 2011, S. 22.

② 伍慧萍:《避难者危机对于德国政治、经济与社会的影响》,2016 年,第 32—33 页。

③ Rainer Woratschka, Rede zum Tag der Deutschen Einheit. Joachim Gauck: Flüchtlingskrise noch größere Aufgabe als Einheit, http://www. tagesspiegel. de/politik/rede-zum-tag-derdeutschen-einheit-joachim-gauck-fluechtlingskrisenoch-groessere-aufgabe-als-einheit/12403780. html 访问时间: 2016 年 6 月 26 日。

④ 伍慧萍:《避难者危机对于德国政治、经济与社会的影响》,2016 年,第 27 页。

⑤ 1997 年英国研究种族问题的智库兰尼米德(Runnymed Trust)的一份报告,首次将“伊斯兰恐惧症”(Islamophobia)这一概念引入学术讨论范围,将该概念定义为对伊斯兰教的恐惧或仇恨,并进而推广到对所有穆斯林的恐惧和厌恶,同时也意指歧视穆斯林的做法,如将其排斥在国家的经济、社会和公共生活以外,并认为伊斯兰教是一种暴力的政治意识形态,与其他文化没有共同价值。参见 Jürgen Leibold, Steffen Kühnel & Wilheim Heitmeyer, Abschottung von Muslimen durch generalisierte Islamkritik, Aus Politik und Zeitgeschichte, Nr. 1 - 3, 2006, S. 4。

三、德国难民融入的应对措施

在德国,真正完整、全新的融入理念来自2001年德国移民事务独立委员会的研究报告。该报告着重考察了语言、教育和劳动力市场领域的移民融入状况,提出了一种融入理念,认为新的移民融入政策应该考虑到主体社会和移民双方的需求。"促压结合"(fordern und fördern)是实现这一目标的主要手段。① 2005年生效、2007年修订的《移民法》引入了有关新入境移民参加融入课程的义务和惩罚机制条款,提出要在联邦范围内提供更多融入机会;另外还要求成立联邦移民与难民局,在联邦层面全面负责协调移民在语言、社会等领域的融入事务。② 2007年联邦政府出台《国家融入计划》,对联邦、联邦州、地方政府以及社会团体的责任作了明确的划分,并从语言、教育、劳动力市场等十个领域对移民融入的现状和目标以及总体促进措施作了阐述。③ 2010年9月出台的《联邦境内融入方案》将重点放在语言和教育领域的融入上,提出在从幼托机构到职业教育整个教育体系内"贯穿性"语言促进、加强融入课程等具体措施。④ 为应对2015年以来的难民潮,联邦政府相继出台一系列难民措施和政策。2015年9月29日,联邦政府通过了新的难民问题一揽子法案(又称"难民政策1.0")。在融入方面,为拥有良好居留前景的难民和"容忍"居留者开设融入和培训课程,以便尽早将难民培训成工业界所需要

---

① Unabhängige Kommission "Zuwanderung", Zuwanderung gestalten, Integration fördern, Bericht der Unabhängigen Kommission "Zuwanderung", Berlin: Bundesministerium des Innern, 2001, S. 211 – 227.

② Gesetz zur Steuerung und Begrenzung der Zuwanderung und zur Regelung des Aufenthalts und der Integration von Unionsbürgern und Ausländern (Zuwanderungsgesetz), http://www.bmi.bund.de/SharedDocs/Gesetzestexte/DE/Z/Zuwanderungsgesetz.html 访问时间:2016年7月12日。

③ Die Bundesregierung, Der Nationale Integrationsplan, Neue Wege — Neue Chancen, Berlin: Presse- und Informationsamt der Bundesregierung, 2007, S. 7.

④ Bundesamt für Migration und Flüchtlinge, Bundesweites Integrationsprogramm, Angebote der Integrationsförderung in Deutschland — Empfehlungen zu ihrer Weiterentwicklung, Berlin: BAMF, 2010, S. 10.

的劳动力。[①] 科隆跨年夜性侵案曝光后，作为回应，德国议会于 2016 年 2 月 25 日投票通过第二份避难法案（又称“难民政策 2.0”），进一步收紧难民政策，规定难民必须每月为融入课程支付 10 欧元的费用。[②] 2016 年 4 月 14 日，德国执政联盟领导层经过长时间磋商，就在德国引入首部联邦《融入法》以及法案核心内容达成一致。[③] 在 5 月 24 日的政府闭门会议上，联邦内阁通过该草案。联邦经济部长加布里尔（Sigmar Gabriel）称这是“德国的一次真正的范式转变”。联邦内政部长德迈齐埃（Thomas de Maizière）在与联邦劳工部长纳勒斯（Andrea Nahles）的联合记者招待会上称，语言、工作以及对价值秩序的认可，是成功融入的三个主要组成部分，“不希望出现平行的社会和平行的少数民族居住区”。[④] 7 月初联邦议院和联邦参议院相继通过该法律，为数以百万计的难民融入德国社会提供了法律依据。2016 年 8 月 6 日，该法正式生效。为了更好地理解新《融入法》所带来的调整，以下将迄今为止的规定与《融入法》中的新规定做一比较。

语言融入是移民和难民在其他领域融入的前提。2001 年移民事务独立委员会认为，在移民入境之初提供语言融入的机会具有重要的意义。2005 年的《移民法》采纳了该建议，规定具有长期在德逗留意愿的新迁入移民除非拥有免除资格，否则必须参加 630 小时的融入课程，其中语言课程 600 小时，国情教育课程 30 小时（主要介绍法律制度、德国历史和文化）。对于不具备德语语言知识的新移民，《移民法》规定了参加融入课程

① Flüchtlingskrise：Kabinett beschließt neues Asylgesetz，http://www. spiegel. de/politik/deutschland/fluechtlinge-bundesregierung-beschliesst-neues-asylgesetza-1055193. html 访问时间：2016 年 7 月 12 日。

② Asylpaket II — das steht drin，http://www. tagesschau. de/inland/asylpaket-zwei-beschluesse-107-origin-fa202365-034c-4dd4-9a46-dfa9e4013fd5. html 访问时间：2016 年 7 月 12 日。

③ Einigung auf Integrationsgesetz，https://www. tagesschau. de/inland/koalitionsausschuss-123. html 访问时间：2016 年 7 月 12 日。

④ Merkel：Integrationsgesetz ist Meilenstein，https://www. bundesregierung. de/Content/DE/Artikel/2016/05/20160525mesebergabrielmerkelmittwoch. html 访问时间：2016 年 6 月 16 日。

学习的义务。拒绝参加融入课程或者在初始阶段就放弃学习的新移民将面临拒绝延长居留许可、减少社会福利给付等惩罚措施。已入境的移民也可以申请融入课程的学习。2007 年《国家融入计划》颁布之后，德国政府针对某些女性移民、青少年移民以及文盲，将语言课程课时长度延长至 900 小时；移民学习结束之后还要通过语言测试方可毕业。该计划还提出从三方面加强移民儿童的德语学习，即父母支持儿童的语言学习，促进幼托机构内的语言学习，促进入学前的语言教育。① 新的《融入法》规定，增加融入课程所容纳的人数，提高操作透明度，对融入课程系统进行更加有效的调控，以增加参与融入课程的机会，并将获得融入课程资格的等待时间从三个月缩短到六周；融入课程中的国情教育课程增加到 100 课时，内容强调对德国主流价值观的传授；课程负责人必须公开课程相关信息。②

职业培训是进入劳动力市场的关键，劳动力市场是融入的基石。2007 年《国家融入计划》要求联邦政府在 2010 年为移民新增 1 万个培训岗位；德国工商会为外国青年提供专门培训和咨询；德国工会联合会和各个产业工会为企业职工委员会提供培训，以加强外籍员工的融入；为来自移民家庭的青少年在中学毕业后寻找职业培训岗位提供帮助。③ 新的《融入法》为提供培训岗位的企业和学员提供了法律保障，方便难民获得并帮助其顺利完成培训，尽早进入劳动力市场。由于超过一半的难民年龄在 25 岁以下，约 2/3 的难民年龄在 34 岁以下，该法取消难民获得培训岗位的年龄限制，使更多难民有机会接受职业培训；允许获得培训岗位的难民“容忍居留”直至培训结束；若职业培训中断，难民将再获六个月的“容忍

① 郑朗、伍慧萍：《新世纪德国移民融入政策及其理念分析》，《德国研究》，2010 年第 4 期，第 18 页。

② 本章《融入法》法律规定部分均摘自：Die Bundesregierung, Integrationsgesetz setzt auf Fördern und Fordern, https://www.bundesregierung.de/Content/DE/Artikel/2016/05/2016-05-25-integrationsgesetz-beschlossen.html 访问时间：2016 年 7 月 20 日。

③ 秦俊峰：《德国第二届移民“融入峰会”评述》，《德国研究》，2007 年第 3 期，第 21—23 页。

居留”,以寻找新的培训岗位;为学员提供培训期救济金、辅助性培训或职前培训等辅助措施,以及首次提出向不再居住在安置机构的难民提供培训补助金,以解决其住宿和基本生活问题;培训考试合格并成功就业的难民可获得两年居留权利;培训结束后无法在企业就业的难民也可获得六个月“容忍居留”用于求职,但是,一旦雇佣关系被解除或该难民被判定具有犯罪行为,将剥夺其居留权。另一方面,为难民提供更多的工作机会:制定难民融入措施(FIM),为仍处于避难程序审理中的难民(安全来源国难民除外)提供 10 万个福利性质的工作机会,允许难民低门槛进入德国劳动力市场并积累工作经历;同融入课程参与义务一致,没有重要原因拒绝或中断工作的难民将面临减少社会福利给付的惩罚;根据各州就业市场现状,三年内取消针对难民和“容忍”居留者的“优先审查”,[①]允许其从事临时工作。

居住地对于融入有着重要影响。目前许多难民由于家庭关系原因而前往柏林、汉堡和科隆等大城市,这些大城市已不堪重负。与此同时,许多有能力提供更好的融入服务的乡镇地区设施被闲置。新的《融入法》引入“居住地义务”(Wohnortpflicht),据此,在最初三年里,难民无法在德国自由选择,而是必须前往指定的居住地,正在进行职业培训或已获得每周至少 15 个工作小时、月收入至少 712 欧元的难民除外。该举措还有利于避免在大城市形成“难民聚集区”,引发社会问题从而阻碍融入。[②]《融入法》针对避难申请者、已获承认的难民和重新安置难民还制订了一项新规定,即永久居留身份不是在五年后可以自动获得,而是视融入状况而定;德语掌握能力突出并且能够独立保障基本生活水平的难民,可以在三年后获得永久居留许可。

总体上,《融入法》改善了所有难民参与融入课程和融入劳动力市场

① 当避难者找到一份工作,由外国人管理局首先进行审查,是否有其他欧盟公民适合该岗位。该审查被称作“优先审查”,若无其他欧洲公民适合该岗位,该避难者则可获得工作许可。之后还必须获得劳工局认可。

② Lisa Caspari,Die große Unsicherheit,http://www.zeit.de/politik/deutschland/2016-04/thomasde-maiziere-fluechtlingszahlen-2016-bamf 访问时间:2016 年 6 月 24 日。

的可能性，并优先对待有良好逗留德国前景的难民，而对于那些拒绝融入者，则以削减其给付等措施给予惩罚。《融入法》所包含的核心思想与2001 年德国移民事务独立委员会的研究报告中所提出的“促压结合”的原则是一脉相承的，唯一的变化是无论是“促”还是“压”，其力度都显著增加。在《融入法》通过的当天，联邦政府就开启了一个新网站（www. deutschland-kanndas. de），以帮助德国各地的难民实现融入。该网站以多媒体形式展示难民和当地志愿者个人信息，提供全德范围内 230 多个融入项目和致力于融入的地方和组织的信息，以图表、视频、问答等形式提供与《融入法》以及联邦融入和难民政策相关的最新资讯。① 在联邦《融入法》基础上，德国各联邦州也在细化该法的规定，例如，2016 年 9 月 14 日北莱茵—威斯特法伦州议会通过了一份《融入计划》，明确了该州在更好地促进难民融入方面已采取和将采取的措施。② 除了各级政府采取的融入措施，德国社会各界也开展了许多自发的倡议行动。例如德国工商总会建立了“企业融入难民网络”（www. unternehmen-integrieren-fluechtlinge. de），不受地域、规模和行业限制，为所有雇用或为难民提供志愿服务的企业提供支持。2016 年 3 月至今已有 337 家企业在此获取和交换信息。

四、结　　语

实现难民在德国的融入面临着各个方面的挑战。要真正融入一个社会，首先必须认同这个社会的价值观体系，如法治、民主、人权和宗教信仰自由等。有利于融入的因素是，将德国作为避难目的地的难民很大程度

① Neues Internetportal：www. deutschland-kanndas. de，https://www. bundesregierung. de/Content/DE/Pressemitteilungen/BPA/2016/07/2016 – 07 – 08-integrationsportal. html 访问时间：2016 年 9 月 27 日。

② Landtag Nordrhein-Westfalen 16. Wahlperiode，Beschlussempfehlung und Bericht des Integrationsausschusses：Gelingende Integration von Flüchtlingen. Ein Integrationsplan für NRW，08. 09. 2016，https://www. landtag. nrw. de/portal/WWW/dokumentenarchiv/Dokument/MMD16 – 12382. pdf.

上是出于对德国社会主流价值观的认同甚至向往。但是同时受到本土宗教、文化的长期影响,有些差异在短时间内暂时无法消除。德国最新通过的《融入法》的核心原则是“促压结合”。履行义务的难民将得益于该法案,在未来更快地获得融入课程,进入劳动力市场;拒绝履行义务的难民将受到相应惩罚。总体上,能否获得居留许可有着更加严格的前提条件。但是,也必须看到,新法案中的某些措施受到一些团体的批评,认为新法案中包含过多限制、惩罚和义务,这将加大社会融入的难度。例如“居住地义务”这一规定能够防止德国各城镇负担过重,“避免在各城镇发生社会焦点问题”。[①] 但是“亲难民”(Pro Asyl)组织认为分配难民居住地这一行为涉及对自由迁移权利的干涉。[②] 另一方面,针对德国目前融入课程不足等现状,批评者认为联邦政府在对难民提出诸多要求的同时,应尽快改善避难申请审批程序、融入课程、职业培训等方面的不足。联邦移民和难民局局长维斯(Frank-Jürgen Weise)表示,“目前仍缺少 20 万个课程名额”,[③]解决师资不足(特别是具有跨文化背景的融入课程教师缺口大)是关键所在。新的《融入法》同以往的融入措施一样,强调德语学习和获得工作的重要性。今年 8 月,柏林人口与发展研究所的研究员斯维尔特(Stephan Sievert)在最新的一项研究中提出,虽然“先学会德语,后获得工作”这一观点已被普遍认可,但是对于来到德国的大部分难民而言,他们更希望尽快挣到钱,然而前期长时间的语言学习并不一定能帮助他们融入劳动力市场,因为目前的语言课程存在着与工作语言脱节的现象。此外,难民们还应具备将所学知识快速应用到工作中的能力。最新的调查报告也显示,德国经济界乐见难民的融入,不少企业也积极致力于将难民

---

① Vanessa Steinmetz, Integrationsgesetz: Das sollen Flüchtlinge künftig leisten, http://www.spiegel.de/politik/deutschland/integrationsgesetz-der-koalition-wird-verabschiedet-dassteht-drin-a-1093836.html 访问时间:2016 年 6 月 27 日。

② Material für die Presse, http://www.bmas.de/SharedDocs/Downloads/DE/PDF-Meldungen/2016/Hintergrundpapier-zum-integrationsgesetz.pdf; jsessionid = 219D8E287AE3783E6D2E17CEA770919C?__blob = publicationFile&v = 6 访问时间:2016 年 6 月 24 日。

③ Lisa Caspari, Die große Unsicherheit.

融入企业和社会之中，然而，在实践中，难民融入劳动力市场依然还存在着语言和技能等方面的障碍。① 总而言之，新的《融入法》体现了德国政府在解决移民和难民融入问题上的决心，其实际效果尚需要时间检验，在实施过程中暴露出的不足也将被提出讨论，以便寻找新的解决方案。无论如何，融入成功与否，不仅关系难民的未来生活，也关系着德国社会的稳定与安全。

① Dietrich Creuzburg, Flüchtlinge auf Jobsuche. Betriebe hadern mit Integrationshürden, http://www. faz. net/aktuell/politik/fluechtlingskrise/die-integration-der-fluechtlinge-in-den-arbeitsmarktlaeuft-nur-schleppend-14430792. html 访问时间：2016 年 9 月 15 日。

第五节

欧洲难民危机中的德国难民政策及难民问题应对

宋全成 *

在史无前例的欧洲难民危机中，德国以其积极主动和友好欢迎的难民接纳政策，给欧洲难民危机打上了深刻的德国烙印。一方面，不仅延续了自冷战以来相对宽松的难民接纳政策的德国传统，而且在欧洲各国和世界面前，树立了崇高的人道主义难民救援的光辉典范；另一方面，德国难民政策赢得了百万难民的青睐，结果导致 2015 年进入德国境内的难民数量达到了空前的 110 万人，使德国政府和社会面临着难民甄别、安置、接纳和社会融合、非传统安全等巨大压力。同时，德国被欧洲其他国家斥责为“道德帝国主义”，是导致欧洲难民危机的根源①。毫无疑问，德国的难民政策遭受着国内层面数以百万计的难民甄别、安置、融合的严峻挑战和欧洲其他国家在难民接纳问题上的指责和不合作的双重挤压。在此次欧洲难民危机中，德国的难民政策是如何形成和调整的？在应对百万难民问题上，德国在民族国家和欧盟两个层面上，采取了哪些化解欧洲难民危机的举措？本文拟就上述问题进行深入探讨。

---

* 宋全成，山东大学移民研究所所长、哲学与社会发展学院副院长、社会学系教授。

① 青木、徐珍珍：《欧洲四国拒绝难民分摊计划称德国“道德帝国主义”》，中国青年网，http://news. Youth. en/gj/201509/20150924_7149037. htm. 访问日期：2016－02－21。

一、德国难民政策实施的三个阶段及其特征

回顾欧洲难民危机在 2015 年的发展历程，我们可以清晰地发现，9 月 2 日叙利亚难民小艾兰的死亡事件和巴黎暴恐案、跨年夜的科隆集体性侵案，是欧洲难民危机的两个重要的里程碑。由此，欧洲难民危机的进程被划分为三个阶段①。与欧洲难民危机进程紧密相连，德国的难民政策经历了从谨慎对待到开放欢迎，再到逐渐收紧为特征的三个阶段。

第一阶段：从 2015 年 1 月到 2015 年 9 月 2 日。这是德国政府以“谨慎对待”为特征的难民政策的实施阶段。2014 年以来，由于西亚和北非国家持续多年的局势动荡和叙利亚内战、伊拉克战争、阿富汗战争、“伊斯兰国”的兴起等原因，产生了数以千万计的流离失所的国际难民，其中叙利亚国际难民多达 430 万人。由于欧洲国家地缘关系、难民避难传统、移民网络和难民社会福利因素的影响，多数国际难民不畏艰险涌向欧洲国家。进入 2015 年以来，涌入欧洲地区的难民数量呈陡然激增的趋势，1—7 月，进入欧洲地区的难民数量达到了 34 万人。为此，早在 5 月份，欧盟就提出了解决在希腊和意大利登陆的数万难民的配额方案，对此，德国给予积极支持。尽管按照《都柏林公约》的相关规定，第一责任国的希腊和意大利应负起难民登记、甄别、临时安置的责任。但由于在难民配额上，欧盟各成员国坚持“国家利益至上”的原则，导致欧盟层面上的难民配额方案无法达成一致意见，致使难民问题久拖不决而愈加严重。此时，德国有部分公众呼吁政府对数以万计的难民开展人道主义救助，但默克尔领导的德国联邦政府不为所动。默克尔与一个巴勒斯坦国籍的女孩里姆的电视对话就充分说明了这一点。7 月 15 日，默克尔在录制“生活在德国”电视节目时，一个名叫里姆的巴勒斯坦籍女孩告诉默克尔总理，她一家人为等德国的永久居留权已经等了四年，因为父亲作为焊接工的临时签证已经到期，按照德国法律，里姆一家人将被驱逐出境。她非常期望能在德国继续

① 宋全成：《欧洲难民危机：进程、特征与近期发展前景》，载《山东社会科学》，2016 年第 2 期。

上学，她的德语和英语都非常流利。默克尔总理对此回答道："我理解你，但是我必须说……政治有时是残酷的。你是个特别好的人，但你要知道，黎巴嫩的巴勒斯坦难民营里可有成千上万的人，要是我们说声'你们都过来吧'，到时候我们可控制不了局面。"女孩在听到这样的回答后当场痛哭①。尽管事后，一些德国政客和民众认为，默克尔总理对难民的态度近乎"冷血"，但默克尔依然坚持自己的难民接纳观点。在这一阶段，德国尽管支持欧盟层面解决亚非难民问题的方案，但这并没有在主权国家层面上主动发挥主导作用，而是寻求欧盟层面上的解决方案。正如默克尔所说，为难民危机找到一个欧盟共同的解决方案，是她执政以来所面临的最大挑战②。这种情况一直持续到 9 月 2 日。因此，这一阶段上的德国难民政策实施的基本特征是"谨慎对待"。

第二阶段：从 9 月 2 日叙利亚难民小艾兰在土耳其海滩遇难到 2016 年元旦的科隆集体性侵案。这是德国政府以"友好欢迎"为特征的难民政策的实施阶段，也是德国政府以欧盟一体化的"发动机"的角色试图主导欧洲国家，特别是欧盟共同应对、集体解决欧洲难民危机问题的时期。由于在难民配额问题上，欧盟各成员国争执不休，无法达成一致意见，致使难民问题愈加严重。此时，德国欲发挥欧盟的主导角色的功能，率先于 8 月 21 日，由联邦移民与难民部发布，不再遵循《都柏林公约》的第一责任国的原则，而直接接纳难民的登记和临时安置。在德国国内，对难民开放欢迎的政策满足了部分民众要求政府开展人道主义救助的呼声，但也引起了右翼分子和种族主义者的强烈不满。8 月 21 日至 22 日，"德国东部小镇海德瑙连续发生针对难民的示威骚乱，数百名右翼分子和种族主义者与警方发生冲突，造成数十名警察受伤"③。在国际层面，德国开放欢迎难民的政策，通过互联网和自媒体迅速传播，激励了成千上万的难民前往

① 新华社：《"冷血"默克尔"说哭"难民女孩》，新浪网，http://news. sina. com. cn/o/2015 - 07 - 18/132932121916. shtm1. 访问日期：2016 - 02 - 25。

② 郑春荣、周玲玲：《德国在难民危机中的表现、原因及影响》，载《德国研究》，2015 年第 6 期。

③ 新华社：《汹涌难民潮欧洲各国啥想法?》，网易新闻，http://news. 163. eom/15/0824/08/B1 P54R8MOO014JB5. htm1. 访问日期：2016 - 02 - 23。

德国申请难民庇护。于是,数以万计的难民冲破欧洲共同的外部边界,进入欧洲国家。东欧及东南欧国家如匈牙利、塞尔维亚、马其顿等为了防止难民问题的失控,纷纷暂停《申根协定》,恢复了边防检查,关闭边界口岸,设置了铁丝网,致使数万欲通过塞尔维亚和匈牙利前往德国避难的难民滞留在匈牙利。这样,难民们不得不冒着生命危险,踏上偷渡的征途,致使难民死亡事件不断上演。8 月 27 日在奥地利的一辆货车上,发现了 70 多名难民的尸体。最具有震撼力并对德国和欧盟的难民政策产生重大影响的是 9 月 2 日叙利亚难民小艾兰死亡的照片通过互联网迅速传遍全球,由此对德国的难民政策的转折产生了决定性影响。德国的难民政策出现了"谨慎对待"向"友好欢迎"的根本性转变。"9 月 5 日,经过艰难的谈判,默克尔与奥地利、匈牙利领导人达成一致意见,允许滞留在匈牙利的难民进入德国。……在德国国内,多数民众对默克尔的决定表示支持,也主动为难民提供各种帮助,德国国内洋溢着'欢迎文化'"①。尽管在这一时期,面对着潮涌般涌入德国的难民潮,联邦政府通过了"避难一揽子法案",对难民的甄别、安全第三国等进行了重新界定②,而且在州政府层面存在着众多的安置难民的抱怨,执政党内部就难民政策也存在着广泛的争论,由此导致"默克尔的民意支持率因其难民政策下滑,由 2015 年 9 月的 63%下降至 11 月的 49%"③,但这并没有从根本上动摇德国实施友好欢迎难民政策的根基。这种以"友好欢迎"为特征的难民政策一直持续到 2016 年新年的到来。

德国对难民实施友好欢迎的难民政策,有其深厚的文化背景、历史传统和现实考虑。从文化背景来看,二战结束以来,德国对难民的保护纳入国家的基本法之中,而且对抬头的种族主义思潮和极右翼的极端民族主义时刻保持着高度警觉和高压态势,对难民始终秉承友好和积极接纳的

① 郑春荣、周玲玲:《德国在难民危机中的表现、原因及影响》,载《德国研究》,2015 年第 6 期。

② Asylreeht wird verschaeft. Bundesrat stimmt fuer Asylpaket. http://www. Tagesschau. de/inland/bundestagasylgesetze-107. htm1. 2016 - 02 - 29.

③ 黄萌萌:《德国开放性难民政策的成因与挑战》,载《理论视野》,2016 年第 1 期。

文化氛围。从历史背景来看,对二战纳粹德国种族主义暴行的反思和抵制以及积极接纳难民,已经成为一种历史传统。二战结束以来,德国始终高举人道主义的旗帜,接纳着世界各地的难民,其接纳的难民数量和提供的社会福利,在欧洲国家中名列前茅。事实上,德国具有稳固的国内政治基础和在欧盟中成为事实上的主导力量。乌克兰危机、希腊主权债务危机的成功处置,进一步彰显了德国在欧盟中的主导力量。正因为如此,德国政府在国际舞台上明确宣布:“德国有义务和责任在解决国际冲突中作出应有的贡献。无论是从安全角度还是从人道主义出发,德国不可冷漠旁观。”①正是基于上述因素,德国在难民危机中发挥着欧盟主导力量的作用。

第三阶段:从跨年夜科隆性侵案至今。这是德国政府以“逐渐收紧”为特征的难民政策的实施阶段。11 月 13 日的法国巴黎暴恐案是欧洲难民危机的重要转折点,欧洲国家的政要和民众由此看到,无序涌入欧洲国家的叙利亚难民中的伊斯兰极端分子及其实施的恐怖主义袭击,已经对欧洲国家的非传统安全构成了日益严峻的挑战,因此,波兰和匈牙利决定暂停实施难民配额方案。但对西欧国家和欧盟来说,巴黎暴恐案并没有改变积极接纳难民的政策,同样也没有改变德国正在实施的“友好欢迎”的难民政策。“在巴黎恐怖袭击事件发生后,欧盟委员会主席容克曾表示,欧盟的难民政策不会因此而有所改变。德国副总理和联邦内政部长也呼吁,不应利用恐怖袭击事件来影响有关难民政策的讨论,将其工具化”②。尽管德国国内面临着反伊斯兰化的 PEGIDA 运动、对难民政策的抗议浪潮的高涨和德国执政联盟党内要求改变欢迎难民政策并设置接纳难民的数量上限的主张等方面的压力,但默克尔政府依然坚持不为接纳的难民人数设置上限的政策,坚称“我们做得到!”。但发生于跨年夜的、

---

① Von der Leyen, Ursula “Rede der Bundesministerin der Verteidigung, Dr. Ursula von der Leyen, anlässlich der 50. Münchner Sicherheitskonferenz am 31. Januar 2014”, Bundesministerium der Verteidigung. http://www.nato.diplo.de/contentblob/4123416/Daten/3885836/redevdleyensiko2014.pdf. 2016-03-02.

② 孙进:《巴黎恐怖袭击对欧洲难民政策有何影响?》,载《新京报》,2015 年 11 月 23 日。

由少数穆斯林移民和难民实施的数百起科隆集体性侵案，是对德国政府实施的“友好欢迎”难民政策的当头一棒。它彻底改变了德国实施友好欢迎难民政策的民意基础和德国政府在难民政策问题上的“政治正确性”①的信念。

一方面，德国友好欢迎难民政策的民意基础发生了根本逆转。“许多德国人认为，科隆性侵案中难民的所作所为是以怨报德，而且随着科隆事件的持续发酵，德国选民的主流对难民的欢迎态度正在随着科隆性侵案的调查深入而迅速消逝。”②“‘德国趋势’(Deutschlandtrend)的调查结果证明了上述观点。2015 年 9 月，有 45%的德国人认为接收难民利大于弊；2016 年 1 月，该数据下降至 38%。科隆事件后，民众恐惧感上升，要求严格审查难民入境。60%的民众赞同限制入境难民人数，57%支持重新引入欧盟国家间的边境管控，比 2015 年 9 月高出 12 个百分点，过半德国人反对接纳无护照的难民入境”③。

另一方面，“默克尔面临的更大危机是政治危机。她不仅遭到了反对党的抨击，也面临来自本党‘基督教民主联盟’内部的压力，其盟党‘巴伐利亚州基督教社会联盟’也对她在难民政策上的一意孤行展开了讨伐。反对党‘德国选择党’则抓住时机宣扬反移民政策，甚至按意识形态倾向应该同情难民的左派政党也出现了部分人的倒戈，如德国极左政党‘左翼党’领导人也公开表示，如果有难民践踏德国的好客精神，他们的确应该被扫地出门”④。

在这种强大的民意基础转变和政党内部讨伐的双重压力下，德国政府放弃了“友好欢迎”的难民政策，而更改为“日益趋紧”的难民政策。“德国自元旦起每日遣返约 200 名难民，大部分人无有效证件，或无意向

① 伍慧萍：《欧洲难民危机中德国的应对与政策调整》，载《山东大学学报》(哲学社会科学版)2016 年第 1 期。

② 宋全成：《欧洲难民危机政治影响的双重分析》，载《欧洲研究》，2016 年第 1 期。

③ 黄萌萌：《科隆性侵案成为德国收紧难民政策的导火索》，网易新闻，http://news.163. eom/16/01 19/17/BDN6HlJ40014JB6. htm1. 访问日期：2016 - 03 - 03。

④《科隆事件与欧洲移民政策走向》，海外网，http://opinion. haiwainet. cn/n/2016/0117/c345437 - 29559328. html. 访问日期：2016 - 03 - 03。

德国申请庇护，而是希望继续北上瑞典等其他欧洲国家，当中主要来自阿富汗、伊朗、伊拉克或摩洛哥，或为无较大机会获德国庇护的叙利亚人"①。2016 年 1 月 20 日，德国总统高克在出席达沃斯世界经济论坛所发表的演讲中明确指出，德国政府将制定新的难民政策，限制中东等地难民大规模进入德国，这不仅是出自伦理上和政治上的需要②，而且也是为了国际机能正常运转的需要。2 月 25 日，德国议会以 429 票赞成、147 票反对、4 票弃权的表决结果，通过一揽子难民政策新措施。"根据这些措施，德国政府将设立特别中心，加快处理难以获得庇护资格的难民；延长难民家属申请入境团聚的等待时间，部分难民将被禁止在两年内让家人到德国团聚；降低驱逐外国犯罪人员出境的门槛，罪行扩大至性侵、暴力盗窃和人身伤害等。这些措施此前已得到德国总理默克尔领导的内阁批准，意在收紧难民政策，控制留在德国的难民人数"③。至此，德国联邦政府"逐渐收紧"的难民政策正式实施。

二、欢迎难民政策下的德国对欧洲难民问题的应对

回顾欧洲难民危机的发展进程以及欧洲国家、欧盟为解决欧洲难民问题的行动和努力，可以清晰地发现，无论是在欧洲主权国家的层面还是在欧盟与国际关系的层面，在解决欧洲难民潮问题上，德国都发挥了举足轻重的作用。

（一）民族国家主权视角下的德国应对难民潮的举措

尽管从 2015 年 1 月起，进入欧洲地区的难民呈现出快速增长的态势，

① 中新社：《默克尔因科隆性骚扰遭受压力德每 13 遣返 200 难民》，中国新闻网，http://www. ehinanews. com. /gj/2016/01—13/7713729. shtm1. 访问日期：2016 - 03 - 04。

② 余鹏飞：《德国总统高克：必须限制中东等地难民大规模入境》，环球网，http://world. huanqiu. corn/exclusive/2016—01/8419954. html. 访问日期：2016 - 03 - 04。

③ 新华社：《德出新政限难民人数》，新浪新闻，http://news. si—na. con. cn/w/2016 - 02 - 27/doc—ifxpvut13515111. shtm1. 访问日期：2016 - 03 - 05。

到 4 月份，首当其冲而又不堪重负的希腊和意大利等国，呼吁欧盟尽快建立应急机制，转移安置部分难民。为此，欧盟在 5 月份就难民问题提出了数项建议，“包括建立应急机制，在两年内向其他欧盟国家转移安置 4 万名非法进入意大利和希腊的难民。但是这一提议遭到包括法国在内的多个成员国的反对”①。“因此，在欧盟层面无法形成协调一致的具体的应对机制和采取可操作的应对举措，而放任其自由发展，最终演变成大量非法移民和难民申请者涌入欧洲，直接导致难民危机的出现”②。由于欧盟层面无法形成有效一致的安置方案，具有强烈责任担当意识的德国，在主权民族国家的层面上采取了单独行动，以应对欧洲难民潮。

第一，德国放弃了《都柏林公约》第一责任国的相关条款，承担起避难者申请、登记造册、审查、甄别和临时安置的责任。按照《都柏林公约》的相关规定，难民进入欧盟的第一个国家，就是第一责任国。该国就需要承担起难民申请、登记造册、审查、甄别和临时安置的责任。从欧洲难民危机爆发的情况来看，难民首次进入欧洲地区最多的国家是刚刚摆脱主权债务危机的希腊和经济极不景气的意大利。“由于经费匮乏和管理混乱，希腊等国往往不按照都柏林程序和欧盟避难程序的规定作任何登记，也难以按照欧盟《收容条件指令》为难民提供简易安置措施，在多数情况下都是直接将难民打发到其他中北欧国家”③，由此造成了数以十万计的难民在欧洲的大地上无序涌动，对欧洲国家和欧盟的非传统安全构成了日益严峻的挑战。在这种背景下，与其他欧洲国家关闭边界、设置铁丝网来拦截难民潮不同，德国移民与难民部于 8 月 21 日宣布，放弃《都柏林公约》的第一责任国的相关条款，德国将承担起难民申请、登记造册、审查、甄别和临时安置的责任。由此，进入德国的难民申请者呈现出急剧增长的态势。德国联邦移民和难民部的数据显示，2015 年 9 月，进入德国首次

① 新华社：《中东欧四国拒绝欧盟摊派难民份额》，网易新闻，http://news. 163. cony/15/0905/18/B21’6ISCA00014JB5. htm1. 访问日期：2015 - 11 - 30。

② 宋全成：《欧洲难民危机：结构、成因和影响分析》，载《德国研究》，2015 年第 3 期。

③ 伍慧萍：《难民危机背景下的欧洲避难体系：政策框架、现实困境与发展前景》，载《德国研究》，2015 年第 4 期。

申请难民身份的难民申请者就达到了40,487人,比8月份的33,447人增加了21%,比2014年同期的首次申请者的16,214人增加了149.7%①。10月、11月首次申请难民的人数分别激增到52,730人和55,950人。

第二,增加难民登记与审核人力的投入,创新避难审核模式,提高避难程序审核的效率。面对数以十万计的难民申请,德国政府采取了如下措施:(1)联邦政府于9月7日为移民与难民部新增了2,000人,以应对避难申请审核的人力资源不足的问题。(2)创新避难申请处理的程序。按照以往的程序,难民审核、登记和甄别等需要在多个部门中多次辗转。为了提高避难程序审核的效率,"海德堡专门设立了可以安置5,000人的难民登记中心,将整个复杂流程放在同一个地点现场办公,从难民登记、安置、身份证件审核到避难程序,并实施模块化的操作以减少时间消耗。此种做法推出后,大大缩减了避难申请的审理时间,减轻了联邦移民与难民局的负担"②。

第三,为各州合理分配难民安置配额。"德国按照各联邦州在分摊财务或者其他资源时的一贯做法,采取所谓的柯尼斯坦分配比例(Königsteiner Schlüssel),按照税收占2/3、人口占1/3的标准确定各州分摊比例……2015年的分摊方案是依据2013年的数据制定,其中北威州分摊到的比例高达21%以上,而压力最小的不来梅州仅需承担0.94%的难民配额"③。这种分配方案决定了难民的安置配额不是在各州的均匀分布,这也让承担难民配额较多的州政府承担了更大的难民安置压力。

第四,设定"较安全国家",拒绝来自这些国家的难民庇护的申请及就业。2015年9月份以后,面对数以万计等待临时安置的难民庇护申请者和堆积如山的难民申请材料,德国政府通过设定"较安全国家"的方式,收紧了原先宽松的难民政策。具体做法是:"阿尔巴尼亚、科索沃和黑山将

---

① Asylgeschäftsstatistik, für den Monat September 2015, http://www.bamf.de/SharedDoes/Anlagen/DE/Downloads/Infothek/Statistik/Asyl/201509 - statistik-anlage-geschaefts-bericht.pdf?_blob=publicationFile. 2016-03-05.

② 伍慧萍:《欧洲难民危机中德国的应对及政策调整》,载《山东大学学报》(哲学社会科学版)2016年第2期。

③ 同上。

表 1　2015 年德国各联邦州难民分摊比例

联 邦 州	分 摊 比 例	联 邦 州	分 摊 比 例
北威州	21. 240 52%	石荷州	3. 387 91%
巴伐利亚州	15. 330 48%	勃兰登堡州	3. 080 92%
巴符州	12. 974 96%	萨安州	2. 857 71%
下萨克森州	9. 356 96%	图林根州	2. 748 35%
黑森州	7. 315 57%	汉　堡	2. 527 38%
萨克森州	5. 100 67%	梅前州	2. 041 65%
柏　林	5. 045 57%	萨尔州	1. 215 66%
莱法州	4. 834 72%	不来梅	0. 940 97%

数据来源：Katrin Hirseland：Flucht und Asyl：Aktuelle Zahlen und Entwicklungen，Aus Politik und Zeitgeschichte 25/2015，p. 23.

被晋级为所谓的‘较安全国家’，目的是让来自这些国家的避难申请者尽快重返家乡。此外，2015 年 9 月 1 日之前从这些国家来到德国的申请避难者，均不得在德国工作。由此，德国将难民庇护的重点国家确定在叙利亚，叙利亚难民由于国内发生内战，几乎全部被认定具有避难权，并且不执行‘都柏林程序’，而是采取快速程序认可其避难身份”①。为了进一步遏制日益增长的难民庇护申请的数量和规模，德国于 2016 年 1 月又将阿尔及利亚、摩洛哥和突尼斯等国家列为“安全国家”②。这样，德国政府不仅提高了难民庇护申请的审核效率，而且通过设定“安全国家”的方式，大大减少了来自叙利亚国家以外的其他国家的难民庇护申请者的数量。

第五，投资建设或改建难民营，联邦政府为各州及时拨付难民安置款。德国启动了所有的难民营接纳难民。由于需要安置的难民规模巨大，现有的难民营无法满足难民安置的现实需求，德国政府及州政府一方

① 伍慧萍：《欧洲难民危机中德国的应对及政策调整》，载《山东大学学报》（哲学社会科学版），2016 年第 2 期。

② 中新社：《移民危机：德国计划收紧难民庇护申请》，中新网，http://www.chinanews.eom/gj/2016/01－29/7739689. shtm1. 访问日期：2016－04－08。

面派出警力来维持难民庇护中心的秩序，另一方面启用了一些不常用的设施（如废弃的兵营）改建成难民营。同时，联邦政府拨款 5 亿欧元，在相关的州建设新的难民营。另外，按照每人每月 670 欧元的安置标准，为各州及时拨付难民安置款。按照 2015 年德国接纳 110 万难民的数量计算，联邦政府为解决难民安置问题至少出资 50 亿欧元。从 2016 年 1 月 1 日开始，各州将从联邦政府那里"还将额外获得 3.5 亿欧元的资金用于安置无成人陪伴的未成年难民。2019 年以前，各联邦州可从联邦政府每年获得 5 亿欧元的资助用于建造福利房"①。2017 年预算计划显示，将支出 100 亿欧元（合 112 亿美元）用于应对难民危机。财政部长朔伊布勒（Wolfgang Schäuble）表示，2018 年德国预计将新增难民 80 万，2017 年为 60 万。这一财政预算也是为劳动力市场计划和更多的儿童日常救助中心提供额外的资金支持②。

（二）德国积极参与和主导欧盟层面上的应对难民潮的努力

德国一方面快速甄别和安置提出难民庇护的申请者，另一方面积极参与并充分发挥其在欧盟中的主导作用，力图在欧盟层面上达成并执行解决欧洲难民危机的具体方案。限于篇幅，在此仅关注其三个方面。

首先，德国积极支持并力图推动欧盟制定和实施统一的难民配额方案。德国总理默克尔清晰地认识到，单凭德国的努力无法解决欧洲难民问题，难民危机唯有在欧盟层面上才能得到有效的解决。因此，德国积极参与和推动欧盟层面达成解决难民危机的方案。由于欧盟成员国在应对难民危机问题上出现内部分裂而相互指责，德国尽管积极参与和支持欧盟的方案，但由于缺乏欧洲一体化"发动机"之一的法国的支持，最终没有形成具有可操作性的具体方案。在这种背景下，德国便以一国之力，于 2015 年 8 月单独实施了欢迎难民的政策，在欧盟各成员国中，树立了人道

① 中新社：《德国去年接收百万难民财政不堪重负 2016 如何应对？》，中新网，http://www.ehinanews.eom/gj/2016/O1—03/7698399.shtm1.访问日期：2016 - 03 - 28。

② 《德国 2017 年预算出炉扩大难民和安全支出》，中金网，http://news.engold.COB.en/20160324d1702n66244315.htm1.访问日期：2016 - 03 - 24。

主义救援的典范，但德国并没有放弃在欧盟层面上达成解决难民危机的一致方案的努力。因此，当9月9日欧盟委员会主席容克提出……一揽子"措施来应对'二战'以来欧洲面临的最为严峻的难民危机"时，就立即得到了德国政府的支持。默克尔总理明确表示，德国可以接纳更多的难民。欧盟的一揽子措施"包括22个欧盟成员国共同'分担'16万难民，加快难民申请的速度，提高'遣返'机制的效率，并从根源上解决难民逃离故土的深层次问题……欧盟成员国中，英国、爱尔兰、丹麦、希腊、意大利和匈牙利不在该计划之中"①。最终，"欧盟成员国内政部长于9月22日投票通过了转移安置意大利、希腊等国境内12万外来难民的方案"②。实际上，德国以其率先垂范救助难民的人道主义政策和行动，在不同程度上给对难民人道主义救助不力和拒绝接纳难民的部分欧洲国家施加了巨大压力，这是欧盟在各成员国激烈争吵、相互指责之后最终达成难民配额方案的重要成因。尽管由于某些东欧国家的反对和抵制致使该方案实施的效果有限，但由于有欧洲一体化"发动机"的德国和法国的支持，该方案依然在艰难推进。其次，德国积极支持并主导欧盟与土耳其就难民过境与难民安置问题达成协议。2015年，欧洲接纳了大约110万难民庇护申请者，其中80%以上的难民是经过土耳其进入希腊及欧盟的。为此，德国总理默克尔早在2015年10月就主动访问了土耳其，分别与土耳其总统埃尔多安和总理达武特奥卢举行了会谈并取得了一致意见：德国将支持加快土耳其加入欧盟谈判和土耳其公民免签证入欧谈判，同时与土耳其在允许叙利亚难民重返土耳其问题上加强合作。正如默克尔在12月14日基民盟党代会上所言，难民危机对欧洲是一个历史性的考验。在欧洲国家中，德国是承担难民安置问题压力最大的国家，没有哪个国家比德国更期望欧盟层面达成与土耳其在难民问题上的合作。因此，由德国主导的欧盟与土耳其的谈判，最终于2016年3月18日在布鲁塞尔就如何合作解决难

① 中新社：《欧盟成员国将共同"分担"难民》，网易新闻，http://3g.163.eom/ntes/special/0034073A/wechat—article.html?from=speeial&doeid=B33SLRD1OO014JB6。

②《匈牙利向欧洲法院递交诉讼状反对欧盟强制分摊移民》，中国新闻网，http://www.chinanews.com/gi/2015/12—04/7655056.shtm1.访问日期：2016-01-02。

民危机签署协议，主要有九个方面的内容，涉及在欧洲国家的难民遣返和安置相关安排。新协议有两个亮点，一是依据新达成的协议，欧盟将在2018年以前追加难民安置资金30亿欧元；二是执行一对一的换人方案，即“土耳其每接收一名经土耳其入境希腊‘无合法庇护权’的难民，欧盟成员国便接受并安置一名土耳其境内叙利亚难民。该方案旨在实现难民人欧的‘合法性’和‘可控性’”①。该协议于3月20日正式生效。尽管这份协议只是欧盟应对难民危机综合战略的一部分，但无疑是极其重要的组成部分。毫无疑问，德国政府对土耳其现政府态度和对土耳其入盟态度的转变，是德国主导的欧盟与土耳其达成难民问题协议的基本条件，而德国的主导和欧盟各成员国的共同利益是欧盟与土耳其达成难民问题协议的核心因素。

最后，德国积极支持对欧洲现行的难民庇护政策与制度进行改革。欧盟目前实施的难民庇护政策与制度主要有：2001年的《临时保护指令》、2011年的《庇护资格指令》、2013年的《收容条件指令》、2013年的《都柏林规章》和2013年的《庇护程序指令》以及《关于难民地位的公约》及其附加议定书，其核心政策是《都柏林公约》。“根据目前的都柏林制度，难民最先入境的欧盟国家负责处理他们的庇护申请。但这一波自2015年夏季掀起的难民潮数量庞大，给负责处理庇护申请的欧盟边境国家如希腊和意大利造成沉重压力，大量的难民也自行前往德国、瑞典等较发达的欧盟国家”②，致使《都柏林公约》，尤其第一责任国的原则完全失效，迫使包括德国、奥地利及东欧国家至少8个欧盟成员国暂时恢复了边防检查制度，从根本上破坏了申根原则。因此，对包括《关于难民地位的公约》和《都柏林公约》进行改革已成为欧盟的当务之急。2015年12月27日，丹麦首相拉斯穆森指出，在欧洲面临着自第二次世界大战以来最严重的移民危机的情况下，联合国难民公约应该有所改变。“如果一个人从

① 《欧洲难民协议已生效》，中金网，http://www. cngold. eom. cn/st0ck/2O160322dl983n660O5O83. htm1. 访问日期：2016－04－08。

② 中新社：《欧盟提成员国分担难民新方案对庇护制度进行改革》，中新网，http://www. chinanews. com/gi/2016/04—08/7826914. shtm1. 访问日期：2016－04－09。

战乱的祖国逃到土耳其，并且在那里居住了两到三年，他是否还可以再到欧洲其他国家寻求难民身份呢？根据现在的联合国难民公约，这种方法是可行的。但是，我认为有必要就类似问题进行重新的讨论"①。在欧盟层面，面对在希腊和意大利等地中海沿岸国家愈演愈烈的难民危机，欧盟委员会在2015年8月就曾呼吁尽快修改《都柏林公约》，建立协调一致的、具有约束力的难民配额制度，以缓解地中海沿岸国家（如希腊和意大利等）的难民抢滩压力。由于东欧国家的反对，难民庇护制度改革的方案迟迟不能出台。但对现有的难民庇护制度进行的改革，却一直在默默前行。2016年2月25日，在布鲁塞尔召开的欧盟内政部长会议上又进一步讨论了两个重要问题：一是关于建立欧洲边境和海岸警卫队的建议；二是关于对通过欧盟外部边境的人员实施系统性检查的建议②。这就向欧盟的难民庇护制度改革迈出了重要一步。3月16日，欧洲议会民权委员会提议在欧盟建立集中的难民登记和申请审查制度。3月17日，欧盟外交和安全政策高级代表费代丽卡·莫盖里尼明确表示："欧盟国家无法单独应对难民危机，欧盟国家单独的难民政策意味着失败，而欧洲共同政策和手段将为我们带来成功"③。其实，在欧洲国家中，德国比其他国家更迫切需要对现有的难民庇护制度进行改革，因此，欧盟的难民庇护制度改革方案立即得到了德国的支持和欢迎。于是，欧盟委员会于4月初提出了新的难民庇护制度改革方案，以改变目前由德国、瑞典等少数几个发达国家负责难民安置这种既不公平也无法持续的做法。改革方案包括两个选项：其一是保留现行的都柏林制度，但如果某个成员国面对突如其来的难民潮，欧盟可通过一个'公平机制'重新分配难民；其二是根据各成员国的人口和财富等，自动分配它们应收容的难民数④。大部分国家支持第一个

---

① 《丹麦首相建议修改联合国难民公约》，人民网，http://world. people. eom. en/nl/2015/1228/clO02—27987127. html. 访问日期：2016－04－09。

② 《百万难民将至欧盟移民体系恐面临"全面崩溃"》，载《新闻晨报》，2016年2月27日。

③ 朱佩：《欧盟代表：欧盟国家无力独立应对移民危机》，载《环球时报》，2016年3月18日。

④ 中新社：《欧盟提成员国分担难民新方案对庇护制度进行改革》，中新网，http://www. chinanews. eom/gj/2016/04—08/7826914. shtml. 访问日期：2016－04－09。

选项;第二个选项则获得已经接收大批难民的德国和瑞典的支持。显而易见的是,无论哪一方案,都是对现行的不可持续的欧盟难民庇护制度的改革。在某种程度上,都应该是由 28 个国家共同承担难民收容的责任,而不是由德国独自接纳 110 万难民。正因为如此,欧盟的难民庇护制度改革方案受到了德国政府的欢迎和支持。沿着这一方向,欧盟各国接下来要讨论的就是如何分配难民配额的问题了。欧盟历来有通过内部的相互妥协而达成一致意见的传统和机制。有德国的鼎力支持,欧盟的难民庇护制度的改革有可能最终取得成功。

三、结　　论

回顾欧洲难民危机中德国的难民政策,可以清晰地发现,德国实施的难民政策经过了"谨慎对待"到"友好欢迎"再到"逐渐收紧"的调整过程。德国"过高估计了自身解决难民问题的能力,也过低估计了许多欧盟成员国的不合作态度"①。自 2015 年至今已有 120 多万难民的进入,让德国承受了巨大的难民接纳压力。为此,德国从国内和欧盟两个层面采取了应对难民潮的举措。在国内层面,德国首先放弃了《都柏林公约》的第一责任国的相关条款,承担起难民申请、登记造册、审查、甄别和临时安置的责任;增加难民登记与审核人力的投入,创新避难审核模式,提高避难程序审核的效率;为各州合理分配难民安置配额;设定"较安全国家",拒绝来自"较安全国家"的难民庇护者的申请及就业;投资建设或改建难民营,为各州及时拨付难民安置款。在欧盟层面,德国积极支持并力图推动欧盟制定和实施统一的难民配额方案;积极支持并主导欧盟与土耳其就难民过境和难民安置等问题达成协议;积极支持对欧洲现行的难民庇护政策与制度进行改革。尽管如此,欧洲难民危机对德国和欧盟的冲击所产生

① 伍慧萍:《欧洲难民危机中德国的应对及政策调整》,载《山东大学学报》(哲学社会科学版),2016 年第 2 期。

的消极影响依然没有削减。直到今天,包括德国在内的欧洲国家依然是在民族国家的层面对涌入的难民潮采取单独行动,而且欧盟成员国内部依然在狭隘的国家利益和共同的欧盟利益之间的平衡上纷争不断。实际上,欧洲国家只有联合起来,应对当前的难民危机,并且共同努力,与难民产生国、难民过境国、联合国难民署和国际社会密切合作,从根本上消除难民问题产生的社会根源,才能最终消解欧洲难民危机、解决欧洲难民问题。正如联合国难民事务高级专员古特雷斯所说,欧洲国家不能再以单打独斗的方式应对这一危机,“没有哪个国家能够独立支撑,也没有哪个国家可以推卸其责任”。对包括德国在内的欧洲国家和欧盟来说,以责任、团结和信任为基础实施一项化解难民危机的长期的共同战略,是解决欧洲难民问题的唯一途径①。

① 刘素云:《联合国难民署高级专员就欧洲难民危机发表声明》,网易新闻,http://news.163.eom/15/0905/10/B2O8S6CB00014JB5.htm1.访问日期:2016-04-09.

第四章 西班牙移民与难民问题研究

第一节 西班牙移民历史概述及现状分析

熊乙婷*

戚钟辰**

西班牙在世界移民史上具有重要的地位。从地理角度来看,它位于欧洲大陆的最南端,紧邻地中海,远眺非洲。同时,位于非洲北部的两块飞地——休达(Ceuta)和梅里亚(Melilla)与多个岛屿(如加纳利群岛、巴利亚里群岛等)散落于地中海之中,使其成为了来自非洲、中东等国家移民进入西班牙以及欧洲的重要通道。从历史角度来看,自从伊比利亚半岛第一批居民到来开始,到1492年的西班牙基本形成统一局面,再到民主时期,最后发展到当代西班牙,西班牙的各个历史阶段都出现了大量

* 熊乙婷,浙江外国语学院西方语言文化学院西班牙语专业讲师,西班牙巴塞罗那自治大学在读博士。

** 戚钟辰,澳门科技大学国际学院西班牙语讲师,西班牙庞培法布拉大学在读博士。

外国移民的身影,不同民族、国家的移民在西班牙和谐共处,与当地文化进行融合。正是因为这样的历史,才造就了今日多元的西班牙民族及文化。

本文通过对移民历史进行梳理,展示西班牙史上移民的流动及其动因,力图将历史上的移民趋势与21世纪的移民现状进行综合分析、比较,探寻西班牙移民政策的变化,以期折射出西班牙政府对于移民的需求及其背后原因。

一、古代西班牙的居民

从史前到1492年期间,伊比利亚半岛经过漫长发展后,逐渐成为了相对统一的国家。由于西班牙占据了在陆路与海上重要的地理位置,同时享受着宜人的气候,因此,吸引了克罗马农人、腓尼基人、希腊人、迦太基人等一批移民先后定居。约35,000年前,克罗马农人翻越比利牛斯山脉,进入伊比利亚半岛,成为第一批居民。公元前1104年,腓尼基人在半岛定居,建立了当时重要的商业据点及城市加的斯(Gadir①)。到了公元前8世纪左右,他们已建立了多个据点,如马拉卡(Malaka②)、塞西(Sexi③)和阿布德拉(Abdera④)等。相较腓尼基人,希腊人则在更加偏北的地区定居,如阿克拉琉卡(Akra Leuké⑤)、柯美罗思科比翁(Hemeroskopion⑥)、恩波里翁(Emporion⑦)、罗德斯(Rhodes⑧)等。西班

① 今名:加的斯(Cádiz),位于安达卢西亚大区,是重要的港口城市。
② 今名:马拉加(Málaga),位于安达卢西亚大区,西班牙第二大港口城市。
③ 今名:阿尔穆涅卡尔(Almuñécar),位于安达卢西亚大区,格拉纳达省下属城市。
④ 今名:阿德拉(Adra),位于安达卢西亚大区,阿尔梅里亚省下属城市。
⑤ 今名:阿里坎特(Alicante),位于西班牙南部的瓦伦西亚大区,为该大区第二大省城。
⑥ 今名:德尼亚(Denia),瓦伦西亚大区下属城市,位于阿里坎特省北部海岸地区。
⑦ 今名:安波利亚斯(Ampurias),曾经为希腊人和罗马人所占领的城市,位于伊比利亚半岛东北部。
⑧ 今名:罗撒斯(Rosas),位于加泰罗尼亚大区赫罗纳省下属城市。

牙重要的一条河流——埃布罗河①(el Río Ebro),就是由希腊人为其命名的。

第一次布匿战争(Guerra Púnicas)后,迦太基人战胜罗马人,获得了伊比利亚半岛的统治权。第二次布匿战争(公元前218—201)之时,迦太基主帅汉尼拔入侵罗马。但由于罗马出兵进攻迦太基本土,汉尼拔不得不回军驰援,但迦太基最终还是战败。经历了此次战争之后,除了内陆的努曼西亚(Numancia)等城市还在零星地抵抗奥古斯都的进攻之外②,伊比利亚半岛实际已处于罗马人的掌控之下。

半岛上的伊比利亚人和凯尔特人经过长久的融合,形成了新的民族——凯尔特—伊比利亚人(celta-íberos)。公元181—131年间,罗马军队与凯尔特—伊比利亚人之间爆发战争,罗马人获得了在西班牙的统治权。在罗马人统治时期,无论在语言、风俗习惯还是经济方面,都对西班牙产生了重大的影响。从公元前110年开始,罗马的影响一直持续到3世纪中期③。

公元406年,苏维汇人(suevos)、汪达尔人(vándalos)和阿兰人(alanos)武力入侵西班牙帝国边界。409年,他们跨过比利牛斯山脉,分割了伊比利亚半岛的西部④。同时,407年西哥特人占领罗马,罗马帝国

---

① 该河名称源自“伊比利亚”(Iberia)之称。

② Agustí, J. y Lordkipanidze, D., “Del Turkana al Cáucaso. La evolución de los primeros pobladores de Europa”. Barcelona: RBA Libros, National Geographic., 2005, p. 263.

Bermúdez de Castro Risueño, J. M.ª; Arsuaga, J. L.; Carbonell, E.; Rosas, A.; Martínez, I. y Mosquera M., “A hominid from the Lower Pleistocene of Atapuerca, Spain: possible ancestor to neandertals and modern humans”. *Science*, No. 276, 1997: pp. 1392 - 1395.

Parés, J. M.; Arnold, L.; Duval, M.; Demuro, M.; Pérez-González, A.; Bermúdez de Castro, J. M.; Carbonell, E.; Arsuaga, J. L., “Reassessing the age of Atapuerca - TD6 (Spain): new paleomagnetic results”. *Journal of Archaeological Science*, No. 40, 2013, pp. 4586 - 4595.

③ 参见 Cronología de la España romana, disponible en línea: http://web.archive.org/web/20131002103213/http://www.juntadeandalucia.es/averroes/~14700596/departamentos/cronohspanya.htm

④ 今日葡萄牙和西班牙西部直到马德里的范围。

衰落。西哥特人迁都托莱多(Toledo),进入王朝的黄金发展时期。在西班牙的西哥特人数量并不多,作为统治阶层,其颁布的一系列政策并未受到统治地人民的欢迎。特别是在宗教方面,尽管后期统治者为了更加亲近人民,改信基督教,但收效甚微。

公元696年倭马亚家族(califato Omeya)攻占梅里亚,709年攻占休达。由此,西班牙的移民史上又多出了穆斯林的身影。穆斯林凭借着其先进的文化及政治理念和强大的军事力量,在西班牙的历史和文化的融合方面产生了重大的影响。在当时的环境下,安达卢思(Al-Andalus①)就形成了一个相对的“宗教宽容”(tolerancia religiosa)的状态。

但经过中世纪不断地与基督徒的战争,穆斯林的统治力量逐渐减弱。在公元718—1230年间,随着“收复失地运动”(La Reconquista)的进行,在伊比利亚半岛内逐渐形成了几个势力相对强盛的王国:阿斯图里亚斯王国、纳瓦拉王国、莱昂王国、加利西亚王国、葡萄牙王国、阿拉贡王国和卡斯蒂利亚王国。13世纪时,随着阿拉贡王国在地中海不断扩张,以及卡斯蒂利亚王国与莱昂王国的联合,最终促使伊比利亚半岛逐渐形成了一个相对统一的王国。与此同时,基督教徒最终取得了“收复失地运动”的胜利,穆斯林统治被推翻,被迫进行大迁徙。

二、震荡的近现代西班牙

公元1469年,卡斯蒂利亚王国的伊莎贝尔与阿拉贡王国的费尔南多联姻,史称“天主教双王”(los Reyes Católicos)。这一事件被认为是伊比利亚半岛上形成统一的西班牙王国的重要标志。其后,西班牙发生了一系列的重大事件:基督教徒最终收复穆斯林占据的最后一个据点——格拉纳达,彻底完成“收复失地运动”;哥伦布从伊比利亚半岛出发,发现美洲大陆;等等。

① 今安达卢西亚自治大区(Andalucía),位于西班牙南部。

自从发现美洲之后，西班牙帝国就开始了其对外扩张和移民的过程，成为了当时世界上第一大帝国，其领土范围遍及了除南极洲之外的所有大洲。与罗马帝国、卡洛林王朝或者蒙古帝国不同的是，西班牙帝国的各个殖民地并没有通过大陆连接，而是遍布各大洲。整个 17 世纪，通过大西洋海路连接的伊比利亚半岛与美洲之间的贸易逐渐繁盛，西班牙的文学、造型艺术、音乐和建筑等领域有了一次较大的发展。

在这段历史时期，迁徙移入西班牙的移民一方面是犹太人和摩尔人，另一方面则是来自意大利、法国等地的手工业者。这些国家移民的涌入对于西班牙的经济发展起到了重要的作用。

面对国内不同种族的移民，天主教双王也采取了不同的策略。首先，双王在位期间，西班牙帝国并没有闭关锁国，反而是大力支持制造业的发展。从 1484 年起，为了吸引意大利和佛兰德的工匠，西班牙给予他们 10 年的免赋税的优惠。对曾经一度占领西班牙大部分领土的摩尔人和犹太人，双王则下令驱逐，防止国内的基督教徒被犹太化。面对这一驱逐，摩尔人与犹太人没有其他选择，只有两条道路可以选择：一是改信基督教，二是踏上流亡的路途。正是对于这一族群的驱逐，最终导致了西班牙商业和农业的逐渐衰落。

摩尔人统治西班牙时期，为西班牙农业的发展作出过巨大的贡献。摩尔人先后兴建水库和运河，并且制定了法律和政策以保证所挖掘的水渠的维护和修缮。其次，摩尔人的农业体系是建立于小所有制的基础之上，这样的所有制更加能够激励摩尔人对其私人所拥有的土地进行精耕细作。而从天主教双王开始，直到菲利普二世（Felipe Ⅱ，1556—1598）对犹太人和摩尔人进行的迫害，不仅没有为西班牙带来国家的繁荣，反而因为摩尔人和犹太人的离开，大片的农田被荒废，商业无人问津。

为了填补这一空白，政府甚至从卡斯蒂利亚、阿斯图里亚斯及加利西亚省选取 20, 500 个家庭安置到格拉纳达被放弃的农庄。同时，还从加泰罗尼亚、比利牛斯山区等地迁来农民，将他们安置在瓦伦西亚平原。在哈恩等城市，政府想用同样的方法来发展郊区。但由于这些移民并未掌握摩尔人所拥有的耕作方式，西班牙帝国期望通过国内移民的方法来拯救国家的计划并未奏效。

不仅如此，统治阶级对于以前由大量移民所从事的工业和商业的态度也发生了变化。对于这两种行业的从业人员的轻视，也是造成西班牙商业逐渐衰落的重要原因。国内的贵族阶级、议员等认为，工业和商业的从业者低人一等，因而即便他们并不富裕，也不愿意从事这些行业。同时，阿拉贡王国和卡斯蒂利亚王国建国初期还通过了一系列限制工业发展的法律。但是，作为贵族的他们又对进口产品趋之若鹜。虽然拥有大量的从美洲掠夺来的原材料，但由于工业的落后，无法对其进行加工和处理，这就导致了大量的财富仅仅通过西班牙转手后又流向法、英、荷、意等国。

当时的西班牙，迁入的移民来自不同的国家，大量的外国人涌入西班牙境内定居。其中，意大利人大多从事的是地毯工、石匠或鞋匠的工作，而法国人则大多是小商贩、五金工、运水工等。由于当时的社会状况，很难有外国移民能够在西班牙获得较高的职位或者社会地位。

在当代西班牙历史上，1808—1813 年的独立战争（Guerra de la Independencia）、1814—1833 年的费尔南多七世战争（Reinado de Fernando Ⅶ）、1875—1931 年的波旁王朝的复辟、1931—1936 年的西班牙第二共和国、1936—1939 年的西班牙内战、1939—1975 年的佛朗哥独裁时期等重大事件之后，西班牙从原本 16、17 世纪的世界第一帝国的位置上滑落，并逐渐失去其殖民地。

三、21 世纪西班牙的移民特点

迈入 21 世纪以来，西班牙则改变了对于外来移民的政策，成为接收外国移民数量最多的五个国家之一。2000 年至 2012 年获得西班牙国籍的移民数量基本保持了稳步上升的趋势，并且从 2000 年至 2014 年间，获得西班牙国籍的移民人数一度达到了 1, 165, 134 人（详见图 1）。但是从宏观上来看，外来移民的就业层次并不高。据统计，大多数摩洛哥人从事农业和建筑业，小部分人经营一些小生意；大多美洲移民从事旅馆业和家政服务业；东欧移民多从事建筑业。他们从事的职业的特点是："技术含量不高，收入少且不稳定，没有足够的劳动保障"（杨明，2014：9）。

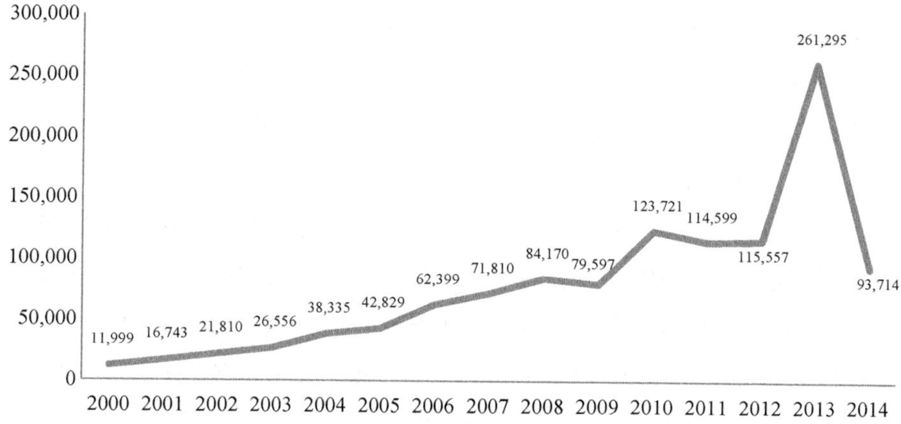

图 1　2000—2014 年获得西班牙国籍移民数量①

从图 1 可以看到，2012 年以后曲线出现了较大波动。2013 年与 2012 年相比，入籍移民增长 145，738 人，上升率达到了 126.12%；2014 年与 2013 年相比，入籍移民减少 167，581 人，下降率为 64.13%。也就是说，2013 年移入民数量暴增，而 2014 年又跌回到 2013 年之前的大致水准。那么，为什么 2013 年移民数量会大爆发？

从移民的具体来源国来看，大部分人来自非洲、拉丁美洲②和亚洲，其中又以中美及南美洲移入人数最多，达到了 180，554 人次，占总移入民数量的 69.10%。从具体的国别来看，非洲的摩洛哥，南美洲的玻利维亚、厄瓜多尔、秘鲁、多米尼加等国的输出人数最多。欧洲的罗马尼亚是与 2012

① 该章节所根据西班牙劳动及社会保障部的《通过居留获得西班牙国籍（*Concesiones de nacionalidad española por residencia*）》2000—2014 年的年报、欧洲移民网络（EMN）、欧盟和西班牙政府、外交及合作部和司法部联合制作的《移民与救助政策年报（*Informe anual de política de inmigración y asilo*）》2007—2013 及《移民与国际保护数据年报（*Informe anual de estadísticas de inmigración y protección internacional*）》2003—2009 所提供的数据及信息制作完成。

② 拉丁美洲主要是指美国以南，以罗曼语族（如西班牙语）作为官方语言或主要语言的国家。因罗曼语族发源于拉丁语，故而得名。

年相比移入西班牙人数增长率最高的国家。

2013 年移民人数突然增长的原因可以从政治和经济两方面来探讨。政治上，根据《2013 年西班牙移民及救助政策年度报告》①，西班牙移民政策主要有三个重点：（1）根据劳动市场的需要调整移民潮的相关法令以增强经济竞争力；（2）推进移入移民的各个方面的融入；（3）加强打击非法移民。金融危机的爆发对于工作在诸如服务业、建筑业等较为低端的行业的外来移民的影响和冲击尤为明显。在此情形下，西班牙一边亟待解决现有移民的就业问题，一边不得不调整移民法规与政策。2013 年 9 月通过的法律 14/2013 就是西班牙政府采取的一项重要举措。该法律被称为“创业者及其国际化的法律：推动国际交流的独有法规框架的形成”。这一法律的推出极大简化了来自外国创业者所需提交的签证材料及文件。

经济上，2012 年西班牙对当时的移民法规及吸引外国投资的体系与“经济合作与发展组织”②的其他国家进行了对比与评估，结果发现，西班牙的体系缺乏现代经济要求的灵活性，也不满足企业国际化的需求。这就催化了法律 14/2013 的颁布，从而西班牙政府简化了对高端人才的移入及居留手续，包括投资者、创业者、高端专业人才、研究人员等。

总的来说，西班牙移民数量稳中有变，在总体平稳的趋势下，政治、经济等因素会影响移民数量的波动。在新环境下，西班牙在接收移民的选择标准上开始向投资者、创业者、研究员、专业技术人员等能给其注入新的经济活力的高端人才倾斜。

四、结　　语

通过对西班牙移民流动特点的历史研究，我们发现，从该国管理者层

① EMN, *Informe anual de políticas de inmigración y asilo 2013*, 第 6 页。

② Organización para la Cooperación y el Desarrollo Económicos（OCDE）是一个国际合作组织，成立于 1960 年，有 34 个成员国，包括加拿大、美国、西班牙、葡萄牙、法国、德国等。

面来看，对从事第三产业移民的需求一直是保证国家正常发展的重要基础。但随着科技发展的需要，21 世纪的西班牙期望通过政策方面的倾斜来吸引更多技术性人才特别是高端人才，以加速国家的政治、经济和社会发展。从移民本身来看，大多是出于对迁入国或迁出国的政治环境、经济状况、社会包容度等方面来综合考量的。在全球化趋势下，移民的流动性相较历史上的任何一个时期都更高，但是我们同时也要注意到，全球化不仅仅是追求一体化，对移民不仅仅是对其进行同化。在物质层面，在经济、技术、信息交流上追求一体化；而在精神层面，在政治、文化和价值观上追求多样化。对于移民历史、移民政策历史的研究，有助于加深我们对这种将“一体化”和“多样化”相统一的认识，能给移民政策的决策提供更多的历史借鉴。

第二节

西班牙移民监管与政策分析

唐　雯*

西班牙历来都是一个移民大国。20 世纪初至 70 年代中叶，由于受到国内战乱、军事独裁、政治迫害、生存危机等多种因素的影响，西班牙成为欧盟主要的移民输出国。移民的目的国主要是比利时、英国、法国和拉美诸国。70 年代后期开始，西班牙国内恢复了民主体制，国民经济经历了 60 年代的“西班牙奇迹”大发展，国内就业市场更具吸引力，人民生活水平有了显著改善，西班牙也从移民输出国转型为接收国，接纳来自拉美、欧盟、非洲、亚洲等地的移民，以扩充本国青壮年劳动力市场，维持经济的可持续发展。

在百余年的移民历史中，西班牙建立了完善的法律制度、严格的边防管理系统和较为成熟的社会管理模式。2000 年起，西班牙接收的移民总量是美国同期的 3 倍、法国同期的 8 倍；2005 年，西班牙接收的移民总量在欧洲仅次于塞浦路斯和安道尔两个国家；但到了 2013 年，移民占总人口的比例首次出现下滑，并一直持续到 2015 年，西班牙同年接收的移民总量在欧洲排名下降到第 9。可见，在新的经济环境中，西班牙的移民情况也随之发生了相应的改变。这不仅仅局限在数据上的变化，还包括西班牙在移民政策上的改变。本文将对西班牙的整体移民环境、移民监管措施以及对华人的移民政策逐一进行分析。

* 唐雯，上海外国语大学西班牙语专业教师、副教授，外国语言学及应用语言学博士。

一、移 民 环 境

西班牙是非洲移民进入北欧的主要跳板，是拉美国家移民的首选目的地，同时，曾经的西班牙海外移民第三代、第四代也选择回流西班牙。这其中有多种因素共同影响着移民目的国的选择。

（一）经济因素

吸引移民的首要因素，就是强大的国民经济实力。西班牙自 20 世纪 60 年代起，利用冷战之际，吸引外资，发展民族工业，使得国家终于摆脱内战之殇，生活进入小康水平。到 2001 年，全球 55 个国家进入发达国家水平，其中就包含了西班牙，其文明发展指数世界排名第 19 位①。

在 21 世纪之初，西班牙的支柱产业建筑业、汽车制造业、采矿业、皮革加工业、化工业、纺织业等依旧处在增量发展阶段，与海外市场交流畅通，行业发展前景理想。因此，吸引了大批的移民加入了西班牙的劳动力市场。这些行业的薪资水平也较高，据统计，2000 年西班牙建筑工人的月收入折合欧元在 1,000 欧上下②，给移民临时劳工的薪资也在 600 欧以上。这个数额是同期摩洛哥建筑工人的 12 倍、厄瓜多尔的 10 倍、哥伦比亚的 7 倍。

2000 年西班牙加入欧元区，国内原始的货币比塞塔开始向欧元过渡。这期间许多商业巨头因多年来偷税漏税，手中囤积了大量的比塞塔现金，无法通过正常途径兑换成欧元。他们将目光投向了房地产市场，通过买卖房屋、地皮来洗黑钱。在这些黑钱的推动下，房地市场异常火爆，继续刺激市场。

此时，整个西班牙呈现出一派经济飞跃、市场繁荣的景象。这样的市场吸引了别国的移民者，因为他们容易在建筑、装修、家居等行业找到就业机会；同时，因为银行贷款业务的成倍增加，一些受过良好教育的移民

① 数据来源 http://sauce. pntic. mec. es/jotero/Inmigra/Causas. htm(2016. 7. 1)。
② 数据来源 http://www. ine. es/jaxi/tabla. do(2016. 7. 1)。

也能在银行业中找到工作,还有移民在西班牙购入房产转租或待价而沽。越来越多的移民感到,在西班牙更容易谋生。根据西班牙国家统计局(INE)统计,2000 年移民人口占西班牙总人口的 2.28%,到 2007 年就达到了 10%。2008 年国家统计局对 15,500 名进入西班牙的移民发放问卷调查,发现其中 62.3%的移民都是为了谋求更好的职业发展和更高薪资才来到西班牙的。但是 2008 年后经济增幅放缓,移民数量约占 11.3%,增量逐步放缓,到 2012 年约占 12.1%。

(二)政策因素

西班牙第一部《外籍人士权利自由保护法》于 1985 年出台。当时,西班牙主要还是一个移民输出国,同时在申请加入欧盟组织。为了避免自身成为进入欧洲大陆的门户国家,该项法律对于外国移民的要求极为严苛,受到诸多诟病后才被废止。

整个 90 年代,针对外来移民的法律处于真空期。直到 2000 年西班牙彻底转型为移民接收国,政府感到有必要出台针对外来移民的专项法律规定,才颁布了新的《外籍人士权利自由保护法》,明确了外国人在西班牙入境、居留等相关法律规定,并明确了外籍人士与西班牙公民享有的同等权益;该法律分别在 2003 年和 2009 年加以修订。现行的《外籍人士法律》是在此基础上于 2011 年更新出台的。

法律规定,在西班牙的外籍人士和本国公民享受同等权利,包括社会保险、公共医疗、生育照顾、教育资源等。例如,有稳定工作的外国移民年满 65 岁后可与西班牙公民一样,根据工作年资领取补助金;在没有工作的时候,外国移民可以去就业局登记失业,并根据规定领取失业金。小于 16 岁的未成年外国移民可以接受免费的基础教育,同西班牙公民一样开展后续教育,可按照教育法规定申请奖学金、助学金,获得相应的毕业文凭。在申请移民的过程中,政府还提供免费的法律帮助,协助处理拒绝入境、返回、驱逐出西班牙领土和国际保护等事件。无依无靠的老人或收入不到最低标准的老人,可以向政府申请少量的补助,以保持最起码的生活水平,或被送进养老院。尽管从 2012 年起的几年时间中,西班牙经历着持续的经济危机，政府在很大程度上收紧了对移民的优惠待遇，但每年的移民数量依然维持在总人口的10%以上。

除了明确的法律规定之外，从20世纪90年代起，西班牙就陆续有过四次大赦，可谓是在欧洲大赦次数最多的国家了。大赦一般为期3个月，非法劳工只需提供前一年在西班牙的户籍登记证明、同业主签订的半年以上工作合同（农业工3个月以上，家政服务和建筑工时间可累计）及原居住国无犯罪证明等，就可申请在西班牙的居留和工作许可。这个特殊的规定，除了放宽了移民政策，也吸引了大量的非法移民前往西班牙。他们没有合法身份，靠打黑工来获得微薄的收入，只等待大赦的到来，就可以在西班牙以合法身份生活下去。其他欧盟国家对西班牙宽松的移民制度纷纷表示反对，认为这造成了大量的非法移民涌入西班牙，并以西班牙为跳板进入到周边国家乃至整个欧洲。为此，西班牙政府计划出台一套有关于移民的补充政策，其中规定移民必须有经济基础、住所和语言能力之后才能申请居留，并且必须签署融入协议。也就是说，为了获得居留，移民必须掌握语言，并且尊重所在国家的风俗习惯。

（三）社会文化因素

西班牙对于移民的态度是较为包容的。20世纪70年代前，西班牙还是一个大量对外输出劳工的国家。这段历史使得西班牙人对移民，甚至是非法劳工的境遇都比较理解，富有同情心，能宽容地对待这些移民文化。

同时，西班牙也是一个老龄化的国家。据联合国数据预测，到了2050年，西班牙男性和女性的预期寿命将达到85—90岁，而出生率依旧保持低水平，西班牙将会成为全球老龄化程度最高的国家之一，有劳动能力与无劳动能力的人口比例从现在的5∶3上升为2050年的1∶1。因此，接收移民，尤其是青壮年移民是政府的工作重点之一。他们的到来很大程度上弥补了西班牙普通劳工的不足，保持了农渔业、建筑业、旅游服务业及某些加工业的价格竞争力，给经济注入了活力。西班牙本国人也清楚，那些社会地位低、工资报酬少的工作，特别是那些笨重、危险的体力劳动不是本国人所希望从事的,而由移民劳工去承担。

拉美裔的移民尤其能感受到西班牙的包容性。作为曾经的宗主国,拉美移民的语言、文化、宗教信仰几乎都是源自西班牙的。一些拉美国家的社会管理形式、观念意识形态也与西班牙相差不大。除此之外,许多拉美年轻人的父辈或者祖辈本身就是西班牙人,可能因为战争、政治、生存等原因才流亡拉美国家的。因此,拉美裔移民最为青睐西班牙,他们往往能比其他国家的移民更迅速地,也更无障碍地融入新的社会生活中去。当然,宜人的气候环境、旖旎的自然风光、优质的教育资源,也是众多移民选择西班牙的重要原因。

二、西班牙移民监管措施

(一) 概述

西班牙接受的移民来源国较为丰富。移民数量的多少同两国之间的文化差异度成反比,即差异度越小,移民数量越多。西班牙国家统计局2006年的数据显示,移民数量占全部西班牙外国人数比例的排名依次为西语美洲国家、欧盟成员国、非洲各国、亚洲各国及其他地区,其中罗马尼亚人和摩洛哥人依次位于在西外国人数的前两位。

表1 西班牙的移民结构①

地　区	西语美洲国家	欧盟成员国	非洲国家	亚洲国家
占移民总量	36.21%	38.82%	18.95%	4.62%

除了上述来源于西班牙警察总局公布的官方统计数据之外,西班牙每年还存在着相当数量的非法移民入境。西班牙与非洲最近处仅相距13公里,而且有绵延的海岸线以及分散的加纳利群岛和巴列阿利群岛与非

① 数据来源:https://es.wikipedia.org/wiki/Inmigración_en_España(2016.7.1).

洲隔海相望，这些地理条件无疑使得西班牙成为非洲人的最佳欧洲登陆点。在多数非洲底层人民的心中，进入西班牙就等于冲破了贫穷与富裕之间唯一的壁垒。这些主要来自非洲的非法偷渡者，主要由东西两条路径进入西班牙。

东线：非洲北部 —— 伊比利亚半岛
1. 海路：跨越直布罗陀海峡
2. 陆路：进入西班牙位于摩洛哥的两块飞地 —— 休达和梅里亚
3. 海路：由摩洛哥北部进入巴列阿利群岛

西线：非洲西北部——加纳利群岛

图 1　西班牙非法移民路线①

实际上，对非法移民的控制，不仅仅是西班牙一个国家的任务，欧盟早在 2013 年就认识到，必须联合欧盟南部的西班牙、意大利、希腊等国共同解决非法移民问题。在各国的联合措施下，2014 年总共有近 15 万非法移民试图通过地中海航路进入欧洲而被边防警察拦截。但是，由于西班牙地理位置上存在更加便利的偷渡条件，西政府比欧盟其他国家更早关注移民问题，并且比其他国家投入更大的边防警力应对非法移民。

数据显示，1999—2013 年，在西班牙边境就有 20 万非法移民被拦截。这些非法移民绝大部分来自非洲，他们更喜欢选择西线抵达西班牙的加纳利群岛，继而进入西班牙，再进入欧洲其他国家。西班牙为有效地控制非法移民，分别同西非国家毛里塔尼亚、塞内加尔等签署双边协定，共同治理偷渡行为。同时，西班牙在加纳利群岛的东海岸沿岸全线设立了对外综合检查系统（SIVE），加强防御控制力度。

相比之下，西班牙在东线上的防御主要集中在休达和梅里亚两块飞地上，针对地中海海上航路的偷渡监管相对比较弱。这是因为，东线更加靠近意大利和希腊，常有这两个国家的警察部队搜寻和拦截偷渡客；再加上近几年来利比亚、突尼斯的动荡局势，使得海路偷渡也遭受到战火威

① 数据来源：https://es.wikipedia.org/wiki/Inmigración_en_España（2016.7.1）。

胁,加大了危险系数。因此偷渡客的总量上就远低于西线和陆路。

(二)休达和梅里亚的移民监管措施

西班牙有两块飞地——休达和梅里亚,位于北非的摩洛哥境内,但是它们的主权属于西班牙,因此享有申根待遇。从20世纪90年代起,由于边防管理还较为松懈,相当数量的非法移民就是从这两地进入西班牙。据统计,2010年前被拦截的非法移民中,有30%都是由休达和梅里亚中转的。2000年之后,西班牙和欧盟先后认识到两地在控制非法移民工作中的重要战略位置,在两地增加了财力与人力的投入,有效地降低了非法移民偷入欧洲的数量。

现在,每天约有30,000人进出休达,西班牙警方对当地几乎每一寸与摩洛哥接壤的地方都实施了十分严密的移民监管措施,尽最大努力拦截非法移民入境。实际上,为了满足当地居民生产贸易的需求,警方只允许摩洛哥纳祖儿和得土安两市的常驻摩洛哥居民持有效护照方可自由进出休达,但是必须当日返回居住地,不能在飞地过夜。警方在休达的外围边境还建起了高达6米的隔离栏,安装密集的摄像头,加大巡逻警力。在多方努力之下,从休达和梅里亚非法入境的移民数量在2006—2010年期间有明显的大幅下降。

从地理位置上看,梅里亚相距伊比利亚半岛更远,但由于海上的偷渡路线、休达和西线都受到警方的严密监视与巡逻,不少来源于非洲的非法

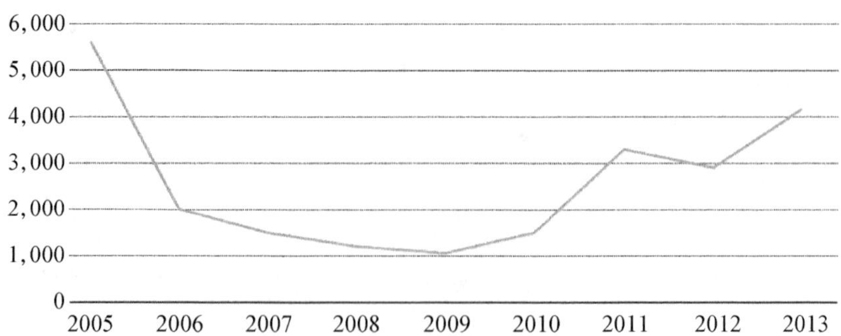

图2　西班牙年非法入境人数

移民只能选择梅里亚作为进入欧洲的中转站。与此同时,摩洛哥政府为改善国家作为非法移民聚居地和中转站的国际形象,自 2013 年开始,在西北部偏远地区开展了异常严格的监管制度。这些措施在一定程度上缓解了西班牙警方的压力,也确实打击了组织非法入境的“蛇头”集团。

尽管到 2012 年为止非法移民的总量有了明显下滑,但是自 2013 年起,由于受到马里、埃及、利比亚等非洲国家和中东地区政局动荡等原因,非法移民的数量又出现明显回升。仅 2014 年前八个月,摩洛哥政府就确认有大约 16,000 人企图通过休达和梅里亚两处中转,非法进入欧洲。西班牙警方之后公布的数据显示,约有 4,000 人成功偷入到国内。

早在 2005 年,基于控制非法偷渡和保护基本人权的矛盾对立舆论中,梅里亚撤出了边境线上的铁丝隔离栏。但是面对 2014 年以来汹涌的非法移民和难民潮,梅里亚当局不得不重新设置隔离栏,并且改用了金属材料。西班牙政府在增加警力地面巡逻的同时,还派遣了直升机开展空中巡逻。自 2005 年起就设立在边境上的辣椒水喷射管网依旧矗立在边境线上。摩洛哥政府计划在与两块飞地的交界处开凿一条深约 2 米的壕沟,以此阻绝非法移民。此外,一直以来备受各方组织质疑的“即刻遣返”制度,在 2005 年首次被提出后,于 2013 年被西班牙国民防卫部正式申请其合法性。一直以来,被拦截的非法移民会由警方专门看管,再启动遣返程序,这个过程耗费大量人力与财力。同时,近几年,几处临时非法移民收容站(CETI)已经人满为患。以梅里亚的收容所为例,其人数已经超出正常接收能力的四倍。在 2014 年,西班牙和摩洛哥政府达成一致,均同意采用“即刻遣返”制度作为一种特殊手段,来应对目前非常态的非法移民与偷渡。在此非常时期,另一项“分流”制度也再次被西班牙政府启动,即安排叙利亚难民进入收容站,以此缓解难民直接进入西班牙所带来的压力。西班牙政府也在 2015 年与移民中转大国摩洛哥,以及移民来源大国阿尔及利亚、突尼斯、埃及等国开展多边协商,拟建立一个正规的、完整的移民方案,开启更多的移民网络,从而降低非法移民的总量。这一系列的举措带来的另一个积极效应,就是能较为有效控制恐怖分子从西班牙南部地区潜入欧洲。

三、西班牙对华人移民的政策

西班牙国家统计局数据显示,在西境内约有超过 22 万的中国移民,其中 70%是来自中国浙江地区。进入西班牙的中国移民以 2008 年为界,分为不同的两大特征群体。

第一群体指的是从 1978 年中国改革开放到 2008 年前后的中国移民。这些华人主要以村庄同姓家族为单位陆续移民到西班牙。对于第一群体的中国移民,西班牙人的印象就是“三把刀”①,即他们大多从事餐厅、缝纫等服务业营生。这批移民中除了合法的劳工签证、家庭团聚签证之外,有一部分以旅游签证的形式来到西班牙后,留在当地同乡开设的餐馆或工厂打工,等到西班牙大赦,换取居留。

第二群体主要是从 2008 年西班牙经济衰退到目前为止的移民。新移民不再是忍受生活艰辛的劳工形象了,而是通过在西班牙投资获得居留权。2013 年,西班牙议会特别通过了《创业者法》②,内容包括:凡通过经济产业投资入境或落户西班牙,或已经居住在西班牙的外国人,政府将给予入境及申请居留上的便利……具体指投资者、企业家、高素质专业人才、科研工作者。

可见,该项法规的出台,旨在吸引国外的投资,激活国内的房地产市场,从而带动整个疲软的国内市场。

尽管政策内包含针对中国人的“购房换居留”内容,相比之前的移民法规,其优势也更为凸显:

1. 受益范围扩大:旧法案中,仅 18 周岁以下子女可随申请人申请,申请人的父母不能随行申请。但新法案规定,经济上依赖于申请人的双方父母及 18 周岁以上经济不独立的成年子女可随行。新政放宽了对子女的年龄要求,超龄子女仅需提供文件证明未婚、无经济能力,即可同申请人一起申请。另外,也加入了父母可随行政策,无需漫长等待团聚

① 资料来源:http://ficus.pntic.mec.es/spea0011/ptsc/ice.htm(2016.7.1)。

② 2013 年 9 月 28 日由西班牙《政府宪报》公布,并由西班牙国王胡安·卡洛斯批准通过。

移民。

2. 无须拿到房契并完成房产登记注册后才可申请投资签证。旧法案中，申请者必须完成房款支付和获得地契后才能申请签证。新法案则允许申请人签署购房合同并把房款全部转到西班牙账户，就可以申请6个月有效的投资者签证。在拿到地契之后(过户)可以申请2年居留卡。如果6个月中地契没有拿到，则可以申请下一个6月的投资者签证。本次修改无疑加大了签证使用上的灵活度，让申请人能为登陆西班牙提前做好准备，例如为孩子办理入学手续。

3. 获得长期身份，无居住要求。旧法案中，申请在首次取得居留签证的有效期为2年；2年后，申请人需要续期此居留签证；2年内没居住要求，每次续期均为2年。而在新法案中，申请者在2年后续签即可获得5年的居留签证，之后也是每5年续签一次；续签时也没有居住要求①。

同时，西班牙房产连续下跌7年，平均跌幅40%以上，沿海地区房产下跌80%，投资回报率高。但上述政策并未受到中国人的热捧。国人希望购房所换得的居留是真正的“移民居留”，也就是说，能确实成为当地的永久居民，和西班牙人一样享有医疗、教育等福利。实际获得的是临时居留权，有时间限定，过期需要再次提交居留申请。在满足了一定的居住时间之后才能申请永久居留。当然，在社会福利以及其他相关权利上，临时居留具有很大的限制性，福利方面不及永久居留，所以对于国内通常会具有移民倾向的中高阶层来说，吸引力不大。这种阶层的人移民国外，需要的是真正的移民生活，而不是纯投资行为。这项政策的出台主要是为了吸引投资，刺激本国停滞不前的经济。这也就意味着，一旦西班牙经济出现好转，移民政策随时都有可能收紧或关闭，因而具有不稳定因素。

尽管如此，《创业者法》的颁布确实给西班牙国内带来了一定的起色。多家主营购房、移民办理的咨询公司、中介公司应运而生。他们会陪同客户看房、选房、购房，指导移民申请材料的准备，陪同办理移民手续等。这个客户群体仍然是以中国人为主，因此这些公司在招聘时十分青睐会汉

① 信息来源：http://www.awesomegroup.net/news/detail/id/5189.html (2016.7.1)。

语和西班牙语，又具备法律专业知识的年轻人，这给将近 50%失业率的西班牙青年群体带来了希望，同时也给在西班牙留学的中国学生提供了就业机会。目前在西班牙青年群体中有一种共识，即：中国=机会。他们学习汉语课程，提升求职竞争力。因此，在西班牙的孔子学院所开设的汉语培训课程受到当地年轻人的热捧。

四、结　　语

西班牙长期拥有较好的移民环境、完善的移民制度和严格的移民监管，但是 2010 年之后随着国际政治经济环境的改变，西班牙在移民政策上也相应产生了变化。在原本严格的边境防御上，加强对非法偷渡的管控；与非洲多个国家签订合作协议，共同治理非法偷渡；同时接受欧盟帮助，增加边境防御力量，在治理非法偷渡的同时，缓解难民压力，并防御恐怖分子的潜入。针对新环境下的华人移民，西班牙主推"购房换居留"政策，以外资的注入带动国内市场。在政策推行过程中，尽管有消极因素的存在，但总体局势是良性发展的。2014 年起西班牙的房地市场已止跌回升，政府对国家经济复苏充满信心，而西班牙也有可能成为一个理想的移民目的国。

第三节
西班牙外来移民的社会融入问题

陈　芷*

近两年，欧洲不少国家经历了自二战以来最大的非法移民危机。根据国际移民组织统计，2015 年有超过 35 万名非法移民试图越过地中海前往欧洲，其中约有 2,600 人葬身大海或下落不明。叙利亚和北非地区动荡的政治局势和非人道的生存环境，使得越来越多的人铤而走险，选择偷渡到欧洲。根据联合国的统计数字，截至 2015 年 8 月，从海上抵达希腊的非法移民人数达到 15.8 万人，第二目的地国是意大利，达到 9 万人。

一、移民与移民融入

移民，顾名思义，意为个体或者群体居住地的迁移。这种迁移不是简单的地域转换，而是离开原属的政治经济体，进入一个全新的社会系统。移民过程并不以到达新的居住地为终点，在进入新的社会环境之后，移民必须面对各种各样的问题，包括语言、工作、生活、教育、社交、文化、心理等方面。在这一阶段，移民主体原有的社会文化属性必然与客居国的社会系统产生碰撞与摩擦，移民主体面临着去社会化和再社会化、再组织化的过程，也就是说，移民必须适应客居国的生产体系、社会规范和行为准则，并随着时间的推移，最终成为适应新生活的社会成员，即实现所谓的

* 陈芷，上海外国语大学西方语系副教授，安自在（Programa SOL）中西文化交流发展中心创始人、理事长。

社会融入或融合。

20世纪初,移民融入问题进入了西方学界的研究视野。该领域的研究呈现出角度多维化、内容多元化的态势。二战后,研究关注移民的经济生活、文化交往,20世纪60年代强调移民的政治权利,90年代以来偏重"双向性",即客居国有义务帮助移民适应新环境,并且从政策层面给予保障,而移民也要努力适应客居国的文化与习俗,不"威胁"客居国的社会体制和社会治安。

二、移民融入政策

在大多数情况下,移民的目的是"为了让生活更美好"。移民的对象国在社会秩序、经济指标、就业保障、社会福利等方面一定比原生国好。因此,客居国制定移民融入政策的目的在于理顺移民群体与本国民众之间的资源分配关系,协调移民群体与本国民众之间在社会生活、政治目标、宗教信仰等方面的矛盾与冲突,并在此基础上把控移民融入的状况。移民融入政策一方面要符合移民群体的利益,为移民创造开放而平等的社会环境,使其与本国民众拥有同样获取社会资源的意愿与能力;另一方面也要符合客居国主体社会的利益,使本国民众从移民活动中受益,从而实现社会的聚合效应。

移民融入政策的制定是跨领域、跨机构的多维度和多层级任务,因为移民的融入牵涉就业、教育、住房、医疗、社会福利等一切社会生活领域。恩特辛格认为,移民融入政策有三大组成部分,即国家、市场和民族,而它们分别对应移民过程三个主要向度,即法律政治向度、社会经济向度和文化向度[①]。目前欧洲国家的移民融入政策有几种典型模式,海克曼将其分

① 转引自 Entzinger. The Dynamics of Integration Policies: A Multidimensional Model, in Ruud Koopmans, Paul Statham: *Challenging Immigration and Ethnic Relations Politics: Comparative European Perspectives*, Oxford University Press: New York, 2000, p. 99.

为多元文化式、福利国家式与共和式①。恩特辛格援引霍利菲尔德 1997 年的分类，将融入政策分为了“少数民族模式”“客籍劳工模式”和“同化模式”。名称不同，但内容相似②。

（一）多元文化式

“多元文化式”或“少数民族模式”大都形成于某些具有移民传统的国家中。在移民融入政策上国家推行多元文化主义，制定法律允许移民长期居留，支持移民保留自身民族特征和自身生活方式，在国民身份上对移民持相对开放的态度，入籍政策较为宽松，移民从而享有更多政治权利，可以说，多元文化主义更加注重身份意义的平等。英国是实行这一政策的典型国家。20 世纪 60 年代以来，英国对于移民的融合是建立在一系列复合意识形态基础之上的，如同化（assimilation）、融入（Integration）与文化多元主义（multiculturalism）等。但在 80 年代之后，文化多元主义在公共政策中就占据了主导性的话语权，主要体现在诸如教育、健康与社会服务等议题的讨论中。在多元主义模式下，英国社会把移民当作国民社会的一部分，允许移民保留原有的民族特征与文化标志。他们可以在新社会重新建构自己的文化社区。通过这种模式，英国试图打造一个多族群和谐共处的多元文化社会。

（二）福利国家式

“福利国家式”或“客籍劳工式”是指国家主要采用社会福利制度作为吸纳移民的主要手段，移民享有充分的社会和经济权利。这一模式主要产生于二战之后欧洲经济重建时期。由于欧洲重建的需要，大量外籍劳动力进入欧洲各国劳动力市场，并从一开始就被纳入到了社会福利体系之中。但是这种模式认为，移民只是暂时以经济为目的的流入，随着产业

① 伍慧萍、郑朗：《欧洲各国移民融入政策之比较》，载《上海商学院学报》，2011 年第 12 卷第 1 期，第 38—43 页。

② 同上。

结构调整与周期性变化,这些移民又会流出。因此在这样的模式下,移民能够享有充分的社会和经济权利,但是其文化身份与国民身份是不被待见的,客居国对于移民的文化独立与国民身份认同方面采取消极、排斥的态度,因为移民只是“过客或临时打工者”(guest worker)。德国是采取这一模式的典型国家。

(三) 共和模式

“共和模式”或“同化模式”将移民视为长期存在的事实,欢迎移民留居,客居国为其提供法律地位保障,同时积极争取将移民吸收和纳入主流文化。在这一模式下,移民往往需要接受客居国的民主国家理念,同时在很大程度上放弃原先的民族特征和生活方式,在个体上对客居国产生新的效忠和认同心理。可以说,共和式带有普遍主义色彩。法国是这一模式的典型代表。在法国,移民被当作是永久性的居住者,被赋予了合法的政治地位,法国政府鼓励消除各种歧视与不平等,实现对移民群体的同化,从而达到社会公平与正义。

三、西班牙的移民融入

(一) 西班牙的移民历史

由于其地理位置、经济发展水平以及移民政策,西班牙在很长一段时间里并不是外来移民的首选之地。在20世纪90年代之前,西班牙一直被外来移民视为进入其他国家(如德国、法国、瑞士等)的中转站。其实,1850—1950这一百年间,西班牙还是一个移民输出国,大约有350万西班牙人移民到了拉丁美洲。阿根廷就接收了大约150万西班牙移民,还有约200万西班牙人流向了乌拉圭、巴西和古巴,这些人大都来自加利西亚、阿斯图里亚斯以及加那利群岛。

从20世纪90年代开始,西班牙乃至整个南欧经济发展迅猛,大量的工作机会和宽松的移民政策吸引了大量来自拉美和东欧地区的移民。

根据欧盟 2006 年的统计，2001—2005 年间，每 10 个进入欧洲的移民，有 6 个在南欧落脚（西班牙、意大利、葡萄牙、希腊、塞浦路斯或马耳他）。所有南欧国家，除了希腊，其移民增长率都超过了欧洲平均水平，有的国家甚至是平均水平的 4 倍。根据欧洲统计局提供的数据，西班牙在 2007 年接收的移民总人数为 684, 883 人，达到了欧盟之最。如果再加上意大利接收的移民，两个国家所接收的移民人数是欧盟 27 个成员国当年所接收移民总数的 69. 1%①。

（二）西班牙的移民政策

那么西班牙靠什么吸引了那么多移民？

首先，劳动力市场的宽松就业。西班牙乃至南欧国家非法用工的情况比较普遍，移民在没有任何法律手续的情况下，可以很轻松地找到工作；而德国、法国、瑞士等国家对于移民的就业监管比较严格，并且随着经济的发展，越来越需要高素质的人才。因此没有文凭、没有背景也没什么特殊技能的移民纷纷涌向了西班牙这样的南欧国家，因为只要肯吃苦，肯出卖力气，那里就能找到工作，就能填饱肚子。这解决了初来乍到的移民的基本生存问题。他们的辛勤工作也为国家经济发展作出了贡献。根据西班牙首相经济办公室 2006 年的统计数据，从 2001 年开始西班牙国内生产总值的 50% 是由移民们贡献的，他们占据了劳动力市场一半的工作岗位。

其次，拉美国家的人只要证明自己在西班牙居住了两年，就可以取得西班牙国籍。因此大批拉美移民来到了西班牙。其他国家的人如果在西班牙居住满一年，并且取得了下一年的外国人居住证，拥有固定住所，并且能证明有足够的经济收入，也可以申请家庭团聚。根据西班牙出入境管理局的统计，近年来通过家庭团聚，移民西班牙的人数逐年攀升。

① Laparra Navarro, M., & Martínez de Lizarrondo Artola, A. Las políticas de integración social de inmigrantes en España. L. Cachón y M. Laparra, *Inmigración y políticas sociales.* Barcelona: Bellaterra, 2008, pp. 291 – 324.

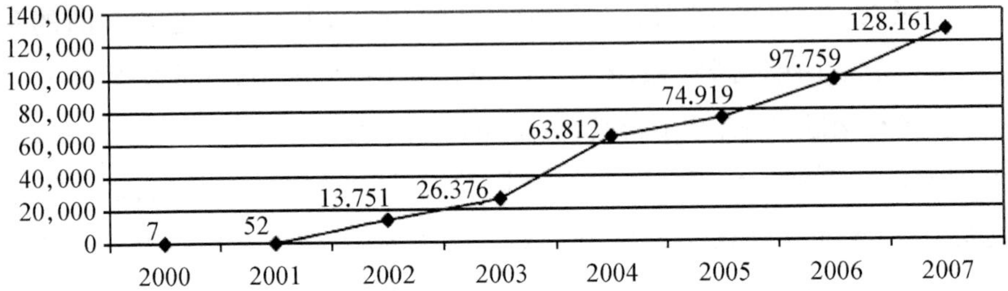

图 1　通过家庭团聚移民西班牙的人数(2000—2007)①

(三)西班牙的移民融入

西班牙政府的移民融入政策采取“中央宏观调控,地方按需实行”的模式,即:中央政府制定政策,各个自治区政府有权根据当地情况灵活实施。

在立法层面,西班牙政府不断完善移民融入政策的制定。2001—2004 年,阿斯纳尔执政期间,曾经制定“格雷科计划”(El Programa Greco),但是该计划以失败告终,因为该计划的主要目的在“管控”,而非帮助移民“融入”。萨帕特罗上台后,制定了更为人性化的“公民权与融入战略计划”。该计划于 2007 年 2 月获得议会通过,预算总额高达 20 亿欧元。

该计划旨在从“平等、公民权、跨文化”三个维度创造一个“和谐共荣的社会”,其目的是为了反对歧视,让移民与本地居民一样享有同等的权利与义务、同等的机会,加强移民的归属感,尊重文化多样性②。

该计划的制定是西班牙历史上第一次从立法层面要求“全社会一起动员起来,保障西班牙大小城乡新老居民的双向融合”,是中央政府制定的一个指导性政策文件,指导各大自治区政府、非政府机构具体的移民融入工作。

---

① 数据来源:西班牙出入境管理局。

② Laparra Navarro, M., & Martínez de Lizarrondo Artola, A. Las políticas de integración social de inmigrantes en España. L. Cachón y M. Laparra, *Inmigración y políticas sociales*. Barcelona: Bellaterra, 2008, pp. 291 - 324.

除了“公民权与融入战略计划”，西班牙政府还于 2005 年划拨了专项基金，用于支持移民接收、融入与培训教育。该项基金根据自治区的移民指数情况，划拨到各地，专门用于各自治区、市、县接收移民，通过培训教育来帮助其融入西班牙社会。2007—2008 年间，该项基金总额达到 2 亿欧元。其中 9, 800 万欧元用于移民接收与融入，9, 000 万欧元用于移民的培训教育，包括西班牙语课、西班牙文化概览与社会风俗、西班牙法律等，1, 000 万欧元用于无陪伴未成年人的看护，另外 200 万欧元作为基金管理与运营费用。

该项基金从 12 个维度监管各自治区的移民融入工作，包括接收、教育、社会服务、就业、住房、健康、未成年人与青年人、同等待遇、参与、女性、归属感与共同发展。

（四）西班牙的移民政策与欧洲其他国家的比较

西班牙的移民融入政策与欧洲老牌移民国家的接收模式有所不同。多元文化式尊重移民的文化多样性，允许他们保存原有的民族特征与文化标志，但是本地居民与移民之间还是“鸡犬之声相闻，老死不相往来”。西班牙人历来热情好客，并且在历史上对异族文化抱有开放态度。哥伦布发现新大陆以后，各路西班牙人到达美洲，并没有对土著采取“三光”政策，而是与当地女子通婚，把西班牙语和天主教带到美洲，而把美洲的土豆、西红柿等带到了欧洲，实现了“双向”融合，因此在现代社会，本身就是多元文化、多人种混杂的西班牙对移民也相当宽容。

“福利国家式”在最近几年的西班牙是一种奢望。西班牙从 2008 年开始饱受经济危机的重创，本国居民的福利待遇也大大缩水，移民的福利更是“水中月，镜中花”。2014 年开始，西班牙政府取消了年满 18 岁的非法移民的医保卡，终结了 2012 年第十六号皇家法令所颁布实施的“全民医保体系”。为此，大约 87. 3 万非法移民失去了医疗保障，这些人的疾病预防与监控成了一大社会问题。

“共和模式”试图将移民吸收纳入主流文化，为此，移民需要在很大程度上放弃原先的民族特征和生活方式，这在西班牙并没有发生，移民还是能够很好地保留自己的文化标志与民族特征。以旅西华人为例，每年的春节庆典，西班牙华人们还是大张旗鼓地在城市中心区域进行舞狮舞龙表演，举办春节庙会，而西班牙政府也大力支持。从 2014 年开始，马德里市政府专门免费开放西班牙广场作为春节庙会的举办地。当地媒体表示：*Sin duda alguna, el Año Nuevo Chino es un motivo para celebrar. Total, en esta era pospostmoderna, adoptar* ***tradiciones de otros países*** *es muy común e, incluso, positivo*①（毫无疑问，中国新年应该好好庆祝。在如今现代社会，接受国外习俗很正常，而且是有积极意义的）。

四、结　　语

截至 2017 年底，在西班牙生活着 457 万外国人，与去年同期相比增加了约 28%②。大量移民涌入西班牙，使得西班牙总人口已经连续两年持续增长，其中 9.82% 的人口为外国人。从 2008 年开始，由于经济危机，大量外来移民返回了自己的国土，或者流向了第三方国家。为了阻止更多劳动力外流，西班牙政府于 2014 年批准了 20 多万份入籍申请，虽然略低于 2013 年的 23 万人，但也大大超过前几年的入籍人数。通过这种手段，暂时缓解了人口流动的逆差。2018 年 12 月，《西班牙宪法》迎来其 40 岁生日。面对越来越多的外来移民，西班牙各界开始讨论是否需要修宪，赋予移民更多地参与社会公共事务的权利，其中包括投票与选举权。这一想法是否能够落地，让我们拭目以待。

---

① Starmedia，2015 年 2 月 19 日报道。来源：http://www.starmedia.com/noticias/celebracion-ano-nuevo-chino-2015-hoy-19-febrero/。

② El mundo，2018 年 6 月 25 日报道。来源：http://www.elmundo.es/espana/2018/06/25/5b30be1dca4741905f8b465e.html。

第四节

西班牙移民教育政策的演变及对我国流动人口子女教育的启示

王　岩*

胡晓晨**

西班牙是欧盟移民数量最多的国家之一,欧洲统计局在其官网发布的数据显示①,截至 2015 年 1 月 1 日,欧盟成员国中移民绝对数量前五位的国家为德国(750 万)、英国(540 万)、意大利(500 万)、西班牙(450 万)和法国(440 万)。这五个国家的移民之和占欧盟移民总人数的 76%。

根据西班牙国家统计局截至 2016 年 1 月 1 日的统计②,在全国 4,650 万人口中,外来移民数量达到 460 万,占总人口数的 9.9%。其中,16 岁及以下的移民为 76 万人,占移民人口数的 16.6%。

移民的教育一直是西班牙政府关注的问题,政府先后出台了一系列相关政策,对保障移民基本权利,解决移民尽快融入西班牙社会起着重要作用。

---

* 王岩,上海外国语大学西班牙语专业副教授,外国语言学及应用语言学博士。

** 胡晓晨,浙江外国语学院西方语言文化学院西班牙语教师。

① http://ec.europa.eu/eurostat/statistics-explained/index.php/Migration_and_migrant_population_statistics#Migrant_population 访问日期:2016 年 8 月 9 日。

② Avance de la Estadística del Padrón Continuo a 1 de enero de 2016 (Notas de prensa de INE, 2016.04.28).

一、西班牙移民教育的发展历程及现状

大量的移民人口，特别是学龄移民人群的存在，使得移民教育成为西班牙政府重要的政策课题。通过相关数据的收集和分析我们可以发现，从 20 世纪 90 年代开始，随着移民数量的增加，西班牙教育体系中外籍学生的数量和比例逐年升高。图 1 显示的是从 1994—1995 学年到 2014—2015 学年 20 年间西班牙非大学教育体系①中外籍学生的数量及所占比例的变化情况。

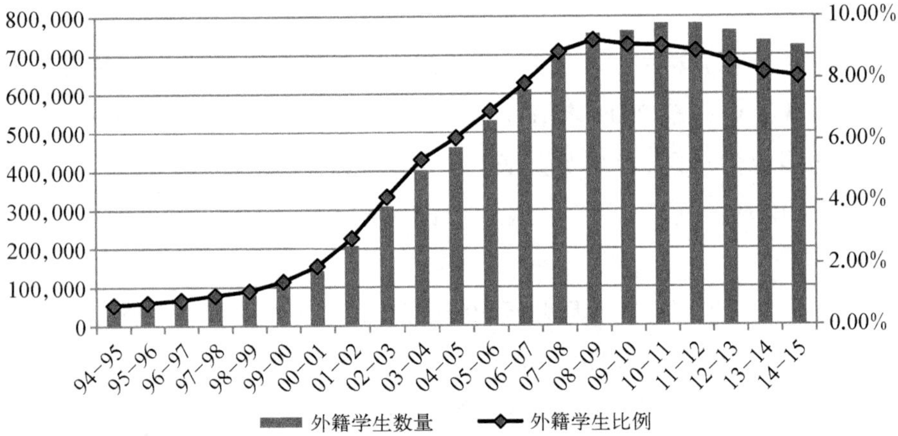

图 1　西班牙非大学教育体系中外籍学生数量及比例的变化情况(1994—2015)②

---

① 非大学教育(enseñanzas no universitarias)，包括普通非大学教育(enseñanzas de régimen general)、特殊非大学教育(enseñanzas de régimen especial)及成人教育(educación para personas adultas)，西班牙教育部及国家统计局的相关统计数据中所指的非大学教育一般主要指前两项，不包括成人教育。普通非大学教育主要包括学前教育、小学及初级中学教育，高中教育、中等及高等职业教育等，其中小学及初级中学教育为义务教育。

② 数据来源："Anuario estadístico Las cifras de la educación en España (1996 - 2014)", Ministerio de Educación, Cultura y Deportes.
"Estadística de las Enseñanzas no universitarias. Curso 2013 - 2014/2014 - 2015", S. G. de Estadística y Estudios del Ministerio de Educación, Cultura y Deporte.
"Evolución y situación actual de la presencia del alumnado extranjero en el sistema educativo español (1994 - 2005)", Ministerio de Educación y Ciencia.

统计数据显示,从 1994—1995 学年至 2004—2005 学年,注册外籍学生数量由 5.3 万增长到 46.1 万,增加了 8 倍;从 2004—2005 学年至 2014—2015 学年(72.4 万),增长率也达到 57.4%。从比例上看,1994—1995 学年到 1998—1999 学年,外籍学生占注册学生总数的比例增长相对缓慢,而从 1999—2000 学年开始,特别是进入新世纪以后,这一比例持续快速上升,并在 2008—2009 学年达到最高值 9.2%。另外,2007—2008 学年后,外籍学生的数量和比例开始保持相对稳定。

根据西班牙教育、文化及体育部的最新统计①,2014—2015 学年,在西班牙非大学教育体系中注册的外籍学生数量达 72.4 万人,占总人数的 8.1%,其中:20.7%(15.0 万)处于学前教育阶段,占该阶段学生总数的 8.2%;59.1%(42.8 万)处于义务教育阶段②,占该阶段学生总数的 9.0%;10.8%(7.8 万)处于高级中等教育阶段③,占该阶段学生总数的 7.5%。

为了进一步了解移民子女在西班牙接受教育的情况,我们比较了 1999—2000 学年到 2014—2015 学年 6—16 岁移民群体与同年龄段西班牙本国居民的义务教育入学率④,结果如图 2 所示。可以看出,从 1999—2000 学年到 2014—2015 学年,适龄移民子女义务教育阶段入学率由 72.4%增长至 91.9%,增幅显著;同时段内,本国学生的入学率基本维持在 93%左右。我们再以四年为单位,比较两个群体的平均入学率(表 1),得到的数据说明,在近 15 年间,外籍学生义务教育入学率不断接近本国

① http://www.mecd.gob.es/servicios-al-ciudadano-mecd/estadisticas/educacion/no-universitaria/alumnado/matriculado/2014-2015-RD.html(查询日期 2016 年 8 月 9 日)

② 西班牙的义务教育共十年,包括六年的初等义务教育(educación primaria obligatoria)及四年的初级中等义务教育(educación secundaria obligatoria)。

③ 高级中等教育阶段(educación secundaria postobligatoria),中等教育中的非义务阶段,入学前提是完成初等中级义务教育,主要包括普通高中教育(bachillerato)和中级职业教育(formación profesional de medio grado)。

④ 义务教育入学率=适龄儿童中在义务教育阶段就读人数/适龄儿童人口总数×100%。在本次统计中,我们以 6—16 岁为义务教育年龄段;义务教育阶段包括 6 年的小学教育及 4 年的初级中学教育(见注解 7)。

学生,两者的差距逐渐缩小。

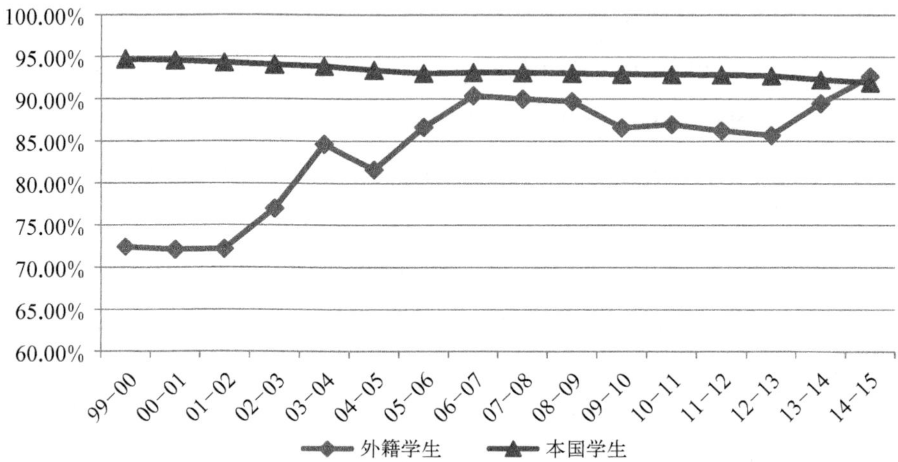

图 2　西班牙 6—16 岁外籍学生与同年龄段本国学生义务教育入学率(1999—2015)

表 1　外籍学生与本国学生平均义务教育入学率对比表

年　份	99/00—02/03	03/04—06/07	07/08—10/11	11/12—14/15
外籍学生	73.42%	85.82%	88.32%	88.52%
本国学生	94.41%	93.35%	93.00%	92.46%

近 20 年间,随着西班牙境内移民数量的增加,移民子女在西班牙非大学教育体系中的数量及所占比例显著增长,从 1,000 名学生中不足 10 名外籍学生,发展到了现今的 1,000 人中 80—90 人的规模。同时,移民子女群体的义务教育入学率也在不断增加,并且逐步接近西班牙本国人群。移民子女能够与本国公民一样享受各个阶段的教育,特别是义务教育,这与西班牙法律政策一直以来对移民及移民教育的保障密切相关。

二、西班牙移民教育法的发展

对移民教育的保障可以追溯到 1970 年出台的《普通教育法》①，该法第 2 条规定，“居住在西班牙的外籍公民和西班牙公民一样，享有免费接受普通基础教育和第一级职业教育的权利”，并提出“应为外籍学生设置特别课程，以保证他们能最大程度地跟上学习进度，了解西班牙文化”。

1978 年西班牙宪法第 13 条规定，“外国人在西班牙享有国家法律保证的公民自由”，由此给予外来移民与西班牙公民平等的权利；在教育方面，宪法第 27 条规定，“所有人都有接受教育的权利”，并指出，“国家保障每个公民平等接受教育的权利”。宪法是一个国家的根本大法，是国家法律制度的基石，宪法中的这些规定为后来各种具体移民教育政策的确立奠定了法律基础。

1980 年的《教学机构章程管理法》②作为民主宪法出台之后的第一部教育法，同样赋予了外籍公民与西班牙公民同等享受免费义务教育的权利，同时，承认所有人都具有接受高等教育的权利。至此，由《普通教育法》提出、经过《宪法》的保障以及《教学机构章程管理法》的进一步确立，“外籍居民享有平等接受教育的权利”成为了推动移民教育开展的基本思想，渗透于后来的各种移民教育政策法规之中。

1985 年的《教育权利法》③确保了公共财政对教育的支持，并对“平等接受教育”这一权利的内涵作了更详细的阐释，要求给予所有学生均等的入学机会。该法规定，公共教育机构录取学生时，不得因宗教、社会、种族、出身等原因区别对待，在任何情况下都应一视同仁。同样，只要个人有能力或意愿，都有权利接受高等教育。同时，该法还指出，“接受必要的帮助以应对家庭、经济及社会文化层面的困难”是学生的一项基本权利。

---

① Ley General de Educación（1970. 08. 04）http://www. boe. es/buscar/doc. php?id = BOE－A－1970－852

② LOECE：Ley Orgánica por la que se regula el Estatuto de Centros Escolares（1980. 06. 19）http://www. boe. es/buscar/doc. php?id = BOE－A－1980－13661

③ LODE：Ley Orgánica Reguladora del Derecho a la Educación（1985. 07. 03）http://www. boe. es/buscar/doc. php?id = BOE－A－1985－12978

随着20世纪80年代以来移民数量的逐渐增多,西班牙政府对移民教育问题开始有了新的认识。1990年出台的《教育制度法》①不再使用"外籍居民"(residentes extranjeros)一词来定义移民群体,将焦点从地域差异转向了更深层次的文化差异,强调移民是拥有不同社会文化背景的群体。这种差异性常常使得这一群体在社会生活中处于相对弱势的地位,不利于其"平等地"接受教育。该法案强调教育在"消除由出生、民族、性别、宗教信仰和政见差异产生的不平等"方面的重要性,并指出,教学活动中应消除一切歧视,尊重所有的文化。此外,该法案首次提出了"有特殊教育需要的学生"这一概念。

1995年的《学校参与、评估与管理法》②明确了"有特殊教育需要"的学生是指"由于有身体或心理上的缺陷,表现出严重的行为障碍或在社会、文化层面处于弱势地位,在接受义务教育的过程中,需要特别的支持和关注"的群体。

移民学生由于其不同的社会文化背景,与西班牙本国学生相比,在社会、文化层面处于相对弱势的地位。该法规定,必须确保"有特殊教育需要的学生"能够在公立学校接受教育,并指出,教育主管部门应当对接收该类学生的学校给予特别支持。在此基础上,西班牙政府于1996年发布第299号皇家法令③,围绕教育中存在的不平等现象,制定了详细的补偿措施,旨在防止和消除社会、经济、文化、地域、民族及其他任何方面的歧视,促进教育平等。

20世纪90年代中期开始,随着移民潮的到来,进入西班牙的移民人数日益增加。2000年,西班牙政府在原有移民法的基础上修改并颁布《外

---

① LOGSE: Ley de Ordenación General del Sistema Educativo (1990. 10. 03) http://www. boe. es/buscar/doc. php?id = BOE - A - 1990 - 24172

② LOPEG: Ley Orgánica de Participación, Evaluación y Gobierno de los centrosdocentes (1995. 11. 20) http://www. boe. es/buscar/doc. php?id = BOE - A - 1995 - 25202

③ Real Decreto 299/1996 de ordenación de las acciones dirigidas a la compensación de desigualdades en educación (1996. 02. 28) http://www. boe. es/buscar/doc. php?id = BOE - A - 1996 - 5696

国人权利、自由及社会融入法》①。其中，关于移民的受教育权，该法规定，所有 18 岁以下的外籍居民享有和西班牙人完全同等的受教育权，包括享受免费的义务教育，取得相应的学历以及获得政府的奖励和助学金。在学前教育和高等教育等非义务教育阶段，国家也保障外籍居民与西班牙人平等的权利。同时，外籍居民还有权依法参与教学及科学研究活动。

2002 年，面向新世纪的第一部教育法规——《教育质量法》②出台，提出了"为所有人提供优质教育"的目标。该法案在序言中指出，面对快速增长的移民学生数量，必须及时更新教育政策，帮助不同文化背景的学生有效地融入校园及社会生活。该法沿用了"有特殊教育需要的学生"这一概念，指出外籍学生不仅享有与西班牙学生相同的权利，也承担相同的义务，教育主管部门应为他们进入本地学校学习提供便利。同时，提倡设置特别学习项目，帮助外籍学生了解西班牙的语言文化，更好地适应学习生活。除此之外，对于移民学生父母，政府应确保他们能够了解在西班牙接受教育所享有的权利、应承担的义务及可获得的发展机会。值得一提的是，该法首次关注成年移民的教育问题，强调教育的终身性，在"面向成人的教育"方面提出，应开设特别的语言（包括西班牙语和自治区的并列官方语言）和基础文化课程，帮助移民群体更好地融入社会。

2006 年的《教育法》③中，"多样性"成为关键词。一方面，该法指出，教育的目的之一在于培养学生对西班牙社会语言和文化多样性的尊重和认同；另一方面，强调在教育中，"充分关注学生的多元化与差异性，为每一个学生提供符合其自身特点和需求的教育"。对于因移民或其他原因融入学习生活较为缓慢的学生，应综合考虑其生活环境、知识水平、年龄及学习经历等因素，为其安排合适的学校及年级入学。同时，对于有需要

---

① Ley Orgánica sobre derechos y libertades de los extranjeros en España y su integración social (2000. 01. 11) http://www. boe. es/buscar/doc. php?id - BOE - A - 2000 - 544.

② LOCE: Ley Orgánica de Calidad de la Educación (2002. 12. 30) http://www. boe. es/buscar/doc. php?id=BOE - A - 2002 - 25037.

③ LOE: Ley Orgánica de Educación (2006. 05. 03) http://www. boe. es/diario_boe/txt. php?id=BOE - A - 2006 - 7899.

的学生，教育部门应根据其学习水平和进度，在日常课程学习的同时，安排特别支持课程。

2013年的《教育质量改善法》①是在2006年《教育法》的基础上修改而成的。该法重申，平等地接受高质量的教育是每个人的基本权利。对于出于各种原因需要特别关注的学生，教育部门应尽早发现、尽早评估他们的需求并进行必要干预，帮助他们尽快融入学习环境，通过教育实现个人能力的最大发展。

从1970年的《普通教育法》到2013年的《教育质量改善法》，在40余年间的八部教育法中，"移民享有与西班牙居民平等的受教育权"作为基本原则贯穿始终。在这一基础上，对移民学生群体的认识在不断深入，从单纯地以地域定义差异，到认识到社会文化层面的不同，再到意识到他们因社会文化差异产生的特殊教育需求。与此相对应地，针对移民学生的教育策略也在不断具体深入。进入21世纪以来，面对移民数量的显著增加带来的社会文化多元化，在开展针对"有特殊教育需求的学生"的补偿教育时，提倡因材施教，考虑每一个学生自身的特点，安排特别课程，为其融入学习和社会生活提供帮助。

三、对我国流动人口子女教育的启示

由于历史传统和文化等原因，我国并不是外来移民国家。因此，相对于西班牙能以较为完善的法律法规对移民教育进行保障的情况，我国针对外来移民及其子女教育的法律法规相对较少，更多地是关注国内流动人口，主要是外来农民工子女的教育问题。据国家统计局资料显示②，2015年农村外出的劳动力达16,884万人，其中随同父母进入城市的义务

① LOMCE：Ley Orgánica para la mejora de la calidad educativa（2013. 12. 09）http://www. boe. es/diario_boe/txt. php?id=BOE－A－2013－12886.

② 中华人民共和国2015年国民经济和社会发展统计公报：http://www. stats. gov. cn/tjsj/zxfb/201602/t20160229_1323991. html（查询日期2016年5月26日）。

教育阶段适龄儿童数量每年都在增加。

和西班牙一样，中国政府也用立法来保障公民平等接受教育的权利。1986 年的《义务教育法》规定，凡具有中国国籍的适龄儿童，不分性别、民族、种族、家庭财产状况、宗教信仰等，依法享有平等接受义务教育的权利。并指出，父母或者其他法定监护人在非户籍所在地工作或者居住的适龄儿童，在其父母或者其他法定监护人工作或者居住地接受义务教育的，当地人民政府应当为其提供平等接受义务教育的条件。1995 年的《教育法》也明确规定，中国公民依法享有平等的受教育机会。

1998 年颁布的《流动儿童少年就学暂行办法》指出，农民工适龄子女应尽量在其常住户籍所在地就学，常住户籍所在地人民政府应严格控制义务教育阶段适龄儿童外流，流入地人民政府应为流动儿童提供接受义务教育的机会。同时还规定，招收流动儿童的全日制公办中小学，可依国家有关规定收取借读费，作为财政补偿。

由于“在流出地就学”的原则无法适应社会发展的需要，因此 2001 年出台《关于基础教育改革与发展的决定》将其修订为“以流入地政府管理为主”，规定流动人口子女的义务教育应以流入地区政府管理为主，以全日制公办中小学为主，鼓励采取多种形式，依法保障其接受义务教育的权利。

2003 年教育部等六部委联合颁布的《关于进一步做好进城务工就业农民工子女义务教育工作的意见》在重申“流入地为主，公办学校为主”的基础上，提出应建立进城务工就业农民子女接受义务教育的经费筹措保障机制。一方面，流入地政府对接收农民工子女较多的学校给予补助；另一方面，在教育收费上与当地学生一视同仁，并根据其家庭情况给予补助。同时，加强对以接收进城务工就业农民子女为主的社会力量所办学校的扶持和管理，减轻公办学校负担。

在“一视同仁”原则的指导下，2004 年 3 月，财政部规定，对于农民工适龄子女，在入学时不再收取借读费、择校费，不得要求捐资助学及摊派其他费用。

2008 年国务院颁布的《关于做好免除城市义务教育阶段学生学杂费

工作的通知》对进城务工人员随迁子女的义务教育经费问题做了进一步的规定要求,对符合接收条件的外来农民工子女,要求当地政府按就近入学原则统筹安排在公办学校就读,免除学杂费,不收借读费,同时强调发挥政府在规划学校布局发展、拨款公办学校教育经费、安排教育资源等方面的统筹作用,以切实解决好进城务工人员子女的就学问题。

2012年国务院《关于积极稳妥推进户籍管理制度改革的通知》提出,逐步实行暂住人口居住证制度,实现义务教育政策措施与户口性质脱钩,逐步消除户籍制度对外来农民工子女在流入地接受义务教育的障碍。

西班牙在法律层面给予外籍学生基本保障:义务教育阶段,外籍学生享受国民待遇。我国也制定了类似法律,在义务教育阶段,流动儿童就学得到了法律保障。但在具体操作层面,西班牙采取的各项政策(如"为外籍学生开设特别课程,以确保他们能更好地跟上学习进度""对有特殊需要的学生给予特别支持与关注")更加有效地保障了外籍学生的教育公平问题。这些做法值得我们借鉴。

四、结　　语

无论是西班牙还是中国的教育相关法律都赋予了移民群体平等接受教育的权利。"与本国(本地)居民具有同等的接受教育的权利"成为了两国移民教育政策共同的法律基础。但是由于国情的差异,中国和西班牙的移民教育政策针对的群体不同,移民群体所面对社会问题也不同,这导致了两国的移民教育政策在侧重点上的差异。西班牙的政策面向国际迁移产生的外籍移民及其子女,关注移民群体文化背景的差异,在保障其均等入学机会的基础上,通过补偿教育,帮助来自不同文化的学生有效地融入学校和社会生活。同时,强调不同文化的平等性,建立多元文化和谐并存的教育及社会环境。我国的移民教育政策主要针对农村进城务工人员子女,该群体在城市接受义务教育时面临户籍管理制度、家庭经济条件、城市教育资源以及思想观念的束缚等问题,因此相关教育政策强调流入地政府对该群体入学的保障及对当地公立学校的管理,关注外来农民工子女就学的费用问题,致力于逐步优化各项制度,消除入学障碍,使他们和城市里的同龄人一样享有平等接受教育的权利。

第五节

西班牙难民接收与移民的社会、医疗保障问题探析

陈梅玥 *

2015 年爆发了第二次世界大战以来最大的难民危机，其中，欧洲受影响最大，几十万难民竞相涌入。出于人道主义等原因，欧盟宣布接纳大部分涌入欧洲的难民，西班牙作为欧盟第四大国，也需接纳大批难民。自 2008 年全球经济危机起始，西班牙便深陷其中，至今未有起色，且失业率居高不下。在此背景下，本文将从西班牙难民接收、社保制度、移民社保和医保情况以及政府针对移民享受社保和医保过程中存在的问题和应对措施等方面进行探析。

一、西班牙难民接收体系及其问题

2017 年 8 月，西班牙海岸警卫队救下了 593 名尝试横渡直布罗陀海峡的难民。联合国难民署随后评论称，西班牙缺乏应对越来越多难民、移民的资源和能力。自 2014 年 8 月起，摩洛哥与西班牙间渡海移民和难民人数急速增加，最大单日登陆人数达到了 1, 300 人左右。截至同年 8 月，约 9, 300 名移民、难民渡海抵达西班牙，另有约 3, 500 名抵达西班牙在非洲的飞地休达、梅里亚。

自 2015 年欧洲难民危机爆发后，西班牙难民申请数激增，如表 1 显

* 陈梅玥，上海海事大学翻译系讲师。

示，2015 年和 2016 年国际保护申请数量、批准数量、未及处理申请数，以及历年累计未处理申请数量，和 2014 年难民危机爆发前数据对比骤升，可见西班牙难民接收系统面临的压力。

表 1　西班牙难民数据统计①

年　份	申请数	批准数	增加未处理数	累计未处理数
2014	5,615	4,768	1,148	3,860
2015	14,780	14,337	11,097	14,957
2016	15,755	15,658	5,408	20,365

根据西班牙《移民法》第 31 条②，西班牙难民接收系统采用混合管理，由公共部门和经国家认证的非政府组织补助中心共同管理。公共部门为就业和社会保障部，下设难民接收中心。

就业和社会保障部下设另一部门——总移民秘书处，管理西班牙政府年度难民接收预算，预算由三部分构成：A. 维持、增强难民接收和安置体系等费用；B. 难民接收中心和移民临时居住维持费用；C. 对非政府组织补助经费③。表 2 显示 2013—2017 年西班牙政府的难民接收预算，2016 年前预算维持稳定，2016 年预算数额陡增。

难民接收体系不仅需要提供难民庇护所和食物，还需提供社会干预、心理照顾、培训、法律咨询、翻译等服务，从而辅导难民顺利融入西班牙社会。然而，骤增的难民人数使得西班牙难民接收体系难以招架，2016 年就有 19,012 名难民未能得到该体系救济，其中最弱势群体面临贫困和被边缘化，无法在西班牙生存和发展，同时，也不利于西班牙社会本身的可持

① 申请数来源于 Eurostat. Asylum Applicants by Citizenship，批准数来源于 CEAR（西班牙难民救济委员会），累计未处理数来源于 Eurostat. Persons Subject of Asylum Applications Pending at the End of the Month by Citizenship，Age and Sex.

② Ley 12/2009 BOE - A - 2009 - 17242.

③ Bris，Pablo；Bendito，Felix：Lessons Learned from the Failed Spanish Refugee System：For the Recovery of Sustainable Public Policies. *Sustainability* 2017，9，1446

表 2　西班牙政府的难民接收预算(单位：百万欧元)①

类 目	2013 年	2014 年	2015 年	2016 年	2017 年
A	9	9	9.65	253.08	253.08
B	12	12	12	16.31	16.31
C	9.15	11.42	13.8	13.8	13.8

续发展②。

此外,西班牙欠佳的经济状况令难民问题更为严峻。2008 年,美国次贷危机引发全球性的经济危机;同年,西班牙也陷入了经济危机,失业率极速上升;2009 年年底,希腊陷入主权债务危机,西班牙也受到冲击,甚至已经成为了世界上经济岌岌可危的国家之一③。西班牙全国失业率在 2008 年为 11.3%,而 2015 年第四季度的失业率高达 20.9%,即每五人中就有一人失业④。同年,难民危机爆发,此后西班牙陆续涌入了超过 3 万名难民,使高失业率雪上加霜。

2011 年,居住在西班牙的移民人口已经超过了 525 万,占全国居住人口的 12%⑤,与欧洲传统移民国家的移民人口比例几乎持平,西班牙成为欧洲移民人口最多的国家之一⑥。西班牙的经济危机带来的失业率上升和财政预算调整,使得国内居民对引进移民和难民颇多怨言,逐渐产生了"抵制移民和难民"的情绪,本地弱势群体的负面情绪尤为强烈⑦。这一

---

① El Presupuesto de la Secretaría General de Inmigración y Emigración.

② Bris, Pablo; Bendito, Felix: Lessons Learned from the Failed Spanish Refugee System: For the Recovery of Sustainable Public Policies. *Sustainability* 2017, 9, 1446.

③ 孙涛、臧秀玲:《欧债危机与资本主义福利国家新变化》,载《财经科学》,2012 年 6 月,第 1—9 页。

④ Instituto Nacional de Estadística: *Encuesta de población activa*, trimestre 4/2015.

⑤ Instituto Nacional de Estadística: *Censo de Población y Viviendas 2011*, 2011.

⑥ European Commission: *Communication from the Commission to the European Parliament and the Council*, 2012.

⑦ CEA, Mª Ángeles, Miguel VALLES: *Evolución del racismo y la xenofobia en España* (*informe 2012*), Madrid, Ministerio de Empleo y Seguridad Social, 2013.

切都使得西班牙境内的移民，尤其是难民，处境更为艰难。西班牙社会保障体系不堪重负。

二、西班牙现代社会保障制度

西班牙在 1978 年建立了现代社会保障制度，为全民提供养老、医疗等保障服务，历经多次改革，其中，1994 年的改革将失业和工伤纳入保障体系。社保资金的主要来源是税收、企业及个人缴纳的保费以及其他收入。其中，养老金由中央政府集中管理，其余的管理权部分或大部分下放至地方①。

西班牙的养老金由三个主要部分构成：国家养老金系统、职业养老金计划（包括雇佣系统养老金计划和联盟系统养老金计划）和私人养老金计划。医疗保险包含卫生保健和医疗补助两部分；失业保险提供失业救济及失业津贴；工伤保险分为暂时和永久性工伤、医疗和遗属补助②。

西班牙的社会保障体系几乎覆盖全部公民。法律规定，所有公民，一旦开始职业活动，不论是受雇者还是自由职业者，都必须申请社会保障号码，强制缴费。对特殊情况，即不能缴纳社会保险费的公民，只要满足了规定的条件，可进入“辅助社会保障项目”。

西班牙的社会保障体系由“一般社会保障计划”和“专门社会保障计划”构成。前者主要面向工业、服务业和类似领域的西班牙雇员；后者主要面向农民、海员、自营就业者、家庭帮工、矿工、学生、公务员等。

自 1978 年建立至 2002 年底，西班牙的医疗体系已经完全区域化，全国的医疗服务总体由各个大区负责管理。医疗体系的资金来自税收，包括国内每个成员和外国人缴纳的增值税、所得税等各种税收是国家公共事务中极为重要的部分。

---

① 郭存海：《西班牙社会保障制度 30 年：1978—2008》，载《拉丁美洲研究》，2009 年第 2 期，第 37—43 页。

② 同上。

三、西班牙移民使用社会保障服务现状和存在的问题

西班牙是一个高福利国家,全体国民都可享有很好的社会保障和公平的医疗体系。一个人只要在西班牙就业,就应加入社保体系,申领医疗卡。因而,移民群体的存在要求西班牙的社保制度能够充分适应、接纳、包含移民;同时,还需要有一些配套措施,帮助移民更好地融入西班牙社会,了解和使用西班牙社保体系。

《4/2000 组织法》第 12 条规定,西班牙的全民免费公共医疗中,"全民"不但包括西班牙公民,也包括取得合法居留权的外国人。只要移民申领到了医疗卡,其无工作配偶和子女均可与其一起享受在公立医院的免费医疗。

根据相关法案,西班牙合法居民在最近六年时间内缴纳保险费用满一年,最后一份工作是被解雇的失业者,可以领取失业金,最长两年。失业金金额是按照最后 6 个月的工资平均值的一个百分比来算。领失业金的同时不能工作,而且领取失业金后,失业者的资料会保留在国家就业研究院。机构会随时通知失业者就业信息,一旦有工作机会,会通知去面试。领取失业金的人员必须参加就业研究院提供的所有培训和面试,不然将面临处罚①。

西班牙法律规定,满 67 岁,且保险满 15 年的人可以申请养老保险。养老金的金额是按照最后 15 年上保险的基数来计算的,也就是说,工资单上保险基数平均值的一个百分比,根据保险的年数不同,百分比率不同。对于没有保险或是保险不够的 67 岁以上的老人,在满足一些条件的情况下,也可以领取一些养老金②③。

综上可以看出:西班牙对移民的权利有限制,尤其在就业和卫生医疗

① Ministerio de Empleo y Securidad Social: *Prestaciones por desempleo*, 2016/01, 2016

② 孙涛、臧秀玲:《欧债危机与资本主义福利国家新变化》,载《财经科学》,2012 年 6 月,第 1—9 页。

③ Ministerio de la Presidencia: *Boletín Oficial del Estado*, núm. 180, de 29 de julio de 2015, páginas 64479 a 64543, 2015.

方面。移民要享受西班牙的社会保障,先决条件便是在西班牙境内就业,或其担保人在西班牙就业,或者其担保人在职,或者申请人未就业但在领失业金。当然,多数国家吸纳移民是为了填补国内就业市场的缺口,而不是为了给国内社保体系增加负担。尽管有上述考量,移民群体(尤其是合法移民)和西班牙公民一起享受公平的社会保障制度仍未能全面得到保障。

实际情况是,并非每个移民都有权利在西班牙工作就业。西班牙的移民政策中经济移民占了很大的比重,比如,其中的两种移民类别分别是"非营利居留移民"和"投资居留移民",其中前者因为资金门槛较低(购买 10 万以上欧元房产便可申请)而较受青睐。然而,此类移民要求申请者每年在西班牙境内居住半年以上,连续 5 年,且不允许工作。获得审批的此类移民因为无法就业,其实是在西班牙社保体系以外,既无法申领医疗卡享受医疗服务,也无法领取失业金,更不会在退休后享受养老金。即便是资金门槛较高的"投资居留移民"(要求购买 50 万以上欧元的房产)被允许就业,但其在西班牙找到工作之前,既无失业金保障,也无法进入医疗体系,需要自行支付医疗费用,只有紧急情况(比如严重急性病和伤病或怀孕、分娩及产后护理或未成年人需要医疗服务时)才可享受免费医疗①。

调查显示:相比非移民的西班牙公民,移民较少向全科医生或专科医生求医,也较少使用住院医疗服务,而使用急诊的比例却高于非移民公民。另外,医疗系统的信息无法高效地传达给移民,卫生部门提供的信息不全,并且只有在移民寻求时或已经进入了医疗体系后才能获取这些信息。因为信息传达不及,不能满足移民的需求,许多移民并不了解和关注医疗体系,享受不到医疗服务②。

此外,许多经济类移民和正在到来的绝大多数非洲难民并不会讲西

① Ministerio de la Presidencia: *Boletín Oficial del Estado*, núm. 180, de 29 de julio de 2015, páginas 64479 a 64543, 2015.

② Williams, Nazmy Katherine Villarroel: Immigration and Health: Heterogenous patterns in Spain, *Doctoral Thesis*, 2014.

班牙语,对西班牙也不了解,无法适应和融入西班牙社会的移民很有可能会再次面临贫穷等困境。从另一个方向看,移民就业率低、享受社会保障制度受阻等都显示出该国的移民政策不完善或落实不够,因此需要修正或加强对移民传达相关信息的力度。

虽然在经济危机出现前西班牙对移民的社会保障措施等取得了进步,但是随着危机的出现,这些进步又在诸多对移民的限制中消磨殆尽。西班牙国内越来越多的移民人口使西班牙的全国医疗保障系统的负担日渐增加,满足国内需求和控制开支难以两全。在《16/2012 皇家法令》的 4 月 20 日修正案中,为了确保国家卫生体系的可持续性以及保障卫生服务的质量和安全,修改了《4/2000 组织法》第 12 条,停止对非法移民提供免费医疗服务,仅在紧急情况下(比如严重急性病和伤病或怀孕、分娩及产后护理时)可享受免费医疗;针对未成年人(18 周岁以下)的部分保持原状,使其享受免费医疗。

由于西班牙的医疗体系管理权已经大部分下放至各个自治区,于是,非正规移民能使用的免费医疗服务等也随着居住地不同而各不相同。同时,法规的更改以及未来得及跟上的官方解释让地方官员和医务部门出现解读上的差异,影响移民使用医疗服务。于是,天主教会以及一些非政府组织会提供一些额外的补充医疗服务,但在部分区域,只有非正规移民可以使用①。

西班牙针对移民,尤其是非正规移民的一系列法律调整引发了一个不容忽视的问题:现行的社会保障和医疗保障制度已经与西班牙宪法框架产生冲突。由于经济危机和庞大的移民群体让西班牙政府不断回调政策,收缩保障和服务的范围,同时也限制移民享受的权利,比如人身尊严(《宪法》第 10. 1 条)、保健(《宪法》第 43. 1 条),以及公共卫生保健服务的监管责任(《宪法》43. 2 条)都受到了影响②。

---

① Gonzalez Enriquez, Carmen: *La atención sanitaria de los inmigrantes irregulares: Una comparación europea*, Área: Demografía y Migraciones Internacionales, Madrid, Real Instituto Elcano, 18 de julio, 2012.

② MÉNDEZ, Elvira, Eduard SAGARRA: *Impacto de la reforma de la asistencia sanitaria en España sobre la cobertura pública y universal*, Barcelona, Asociación Salud y Familia, 2012.

西班牙对移民政策的快速回调在短时间内已经影响了移民群体的生活，长期影响仍无法预估。毫无疑问，西班牙现行的移民使用的医疗体制已经违背了西班牙和欧盟价值观中秉持的公平原则，国内不同族群在立法中被差别化对待，在移民政策法案的框架下，移民越来越多的社会福利被剥夺了①。

四、西班牙对移民社会保障问题的应对措施

西班牙《2/2009 组织法》第 2b 条规定，辅助移民的配套措施包括培训和帮助移民了解西班牙的价值观、欧盟价值观、人权、民事自由、民主、男女平等、入学信息、官方语言以及求职信息。条款中的各项内容相互关联，为移民融入西班牙社会生活奠定基础，同时有利于移民找到合适的工作。一旦稳定就业，移民就能顺利享受西班牙的社会保障服务，包括免费医疗，以及后续的失业金或养老金。

西班牙在制定移民和医疗政策时已经考虑到了移民被纳入医疗体系后的情况，并且从三个方面制定了战略：向移民提供如何填写进入医疗体系的必要文件，如何享受医疗服务、公民的医疗权利和义务等方面的信息；改善医疗体系，便于移民进入医疗体系，尤指获取医疗卡方面；设立沟通医疗专业人员和移民的文化交流岗位，同时也提高公费医疗体系的效率，在医疗服务体系中积极引入市场因素，以竞争促进效率。

西班牙在近几年修改移民政策时开始鼓励接纳高素质的移民，尽管这只是杯水车薪的举措，政府仍希望如此能冲抵前期大批普通移民和将接收的难民所带来的冲击。这种选取优秀移民的制度其实也是近几年欧盟吸纳移民政策调整的大方向②。另外，高素质移民中也包括经济殷实的

① SOLANES CORELLA, Ángeles: "*Rights, immigration and social cohesion in Spain*", *Migraciones Internacionales*, 2015, 8, 2015.

② SASSEN, Saskia: *Inmigrantes y ciudadanos, de las migraciones masivas a la Europa Fortaleza*, Madrid, Siglo XXI, 2013.

移民。2013 年 9 月 28 日西班牙颁布《创业法》，这是以法律形式规定投资移民概念，为经济殷实的移民打开了官方通道；配合执行多年的《融入法》（即非营利性居留），两法并行，加强引进经济移民，借以辅助国家财政①。

西班牙政府于 2015 年 1 月 1 日推行减税改革措施，降低了个人所得税的征收税率，最高税率由 52%降至 47%，年收入未达到 12,450 欧元的群体的个人所得税最低税率为 20%；提高针对个人和家庭的补助，减少了对储蓄收益（利息、股息、保险、增值等）的征税。针对公司税，在 2015 年将从现在的 30%调至 28%，进而在 2016 年调整为 25%②。这些措施既能减轻西班牙境内公民和移民的经济负担，同时也能吸引更多的经济移民落户西班牙，还能鼓励西班牙境内的经济移民开办企业，提供更多的就业机会。但减税意味着国家财政收入将会减少，仍然不利于社会福利的发展。

五、结　语

经济和难民危机正在影响西班牙社会保障体系，居民就业、卫生和精神健康等方面情况的恶化对社会和医疗保障体系提出了更高的要求。西班牙政府为了维持可持续发展、保证社会保障的质量，不断调整移民公平医疗和社会保障政策，甚至到了违背《宪法》框架中平等原则的地步。因而，移民人口可以被视作社会保障体系中的弱势群体，只有制定和落实针对弱势群体的优惠政策，才可以帮助移民更好地在西班牙生活。

① Ministerio de la Presidencia: *Boletín Oficial del Estado*, núm. 180, de 29 de julio de 2015, páginas 64479 a 64543, 2015.

② Gobierno de España: *Obligaciones fiscales de empresarios y profesionales residentes en territorio español*, 2015.

第六节
西班牙对难民和非法移民问题的应对政策研究及启示

李　戈*

西班牙近年来一直受到难民和非法移民问题的困扰：外来移民虽然可以解决西班牙人口老化和劳动力不足等问题，但是西班牙非法移民基数过于庞大，移民总量持续增长，外来文化难以融入，随之而来的医疗保障、子女教育等社会矛盾不断激化，这些问题为西班牙社会的安定和发展埋下了巨大的隐患，同时也给西班牙政府提出了巨大的挑战，难民问题更是给西班牙社会的政治和经济稳定带来了巨大的压力。

本文将结合西班牙难民和非法移民问题的现状，从法律法规、防治措施以及国际化合作等方面，研究西班牙政府针对难民和非法移民问题所采取的策略及其特点，以期在相关问题方面获得启示，为我国应对类似问题提出一些建议。

一、西班牙难民和非法移民问题现状

西班牙位居欧洲西南的伊比利亚半岛，处于欧洲、非洲、大西洋和地中海的咽喉位置，与非洲大陆的最短距离仅有 14 公里，加上大西洋上的加那利群岛（Islas Canarias）、地中海的巴利阿里群岛（Islas Baleares），以及非洲的两块属地梅利利亚（Melilla）和休达（Ceuta），其海岸线总长 7,921

* 李戈，上海外国语大学西方语系讲师。

公里，从而为非洲的非法移民登陆西班牙提供了地理方位上的便利；此外，西班牙自16世纪中期开始全球殖民扩张，受此历史因素的影响，除西班牙本国外，全球共20个西班牙语国家（分布在拉丁美洲和非洲地区），其语言文化具有一定的相似性，移民就业和生活具有先天的便利性。正是由于地理、历史、语言和文化等一系列因素，西班牙在近十年内多次遭遇移民潮，成为了非法移民的“重灾区”。

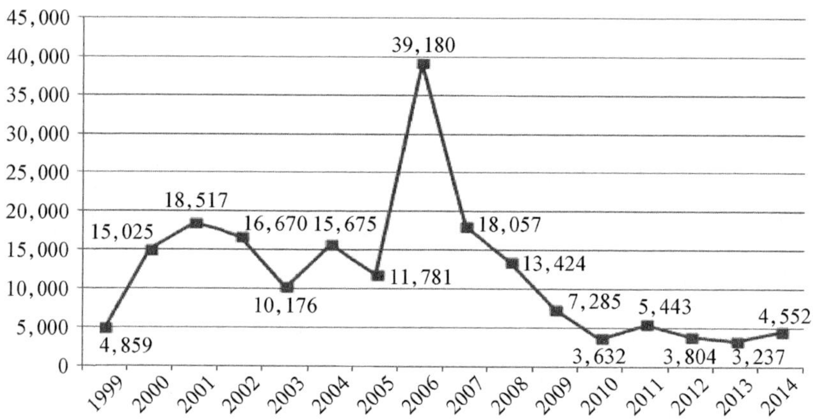

图1　1999—2014年西班牙非法移民入境数量统计①

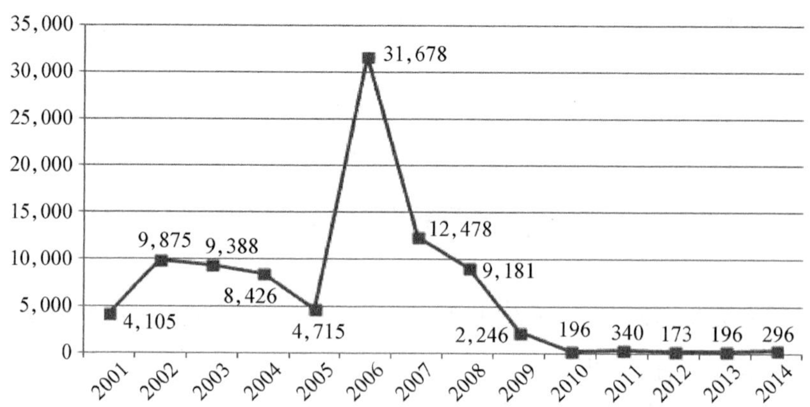

图2　2001—2014年西班牙加纳利群岛非法移民入境数量统计②

① 数据来源：Ministerio Interior de España。

② 数据来源：Ministerio Interior de España。

从图 1 和图 2 可见，西班牙在 2006 年之前的非法移民数量总体呈上升趋势，并在 2006 年达到峰值，入境总量超过 39,000 人，出现移民数量的"井喷"。西班牙加纳利亚群岛作为非洲移民入境欧洲的跳板，仅 2006 年期间，在该岛登陆的非法移民就超过了 31,000 人，非法移民的"侵袭"势头可见一斑。2006 年后，西班牙移民数量总体呈下降趋势，2009 年非法移民数量降至 10,000 人以下，并且 2010—2014 年间，非法移民总量被控制在 3,000—5,000 人，非法移民问题得到一定程度的缓和。与此同时，西班牙的非法移民问题出现了一些新的特点：非洲属地梅利利亚和休达两地区所面临的移民问题不断凸显；叙利亚成为了西班牙新的移民来源国。如表 1 所示，2014 年梅利利亚和休达的非法移民数量达到 7,485 人，比 2005 年增长了 34%，比 2013 年增长了 77%。7,485 名外来移民中，3,305 人来自叙利亚，占总人数的 44%。

表 1　2005—2014 年梅利利亚和休达非法移民统计①

年　份	2005	2011	2012	2013	2014
非法移民数量	5,566	3,343	2,841	4,235*	7,485*

与此同时，迫于 2006 年非法移民潮的压力，西班牙政府着手实施了一系列强有力的措施，根据图 1 和图 2：2014 年西班牙非法移民总量为 4,552 人，比 2006 年减少了 34,628 人；加纳利群岛的移民总量更是有了大幅度的下降，与 2006 年相比，2014 年在该地区登陆的非法移民仅有 296 人，比 2006 年下降了 99%。可见西班牙针对非法移民采取的措施在移民量的控制方面起到了一定的效果。

2010 年以来，欧洲难民问题逐渐显现，2015 年难民问题愈发严峻，已有一百多万难民涌入欧洲。欧洲正经历着第二次世界大战以来最严重的难民危机。自意大利收紧难民政策、关闭难民入境通道之后，大量难民通过西班牙位于北非的自治市塞乌塔和梅利利亚。2018 年第一季度，西班

① 数据来源：Ministerio Interior de España。

牙成为难民进入欧洲境内的最大通道,登记人数达 24,000 人,是 2017 年同期的三倍。

二、西班牙难民和非法移民相关法规和管理机制

(一) 法规政策"从紧从严"

从 2001 年起,治理非法移民问题一直是西班牙移民工作的重中之重,而非洲移民经大西洋偷渡西班牙的现象也成为媒体和公众谈论的焦点问题。为了有效治理非法移民问题,政府针对非法移民行为中的各个违法现象制定健全的法制,将移民工作法制化。

1. 严惩协助非法移民行为

根据西班牙刑法相关条例,直接或间接地帮助外来移民非法登陆西班牙及其他欧盟国家领土者,依法判处 4—8 年有期徒刑;如果当事人因经济利益,在帮助外来移民非法入境的过程中,对其收取交通费用,实施暴力恐吓或欺骗,或对其生命健康造成危害,当事人将被依法判处 6—8 年有期徒刑(西班牙刑法 318 条)。

2. 严控雇佣非法移民行为

西班牙刑法禁止私自雇佣不具有法律居住和工作许可的外国居民,否则,根据法律规定将被判处 2—5 年有期徒刑(西班牙刑法 312 条第 2 项),同时对雇佣非法移民的当事人施以 1 万—10 万欧元的罚款。据统计,2010 年查获类似非法行为 5,821 起,总罚款额高达 4,600 万欧元。

3. 坚决打击国际犯罪

西班牙为了打击跨国有组织犯罪,加入了联合国《巴勒莫公约》(Protocolo de Palermo de las Naciones Unidas)和欧洲理事会《打击人口贩卖行动公约》(Convenio del Consejo de Europa),同时在刑法中补充新条

例，对贩卖人口罪行实施至少 5—8 年有期徒刑。

4. 堵截其他非法移民犯罪渠道

西班牙对《移民法》进行了相关修订：通过欺瞒性婚姻、制造违法邀请函或欺骗性户籍登记（将非法移民登记于当事人居住的房产住址）等手段帮助外来移民获取居留权，当事人将依法被施以 500—10,000 欧元的罚款；如果其欺骗性行为以牟取经济利益为目的，当事人将依法被施以 1 万—10 万欧元的罚款。

（二）法规革新紧随国内形势变化

自 2006 年以来，西班牙针对非法移民而制定的相关法规和政策经过多次调整和修订：外籍移民在拘留所的最长停留时间从 40 天延长至 60 天；对欺瞒性婚姻、制造违法邀请函或欺骗性户籍登记等违法行为的严重性进行了分类界定；对企业雇佣非法移民的行为罚款额度大幅提升；对国际人口贩卖和性别暴力行为中的受害者加强维护；与西非等移民输出国进一步签订移民遣返协议；增强与诸国的边境巡逻合作力度。

这些法规和政策改革的背后，隐藏着诸多复杂的社会经济原因：2006 年在加纳利群岛登陆的 31,678 名非法移民对西班牙原有的移民治理体系作产生了强大的冲击；在外籍移民拘留所原有最长停留时间（40 天）内，难以完成非法移民的身份确认和遣返所需的手续；经济危机对移民就业环境的冲击；西班牙民众对非法移民的排斥情绪较为严重（如表 2）。

表 2　2008—2014 年西班牙民众对外来移民的舆论调查统计①

年　　份	对外来移民数量的态度	
2008	多或过多	可接受
2009	77%	19%

① 数据来源：Evolución del racismo, la xenofobia y otras formas conexas de la intolerancia en España 2014。

续 表

年份	对外来移民数量的态度	
2010	79%	17%
2011	79%	17%
2012	76%	19%
2013	72%	23%
2014	72%	21%

西班牙政府针对地中海国家的难民危机境况,在 2015 年制定相关战略,重点支援地中海地区受难民潮影响最大的邻国(希腊、意大利和匈牙利),主要的相关措施有:转置希腊、匈牙利和意大利的 12 万难民;设立欧盟成员国间的难民转置机制;建立安全国名单;建立行之有效的返乡政策和实施方案;建立应对非洲难民危机基金。

(三) 非法移民的权利保障“逐步完善”

针对非法移民的权利保障问题,西班牙相关法律法规在医疗、教育和其他民事权利领域对其合法权益进行了明确的规定。自 2000 年修订新《移民法》起,结合当前移民问题的发展现状,西班牙相关部门不断探索,对相关法律法规进行修订和完善。

1. 医疗保障方面

2000 年西班牙通过新的《移民法》,根据规定,所有西班牙境内的外来移民(包括非法移民),只要在其居住地完成户籍登记,就有权享受和西班牙公民同等的医疗和基本社会服务。2003 年西班牙再次修订《移民法》,授权警察总署掌控移民户籍信息,从而进行移民的监控工作,但是该项决议受到了多个非政府组织和地方政府的反对抗议,最终无法实施,而西班牙警方也因此无法通过户籍渠道确认非法移民的身份信息。

2. 教育保障方面

2000 年的《移民法》规定，非法移民的子女同样有权享受国家免费的公共义务教育，但非义务阶段的教育只有具有合法身份的移民子女才有权享受。为了进一步提高对非法移民的权利保障，西班牙宪法法院作出裁决，强制性废除该条规定，并于 2009 年再次修订《移民法》，规定非法移民同样有权接受非义务阶段的教育。非法移民在义务教育阶段，有权与西班牙人同等享受奖学金和其他教育资助，而在非义务教育阶段，该项权利只有合法移民才可以享有。

3. 其他民事权利方面

西班牙 2000 年制定的《移民法》剥夺了非法移民的集会、结社、游行和罢工的权利，该项法律条例受到了工会和相关社会团体的强烈指责。经过西班牙宪法法院的多次裁决，最终该项条例于 2009 年被废除。

此外，特别需要指出的是，与其他欧盟国家不同，西班牙境内的非法移民具有租住房屋、购买乘坐公共交通、进行合法动产和不动产买卖的权利。

（四）难民和非法移民管理机制

西班牙政府针对移民问题，对行政机构进行了责任分配，形成了以内政部为核心，警卫、外交、司法、民事各部门协调配合的管理运行机制。

西班牙和非法移民的管制工作基本由内政部承担，其主要职责是：监控国家边境；打击国际人口贩卖网络；安置入境移民。西班牙国民警卫队则主要承担国家安全防卫工作；防范监控国际非法倒卖活动；确保国家海岸线、国境线、港口、机场及领海安全，同时监控以上地区的非法移民问题。西班牙国家警察总署负责境外海、陆、空合法区域内的监控工作，同时由西班牙移民总署负责执行在以上区域中的具体行动。移民总署内设多个机构：反非法移民及移民文件鉴别小组；国家边境事务小组（下设反非法移民行动队）；移民驱逐及遣返小组（下设非法移民驱逐行动队）。

西班牙社会和就业保障部承担与移民相关的项目开展任务，同时负责其他移民相关机构的协调工作。社会和就业保障部下设社会安全及工作监察处，负责打击伪造企业、伪造劳动合约的行为，防止境外人士以此途经达到非法移民的目的。

西班牙外交和合作部则以多种形式参与非法移民的相关工作，例如：向欧盟提交草案，提议对具有不良移民记录的国家居民，要求入境前办理签证；提高对使领馆的签证签发流程的管控；与移民来源国签订遣返合作协议；等等。

西班牙的司法部门会也承担了一部分非法移民监管工作：国家最高检察院下设的机构——移民检察署，专门负责对贩卖人口、欺骗性婚姻等违法行为的诉讼工作；裁决通过或驳回对移民的驱逐遣返决议；等等。

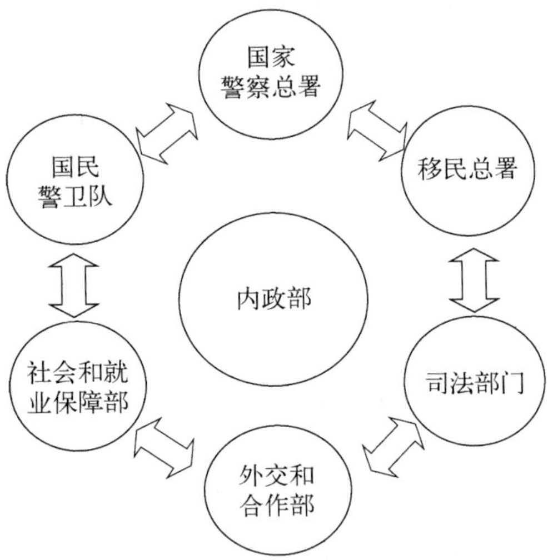

图 3　西班牙移民问题管理机制图

西班牙政府针对难民问题成立了难民事务办公室，以应对欧洲难民危机对西班牙产生的一系列问题。办公室位于马德里，隶属西班牙家庭与社会政策局。办公室主要负责难民的收容相关工作，建立大区各个机构的合作关系，帮助难民融入社会，保证难民的基本权益。办公室主要向难民提供法务、心理、语言方面的志愿者服务。

三、西班牙难民和非法移民问题的治理措施

（一）入境前期防范措施

为了从源头遏制非法移民潮，减少各项后续移民工作带来的压力，西班牙政府从签证政策、边境监控等方便进行了周密的策略部署。

首先，西班牙的非法移民治理工作的重点是：对非法入境行为的防范与监控。其具体任务主要分为：对假借旅行为由的非法移民行为的防范；对国家海岸线区域的监控。以非法移民为目的的“外来游客”是西班牙非法移民的重要来源之一，因此，对重点地区和国家强制性要求办理签证是一项非常有效的防范措施（欧盟有权力决定对哪个国家强制要求办理签证）。1991 年欧盟通过决议，对秘鲁和摩洛哥实行该签证政策；2000 年以后，政策对象国扩大至哥伦比亚、厄瓜多尔和玻利维亚。表 3 所示的数据变化也证实了实行该项政策后所收到的良好效果。欧盟各国之间也在逐步实现申根签证的信息共享：2002 年建立了欧盟共同签证系统，用于签证信息的电子化采集和更新；同时不断推进欧盟签证信息系统的开发，建立包括照片、指纹等信息的资料库，方便对非法移民的身份确认、入关地点定位以及来源国信息的查询，从而有利于开展对非法移民的遣返工作。

表 3　实行强制签证政策前后月平均入境人数统计①

国　　家	实行政策之前 6 个月内	实行政策之后 6 个月内
哥伦比亚	12, 885	4, 510
厄瓜多尔	12, 132	4, 903
玻利维亚	8, 665	3, 178

其次，西班牙投入了大量精力加强与非洲大陆的海岸边境线的监控：加强对搜查偷渡船舶的技术支持；加大对非洲海岸线巡查部门的人力和设备支持；在移民来源国设立联络网；与第三方国家签署遣返协议；等等。

① 数据来源：Padrón Municipal Instituto Nacional de Estadístic。

近几年,西班牙研发了海外监控系统,对海岸边境的船舶进行远程监控和身份识别,该系统不断扩展监控区域,并且与欧洲边境监控系统合并,共享技术资源和信息,进一步加强了监控应变能力。此外,西班牙联合葡萄牙、摩洛哥、塞内加尔等国启动"海马"项目,在项目成员国设立联络中心,统一部署,通过卫星定位系统对各国船只进行定位监控和信息共享。这些防范措施对非法移民的控制起到了积极的作用,尤其是加纳利群岛的非法移民,从 2006 年的 31,678 人减少到了 2010 年的 196 人。

(二) 入境监控措施

对非法移民的入境监控已经成为了国家安全部的工作重心,这一点从西班牙边境部署警卫的数量变化(2003 年 10,239 人,2010 年 16,375 人)就可看出。此外,安全部还引入了旅客资料预报系统,与国家警察总署联网,由航空公司将旅客资料经由系统传输至警署部门,为移民监控工作提供便利。

需要强调的是,西班牙《移民法》于 2003 年进行修订,强制航运公司呈交旅客资料,为移民监控工作给予义务支持。可以说,在旅客资料预报系统的开发利用方面,西班牙走在了欧盟诸国的前列。

(三) 境内滞留移民的管制措施

针对西班牙境内的非法移民问题,政府既要"严控",也要"疏通",为此,相关部门出台了一系列管理政策,双管齐下,一面严格打击惩戒非法移民行为,一面规范非法移民的合法化渠道。

政府的"严控"措施主要有:加强境内情色场所等地的警力部署;提高婚姻资料真伪的鉴别技术;打击境内人口贩卖、证件伪造等非法网络;对境内非法移民依照具体情节执行罚款或将其驱逐出境,以限制与移民相关的非法活动,维护国内的社会稳定和安全。

同时,西班牙也提高了对境内合法移民的监控管理力度,尤其针对因经济危机引起的移民失业问题,西班牙重新修订了《移民法执行条例》,对失业移民办理续居留的资格做了新的规定。移民只有满足以上条件之一，在失业的情况下才有资格继续申请在西班牙的居留证，并享受失业补助金和其他以帮助失业者再就业为目的的公共经济补助。

以上措施从多方面对境内移民的规范化管理起到了积极促进作用，对违法犯罪网络的严惩严打（具体数据见表 4）也减少了境内的非法移民数量：2008 年和 2009 年境内查获非法移民 92, 730 和 90, 500 人，而 2010 年查获 70, 315 人，比 2009 年减少 22%，成效显著。

表 4　2008—2010 年西班牙破获违法移民犯罪网络情况统计①

	2008		2009		2010	
	网络数量	逮捕人数	网络数量	逮捕人数	网络数量	逮捕人数
色情交易网络	69	403	57	440	71	621
证件伪造网络	39	376	29	371	45	341
其他违法犯罪网络	169	857	101	581	91	669

为了“疏通”国内遗留非法移民，西班牙通过《移民法执行条例》第 124 条，设置了一套非法移民合法化的管理机制，将移民可合法化条件分为三类：工作类、社会类和家庭类。工作条件主要指：非法移民在西班牙连续居住满两年，无刑事犯罪记录，拥有六个月以上的工作关系；社会条件是：非法移民在西班牙连续居住满三年，无刑事犯罪记录，拥有一年以上的工作合同，与西班牙人或当地合法移民具有家庭亲属关系，或拥有居住地区政府出具的社会融合报告；家庭条件则是指：非法移民的子女拥有西班牙国籍，或者非法移民的父母一方拥有西班牙国籍。此外，政府还补充了一些特例：与国际庇护、人道主义救援、国家安全、公共利益相关的特殊情况；性别暴力受害者、贩卖人口受害者，以及合作破获犯罪网络立功者等特殊情况。只有符合以上特殊条件，且能够出具相关证明的非法移民，才有资格申请在西班牙的合法居留权。

其他非法滞留在西班牙的移民，则会根据具体情况对其处以 500—

① 数据来源：Unidad para Combatir las Redes de Inmigración y Falsificación de documentos。

10,000欧元的罚款,或将其驱逐出境。在执行驱逐出境之前,非法移民可以自愿选择在7—30天的时限内主动出境;如果超过该期限,则由相关警卫人员将其强制驱逐。如果非法移民在警察机关拘留超过72小时,且没有被顺利驱逐,警察机关则可以申请将非法移民转至国际移民拘留所,由拘留所对该问题进行专门处理。

四、国际合作势在必行

(一) 加强与移民来源国及中转国的合作

在执行驱逐出境的过程中,由于一些非法移民的来源国与西班牙没有签订遣返协议,给任务的执行带来了许多困难,这也让西班牙政府认识到:解决非法移民问题,必须加强国际合作。特别是在2006年非法移民潮爆发之后,西班牙政府不断加强与非法移民来源国或中转国(主要是非洲国家)的协商谈判,签署了一系列的遣返协议或合作框架协议,其中,与7个非洲国家签署了移民遣返协议(表5),与4个非洲国家签署了合作框架协议(表6),与9个非洲国家签订了谅解备忘录(表7)。

表5　与西班牙签署遣返协议的非洲国家①

国　　家	签　署　日　期
摩洛哥	1992年2月13日
尼日利亚	2001年12月12日
阿尔及利亚	2002年7月31日
几内亚比绍	2003年2月7日
毛里塔尼亚	2003年7月1日
加　纳	2005年7月6日
尼日尔	2008年5月10日

① 数据来源:Ministerio de Asuntos Exteriores y Cooperación。

表 6　与西班牙签署移民合作框架协议的国家①

国　　家	签　署　日　期
佛得角	2007 年 3 月 20 日
甘比亚	2006 年 10 月 9 日
几内亚	2006 年 10 月 9 日
马　里	2007 年 1 月 23 日

表 7　与西班牙签署谅解备忘录的国家②

国　　家	签　署　日　期
阿尔及利亚	2007 年 11 月 14 日
佛得角	2006 年 6 月 26 日
甘比亚	2008 年 2 月
几内亚比绍	2008 年 2 月
几内亚	2008 年 2 月
马　里	2009 年 2 月
摩洛哥	2004 年 1 月 16 日
毛里塔尼亚	2006 年 8 月
塞内加尔	2006 年 9 月

国际合作领域的进展使得每年入境西班牙的非法移民数量有了明显减少，当然需要指出的是，西班牙经济危机造成的就业市场萎缩以及移民来源国经济的发展，也是不可忽视的原因。

（二）加强与欧盟的合作

除了与移民来源国和中转国建立良好的合作关系之外，拥有欧盟遣

① 数据来源：Ministerio de Asuntos Exteriores y Cooperación。

② 数据来源：Ministerio de Asuntos Exteriores y Cooperación。

返基金(Fondo Europeo de Retorno)和欧盟边境管制基金(Fondo Europeo de Fronteras Exteriores)的支持,对于西班牙的移民治理工作来说也具有重要意义,这主要因为遣返非法移民的成本较高。据统计,西班牙每年要花费 2,200 万欧元用于支付非法移民的遣返费用(遣返非法移民的警卫人员的机票和餐饮不包括在内),对于深陷经济危机中的西班牙来说,这无疑是一笔不小的财政支出。

通过与欧盟的合作,2008—2014 年,欧洲遣返基金支付了西班牙每年 20%的遣返移民的成本费用,大大减轻了政府的财政压力。据统计,西班牙与英国、意大利、法国和希腊等国家是这些基金的最大受益者。

五、西班牙难民和非法移民治理政策对我国的启示

从非法移民潮的"大侵袭"到移民问题的缓解,西班牙在近 10 年内采取的一系列政策措施发挥了一定的积极作用。虽然西班牙社会的移民矛盾仍然存在,且移民问题仍是当下西班牙政府的工作重心,但是西班牙难民和移民治理的经验值得我国借鉴,从而结合本国具体国情,从多角度完善我国对非法移民的治理政策,有效应对我国外来非法移民问题。

(一) 完善法规,提高"门槛"

制定完善的移民法规,严惩协助非法移民行为,严控雇佣非法移民行为,坚决打击国际犯罪,堵截其他非法移民犯罪渠道,依法加大对非法移民的打击力度,同时在医疗、教育和其他民事权利领域对其合法权益进行明确规定。从立法方面完善涉外管理法律法规体系,早日出台《移民法》。目前我国并没有统一的移民立法,新的《中华人民共和国外国人入境出境管理法》在一定程度上弥补了之前三部旧法的滞后性,但此法在移民方面的内容上仍不够全面。只有早日完善我国移民立法体系,从法律的高度对我国的移民政策进行明确的规制,才能切实实现对非法移民增长态势的防范和遏制,对国内非法移民进行有效的管控。

（二）协调机制，明确职责

为了提高对难民和非法移民管控的工作效率，应建立健全涉外管理机构和部门协调机制，明确各部门的相关工作职责，同时搭建涉外信息共享平台。我国2013年起实施的《中华人民共和国入境出境管理法》明确规定入境外国人进行登记和监控的内容，而从制度上应该尽快建立涉外部门工作协调机制，整合涉外管理资源，实现对来华外国人出入境、居留的全程监控和管理。

（三）加强管控，节制“源头”

从难民和非法移民入境的入口上，加强边防管控，减少非法移民越境。加强边境巡逻，对可疑的非法越境者实行及时控制和严厉惩罚都是必不可少的措施。我国应借鉴西班牙的入境管控经验，根据难民和非法移民来源国的具体情况制定不同的入境签证政策，不断推进签证信息系统技术的研发，建立移民信息资料库，研发海外监控系统，引入旅客资料预报系统，从而加强对入境人口的监控应变能力，从“源头”遏制非法移民的进入。

（四）打击从严，疏通为辅

在境内难民和非法移民问题上，我国应坚持政策的连续性，设置有效的运行机制，根据具体情况对非法移民实现惩罚或遣返，限制与移民相关的非法活动，维护国内的社会稳定和安全。同时，针对特殊的非法移民情况，制定相关的管理办法，严格管控境内移民的居留资格申请和续签。

（五）国际合作，资源共享

合理利用国际资源，加强国际合作，重视与难民和非法移民来源国的协作，以双边关系为基础，在打击非法偷渡犯罪集团、加大遣返力度等方面，采取不同策略，促使有关国家积极配合。通过情报共享和互派移民联络官的方式，深化双边在技术层面上的协作，加强出入境管制。此外，积极推动签署双边或多边遣返协议，将遣返问题纳入双边或多边法律框架，加速遣返进程，提高打击力度，节约机制运行成本。

综上所述，我国应该结合具体国情，从多角度完善我国的难民和非法移民治理政策，坚持做到完善移民立法、协调管理机制、确保政策连续、打击非法渠道、加强国际合作，以实现对我国外来难民和非法移民问题的有效治理。

第五章

葡萄牙移民与难民问题研究

第一节
葡萄牙移民的历史渊源

徐亦行*

根据移民领域众多专家的观点，人群的迁移在很大程度上归结于两国或两个地区之间社会经济环境的不同或劳动力市场的差异。人们会因为寻找更好的工作机会而迁移，会因为家庭原因而迁移，也会因为战争、经济危机、贫穷、灾难或政治迫害等原因而迁移。

2009 年的联合国人类发展报告①指出："一般而言，更多的人是自愿迁移到经济状况较好的地方。超过 3/4 的国际移民所选择的目的国在人类发展水平上要高于他们的原住国。但是，他们的流动受到了很大的制约，既有来自政策方面的入境障碍，也有来自移民自身资源的限制。"这也是为什么"贫困国家的人

* 徐亦行，上海外国语大学西方语系副主任、葡萄牙语专业副教授。

① http://wenku. baidu. com,《2009 年人类发展报告——跨越障碍：人员流动与发展》,PDF 版本，访问日期：2017 年 3 月 26 日。

们最少流动,例如只有低于1%的非洲人迁移到了欧洲”。其根本原因在于“发展和迁移是紧密联系的:人类发展水平低的国家中移民出境率的中位数①低于4%,而人类发展水平高的国家中该比例则高于8%”。

根据葡萄牙学者若奥·佩绍托的研究:“移民是一个人口问题:它影响了移出国和移入国的人口规模;它是一个经济问题:许多人口的变化问题均源于不同区域之间经济的不平衡;它可以是一个政治问题,尤其对于那些意图越过政治界限却又受到限制的人来说更是如此;它牵涉到社会心理学,因为移民需要在出发前做出决定,而其人格特点还会在成功融入移入国社会中发挥重要作用;它也是一个社会学问题,因为移出国和移入国的社会结构和文化系统都会对移民产生影响。”

从传统上来说,葡萄牙是一个移出国,原住居民不断地移往国外。但近些年来,葡萄牙也开始成为移民的目的国,接纳了大量的外国移民,尤其是2012年10月开始“黄金居留签证”的实施更为葡萄牙吸纳了一大批外来投资移民。

一、葡萄牙向外移民概况

15世纪末开始的葡萄牙航海其实就可以被认为是葡萄牙对外移民的开端。葡萄牙人每到一地,总是会扩张势力,继而留下一部分人在当地殖民。这些就是最早的葡萄牙移民。

葡萄牙真正意义上的移民始于第二次世界大战前后,当时的葡萄牙人开始移民国外是为了寻求更好的生活和工作机会。比如,据美国移民局(Immigration and Naturalization Services)统计,1820—1991年间,移民到美国的葡萄牙人总数达到了505,873人。2010—2013年期间,葡萄牙的移民趋势迅速发展,较之前增加了约50%。

① 中位数是指将统计总体当中的各个值按大小顺序排列起来,形成一个数列。如果值的个数是单数,则处于数列中间位置的值就称为中位数;如果值的个数是双数,则处于数列中间位置的两个值的平均值就称为中位数。

据葡萄牙移民观察所①（Observatório da Emigração②）统计，目前，葡萄牙总共有约 200 万人生活在国外，占其总人口数的 20%，这一比例在欧洲各国中位居首位。与近 50 年来国际移民的比例保持在全世界人口总数的 3%③相比较，葡萄牙在外移民的人数比例可谓高高在上。葡萄牙人的移民目的国主要包括英国、瑞士、法国和德国等欧洲国家，以及安哥拉、莫桑比克和巴西等葡语国家。

（一）英国

以英国为例，根据英国国家数据中心的统计，2008—2014 年间英国人口及其和葡萄牙移民的相关数据如下：

表 1　2008—2014 年英国方面统计的人口相关数据④

年份	英国总人口数	其中外国人数	外国人占总人口比例	葡萄牙籍人数	葡萄牙人占外国人口比例
2008	61, 398, 200	4, 169, 000	7%	89, 000	2%
2009	61, 792, 000	4,344, 000	7%	95, 000	2%
2010	62, 262, 000	4, 460, 000	7%	102, 000	2%
2011	63, 285, 145	4, 772, 000	8%	105, 000	2%
2012	63, 705, 030	4, 852, 000	8%	111, 000	2%
2013	62, 605, 000	4, 987, 000	8%	143, 000	3%
2014	63, 686, 000	5, 344, 000	8%	175, 000	3%

① 移民观察所成立于 2008 年，与领事事务和葡萄牙侨民总局（Direção-Geral dos Assuntos Consulares e das Comunidades Portuguesas，简称 DGACCP）、社会学调研中心（Centro de Investigação e Estudos de Sociologia，简称 CIES）及里斯本高校研究所（Instituto Universitário de Lisboa，简称 IUL）签有合作协议，并于 2009 年正式开始运作，其主要目标为：收集、分析并提供有关移民及葡萄牙侨民发展及特点的统计指数以及其他文献信息；为该领域公共政策的确定提供咨询。

② 此处“移民”专指“移出”（emigração）。

③ http://wenku. baidu. com，《2009 年人类发展报告——跨越障碍：人员流动与发展》，PDF 版本，访问日期：2017 年 3 月 26 日。

④ 数据来源：葡萄牙移民观察所。

从表 1 所列数据可见,在以上统计区间,葡萄牙籍人士成为英国常住居民的趋势每年都在增加,而 2013—2014 年,葡萄牙籍人士占英国常住居民中外籍人士的比例较之前有所增加,维持在 3%;其占英国总人口数的比例也从 2008 年的 0.1%上升到了 2014 年的 0.2%。

表 2　2008—2014 年葡萄牙驻外使领馆统计的人口相关数据①

年　份	在各使领馆登记总人数	其中葡萄牙籍人数
2008	132, 387	132, 282
2009	142, 642	142, 534
2010	154, 455	154, 332
2011	159, 336	151, 547
2012	171, 497	163, 773
2013	257, 000	未统计
2014	298, 760	未统计

对比分析表 2 和表 1 所列的数据可以看到,2008 年成为英国常住居民的葡萄牙籍人士占在英葡萄牙人的 61%,2009 年这一比例上升到 67%,2010 年略降到 66%,2011 年则降到了 63%,2012 年再次降到了 61%。当然,这和居住在英国的葡萄牙籍人士是否都在各大使领馆登记也有一定的关系。但从整体上来说,这一比例基本保持在 60%左右,说明大部分在英国逗留的葡萄牙人具有移民倾向,而且这一移民群的绝对人数基本都在逐年增加。

另外,从下表中,我们可以大致分析出赴英主体人群目的:

表 3 中所列数据表明,2007—2014 年间,葡萄牙籍人士进入英国的人数基本保持稳定增长,而由于该原始数据来源于英国劳动与养老金处(Department for Work and Pensions),即统计的基础是赴英工作且在英国社会保险登记系统(National Insurance Recording System)的人群,因此这

① 数据来源:葡萄牙驻外使领馆及领事事务管理系统(DGACCP)。

表 3 2007—2014 年入境人数①

年 份	入境外国人总数	其中葡萄牙籍入境人数
2007	796, 880	12, 040
2008	669, 560	12, 980
2009	613, 210	12, 230
2010	667, 500	12, 080
2011	671, 050	16, 350
2012	518, 954	20, 443
2013	617, 236	30, 121
2014	767, 763	30, 546

些数据直接反映了赴英工作的葡萄牙籍人士的相关信息。与表 2 在各使领馆登记的葡萄牙籍人数进行对比后可以发现,在英国的绝大部分葡萄牙人并不是为了工作才来到英国,以 2012 年为例,劳动与养老金处所统计的葡萄牙籍入境人数仅占在使领馆登记人数的 12. 5%。

表 4 2007—2013 年汇款金额(单位: 千欧元)②

年 份	汇往葡萄牙	汇自葡萄牙
2007	163, 575	7, 893
2008	125, 012	5, 490
2009	94, 824	6, 245
2010	94, 621	10, 751
2011	105, 314	9, 742
2012	130, 487	9, 942
2013	156, 226	6, 635

① 数据来源: 葡萄牙移民观察所。
② 数据来源: 葡萄牙银行(Banco de Portugal)。

从表4所列数据中可以看到,在所分析的区间内,尽管从英国汇往葡萄牙或从葡萄牙汇往英国的款项并没有逐年增加,但每年汇往葡萄牙的金额都远远超过汇自葡萄牙的金额。另外,2008年全球经济危机对于汇款金额也有非常大的影响,2009年较2008年有非常明显的减少,2011年开始从英国汇往葡萄牙的款项才恢复逐年增多。这在很大程度上可以说明,在英国居留的葡萄牙人在英国有能力积聚财富并将之汇往自己的来源国。

(二)莫桑比克

以同为葡语国家的莫桑比克为例,由于葡萄牙作为其宗主国在文化教育等方面对莫桑比克有较多的扶持政策,葡萄牙派遣技术人员前往莫桑比克的人数较多。但同时也可以看到,非洲国家毕竟不是葡萄牙人所向往的理想移民目的国,移民人数和英国的葡萄牙移民相比较,实在是相距甚远。

表5清楚地显示,与1997年相比较,2007年成为莫桑比克常住居民的葡萄牙人锐减。当然,这一数据统计的基础是已加入莫桑比克国籍而不是仅仅取得莫桑比克永久居留权的人士。葡萄牙籍人士往往有双重国籍或选择不加入莫桑比克国籍,这部分葡萄牙籍人士没有计算在内。

表5　1997—2007年莫桑比克方面统计的人口相关数据①

年份	莫桑比克总人口数	其中外国人数	外国人占总人口比例	葡萄牙籍人数	葡萄牙人占外国人口比例
1997	15, 278, 334	71, 256	0. 5%	22, 090	31%
2007	20, 252, 223	205, 906	1%	4, 279	2%

但是,两国之间的关系发展也对这一数目的减少有着不可忽视的作用。自莫桑比克1975年独立战争胜利而正式脱离葡萄牙统治之后,多年

① 数据来源:莫桑比克国家统计所(Estatística Nacional de Moçambique)。

来制约两国关系发展的卡奥拉巴萨水电站（Hidroeléctrica de Cahora Bassa，简称 HCB）问题在 2006 年得到了解决。这是由葡萄牙设计和建造的一座大型水电站，在莫桑比克的经济中占有举足轻重的地位。莫桑比克独立后，这座水电站由莫葡双方共同管理，其中：葡萄牙拥有电站 82%的股份，莫桑比克仅拥有 18%的股份。为了使电站真正回到莫桑比克人民的手中，莫葡两国围绕电站的股权问题进行了多年的艰苦谈判，最终于 2006 年达成协议。莫桑比克在偿还葡萄牙 7 亿美元的资金后拥有电站 85%的股份，葡萄牙拥有 15%的股份。莫桑比克把水电站的回归比喻为莫桑比克获得了“第二次独立”，与此同时，管理上的国有化也减少了参与共同建设的葡萄牙籍人士逗留在莫桑比克的比例。不过，从下面的表 6 中可以看到，2008—2014 年间，在葡萄牙驻莫桑比克各使领馆登记的葡萄牙人数总体呈上升趋势，而且基本维持在 20,000 人左右。因此，2007 年莫桑比克总人数中葡萄牙人仅有 4,279 这一数字不够精确。

表 6　2008—2014 年葡萄牙驻外使领馆统计的人口相关数据[①]

年　份	各使领馆登记总人数	其中葡萄牙籍人数
2008	16,556	16,448
2009	20,298	18,813
2010	20,413	20,301
2011	21,114	19,007
2012	22,663	20,415
2013	24,871	24,191
2014	24,779	未统计

值得注意的是，表 7 的数据是莫桑比克劳工部提供的。也就是说，这里所指的入境人数，实际就是在莫桑比克获得劳动许可的葡萄牙人。从理论上说，实际入境的葡萄牙籍人数应该超过获得劳动许可的葡萄牙人数目。

① 数据来源：葡萄牙驻外使领馆及领事事务管理系统（DGACCP）。

表 7　2011—2014 年入境人数①

年　　份	葡萄牙籍入境人数
2011	2, 264
2012	2, 597
2013	3, 759
2014	3, 971

表 8　2006—2013 年汇款金额(单位：千欧元)②

年　份	汇往葡萄牙	汇自葡萄牙
2006	1, 935	4, 448
2007	2, 369	5, 855
2008	2, 335	3, 157
2009	2, 424	3, 194
2010	2, 741	4, 494
2011	4, 654	5, 663
2012	5, 003	8, 753
2013	7, 560	10, 015

从表 8 可以看到,2008 年的经济危机对于葡萄牙来说影响远大于莫桑比克,因为从葡萄牙汇往莫桑比克的款项较 2007 年有较大的减少,而从莫桑比克汇往葡萄牙的金额却基本无变化。总体来说,葡萄牙的经济远超莫桑比克,因此两国之间的汇款金额对于莫桑比克来说呈现出绝对的逆差。同时这也说明,在葡萄牙工作的莫桑比克人数或莫桑比克人的亲属应该多于在莫桑比克工作的葡萄牙人数或葡萄牙人的亲属。

① 数据来源：葡萄牙驻外使领馆及领事事务管理系统(DGACCP)。
② 数据来源：葡萄牙银行(Banco de Portugal)。

二、葡萄牙接收移民概况

以葡萄牙为移民目的国的人中，以中欧、东欧以及拉美和非洲为主。由于历史原因，拉美主要是巴西，非洲则主要是葡萄牙以前的殖民地，其中包括安哥拉、佛得角、莫桑比克等。这些移民的特点各不相同，但其起因基本符合移民的本质——两国或两个地区之间社会经济环境有所不同，劳动力市场的运作也有所差异。

根据葡萄牙国家统计局（Instituto Nacional da Estatística，简称 INE）的数据，1980 年葡萄牙官方统计的外国移民人数仅为 50,750 人，此后每年都有不同程度的增长，其中 2000 年增加到了 207,587 人，2009 年更是飙升到了 454,191 人，由此可见外国移民人数在葡萄牙的增长十分迅速。但即便如此，移民人数也仅占葡萄牙总人口的 4%左右，远远低于葡萄牙向外移民的人数比例。因此，传统上认为葡萄牙是一个向外迁移国家的这一说法至今仍可被众多数据支撑。

葡萄牙移民局（Serviço de Estrangeiros e Fronteiras，简称 SEF）每年均会向社会公布《移民、边境及避难报告》（Relatório de Imigração, Fronteiras e Asilo）。通过对相关数据的分析，我们可以了解到比较客观的移民①信息。在官方统计中，移民的概念是持有居留证、居留许可颁发，及延期、长期居留延期②等三类人士。

通过分析外来移民的相关数据，我们可以了解外来移民的来源国、年龄分层及其他情况。

根据葡萄牙移民局《2014 年移民、边境及避难报告》，2014 年的移民总数自 2002 年以来首次低于 40 万人。但近年来，随着投资活动的居留证签发政策出台，居留证的签发也比之前增加了约 6.1%。从表 9 和表 10 统计数据对比情况来看，尽管 2014 年的移民总人数较 2013 年有所减少，但和 2013 年乃至前几年的情况相同。葡萄牙外来移民中，巴西、佛得角、

① 此处“移民”专指“移入”（imigração）。

② 指工作签证、短期逗留签证和学生签证的延期。

表 9　2013 年葡萄牙外来移民人数统计表①

来 源 国	2013 年移民人数	占当年移民总数的比例
巴　西	92, 120	23. 0%
佛得角	42, 401	10. 6%
乌克兰	41, 091	10. 2%
罗马尼亚	34, 204	8. 5%
安哥拉	20, 177	5. 0%
中　国	18, 637	4. 6%
几内亚比绍	17, 846	4. 4%
英　国	16, 471	4. 1%
圣多美和普林西比	10, 304	2. 6%
摩尔多瓦	9, 971	2. 5%
其他国家	98, 098	24. 5%
总　计	401, 320	100%

表 10　2014 年葡萄牙外来移民人数统计表②

来 源 国	2014 年移民人数	占当年移民总数的比例
巴　西	87, 493	22%
佛得角	40, 912	10%
乌克兰	37, 852	10%
罗马尼亚	31, 505	8%
中　国	21, 402	5%
安哥拉	19, 710	5%
几内亚比绍	17, 981	5%
英　国	16, 560	4%

① 数据来源：葡萄牙移民局。
② 数据来源：葡萄牙移民局。

续　表

来 源 国	2014 年移民人数	占当年移民总数的比例
圣多美和普林西比	10, 167	3%
西班牙	9, 692	2%
其他国家	101, 921	26%
总　计	395, 195	100%

安哥拉、几内亚比绍以及圣多美和普林西比等五个葡语国家还是在前十名中占据了一席之地。中国移民对葡萄牙黄金居留签证①(即投资活动签证)人数 2014 年比 2013 年增加了 14.8%，提升幅度较大，超越了葡语国家安哥拉，占据第五位。

同一份报告指出，2014 年的 395, 195 名外国移民中，男性为 191, 565 人，女性为 203, 630 人。外国移民中，330, 107 人属于潜在职业人口，占移民总人数的 83.5%，其中年龄层次在 20—39 岁的又占了多数(173, 114 人)，这一人群中女性又略占多数(53%)。

表 11　2009—2014 年入境移民②男女比例统计③

年　份	入境移民总数	男性总人数	女性总人数
2009	32, 307	13, 462	18, 845
2010	27, 575	11, 491	16, 084
2011	19, 667	11, 081	8, 586
2012	14, 606	8, 100	6, 506
2013	17, 554	9, 905	7, 649
2014	19, 516	8, 689	10, 827

① 2012 年 10 月葡萄牙政府为应对国内债务危机而出台的投资活动签证政策：外国投资者只要在葡萄牙境内购买价值超过 50 万欧元的房产并保持持有，即可获得葡萄牙的临时居留权。在满足一定居住条件后，移民者可以在第五年申请永久居住权，并且持有房产超过 5 年即可选择房产出售转让；在通过基础葡语考试后，可在第六年申请加入葡萄牙国籍。

② 此处“入境移民”指在当年入境且在葡萄牙居住大于等于一年的外国人士。

③ 数据来源：葡萄牙移民局。

表 11 的统计数据表明，2009—2012 年间，每年的入境移民人数持续减少，这应该与全球金融危机对葡萄牙的严重影响有关。但从 2013 年开始，随着经济的复苏，尤其是 2012 年 10 月推出的“黄金居留签证”政策吸引了众多的外国投资者，入境移民人数又逐年增多。

2009—2010 年间，移民中的女性大大超过男性人数；2011—2013 年间，男性移民人数超过了女性。但 2014 年，女性移民又开始超过男性移民人数。

表 12　2009—2014 年入境移民年龄分层统计①

年龄＼年份	2009	2010	2011	2012	2013	2014
0—4	1, 606	1, 371	766	698	882	802
5—9	1, 888	1, 613	571	372	606	593
10—14	1, 874	1, 600	816	587	904	1, 000
15—19	2, 431	2, 074	2, 162	1, 238	1, 506	1, 307
20—24	4, 004	3, 417	3, 950	3, 025	2, 791	2, 326
25—29	4, 433	3, 790	3, 369	2, 564	3, 537	3, 358
30—34	3, 700	3, 157	1, 871	1, 296	1, 626	2, 231
35—39	2, 928	2, 500	1, 628	1, 335	1, 475	1, 742
40—44	2, 179	1, 862	1, 199	1, 045	945	1, 464
45—49	1, 609	1, 373	699	745	932	1, 060
50—54	1,262	1, 076	391	390	508	860
55—59	1, 211	1, 033	457	373	429	697
60—64	1, 516	1, 293	707	463	523	710
65 以上	1, 666	1, 416	1, 081	475	890	1, 366
总　计	32, 307	27, 575	19, 667	14, 606	17, 554	19, 516

① 数据来源：葡萄牙移民局。

从表 12 的统计数据来看，2009 年，年龄在 0—14 岁区间的入境移民占总数的 17%左右，15—64 岁区间的占 78%左右，65 岁以上的占 5%左右；而 2014 年，0—14 岁的入境移民占总数的 12%左右，15—64 岁的占 81%左右，65 岁以上的占 7%左右。尽管每一年的入境移民人数有所不同，而全球经济危机造成 2009—2012 年的入境移民数持续走低，但每年移民人数中占最大比例的都是 15—64 岁人士，其中又以 20—29 岁区间的人数最为众多。

表 13　2012—2013 年外国移民居留许可签发种类统计①

年份 居留许可签发种类	2012		2013	
	人数	占移民总人数比例	人数	占移民总人数比例
受雇工作	8,493	2.0%	19,922	5.0%
自营活动	398	0.1%	1,686	0.4%
研究或高资历活动	534	0.1%	1,495	0.4%
高等教育学生	10,275	2.5%	7,546	1.9%
家庭团聚	7,485	1.8%	6,060	1.5%
永久居留	54,393	13.0%	53,147	13.2%
豁免居留签证	8,737	2.1%	8,672	2.2%
其　他②	326,727	78.6%	302,792	75.4%
总　计	417,042	100%	401,320	100%

表 13 中，除了其他居留许可种类之外，永久居留许可是外国移民最多的居留许可签发种类，但我们并无法从中看出移民葡萄牙的原因。同样，永久居留证和豁免居留签证的签发也是上一年甚至前些年居留许可签发的后续行为。因此，受雇工作、自营活动、研究或高资历活动、高等教育学生和家庭团聚才是当年移民目的的最真实数据体现。通过分析可以

① 数据来源：葡萄牙移民局。
② “其他”包括在葡萄牙居留两年之后居留证延期申请的情况。

得出结论：工作、留学和家庭团聚都是最为主要的移民原因，尤其是在2013年，前往葡萄牙工作的移民人数同比增长了一倍以上。

据葡萄牙《观察家》网站①报道，2015年第四届国际MIPEX②评估数据显示，葡萄牙的评估分数达到了75分，比上一届（2010年）的分数有所提高，这在很大程度上归功于葡萄牙在保护家暴受害者和就业规划方面较早前有了很大的好转。除此之外，得分较高的部分还包括反对歧视斗争、接受移民入籍、家庭团聚等方面；得分较低的则是医疗、教育和居住等方面。该评估还指出，有几个方面得分较高并不意味着葡萄牙在让移民知晓自己的权利和保护他们的法律方面做得十全十美。

移民在葡萄牙的就业机会均等，和葡萄牙居民享受同等权利，是让葡萄牙在就业方面得分高的原因。统计数据表明，2011—2012年，葡萄牙非欧盟居民的失业率为28%，低于MIPEX系统分析的其他国家平均数（33%），这也从一个侧面反映出葡萄牙在就业方面并没有对移民有所歧视。但与此同时，移民也可能会无法找到与自己资历等同的职业；万一失业，也较难向社会保障部门申请失业救济金。

移民在就医方面遇到的困难最多，尤其是在行政管理上会碰到很多障碍，医疗服务机构的回应率很低；而在教育方面，移民的子女较为容易进入教育体系。但葡萄牙的教育体系并没有为移民子女的多样化需求提供全方位的服务，仍需努力让学校成为学生和家长融入社会的载体。

三、结　　语

综上所述，不论在对外移民还是接收外来移民方面，葡萄牙都可谓是

① http://observador.pt/2015/06/12/portugal-segundo-melhor-pais-a-acolher-e-integrar-imigrantes/，访问日期：2017年3月31日。

② Migrant Integration Policy Index，即移民政策指数。移民政策指数是一种非常独特的工具，用以评估移民政策，整合所有欧盟国家、澳大利亚、加拿大、冰岛、日本、韩国、新西兰、挪威、瑞士、土耳其和美国的移民信息。

一个移民国家。从移民数目上来看,葡萄牙籍人士对外移民人数多于葡萄牙接收的外来移民人数,但随着近年来葡萄牙国内经济形势的好转,加上葡萄牙政府出台了鼓励投资移民的政策,为接收外来移民提供了良好的环境。当然,外来移民在葡萄牙社会、经济、文化等各方面的融入还需要一定的时间和条件,葡萄牙政府也当意识到这一点,并为此不断努力。

第二节
葡萄牙移民政策沿革及变迁

傅菡钰*

历史上,长期作为移民输出国的葡萄牙接收的移民人数相对较少,先后包括殖民时期起从非洲招募的士兵和奴隶、18 世纪起从事葡萄酒生产和贸易的英国人、"十月革命"后被驱逐的俄国贵族、躲避战争和纳粹迫害的欧洲难民(主要为犹太人)以及不列颠帝国衰落后定居于葡萄牙的大量英国家庭。

20 世纪五六十年代,葡萄牙海外殖民地居民因学习、从事自由职业或贸易活动等原因而移居葡萄牙。

20 世纪 70 年代,特别是非洲殖民地纷纷独立后,这些新成立的国家中大量被允许保留或获得葡萄牙国籍者移居葡萄牙。

20 世纪八九十年代,国际移民的清晰定义使得非洲葡语国家继续成为葡萄牙移民来源国,与此同时还有来自巴西的移民,这在一定程度上改变了历来葡萄牙向巴西移民的趋势。此外,加入欧洲经济共同体后,葡萄牙的便利和良好生活条件吸引了来自同为欧洲经济共同体成员国的邻国移民。1995 年,《申根协定》的正式施行,为葡萄牙带来大量中东欧移民。但伴随着移民潮的来临,葡萄牙不得不面对非法移民与日俱增以及不同移民融入过程中引发的社会文化矛盾冲突等问题。

进入 21 世纪,在遭遇 2008 年世界金融危机和 2011 年经济危机后,深陷债务危机泥潭、经济不断衰落、失业率日益攀升且人口逐步下降的葡萄牙意欲摆脱现实困境,吸引大量新兴国家和发展中国家的投资移民。

---

* 傅菡钰,上海外国语大学西方语系葡萄牙语专业教师。

面对葡萄牙外来移民的发展变化以及不同时期所面临的国内外形势，葡萄牙不断调整其移民政策，对其做出补充、修改和修订。

总体来说，葡萄牙移民政策主要分为入境和融入两大板块，前者是针对因各种原因前往葡萄牙的外国人士的入境、逗留许可及相关规定，后者则是针对帮助并促进居住在葡萄牙的外国人群融入葡萄牙社会的相关措施。

一、入境政策沿革变迁

（一）非洲殖民地独立前

1956 年 5 月 25 日颁布的第 40610 号法令①正式规定了葡萄牙公民和外籍公民在葡萄牙海外领地入境和定居的相关条例。其中：第 8 条规定，在无适用国际协议情况下，外籍公民在葡萄牙海外领地入境须获海外部或海外省总督批准，或提供葡萄牙外交或领事代表签发的通行、旅游或商务签证；第 2 条规定，在一个海外省内居留达两年或受雇工作不少于两年且劳动合同仍有效者，视为永久居留。

20 世纪六七十年代，非洲殖民地纷纷爆发独立战争，同时葡萄牙人口大量移居海外（见表 1），导致国内人口下降（见表 2），劳动力严重不足。为此，葡萄牙政府不得不积极引进来自海外殖民地的劳动力，以满足国内民用建筑和公共工程的需求。

表 1　1970—1974 年葡萄牙移居国外人数②

年　　份	移居国外人数
1970	66, 360
1971	50, 400

① https://dre.tretas.org/dre/299435/，访问日期：2016 年 1 月 5 日。

② 数据来源：葡萄牙国家统计局（INE），《1970—1988 移居国外人数》，https://www.ine.pt/xportal/xmain?xpid=INE&xpgid=ine_indicadores&indOcorrCod=0001269&contexto=bd&selTab=tab2，访问日期：2016 年 2 月 3 日。

续　表

年　份	移居国外人数
1972	54,084
1973	79,517
1974	43,397

表 2　1940—1991 年葡萄牙人口普查数据①

年　份	人　口
1940	7,719,029
1950	8,429,267
1960	8,889,012
1970	8,447,790
1981	9,852,841
1991	9,865,973

（二）非洲殖民地独立后

1981 年 9 月 3 日颁布的第 264 - B/81 号法令②正式规定了外籍人士在葡萄牙领土入境、逗留、出境以及驱逐的相关条例，明确了在葡萄牙领土入境或出境，外籍人士须持有效护照，并须经由官方出入境口岸。

其中，第 2 条第 2 点规定，如果无护照，则须符合下列条件之一：

a. 持有外交部签发身份证受葡萄牙政府承认的外交人员；

b. 北大西洋公约签字国间公约所涉人员；

c. 与葡萄牙签订只需持身份证或相应证件入境协议国家的公民；

d. 经 1967 年 5 月 19 日第 47712 号法令批准，持有国际劳工组织第 108 号条约规定的海员证者；

① 数据来源：葡萄牙国家统计局（INE），《居民人口统计》，https://www.ine.pt/xportal/xmain?xpid=INE&xpgid=ine_indicadores&indOcorrCod=0000928&contexto=bd&selTab=tab2，访问日期：2016 年 2 月 3 日。

② https://dre.tretas.org/dre/6485/，访问日期：2016 年 1 月 5 日。

e. 与葡萄牙签订只须持海员证入境的双边协定国家的公民；

f. 持有旅行证；

g. 持有 1951 年《日内瓦公约》规定的旅行证件；

h. 持有身份与旅行集体证明书；

i. 持有联合国或其他葡萄牙认可的国际组织签发的通行证；

j. 持有国家当局签发的通行证；

l. 持有国际民航公约附件 1 和 9 中规定的飞行证或机组人员证明书；

m. 与葡萄牙签订免护照协议国家的公民。

拟进入葡萄牙领土的人士还须持有外交签证、公务签证或领事签证。如果无签证，则须满足下列条件之一：

a. 符合第 2 条第 2 点中 a、b、c、d、e 和 l 项规定者；

b. 与葡萄牙签订免签证协议国家的公民。

领事签证分为过境签证、旅游或商务签证以及居留签证三种。在葡萄牙领土内，拟延长逗留时间的外籍人士中无需签证入境者可获得有效期 70 天的长期逗留签证，持外交签证、公务签证、旅行或商务签证者可获得两次签证延期，每次不超过 70 天。

第 30 条规定，获得居留许可的外籍人士视为居民；第 31 条规定，居留许可须由持有居留签证者向移民局提交申请，适用于申请者所监护的年龄低于 14 岁者。

第 32 条规定，移民局批准居留许可申请依据以下标准：

a. 申请人遵守葡萄牙法律情况；

b. 申请人经济能力；

c. 居留目的及可行性；

d. 与葡萄牙居民的亲属关系情况。

第 34 条规定，居留许可共三种：A 型居留证有效期 1 年且需每年续签；B 型居留证授予在葡萄牙领土连续居住满 5 年的外籍人士，有效期 5 年且需每 5 年续签；C 型居留证授予在葡萄牙领土连续居住满 20 年的外籍人士，终身有效。

（三）加入欧洲经济共同体后

1986年，葡萄牙正式加入欧洲经济共同体，1987年7月2日颁布第267/87号法令①，增加规定欧洲经济共同体成员国公民进入、逗留、离开和逐出葡萄牙领土的相关条例。其中，第2条规定，在葡萄牙领土入境和逗留者须满足下列条件之一：

a. 成员国受薪工作的雇员；

b. 成员国在加入欧共体条约规定下享有设业权（direito de estabelecimento）和工作自由的国民；

c. 此类国民的配偶及21岁以下或受其监护的子嗣；

d. 此类国民及其配偶的并受其监护的长辈直系亲属；

e. 受此类国民监护或与其共同生活的任何亲属。

1993年3月3日颁布的第59/93号法令②全新规定了外籍人士在葡萄牙领土入境、逗留、出境和驱逐的相关条例。与1981年9月3日颁布的第264－B/81号法令相比，增加了“外籍人士”和“居民”的概念定义，无需护照人群所须符合的条件中删减了a、b和m三条，原先的i条中增加了欧洲经济共同体。此外，特别增设了具体的入境和逗留条件，比如外籍人士必须拥有足够的经济能力支付逗留或旅行的一切开支，每次入境每人不少于20,000埃斯库多③或等值资金，逗留期内每人每天不少于6,000埃斯库多或等值资金。

葡萄牙境外签发的签证仍为外交签证、公务签证和领事签证三种，但领事签证增加至过境签证、工作签证、居留签证、短期逗留签证、统一签证（Visto Uniforme）、学习签证和中途停靠签证（Visto de Escala）七种。在葡萄牙领土内，若外籍人士拟延长逗留时间，可向移民局申请长期逗留签证（Vistos de permanência），无需签证或持外交签证、公务签证和短期逗留签证者可获得60天的长期逗留签证，每60天延期一次；持学习签证或其他特殊情况者可获得1年的长期逗留签证，每年延期一次。葡萄牙边境可

---

① https://dre.tretas.org/dre/42677/，访问日期：2016年1月6日。

② https://dre.tretas.org/dre/49232/，访问日期：2016年1月8日。

③ Escudo，葡萄牙原有的法定货币，现采用欧元，200埃斯库多相当于1欧元。

签发过境签证和短期逗留签证。

居留许可方面,第 54 条规定,居留许可须由有意者或其合法代理人向移民局提交申请,适用于申请者所监护的未成年人;第 55 条规定,申请人须在葡萄牙领土内,持有有效居留签证;第 57 条规定,居留证仍包括三种,依次更名为一年居留证,临时居留证和永久居留证,要求和内容不变;第 58 条规定,居留许可续签须在有效期满 45 天前向移民局提交申请,移民局批准居留许可续签申请依据以下标准:

a. 申请人经济能力;

b. 居住条件;

c. 申请人遵守葡萄牙法律情况。

(四)《申根协定》正式生效后

随着欧盟一体化进程的推进和申根区内人员自由流通,作为欧盟成员国和《申根协定》签字国,为了维护国家和移民的利益,葡萄牙于 1998 年 8 月 8 日颁布第 244/98 号法令①,再次重新规定了外籍人士在葡萄牙领土入境、逗留、出境和驱逐的相关条例。该法令中增加了一项"第三国"的定义,即非《申根协定》成员国或不实施《申根协定》的国家。

在葡萄牙境外签发的签证包括中途停靠签证、过境签证、短期逗留签证、居留签证、学习签证、工作签证和临时停留签证七种,其中居留签证、学习签证、工作签证和临时停留签证必须申请个人签证,其余签证可申请个人签证或团体签证。临时停留签证主要为就医或陪同家人就医及其他特殊情况。此外,针对家庭团聚权利,第 56 条规定,葡萄牙居民的外籍家庭成员有权利获得家庭团聚,该居民须向移民局提交申请并证明有合适的住所和足够的经济能力满足家庭生活需求,且提交申请时须持有有效期至少 1 年的居留证。

居留许可只有临时居留证和永久居留证两种。临时居留证有效期 2 年,每 2 年续签一次,永久居留证无有效期限,每 5 年更新一次。获得永久

① https://dre.tretas.org/dre/95122/,访问日期:2015 年 1 月 10 日。

居留证的外籍人士须在葡萄牙领土连续合法居住至少10年，且最近10年居留期内无犯罪记录或累加总和不超过1年有期徒刑。申请人须在居留证有效期满30天之前提交续签申请。

此外，针对外籍公民在葡萄牙领土逗留时间超期，规定了惩罚条例：非法逗留期不超过30天者罚款10,000—25,000埃斯库多；非法逗留期超过30天但不超过90天者罚款25,000—55,000埃斯库多；非法逗留期超过90天但不超过180天者罚款55,000—85,000埃斯库多；非法逗留期超过180天者罚款85,000—120,000埃斯库多。针对无工作签证而受雇工作或从事自营活动者，罚款40,000—200,000埃斯库多。

随着欧洲一体化进程逐步推进和全球化影响日益深入，移民潮成为欧洲乃至全球不容小觑且无法阻挡的趋势，葡萄牙接收移民数量也显著增长。20世纪八九十年代，外国移民人数翻了一番，而1995年《申根协定》正式生效起，协定签字国内移民人数呈指数增长，同时产生了一个新现象，即大批来自东欧的移民。2001年1月10日，葡萄牙颁布第4/2001号法令①，基于1998年的第244/98号法令，根据国内实际情况促进移民、有效帮助移民融入并打击非法移民。比如，第15条增加规定，外籍公民须提交相关文件证明其逗留目的和情况。此外，增加了外籍公民在葡萄牙领土逗留时间超期的罚款：非法逗留期不超过30天者罚款12,000—29,000埃斯库多；非法逗留期超过30天但不超过90天者罚款29,000—61,000埃斯库多；非法逗留期超过90天但不超过180天者罚款61,000—93,000埃斯库多；非法逗留期超过180天者罚款93,000—131,000埃斯库多。同时，针对未经许可的受雇工作和自营活动加大了惩罚力度：无工作签证或居留证而受雇工作或从事自营活动者罚款44,000—218,000埃斯库多；雇佣无居留许可、长期逗留许可或工作签证的外籍公民的微型企业罚款每人300,000—750,000埃斯库多；小型企业罚款每人500,000—1,350,000埃斯库多；中型企业罚款每人830,000—2,360,000埃斯库多；大型企业罚款每人1,400,000—4,900,000埃斯库多。

① https://dre.tretas.org/dre/127398/，访问日期：2015年1月10日。

第 4/2001 号法令的实施的确促进葡萄牙国内合法外国移民大幅增长，同年年底增至 346,000 人。然而，非法移民的数量并没有因宽松的移民政策有所降低，反而显著增长，使得移民居住和融入环境变得日益艰难和不稳定。

为了配合欧盟更好地促进合法移民、打击非法移民的目标，2003 年 2 月 25 日葡萄牙颁布第 34/2003 号法令①，在第 4/2001 号法令基础上严格控制外国移民的入境和居留，为合法移民融入居住国提供更有利更人性的条件。比如：第 35 条将学习签证申请者目的相关规定中"为获得学位而进行科研活动"改为"为获得学位或经官方认证教育机构证明有科学意义而进行科研活动"；第 37 条增设两种工作签证（一项针对从事体育或演出活动，另一项则针对从事由有关公共机构证明的科研活动或高层次技术活动），从而为科学家和高级技术人员赴葡定居提供有利条件；第 85 条规定，减少外国移民申请长期居留时所需的最少居留时间（葡语国家公民只需在葡萄牙领土居住至少 5 年，非葡语国家公民至少 8 年），以此促进融入葡萄牙社会的移民合法化。

加入欧元区后，葡萄牙用欧元代替了原先的法定货币埃斯库多，因此该法令中涉及的所有金额都做了修改，比如外籍公民在葡萄牙领土逗留时间超期的罚款不仅更改了货币单位，还在原先基础上有所增加：非法逗留期不超过 30 天者罚款 80—160 欧元；非法逗留期超过 30 天但不超过 90 天者罚款 160—320 欧元；非法逗留期超过 90 天但不超过 180 天者罚款 320—500 欧元；非法逗留期超过 180 天者罚款 500—700 欧元。另外，针对未经许可的受雇工作和自营活动的罚款也进行了类似的更改。同时，针对非法移民增设惩罚条例，例如，任何为外籍公民非法入境和过境提供帮助和便利者最高判处 3 年有期徒刑，任何以营利目的为外籍公民非法入境和过境提供帮助和便利者判处 1—4 年有期徒刑。

2007 年 7 月 4 日颁布的第 23/2007 号法律②再次规定了外籍人士在

---

① https://dre. tretas. org/dre/160726/，访问日期：2015 年 1 月 11 日。

② https://dre. tretas. org/dre/214921/，访问日期：2015 年 1 月 11 日。

葡萄牙领土入境、逗留、出境和驱逐的相关条规和制度，该法律至今仍然有效。外籍人士在葡萄牙境外可获得的签证包括中途停靠签证、过境签证、短期逗留签证、临时停留签证和为获居留许可签证共五种。其中，前三种可申请个人签证或团体签证，后两种只能申请个人签证。临时停留签证除了在葡萄牙正规医疗机构就医或陪同家属就医外，还包括根据世贸组织规定调动雇员，从事不超过 6 个月的受雇工作或自营活动，从事不超过 1 年的研究机构科研活动、高等教育机构任教或其他高技术含量工作等。居留签证包括受雇工作居留签证，自营活动或创业移民居留签证（“创业移民”指在葡萄牙投资者），从事科研活动或高技术含量工作居留签证，学习、交换生、实习或志愿工作居留签证，欧盟高等教育学生居留签证和家庭团聚居留签证。

居留许可分为有效期 1 年且每年续签一次的临时居留证和无有效期限且每 5 年更新一次的永久居留证。获得临时居留证须持有有效居留签证、无导致申请遭拒的事项，在葡萄牙领土居住、有经济能力、有住所、进行社保登记、无获超过 1 年有期徒刑的犯罪记录、未被禁止入境、未记入申根信息系统且未记入移民局信息系统。获得永久居留证须至少拥有 5 年临时居留证、最近 5 年内无犯罪记录或未获累计超过 1 年的有期徒刑，有经济能力和住所，且有基础葡语知识。

居留证包括受雇工作居留证、自营活动居留证、从事科研活动或高技术含量工作居留证、高等教育学生居留证、中学学生居留证、无薪实习居留证、志愿工作居留证、家庭团聚居留证、人口贩卖或非法移民活动受害者居留证、在其他欧盟成员国获长期居民身份者居留证以及特殊情况居留证。

任何为外籍公民非法入境、逗留和过境提供帮助和便利者最高判处 3 年有期徒刑；任何以营利目的为外籍公民非法入境、逗留和过境提供帮助和便利者判处 1—4 年有期徒刑；任何建立为外籍公民非法入境、逗留和过境提供帮助和便利的机构者判处 1—6 年有期徒刑；任何此类机构成员也判处 1—6 年有期徒刑；任何此类机构主管者判处 2—8 年有期徒刑，同时处以罚款或停业 1—5 年。

（五）金融危机后

1995—2008 年，随着世界经济环境稳定和繁荣发展，葡萄牙国内生产总值逐年上升，虽然与 1997 年和 1998 年“逾 8 冲 9”的增长势头相比，1999—2003 年明显增速持续下滑，2003 年达到最低值 2.47%，但 2004 年后又稳步回升，超过 4%。然而，2008 年的世界金融危机对全球经济发展造成了重大冲击，葡萄牙也不能幸免于难。虽然 2008 年与 2007 年相比，国内生产总值依然有略微上升，但是 2009 年便跌入了负增长的漩涡，达 -1.91%。此后 2011 年和 2012 年也连续出现负增长，2012 年达历史最低点，仅为 -4.41%。2009—2014 年，平均 GDP 增长率为也负值，仅达 -0.48%。近 20 年来葡萄牙国内生产总值如下表所示：

表 3　1995—2014 年葡萄牙国内生产总值（单位：百万欧）①

年　份	GDP	增　长	增长率
1995	89, 037. 320	/	/
1996	94, 351. 378	5, 314. 058	5. 97%
1997	102, 356. 901	8, 005. 523	8. 48%
1998	111, 385. 192	9, 028. 291	8. 82%
1999	119, 639. 161	8, 253. 969	7. 41%
2000	128, 466. 305	8, 827. 144	7. 38%
2001	135, 827. 522	7, 361. 217	5. 73%
2002	142, 631. 414	6, 803. 892	5. 01%
2003	146, 158. 277	3, 526. 863	2. 47%
2004	152, 371. 562	6, 213. 285	4. 25%
2005	158, 652. 559	6, 280. 997	4. 12%
2006	166, 248. 715	7, 596. 156	4. 79%

① 数据来源：葡萄牙国家统计局（INE），《国内生产总值统计表》，https://www.ine.pt/xportal/xmain?xpid=INE&xpgid=cn_quadros&boui=220636512，访问日期：2015 年 11 月 1 日。

续　表

年　份	GDP	增　长	增长率
2007	175, 467. 717	9, 219. 002	5. 55%
2008	178, 872. 582	3, 404. 865	1. 94%
2009	175, 448. 190	-3, 424. 392	-1. 91%
2010	179, 929. 812	4, 481. 622	2. 55%
2011	176, 166. 578	-3, 763. 234	-2. 09%
2012	168, 397. 969	-7, 768. 609	-4. 41%
2013	170, 269. 327	1, 871. 358	1. 11%
2014	173, 446. 190	3, 176. 863	1. 87%

由于金融危机和债务危机引发的高失业率，也是葡萄牙政府必须应对的重要挑战。1998—2015 年葡萄牙季度失业率如下表所示：

表 4　1998—2015 年葡萄牙季度失业率①

年　份	第一季度	第二季度	第三季度	第四季度
1998	5. 8%	4. 5%	4. 6%	4. 8%
1999	4. 7%	4. 5%	4. 2%	4. 2%
2000	4. 4%	3. 7%	3. 9%	3. 7%
2001	4. 1%	3. 8%	4. 0%	4. 1%
2002	4. 4%	4. 5%	5. 0%	6. 1%
2003	6. 3%	6. 1%	6. 1%	6. 5%
2004	6. 3%	6. 3%	6. 8%	7. 0%
2005	7. 5%	7. 2%	7. 7%	8. 0%
2006	7. 7%	7. 3%	7. 4%	8. 2%

① 数据来源：葡萄牙国家统计局(INE)，《季度失业率统计表》，https://www. ine. pt/xportal/xmain?xpid = INE&xpgid = ine_indicadores&indOcorrCod = 0000593，访问日期：2015 年 11 月 30 日。

续　表

年　份	第一季度	第二季度	第三季度	第四季度
2007	8.4%	7.9%	7.9%	7.8%
2008	7.6%	7.3%	7.7%	7.8%
2009	8.9%	9.1%	9.8%	10.1%
2010	10.6%	10.6%	10.9%	11.1%
2011	12.4%	12.1%	12.4%	14.0%
2012	14.9%	15%	15.8%	16.9%
2013	17.5%	16.4%	15.6%	15.3%
2014	15.1%	13.9%	13.1%	13.5%
2015	13.7%	11.9%	11.9%	/

由上述统计数据可知，1998—2008 年，葡萄牙失业率一直保持在 8.5%以下；2000 年第二季度和第四季度达到历史最低，仅为 3.7%；2001 年起，葡萄牙失业率总体趋势不断上涨，尤其是 2008 年世界金融危机后，葡萄牙失业率一路飙升，于 2009 年第四季度便一举突破 10%；2011 年第四季度更达 14%，随后一直居高不下；2013 年第一季度更是创下历史之最，高达 17.5%；之后逐步有所下降，但依然未能降回 2008 年的水平。

与此同时，葡萄牙的人口近 25 年来增长非常缓慢，仅 2000 年增长速度最快，达 0.8%；2010 年开始甚至连年出现负增长。根据葡萄牙国家统计局的数据统计，1991—2014 年葡萄牙居民人口如下表所示：

表 5　1991—2014 葡萄牙人口及增长率（单位：人）①

年　份	人　口	增　长　率
1991	9,950,029	/
1992	9,954,958	0.05%

① 数据来源：葡萄牙国家统计局（INE），《居民人口统计》，https://www.ine.pt/xportal/xmain?xpid=INE&xpgid=ine_indicadores&indOcorrCod=0000256&contexto=bd&selTab=tab2，访问日期：2015 年 11 月 10 日。

续 表

年　份	人　口	增 长 率
1993	9, 974, 391	0. 20%
1994	10, 008, 659	0. 34%
1995	10, 043, 693	0. 35%
1996	10, 084, 196	0. 40%
1997	10, 133, 758	0. 49%
1998	10, 186, 634	0. 52%
1999	10, 249, 022	0. 61%
2000	10, 330, 774	0. 80%
2001	10, 394, 669	0. 62%
2002	10, 444, 592	0. 48%
2003	10, 473, 050	0. 27%
2004	10, 494, 672	0. 21%
2005	10, 511, 988	0. 16%
2006	10, 532, 588	0. 20%
2007	10, 553, 339	0. 20%
2008	10, 563, 014	0. 09%
2009	10, 573, 479	0. 10%
2010	10, 572, 721	-0. 01%
2011	10, 542, 398	-0. 29%
2012	10, 487, 289	-0. 52%
2013	10, 427, 301	-0. 57%
2014	10, 374, 822	-0. 50%

因此，为了应对债务危机、增加就业、提高人才储备并促进葡萄牙经济繁荣发展，葡萄牙于 2012 年推出了著名的“黄金居留计划”。

2012 年 8 月 9 日，葡萄牙颁布第 29/2012 号法律①，对 2007 年 7 月 4

① https://dre. tretas. org/dre/302941/，访问日期：2015 年 12 月 20 日。

日颁布的第23/2007号法律做出了第一次修订。紧接着，葡萄牙外交部和内政部于2012年9月4日颁布了第11820－A/2012号批示[1]，并于同年10月8日生效，对签发以及续签第三国公民在葡萄牙居留许可的条件进行了调整，主要涉及投资移民的条件、最少居住时间以及所需的证明材料等。

该批示第4条规定，投资期限从获签居留许可之日算起至少5年。第3条规定，投资活动至少符合下列条件之一：

a. 转入葡萄牙不低于100万欧元的资金，不包括投资未在证交所挂牌的公司股票；

b. 至少创造30个就业岗位，并对就业者进行社保登记；

c. 购置不低于50万欧元的不动产，拥有该不动产的全部产权，并已支付所有费用和赋税。

第6条规定，居留证的申请者欲证明符合第一个投资活动条件，须递交下列文件之一：a. 某一授权在葡萄牙进行金融活动的机构的声明书，证明申请者为该资金唯一或第一持有人；b. 商业注册公证，证明申请者持有公司的股份。欲证明符合第二个条件，须递交社保公证书；欲证明符合第三个条件，须递交房产登记局出具的公证书。

第7条规定，居留证延期的申请者欲证明符合第一个条件，须递交下列文件之一：a. 某一授权在葡萄牙进行金融活动的机构的声明书，证明投资者平均每年资金余额不低于100万欧元；b. 商业注册公证，证明申请者持有公司的股份。欲证明符合第二个条件，须递交社保公证书，证明继续保留先前创造的30个就业岗位；欲证明符合第三个条件，须递交房产登记局的房产登记注册公证书以及有效的登记注册文件，证明申请人拥有该不动产的全部产权，并已支付所有费用和赋税。

关于在葡萄牙最少居住时间，第5条规定，居留证延期的申请者须在第一年至少居住30天，之后每两年至少居住60天。

此外，居留证或居留证延期的申请者还应提供其他证明材料，其中包

① https://dre.tretas.org/dre/303355/，访问日期：2015年12月20日。

括：由海关、税务部门以及社保部门签发的无负债声明书，证明申请人正常纳税；有效护照，证明申请人在葡萄牙的居留情况；声明书，承诺符合在葡萄牙投资移民的最低条件和最少居住时间。上述证明材料和声明书在申请居留证或居留证延期时，由申请人本人向移民局递交。由移民局局长决定是否批准申请。

2015 年 6 月 30 日颁布的第 63/2015 号法律①在第 29/2012 号法律和第 11820 – A/2012 号批示的基础上对第 23/2007 号法律做出了第三次也是最新一次修订，进一步放宽投资移民政策，将第 3 条中"至少创造 30 个就业岗位"降为"至少创造 10 个就业岗位"，并增加下列四种可选投资活动条件：

a. 购置不低于 35 万欧元的建筑年龄 30 年以上或位于重建改造区并对其进行修复工程的不动产；

b. 转入葡萄牙不低于 35 万欧元的资金，投资国家科技系统内的公共或私人机构开展的研究活动；

c. 转入葡萄牙不低于 25 万欧元的资金，通过中央和周边行政服务、公共机构、公共工商部门、公益基金会、以公用事业为宗旨的私营基金会、城市间实体、地方工商部门、市政协会和文化公共协会等机构投资或支持艺术产业、国家文化遗产的修复或维护；

d. 转入不低于 50 万欧元的资金，购买投资葡萄牙的基金或风险投资的股票，以促进中小型企业的资本化。若以此方式投资，中小型企业须提交相应的资本化规划并证实其可行性。

除转入葡萄牙不低于 100 万欧元的资金和转入不低于 50 万欧元的资金以购买投资葡萄牙的基金或风险投资的股票两项以外，其余各类投资活动若在人口低密度区域进行，则最低资金限额还可降低 20%。人口低密度区域指人口密度小于 100 人/平方公里，或当地人均 GDP 小于国家 GDP 的 75%。

与此同时，第 82 条规定，居留证签发决定在 90 天内完成，居留证续签

① https://dre.pt/application/file/67640060，访问日期：2015 年 12 月 21 日。

决定在 60 天内完成，加快了居留证签发和续签的办理进程。

此后不久，葡萄牙于 2015 年 9 月 2 日又颁布了第 15－A/2015 号规章①，这一规章大大降低了在葡萄牙最少居住时间的要求，其中第 65 条规定，居留证续签的申请者须在第一年至少累计居住 7 天，之后每两年至少累计居住 14 天。

可见，面对经济长期增长动力不足、失业率居高不下且人口连年负增长的局面，葡萄牙不断放宽投资移民政策，以期解决人才储备和就业问题，并改变经济现状。

二、融入政策沿革变迁

随着欧洲一体化的持续深入和全球化的不断推进，葡萄牙国内移民人数显著增加。来自世界各地的移民，既缓解了劳动力的缺乏，还积极促进了经济增长、社会可持续发展和文化多元化，因此作为葡萄牙社会不可或缺的组成部分，受到葡萄牙政府的高度重视。葡萄牙出台了各类融入政策，来促进移民更好地融入当地社会，改善移民的生活和工作环境，增进社会和谐稳定并保护多元文化的丰富多彩。

融入政策主要包括国籍授予和移民权利两大方面。

（一）葡萄牙国籍授予

1959 年 7 月 29 日颁布的第 2098/59 号法律②规定了授予和取得葡萄牙国籍的相关条例。其中，法律授予其葡萄牙国籍的人群包括：

（1）任何出生在葡萄牙领地的人，且符合以下条件之一：

a. 父亲为葡萄牙人；

b. 若父亲不明或无国籍或国籍不明，母亲为葡萄牙人；

① https://dre.tretas.org/dre/1379131/，访问日期：2016 年 1 月 6 日。

② https://dre.tretas.org/dre/102201/，访问日期：2016 年 1 月 12 日。

c. 父母均不明或无国籍或国籍不明；

d. 父亲为外籍人士且非在葡萄牙领地内为其国家工作者；

e. 若父亲不明或无国籍或国籍不明，母亲为外籍人士且非在葡萄牙领地内为其国家工作者。

（2）出生在外国且其父母一方必须为在该国从事为葡萄牙政府工作的葡萄牙人。

根据其意愿可授予葡萄牙国籍的人群包括：

（1）出生在外国且父亲为葡萄牙人的人，并符合以下条件之一：

a. 已成年或不受监护者本人申明加入葡萄牙国籍的意愿，无民事行为能力人由其合法代理人申明加入葡萄牙国籍的意愿；

b. 已成年或不受监护者本人已通过提交声明在葡萄牙民政局办理出生登记，无民事行为能力人由其合法代理人提交声明在葡萄牙民政局办理出生登记；

c. 在葡萄牙领地拥有住所并向有关部门申报；

（2）出生在外国、父亲不明或无国籍或国籍不明且母亲为葡萄牙人的人，并同样符合以上条件之一。

可通过婚姻取得葡萄牙国籍的人群包括：

（1）与葡萄牙人结婚的外籍女性，除非在结婚时申明不想获得葡萄牙国籍，并证明未失去先前国籍；

（2）只要符合上述条件、婚姻期间忠诚并在葡萄牙拥有住所的外籍女性，婚姻关系的终止和无效不会影响其国籍。

可通过归化取得葡萄牙国籍的人群应符合以下所有条件：

（1）根据葡萄牙法律和其来源国法律均为成人或有民事行为能力人；

（2）有通过工作或其他谋生方式获得足够的薪酬；

（3）道德和民事行为良好；

（4）遵守来源国军队服役法，除无国籍者或国籍不明者之外；

（5）根据自身条件拥有足够的葡萄牙语知识；

（6）至少在葡萄牙领土内定居 3 年。

若为来葡萄牙定居的葡萄牙后裔，则（5）和（6）为非必要条件；若为与葡萄牙女性结婚或为葡萄牙作出重大贡献者，则(5)和(6)可免除。

20世纪70年代，葡萄牙海外领地纷纷获得独立，因此葡萄牙于1975年6月24日颁布第308-A/75号法令①，在1959年7月29日颁布的第2098/59号法律基础上，允许居住在原先属于葡萄牙海外领地的新国家中的适格者保留葡萄牙国籍。

2006年4月17日颁布的第2/2006号组织法②在1981年10月3日颁布的第37/81号法律的基础上结合1994年8月19日第25/94号法律、2001年12月14日第322-A/2001号法令、2003年8月23日第194/2003法令以及2004年1月15日第1/2004号组织法作出修改，规定符合下列所有条件的外籍人士可通过归化获得葡萄牙国籍：

a. 根据葡萄牙法律已成年或不受监护者；

b. 至少在葡萄牙领土内合法居住6年；

c. 葡语合格；

d. 无根据葡萄牙法律判处不低于3年有期徒刑的犯罪记录。

符合上述c和d，并且父母之一在葡萄牙至少合法居住5年或外籍人士出生在葡萄牙的、已完成基础教育的第一阶段的未成年子女可通过归化获得葡萄牙国籍。

与第2098/59号法律相比，第2/2006号组织法对通过归化获得国籍的外籍人士在葡萄牙领土内居住最少时间有更高要求。

表6 2008—2014年被授予葡萄牙国籍的外籍人数(单位：人)③

年 份	总人数	常住地为葡萄牙	常住地为国外
2008	5,533	5,512	21
2009	2,019	2,008	11

① https://dre.tretas.org/dre/11990/，访问日期：2016年1月12日。

② http://diario.vlex.pt/vid/lei-org-nica-33160030，访问日期：2016年1月8日。

③ 数据来源：葡萄牙国家统计局(INE)，《获得葡萄牙国籍的外国人数》，https://www.ine.pt/xportal/xmain?xpid=INE&xpgid=ine_indicadores&indOcorrCod=0008848&contexto=bd&selTab=tab2，访问日期：2016年2月6日。

续 表

年　份	总 人 数	常住地为葡萄牙	常住地为国外
2010	1,618	1,618	0
2011	2,752	2,752	0
2012	3,028	3,011	17
2013	2,850	2,841	9
2014	1,415	1,409	6

根据葡萄牙统计局对 2008—2014 年的获得葡萄牙国籍的人数调查，可以看到，绝大部分被授予葡萄牙国籍者长期在葡萄牙居住和生活。

（二）移民权利

鉴于 20 世纪 90 年代起葡萄牙已经由传统的向外移民国家逐步转向移民目的国，为了更好地帮助移民融入当地社会和维护文化多样性，葡萄牙于 2007 年 5 月 3 日颁布第 63 - A/2007 号决议①，正式通过《移民融入计划》并推出一百余项举措，其中包括：巩固并扩大地方移民援助中心网络；改善移民局的公共服务；为已完成国外高等教育的学生进入葡萄牙高等教育学府以及相关等级认证提供便利条件；为高危行业的从业移民提供劳动安全普及宣传；建立住房援助办公室；提供更多培训、教育和宣传途径来增加移民对医疗服务的了解；鼓励移民使用医疗服务；促进校园中多元文化的融合氛围；为贫困移民提供人道主义援助；重视葡萄牙语作为非母语教育；向所有移民提供法律援助；通过信息技术帮助移民融入数字时代；鼓励移民参与各种形式的体育活动，消除体育活动中的歧视；减少辍学肄业；增加就业和职业培训途径，切实保障平等权利；等等。

2007 年 7 月 4 日颁布的第 23/2007 号法律②明确规定了居留证持有者所享有的权利，包括接受教育，受雇工作，自营活动，接受职业指导、培

① https://dre.tretas.org/dre/211255/，访问日期：2016 年 1 月 16 日。
② https://dre.tretas.org/dre/214921/，访问日期：2016 年 1 月 16 日。

训、深造和进修，医疗和法律保障。外籍公民在社会保障、税收福利、工会组织、文凭证书或其他专业资格认证、使用公共服务和财产方面享受平等待遇，法律赋予的其他特殊权利也同样受法律保护。

可见，移民群体不断壮大，日益成为葡萄牙社会重要组成部分之一，葡萄牙政府正在努力进行自身机构组织的改革协调、政策措施的稳步推进、平等权利的切实保障和移民服务的不断改善，以期有效帮助移民更好地融入葡萄牙社会和文化。

三、结　　语

综上所述，针对不同时期国内外形势的变化以及社会发展日新月异的需求，葡萄牙一直不断调整移民政策，对其进行适当的补充、修改和修订，以此来应对劳动力短缺、经济增长缓慢、多元文化融合等方面的问题和挑战。

从 20 世纪 50 年代起，葡萄牙移民政策大体可以分为以下三个阶段。

（一）吸引鼓励移民时期

葡属非洲殖民地独立之前，葡萄牙国内劳动力短缺，无法满足社会发展需求，因此葡萄牙积极吸引来自海外殖民地的劳动力。大批海外殖民地居民因求学、就业或经贸等原因而选择移居葡萄牙，为此，葡萄牙正式颁布法令，规定葡萄牙公民和外籍公民在葡萄牙海外领地入境和定居的相关条例。

70 年代非洲殖民地纷纷独立后，葡萄牙先后颁布法令，允许居住在原先属于葡萄牙海外领地的新国家中的适格者保留葡萄牙国籍，并规定外籍人士在葡萄牙领土入境、逗留、出境以及驱逐的相关条例，积极吸引并鼓励大量海外移民，由此，非洲葡语国家和巴西成为葡萄牙移民主要来源国。

（二）选择限制移民时期

20 世纪 80 年代起，特别是加入欧洲经济共同体以及《申根协定》正式施行两大事件后，葡萄牙吸引了不少来自同为欧洲经济共同体成员国的邻国移民以及大量中东欧移民。然而，移民潮的兴起，一方面缓解了葡萄牙劳动力的缺乏，刺激了经济和社会的发展；另一方面也带来了非法移民问题以及移民融入挑战。因此，葡萄牙修订严格的入境、逗留、出境以及驱逐相关条例，增订部分惩罚措施，并制订《移民融入计划》，通过增加限制条件和加大惩罚手段，有选择性地促进高层次人才移民，有效帮助移民融入葡萄牙社会并加大打击非法移民力度。

（三）选择吸引移民时期

进入21世纪以来，深陷债务危机泥潭、经济不断衰落、失业率日益攀升且人口逐步下降的葡萄牙及时推出“黄金居留计划”，以明确的选择目标和日渐宽松的移民条件来吸引新兴国家和发展中国家的投资移民。

纵观葡萄牙移民政策的沿革和变迁，中国作为正处在社会平稳发展、经济增长模式转型中的人口大国，应该借鉴什么经验呢？

随着生活水平的不断提高和社会环境的不断优化，中国势必吸引越来越多的外来移民。中国本身是一个人口大国，但随着人口老龄化问题日益严峻，劳动力人口下降，联合国根据现有生育率预测①，到2020年中国人口将略微增长，此后将持续下降，而在世界人口中的占比自1980年起就一路走低。因此，积极吸引并选择性鼓励国外高层次人才移民或将是一条顺应时势、解决困境的途径。

必须承认的是，长期以来中国并非是移民输入国，在移民接收和融入方面的经验相对薄弱，也缺乏完善的移民融入机制和配套服务，因此，需要主动借鉴他国模式，制订适合中国国情的移民融入政策，加大打击非法移民力度，促进国民和移民的友好共处，帮助移民更好地融入中国社会，避免产生因非法移民和融入冲突等造成的社会问题。

---

① 数据来源：联合国人口司，《世界人口前景：2015年修订本》，http://esa.un.org/unpd/wpp/，访问日期：2016年3月15日。

第三节

葡萄牙外来移民的社会融入——宗教问题

麦　然*

自20世纪50年代以来，由于外来移民的大量涌入，西方国家开始越来越关注社会融入的问题。外来人群若要融入一个特定社会，首先必须遵守它已有的道德规范与行为准则，从这个意义上讲，社会融入问题与社会的规范准则紧密相关。纵观欧洲历史，我们不难发现，几百年来占主导地位的宗教曾使王权神圣化，社会的运作受其指导、规范与制约，所以宗教在一定程度上促进了集体意识的形成与强化。宗教曾被视为国家凝聚力的象征，是外来人群融入社会的重要途径之一。

然而，随着现代社会的形成与社会系统功能的分化，宗教早已失去了垄断社会运作的功能，其重要性逐渐减弱，信条与教义亦不再是衡量道德和规范行为的唯一标准。在现代社会，我们该如何看待宗教的作用，特别是在外来移民群体中的作用？社会学家杜尔凯姆(Durkheim)曾指出："宗教是一种特征鲜明的社会产物。宗教表现是群体表现，反映了该群体的现实状况。"①从这个角度，我们可以把宗教看作个人身份得到集体认同的一种途径。在新环境中，外来移民可以从共同的宗教中获得群体归属感，以加入宗教团体的方式用共同的信仰和经历组建新的集体身份。对于在人口、政治、经济等方面居于弱势的外来移民而言，参加宗教团体也是获得社会"能见度"的一种重要方式。

---

* 麦然，语言学博士，葡萄牙阿威罗大学汉语外教。

① Durkheim, Émile. *Les Formes Élémentaires de la Vie Religieuse*《宗教生活的基本形式》. Paris, Librairie Félix Alcan, 1925, p. 13。

作为欧盟成员国之一的葡萄牙有着悠久的移民历史，本文将简单介绍一下葡萄牙外来移民中主要宗教的情况、类型与特点。

一、葡萄牙宗教人口状况

葡萄牙共和国位于欧洲西南部，是一个共和制国家。虽然葡萄牙实行政教分离的政策，但仍属于传统意义上的罗马天主教国家。《葡萄牙共和国宪法》和《宗教自由法》保障宗教信仰的自由，所以在国内多种宗教和睦共存。除了与梵蒂冈教廷紧密联系的天主教外，其他重要的宗教还包括基督新教、东正教、犹太教和伊斯兰教等。

根据2001年与2011年的全国人口普查，葡萄牙15周岁以上的居民与宗教信仰的统计数据如下：

表1 2001与2011年葡萄牙居民与宗教信仰统计数据①

	葡萄牙总人口（人）		占全国总人口的比例（%）	
	2001年（8,748,605）	2011年（8,989,849）	2001年	2011年
天主教	7,353,548	7,281,887	84	81
基督新教	48,301	75,571	0.6	0.8
东正教	17,443	56,550	0.2	0.6
基督教其他教派	122,745	163,338	1.4	1.8
伊斯兰教	12,014	20,640	0.14	0.2
犹太教	1,773	3,061	0.02	0.03
其他非基督教派	13,882	28,596	0.16	0.3
无宗教信仰	342,987	615,332	3.9	6.8

① 数据来源：葡萄牙国家统计局（Instituto Nacional de Estatística）。

葡萄牙平均每十年对全国人口的宗教信仰进行一次统计。2001 年和 2011 年的数据对比显示，在十年内，葡萄牙信仰天主教的人数呈下降趋势，而信仰其他宗教与无宗教信仰的人数都有所上升。

至于移民宗教方面，因为葡萄牙基本不存在宗教迫害、宗教冲突或宗教歧视等严重问题，所以缺乏相关的详细数据和资料。根据 2004 年葡萄牙移民局发表的《外来移民对欧洲社会的影响——欧洲移民网络研究/葡萄牙》，在接受调查的外来移民中，42.9%信仰罗马天主教徒，23.4%信仰东正教，4.7%信仰基督新教，10.3%属于其他基督教派，4.9%信仰非基督教，5.7%认为自己无宗教信仰。① 该报告同时还指出："在葡萄牙，各种宗教信仰并存，能够和睦相处。不同宗教信仰（尤其是基督教徒和非基督教徒）之间的人群互动较不明显，但这一现象存在的主要原因不是宗教，更多是因为民族、传统文化及社会的原因。"②根据 2014 年葡萄牙国家统计局出版的《人口研究杂志》，移民中信仰人数最多的两大宗教为天主教和东正教，分别占回答问卷移民总人数的 41.23%和 13.83%。该报告还特别指出，移民中无宗教信仰者的比例为 9.55%，呈明显上升趋势且已超出其他所有宗教，位居第三。③

在葡萄牙，不同宗教信仰之间的共处较为和睦。近几十年来，宗教类型也日趋多样化，基督新教、东正教及其他非基督教派（如印度教、佛教、伊斯兰教）的信徒人数均有较明显的增长。专家认为，这一现象与葡萄牙接受外来移民的状况密不可分。④

---

① Almeida, A. C., (Coord.). *O Impacto da Imigração nas Sociedades da Europa/Um Estudo para a Rede Europeia das Migrações: o Caso Português*《外来移民对欧洲社会的影响——欧洲移民网络研究/葡萄牙》, 2004, p. 25, http://www.sef.pt/documentos/56/VersaoFinal_OImpactodaImigracaonasSociedadesdaEuropav1Port.pdf, 访问日期：2016 年 2 月 26 日。

② 同上。

③ Carrilho, M. J. (Edi.). *Revista de Estudos Demográficos N.° 53*《人口研究杂志/第 53 期》. Instituto Nacional de Estatística, I. P. Lisboa, 2014, p. 52。

④ Malheiro, J. (Coor.). *Diagnóstico da situação da população imigrante em Portugal: características, problemas e potencialidades*《葡萄牙移民人口情况分析：特征、问题与潜能》. Alto Comissariado para a Imigração e Diálogo Intercultural (ACIDI), Lisboa. ISBN 978-989-685-050-0, 2013, p. 161。

二、葡萄牙主要移民宗教类型与信仰人群

根据移民与文化间对话高级委员会发表的《移民数据十年统计报告/葡萄牙移民融入监测》,2011 年移民葡萄牙最多的十个国家依次为巴西、佛得角、乌克兰、安哥拉、罗马尼亚、几内亚比绍、英国、法国、中国和西班牙。① 该机构还对对非欧盟成员国移民的宗教类型及在各国移民中信仰人数的比例进行了调查,得到的相关数据如下:

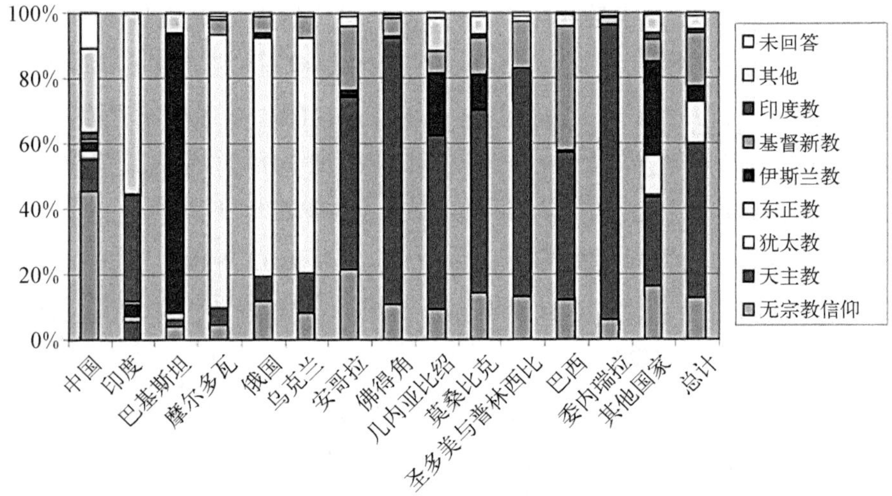

图 1 2009—2010 年各非欧盟成员国移民人群宗教信仰类型与基本比例 ②

统计结果显示,目前葡萄牙移民人群中较有代表性的宗教为天主教、基督新教、东正教、犹太教、伊斯兰教和印度教。此外,由于近年来亚洲移民的到来,佛教徒的人数也有一定增长。

---

① Oliveira. C. (coord.). *Imigração em números — relatório estatístico decenal/ Monitorizar a integração de imigrantes em Portugal*《移民数据十年统计报告——葡萄牙移民融入监测》. Alto Comissariado para as Migrações (ACM), Lisboa. ISBN 978-989-685-060-9, 2014, p. 17. 2013 年、2014 年移民来源国的排行已产生变化,本文引用 2011 年数据,因为最近一次宗教信仰的统计为 2011 年。

② 数据来源:葡萄牙国家统计局(Instituto Nacional de Estatística)。

（一）天主教移民

葡萄牙的天主教移民大多来自欧洲其他传统的天主教国家、原葡萄牙非洲殖民地国家及一些美洲国家，如法国、西班牙、意大利、佛得角、安哥拉、巴西、委内瑞拉等。各国移民中都有一定比例的信徒，所以不存在具有显著特征的信仰人群。除了传统的天主教会外，随着新移民的到来，葡萄牙各地逐渐成立了一些主要由移民组建的天主教社团，目前仅在里斯本教区就有巴西教团、波兰教团、希腊教团、乌克兰教团和非洲教团。葡萄牙天主教会对这些教团和成员予以了大量支持，如帮助移民教众学习葡萄牙语、提供法律咨询、为东欧教团申请斯拉夫语神父主持弥撒等。① 外来移民在葡萄牙加入天主教也是比较常见的现象。②

（二）基督新教移民

葡萄牙基督新教的移民主要来自巴西。目前巴西移民中 14.43%信仰基督新教。20 世纪 90 年代出现的巴西移民潮使葡萄牙国内基督新教信徒与教堂的数量都迅速增长。此外，也有部分信徒来自安哥拉或英国、德国等欧洲传统新教国家，英国移民中信仰基督新教人数的比例为 29.2%。③

巴西曾为葡萄牙殖民国，和葡萄牙有着相同的语言和悠久的历史文化渊源。历史上葡萄牙人曾不断移民巴西。近代由于社会发展特别是经济上的差异，自 20 世纪 60 年代起，葡萄牙开始逐渐成为巴西移民的目的地，90 年代以后移民人数迅速上升，直至 2008 年才有所减缓。由于不存在语言障碍，葡萄牙的各行各业中几乎都有巴西移民的身影。但因为受

---

① Almeida, A. C., (Coord.). *O Impacto da Imigração nas Sociedades da Europa/ Um Estudo para a Rede Europeia das Migrações: o Caso Português*《外来移民对欧洲社会的影响——欧洲移民网络研究/葡萄牙》. 2004, p. 25, http://www.sef.pt/documentos/56/VersaoFinal_OImpactodaImigracaonasSociedadesdaEuropav1Port.pdf, 访问日期：2016 年 2 月 26 日。

② Carrilho, M. J. (Ed.). *Revista de Estudos Demográficos N.° 53*《人口研究杂志/第 53 期》. Instituto Nacional de Estatística, I. P. Lisboa, 2014, p. 39。

③ 同上，pp. 54, 66。

教育程度的限制，大部分人主要在建筑和餐饮等行业从事体力劳动。

（三）东正教移民

葡萄牙信仰东正教的移民主要来自东欧，属于一个相对较新的群体。1989 年柏林墙倒塌后，东欧罗马尼亚的吉卜赛人开始来到葡萄牙，而真正的东欧移民潮始于 2000 年后，在短短的三年时间内人数迅速达到了 12 万。①

早期的东欧移民以乌克兰人居多，文化水平普遍较高。移民葡萄牙的三大主要原因是较为宽松的移民政策、较高的工资和生活水平，以及葡萄牙建筑行业劳动力的短缺。②

因为语言和文化的不同，东欧移民可分为两大群体：斯拉夫国家移民和拉丁国家移民。斯拉夫国家的移民主要来自乌克兰、俄罗斯、保加利亚、白俄罗斯、格鲁吉亚、卡萨克斯坦、乌兹别克斯坦、立陶宛等；拉丁国家的移民主要来自摩尔多瓦和罗马尼亚。③ 目前移民中东正教徒比例最高的国家是摩尔多瓦、罗马尼亚和乌克兰，分别为 81.75%、70.66% 和 66.08%。④

葡萄牙现有东正教堂近 20 座，分布在里斯本、波尔图、阿威罗等大中城市。由于教众语言文化的特殊性，一些东正教堂使用不同的语言布道，如俄语、罗马尼亚语等。⑤

---

① Fontes, C. *Imigrantes do leste*《东欧移民》. 2003, http://imigrantes.no.sapo.pt/page2Leste.html，访问日期：2016 年 2 月 26 日。

② Baganha. M., Marques, J. & Góis. P. *Novas migrações, novos desafios: A imigração do Leste Europeu*《新移民、新挑战：东欧外来移民》em Revista de Crítica em Ciências Sociais. 2004, https://rccs.revues.org/1340，访问日期：2016 年 2 月 26 日。

③ Malheiro, J. (Coor.). *Diagnóstico da Situação da População Imigrante em Portugal: Características, Problemas e Potencialidades*《葡萄牙移民人口情况分析：特征、问题与潜能》. Alto Comissariado para a Imigração e Diálogo Intercultural (ACIDI), Lisboa. 2013, p. 161. ISBN 978-989-685-050-0, p. 162。

④ Carrilho, M. J. (Edi.). *Revista de Estudos Demográficos N.° 53*《人口研究杂志/第 53 期》. Instituto Nacional de Estatística, I. P. Lisboa, 2014, pp. 74, 62, 85。

⑤ Vilaça, H. *Imigração, Etnicidade e Religião: o Ppapel das Comunidades Religiosas na Integração dos Imigrantes da Europa de Leste*《移民、民族与宗教：东欧外来移民宗教团体在社会融入中的作用》. Alto-Comissariado para a Imigração e Diálogo Intercultural, Lisboa, 2008, p. 42。

（四）犹太教移民

与欧洲其他国家相比，葡萄牙的犹太教人群较小，主要分布在里斯本、中部的贝尔蒙迪、南部的法鲁和波尔图。里斯本的以色列社团于1912年正式成立，成员主要为19世纪来自直布罗陀海峡南岸与摩洛哥北部的塞法迪犹太移民后裔。因为主要从事商业活动，具有较高的文化水平且在世界各地都有商务往来，他们迅速带动了葡萄牙境内贝尔蒙迪和法罗等其他地区犹太经济与文化的发展。二战期间，作为中立国的葡萄牙允许犹太裔难民过境前往美洲国家，境内来自中欧与东欧国家的犹太人群一度达到数万之众，其中一小部分最后定居葡萄牙。① 20世纪60年代以前，葡萄牙犹太移民的数量基本保持稳定，但随之而来的以色列建国及葡萄牙殖民地战争使犹太居民的人数开始逐步减少。目前，葡萄牙的犹太新移民来自世界各地，以波尔图的以色列社团为例，其成员来自埃及、印度、俄罗斯、美国、波兰、西班牙、以色列、墨西哥和委内瑞拉等国。②

葡萄牙各地分布着许多犹太会堂，如里斯本的希望之门犹太会堂（Sinagoga Shaaré Tikva）和波尔图的生命之源犹太会堂（Sinagoga Kadoorie）等。

（五）伊斯兰教

近代葡萄牙的伊斯兰教移民始于20世纪50年代，首批赴里斯本求学的莫桑比克学生为印度穆斯林后裔。由于没有语言障碍，这批人迅速取得了一定的社会地位并于1968年在里斯本正式成立了第一个逊尼派伊斯兰社团。在随后的几十年内，外来穆斯林人群的数量持续稳步上升。③

---

① Mucznik, E. *História da Comunidade Israelita de Lisboa*《里斯本以色列社团史》，http://www. cilisboa. org/hist_cil. htm，访问日期：2016年2月26日。

② Comunidade israelita do Porto 波尔图以色列社团主页，http://www. comunidade-israelita-porto. org/x#1，访问日期：2016年2月26日。

③ Tiesler, N. C. *Muçulmanos na margem: a nova presença islâmica em Portugal*《边缘化的穆斯林：葡萄牙的新伊斯兰人群》. 2000，http://www. scielo. mec. pt/scielo. php?script = sci_arttext&pid = S0873 - 65292000000300006，访问日期：2016年2月26日。

目前,葡萄牙的伊斯兰教移民主要来自非洲的莫桑比克、几内亚比绍、摩洛哥和亚洲的巴基斯坦。莫桑比克与几内亚比绍为原葡萄牙殖民地,是葡萄牙穆斯林人群最重要的组成部分。近年来,由于西班牙就业形势日益严峻,葡萄牙成为了摩洛哥移民的新目的地。此外,还有部分伊斯兰移民来自埃及、阿尔及利亚、突尼斯、塞内加尔、印度和孟加拉国。

葡萄牙现有近十座清真寺及供穆斯林祷告的专用场地,分布在里斯本、波尔图和科英布拉等重要的城市。此外,国内还设有供成人与儿童学习伊斯兰文化的教育组织,而且葡萄牙文版的《古兰经》与其他各类有关伊斯兰教历史、文化和仪式的资料也很容易找到。

(六) 印度教移民

1975 年莫桑比克脱离葡萄牙殖民统治后以后,国内大量印度教信徒移居葡萄牙。1982 年,首个葡萄牙印度教社团在里斯本正式成立,现有成员近一万名,主要居住在里斯本和波尔图,绝大部分来自莫桑比克和曾属葡萄牙印度殖民地的古吉拉特邦。① 印度教徒拥有专属的火葬场和学习传统语言的小学。② 另外,里斯本还建有由葡萄牙政府资助的印度教神庙(Templo Radha Krishna)。

(七) 佛教移民

根据葡萄牙佛教协会学者特希拉(A. Teixeira)的研究,佛教在葡萄牙发展的历史较短,始于 20 世纪 70 年代,在最近二三十年内才开始逐渐形成一定规模。最早在葡萄牙组织宣传佛教的是葡萄牙信徒,他们曾旅居英、法等欧洲国家并在那里了解了藏传佛教。1979 年,宁玛派佛教学校在里斯本成立,邀请藏传佛教的宗师讲学并传授瑜伽和禅修的方法。90 年代后期,日本禅宗和中国禅宗开始在葡萄牙发展起来。中国禅宗的主

---

① Krishna, J. S. *Historial da Comunidade Hindu de Portugal*《葡萄牙印度教社团史》, 2011, http://www.comunidadehindu.org/historial/,访问日期: 2016 年 2 月 26 日。

② 除了葡语外,印度教人群也使用古吉拉特语。为了保留这一语言传统,里斯本和阿玛德拉市政厅批准五个小学的印度教学生在周末学习这种语言。

要修行与推广者是在葡萄牙定居的中国台湾移民。① 1997 年葡萄牙佛教协会正式成立于里斯本,此后在波尔图、阿威罗、塞图巴尔等地都建立了分会。葡萄牙佛教协会的主要目的是为国内各佛学教派和团体提供活动平台,组织佛学研讨,宣传佛教并推动与其他宗教的交流。值得一提的是,目前在葡萄牙,佛教的信徒仍以对佛学理论感兴趣的本国人为主,信仰佛教的移民主要来自亚洲,如中国、印度、日本和尼泊尔等。

目前,葡萄牙的里斯本大区共建有五座寺院,阿尔加维省也建有三座寺院及一座佛塔。②

三、葡萄牙政府尊重宗教自由的状况:法律与政策框架

《葡萄牙共和国宪法》第 15 条规定:“在葡萄牙访问或居住的外国人及无国籍人士,享有并必须履行葡萄牙公民的权利与义务。”③在葡萄牙的外国移民享有与本国公民同样的宗教自由。根据宪法第 41 条,信仰、宗教及礼拜的自由不容侵犯。2001 年 6 月共和国议会颁布《宗教自由法》,在第 41 条的基础上,从国家、个人与团体的角度对宗教自由的概念和范畴进行了明文规定。④

(一)从国家角度制定的法律条款

在宗教自由方面,从国家角度制定的法律条文遵从七大原则:宗教自

① Teixeira, A. C. História do Budismo em Portugal e da União Budista Portuguesa《葡萄牙佛教与葡萄牙佛教协会史》em Revista Lusófona de Ciência das Religiões — Ano VI, 2007/n. 11 - 225 - 244, p. 232. http://www.uniaobudista.pt/index.php,访问日期:2016 年 2 月 26 日。

② http://uniaobudista.pt/budismo-em-portugal/,访问日期:2016 年 2 月 26 日。

③ Constituição da República Portuguesa《葡萄牙宪法》. 2005, http://bo.io.gov.mo/bo/i/cn/crpcn/crpp1t1_cn.asp#a15,访问日期:2016 年 2 月 26 日。

④ Lei da Liberdade Religiosa《宗教自由法》. 2001. 以下法律内容均引自《宗教自由法》, http://www.ucp.pt/site/resources/documents/ISDC/LLR.pdf,访问日期:2016 年 2 月 26 日。

由原则、平等原则、独立原则、国家非宗教性原则、合作原则、法律约束原则与宽容原则。具体内容为：①信仰、宗教及礼拜的自由不容侵犯，受《葡萄牙共和国宪法》和《世界人权宣言的保护》；任何人均不得因信仰和所从事的宗教活动而享有特权，或受迫害、被剥夺权利或免除应尽的法律义务；国家对所有的宗教团体一视同仁；宗教团体独立于国家，自由履行职能；实行政教分离；国家与境内的宗教团体合作，维护和平、自由、团结与宽容的价值观；法律对宗教自由具有约束力，在必要时可对其进行调节；个人与团体、个人与个人之间因宗教而产生的问题与冲突应在互相宽容的原则下解决。

（二）针对个人制定的法律条款

在个人方面，法律条文涵盖了个人宗教自由包含与禁止的内容、个人的宗教参与权、未成年人的宗教教育、以宗教信仰为理由而拒绝履行国家义务的相关规定、特殊环境下的宗教协助、宗教节假日信徒的权益、神职人员的工作及宗教婚礼的合法性。其主要内容为：②每个人都有信仰、不信仰或放弃信仰宗教的自由；能自由选择或改变宗教信仰，有权参加各种宗教活动，传播获取宗教信息，表达自己对宗教事务的看法，进行相关的科研或文艺创作；禁止强迫他人接受宗教信仰。除当事人明确同意或不记名数据统计以外，官方机构无权过问个人的宗教信仰与活动情况，不能对个人宗教信仰的数据进行计算机信息处理。根据宗教参与权的内容，信仰者有权按照教会和神职人员的要求选择加入任何形式的宗教团体，有权按所信仰的宗教仪式举行婚礼、葬礼并公开庆祝宗教节日。在不影响儿童身心健康发展的条件下，父母有权让未成年子女接受自己所信仰的宗教教育；未成年人满16周岁后即享有宗教选择权。在法律规定允许的范围内，个人有权以违反宗教信仰为理由而拒绝履行包括兵役在内的国家义务。所有军队、监狱等对人身自由有限制的机构内，个人的宗教自

① 《宗教自由法》第1章，第1—7条。
② 《宗教自由法》第2章，第8—19条。

由和获得宗教协助的权利不能被剥夺;出于具体操作或安全原因而采取的必要限制,必须事先征询相关宗教神职人员的意见。国家公务员、各企事业单位员工和在校学生有权为所信仰宗教的节假日或祷告时间段申请停工、停学(如学生的考试日期与宗教节假日冲突,可协调改期进行)。神职工作属合法职业。① 神职人员有权拒绝向法院或官方机构透露教众信息,有权拒绝担任陪审团成员。由民政局认可、合法宗教团体神职人员所主持的男女双方签署的婚姻为合法婚姻关系。②

(三) 针对宗教团体制定的法律条款

根据《宗教自由法》第 20 条,葡萄牙法律将通过合法程序登记的天主教会与其他宗教团体定义为"有组织的、有持久性的、能使信徒实现信仰所赋予的所有宗教目的社会团体"。

针对宗教团体所制定的法律条款内容可归纳为③:宗教团体拥有自主权,可自主规划内部组织与运作、任命神职人员,可自由加入国内外其他宗教组织或与国家及地方政府就共同关注的问题签署协议。宗教团体及其附属教会教团可在全国各地开展宗教活动,建造举行仪式或集会的场所。未经同意,国家不能改建、征用或拆除已建立的宗教场所,进行城市土地规划时应尽量减小对宗教活动场所的影响。在不妨碍警方公务和公共交通的情况下,任何宗教活动都不受国家或第三方的制约。④ 宗教团体有权组建神学院或其他宗教文化学习机构。合法的宗教团体有权向国家公共电台电视台申请播放宗教节目。⑤ 宗教团体可向教育局申请在指

① 根据《宗教自由法》第 16 条,神职人员可获得收入,享有社保。外国的神职人员持所属宗教团体的证明即可申请葡萄牙居留权。

② 举行宗教婚礼必须事先以向民政局提出申请,使婚礼前后各类相关的手续合法化。主持婚礼的神职人员必须拥有葡萄牙国籍;如非其他欧盟成员国公民,必须拥有葡萄牙的永久居留权或暂住权。

③ 以下内容引自《宗教自由法》第 3 章,第 19—51 条。

④ 根据《宗教自由法》第 26 条,带宗教性质的动物献祭必须符合《动物保护法》的相关规定。

⑤ 播放的时间与内容由专职的宗教节目播放时间委员会(Comissão do Tempo de Emissão das Confissões Religiosas)及相关的国家电台和电视台按法律规定共同协商决定。

定的公立中小学内开设宗教课程;宗教团体有权制定教学计划和选择教学材料,并对教师进行培训。① 除宗教活动外,宗教团体可进行以盈利为目的、受相关法律制约的商业性活动。在纳税方面,国家予以一定程度的减免。②

为了保证《宗教自由法》的顺利执行,葡萄牙政府与共和国议会还设立了宗教问题的独立咨询机构——宗教自由委员会(Comissão da Liberdade Religiosa),对执法过程中出现的问题进行研究并提出意见、建议和修改方案。此外,宗教自由委员会也开展与宗教团体和宗教运动有关的科研活动,研究它们在葡萄牙的发展,收集和更新宗教信息,并为国家政府相关机构提供统计数据和年度报告。③

四、葡萄牙的宗教自由与移民社会融入

2001 年 6 月颁布的《宗教自由法》是葡萄牙第一部规范宗教信仰的法律。虽然天主教在这个国家的历史悠久并始终占据主导地位,但宗教自由这一原则早已受到社会的普遍认同。《宗教自由法》以法律形式确立了各种宗教在现今葡萄牙社会的代表作用,为宗教团体和个人的权益提供了保障。在明确规定葡萄牙政教分离的原则外,《宗教自由法》还特别强调了国家与天主教会及其他宗教团体之间合作的重要性,因此,在维护人权与个体发展,支持自由、和平、团结与宽容等社会准则方面都具有重大

---

① 宗教教育属自由选修课。学生须自愿选择。宗教课的开设取决于选修学生的人数,满 16 周岁的学生可以自主决定,未满 16 周岁的学生选修需征得家长同意。宗教课教师委任与分派须经宗教团体的认可由国家教育局安排。除特殊情况外,宗教课教师不能担任其他课程的任课老师,以避免对其他领域的学习造成影响。

② 详见《宗教自由法》第 31、32 条,如:基督教会或其他宗教团体获得的赠予及捐款免税;合法注册的宗教场所、神学院及周围附属建筑及绿地免地税;个人对宗教团体的赠予可在年终申报个人所得税时得以减免等。

③ 有关宗教自由委员会的具体职能与运作,详见《宗教自由法》第 6 章,第 52—57 条。

而又深远的意义。

葡萄牙社会普遍尊重宗教自由。因信仰、教派或宗教行为而产生的歧视现象甚少,①各宗教之间也基本不存在矛盾和冲突。葡萄牙公民通常都能尊重、接受或包容他人的宗教观点及行为。不同宗教社区之间和睦相处,各类宗教庆典与仪式都能在公共场合正常举行。

在一项研究宗教自由指数与移民状况关系的调查中,葡萄牙学者穆朗(P. R. Mourão)指出,葡萄牙是世界上宗教自由指数最高的国家之一。② 外来移民在葡萄牙一般不会因为宗教信仰而遭受歧视。在外来移民的社会融入方面,葡萄牙的天主教会与其他宗教团体起到了非常积极的作用。除了精神引领外,还为新移民解决日常生活中的实际问题,为他们提供进行人际交流的场所与获得文化、集体和社会认同的形式。因为宗教的高度自由,在不久的将来,葡萄牙极有可能会成为难民寻求宗教庇护的首选国家之一。③

随着近年来北非与中东部分伊斯兰国家的政治动荡和战争,大量难民涌入欧洲,对一些欧盟国家的社会稳定产生了一定影响。在当前国际形势下探讨欧洲移民宗教与社会融入,穆斯林是一个不容忽视的群体。与法国、德国等欧盟其他国家相比,伊斯兰教移民在葡萄牙的社会融入有其独有的特点,具体表现为:葡萄牙的伊斯兰教团体对政治与宗教问题的态度比较平和;在媒体、社会研究、政治谈判或文化对话中出现的频率极低;基督教徒与穆斯林之间没有明显的矛盾和冲突;政府没有限制穆斯林群体的法律法规。因此,葡萄牙穆斯林的这种情况在现代西方国家中极

① 根据《移民数据十年统计报告/葡萄牙移民融入监测》2005—2013 年间,葡萄牙平等与反对种族歧视委员会(Comissão para a Igualdade e contra a Discriminação Racial)收到种族民族歧视投诉共 615 件,其中 3 件与宗教有关,1 件来自伊斯兰教徒,2 件来自犹太教徒。详情参见该报告第 203 页。

② Mourão, P. R. *A Liberdade Religiosa como Estímulo à Migração*《宗教自由对移民的激励作用》,2008. Cadernos OI, 2. Alto-Comissariado para a Imigração e Diálogo Intercultural, Lisboa. 对一个国家宗教自由指数的测量包括多项内容的指标,如国家是否政教分离、是否禁止某些宗教信仰、不同宗教人群是否享有同等的社会权利等。具体计算方式详见《宗教自由对移民的激励作用》第 13—23 页。

③ 同上, p. 34。

为鲜见。

研究这一现象的德国学者迪斯勒(N. Tiesler)指出,与欧洲其他国家相比,葡萄牙穆斯林人群能更好融入社会的主要原因有:一、穆斯林人口较少且移民人群主要来自原葡萄牙殖民地国家莫桑比克和几内亚比绍,因为不存在语言和文化上的完全分化,所以更容易被社会所接纳;二、第一代穆斯林移民主要在独立战争后到达葡萄牙,普遍具有较高的文化素养和社交能力,形成的宗教团体较为理性,与葡萄牙政界往来和睦;三、大部分的穆斯林移民为商人,到葡萄牙后仍能继续从事原来的贸易活动,经济基础稳定。分析葡萄牙社会现状,我们不难发现,与法、德等国相比,葡萄牙社会各群体之间的贫富差异并不明显。此外,在日常生活中,葡萄牙的穆斯林移民不具有独特的外貌特征,例如:来自南亚大陆的印度裔穆斯林与葡萄牙人的外貌特征相似;来自莫桑比克与几内亚比绍的穆斯林妇女和其他非洲葡语国家的妇女均使用头巾;等等。通过对第二代移民的研究,迪斯勒还指出,穆斯林移民的后代已经完全融入了葡萄牙社会,与成长在类似环境下葡萄牙青年无明显差异。①

到目前为止,葡萄牙的伊斯兰人群在政治领域参与甚少,对社会也始终保持友好的态度。但部分专家担心,随着阿拉伯和中东地区少数极端主义穆斯林移民的到来,这一现状可能会发生改变,因此国家应对可能出现的状况进行分析研究以便制定有效的预防措施。

五、结　语

作为传统天主教国家的葡萄牙具有悠久的移民历史,葡萄牙居民享有极高的宗教自由,外国移民的到来也使该国的宗教类型日趋多样化,葡

① Tiesler, N. C. *Muçulmanos na Margem: a Nova Presença Islâmica em Portugal*《边缘化的穆斯林:葡萄牙的新伊斯兰人群》. 2000, http://www.scielo.mec.pt/scielo.php?script=sci_arttext&pid=S0873-65292000000300006,访问日期:2016年2月26日。

萄牙人对其他宗教信仰普遍持有尊重、接受与包容的态度。此外,葡萄牙政府也给予国内各类宗教团体大力的支持和帮助,使之能在民族团结、社会稳定及外来移民融入等方面发挥了积极的作用。

第四节 经济危机下的葡萄牙外来移民教育与就业

卢佳琦*

近年来,葡萄牙接收的外来移民人数基本稳定保持在每年 40 万人左右,可以说是一个移民大国。2015 年 11 月,英国列格坦研究所(Legatum Institute)在对全球 142 个国家和地区的各种指标进行评估后,公布了 2015 年全球繁荣指数排行,评估因素包括财富、经济增长、个人福利和生活质量等。其中,葡萄牙在“对待外来移民的宽容度”这一类别中排名第 10 位,表明葡萄牙对待外来移民是非常宽容的。①

然而,对于前往葡萄牙的新移民来说,要融入一个陌生的社会环境,仅受到宽容的对待是远远不够的。融入过程其实相当不易,涉及时间、经济条件、社会环境、心态和主动性等多种因素,而在这漫长的融入过程中,与民生休戚相关的教育与就业问题往往是新移民关注的焦点。

一、葡萄牙最新移民融合政策指数

2015 年 6 月,葡萄牙蝉联 2014 移民融合政策指数(MIPEX)排名的亚军,并且多项指数的评分均略有上升。该调查覆盖挪威、瑞士、冰岛、英国、土耳其、韩国、日本、澳大利亚、新西兰、加拿大和美国等 38 个国家和

* 卢佳琦,上海外国语大学西方语系葡萄牙语专业教师。

① http://www. li. com/activities/publications/2015-legatum-prosperity-index,访问日期:2016 年 1 月 31 日。

地区。截至 2016 年初，MIPEX 已对各国的行政和政策指标进行了四次评估，并分别对劳动力市场、家庭团聚、教育、医疗、参政、入籍、永久居留和反歧视这八大指标进行评分，这一排名对于衡量一国的一体化政策落实情况具有重要意义。

表 1　2014 年葡萄牙移民融合政策指数得分情况表①(满分：100)

劳动力市场	91
家庭团聚	88
教　育	62
医　疗	43
参　政	74
入　籍	68
永久居留	86
反歧视	88

MIPEX 的数据显示，葡萄牙的移民融合政策优越于大部分北欧国家及其他传统移民国家，并远超西班牙和意大利。

通过分析 2014 年 MIPEX 的相关数据，我们也可以了解葡萄牙的外来移民在就业及教育方面的情况。

二、葡萄牙外来移民就业情况

从表 1 可以看出，葡萄牙在劳动力市场这一指数的得分高达 91 分，这主要是因为在经历了 2008—2013 年失业率持续增长 7%后，葡萄牙的失业率终于在 2014 年有所下降。尽管仍然经历着经济危机，但葡萄牙国民对待外来移民在经济危机前后都始终保持着肯定的态度。葡萄牙国内在

① MIPEX 官方网站，http://www.mipex.eu/portugal，访问日期：2016 年 1 月 31 日。

大选时也并未出现过极端右翼的政党。

调查显示，葡萄牙的非欧盟居民失业率为28%，这一数据略低于欧洲平均失业率（约33%），并且远低于其他一些正在遭受严重经济危机的国家，如西班牙、希腊等国的失业率均约为40%。移民受过高等教育的比率也有所上升，其中，受过高等教育的女性失业率略高于未曾受过高等教育的外来移民。

葡萄牙在这一指数得分偏高还归功于葡萄牙的政策，即确保葡萄牙居民和非欧盟居民在劳动力市场受到平等的对待，因此在"平等的工作机会"这一项调查中排名第一位。自2007年起，凡是在海外获得学历的，无论是否为葡萄牙居民，在葡萄牙办理学历认证的手续都变得较为便利。尽管在某些特定的行业和领域，非欧盟居民在葡萄牙获得其海外技能或学历认证依然存在着一些障碍，但拥有海外学历和工作经验的外来移民在葡萄牙发挥其所长时，大都能获得相应的帮助。

政府给予新移民和其家庭成员与葡萄牙公民几乎同等的求职帮助，以帮助他们加深对葡萄牙劳动力市场的认知，并努力发挥自己的专长。与大多数国家一样，所有失业移民都可以寻求葡萄牙政府的帮助来获得新的工作机会。新移民和其家庭成员也可以和葡萄牙居民一样享受职业教育和培训。

葡萄牙并未因经济危机而削减对外来移民在劳动力市场的专项扶持，移民在求职路上可接受的帮助包括参加诸如"移民求职指导项目"（Mentoring for Immigrants Programme）的针对性培训，并获得就业指导。

在众多项目中，较为突出的是"选择项目"（Escolhas）和"移民企业家推广项目"（Projeto Promoção do Empreendedorismo Imigrante）。启动于2001年的"选择项目"通过政府拨款，扶持来自贫困地区移民的社会和文化融入，主要帮助对象包括移民后代和少数民族裔，旨在促进社会平等和社会融入。"选择项目"切实帮助了有需要的移民，获得了移民的高度赞赏，欧盟各大研究所也对其赞誉有加，并在其他国家进行了复制推广。2009年诞生的"移民企业家推广项目"旨在帮助新移民在葡萄牙建立自己的企业。此外，葡萄牙的一系列融入项目也重点关注两性平等的工作机会,并帮助青年移民求职。

葡萄牙移民高级委员会(Alto Comissariado para as Migrações)致力于帮助移民融入葡萄牙社会,建立移民与当地社区群体对话沟通的桥梁。2004年,为了帮助移民解决在融入葡萄牙社会时遇到的一系列困难,葡萄牙政府成立了国家移民援助中心(Centros Nacionais de Apoio ao Imigrante),目前分别在里斯本、波尔图和法鲁设有三处办公地点。国家移民援助中心的工作人员一对一地为外来移民进行指导,并为他们提供求职帮助。

在工作中,葡萄牙居民和非欧盟居民享受着平等的工作条件和工作权益。受过高等教育的非欧盟移民和葡萄牙居民的受雇率都约为80%,未受过高等教育的非欧盟移民和葡萄牙居民的受雇率则均为66%,其中,未受过高等教育的男性移民的失业率较葡萄牙男性高出10%。

值得注意的是,尽管移民融入葡萄牙劳动力市场的情况较往年有所改善,双方在失业率上基本持平,但双方得到工作的状况是有所不同的,即:移民学历越高,找工作则越困难。换言之,学历越高,找到与其学历相匹配的工作也越难。与此同时,未受过高等教育的非欧盟居民则有可能在工作中得到相对葡萄牙居民较少的薪酬。为了改善现存的就业不平等状况,葡萄牙政府应当扩大海外学历认证的范围,并制定更具针对性的薪酬标准。

另外,据瑞士咨询(swissinfo. ch)2012年的报道①,国际移民组织(International Organization for Migration)虽未曾对近年来离开葡萄牙的巴西移民做出准确的统计,但毫无疑问,这个数字是庞大的。巴西移民选择离开葡萄牙的主要原因是葡萄牙经济危机。选择离开葡萄牙的移民除了较多失业因素外,也包括尽管还未失业,但已开始感到生活艰难。2011年,因经济困难而申请自愿返乡的移民超过了两千人,其中87%为巴西移民,这一数字是2009年的两倍。

---

① http://www. swissinfo. ch/por/imigra% C3% A7% C3% A3o _ brasileiros-dizem-que-n%C3%A3o-d%C3%A1-mais-para-ficar-em-portugal/32830002,访问日期:2016年1月31日。

三、葡萄牙外来移民教育情况

从全球范围来说,教育系统改革在适应小学生外来移民的需求时都相对缓慢和薄弱。尽管葡萄牙启动了针对非母语学生的葡萄牙语在校课程,移民高级委员会也一直在积极配合教育部和学校的工作,且校外还有“选择项目”帮助小移民,但这并不足以弥补其在移民教育领域的全部劣势。葡萄牙的教育系统在关注贫困移民家庭的教育问题方面做得稍显不足,也未能做到利用学校作为平台,来帮助学生和家长融入整个社区。

葡萄牙是为数不多的为小移民提供学前帮助的国家,此外,葡萄牙政府也为外来移民提供职业培训和高等教育,并为防止移民中途辍学做出了一定的努力。外来移民在入学前,需接受学校组织的知识与能力测试,以评估他们的实际水平。葡萄牙政府对于移民完成义务教育有着大量的扶持项目,且特别关注职业培训和高等教育。然而,对于那些父母身份文件存在问题的移民小孩,入学或接受职业培训仍然存在一定障碍。

葡萄牙的学校在制定移民小学生的具体学习需求时能获得一定的政府支持。学校配有具备跨文化背景的后勤工作人员,以沟通和指导移民学生家长有关学校的一切事务。移民学生有权利学习葡萄牙语,然而学校却没有将学生的不同特征纳入考量,只是按照自己的标准制定课程大纲。

目前,葡萄牙政府鼓励学校在课后或周末为移民学生开设其母语课程,学生也可在其接受公民身份教育的过程中学习移民文化。同时,也有越来越多的项目邀请移民学生家长参与到学校事务中。在葡萄牙,约有66%的15岁以下低文化水平学生在接受政府在校外的帮助,无论其是否具有移民背景。

MIPEX研究在今年的报告中指出,教育方面,需要进行适当的教育改革以应对越来越多的外籍学龄儿童,从而尽快缩小移民跨代差距。

里斯本大学地缘研究中心给出的改进建议包括:重点关注教育质量和语言课程及其他相关技能;通过多方对话,促进家庭与学校的交流沟通,并以此为契机,形成家庭与社会的纽带;为成年移民创造更多受教育的机会，主要是提高工作技能。

四、来自叙利亚的移民（难民）

2015 年，葡萄牙移民局计划接收 4,754 名叙利亚难民。同年 11 月，移民局发言人就在接受媒体采访时透露，叙利亚难民在前往葡萄牙的路途中正遇到各种阻碍。除意大利和希腊两国政府相关机构办事效率低外，主要原因则是很多难民不愿意前往葡萄牙，而想去福利更好的北欧。2015 年 12 月 17 日，第一批难民共 24 人抵达葡萄牙。截至 2016 年 1 月 19 日，仅有 26 名难民抵葡。

2016 年 2 月，葡萄牙科技与高等教育部部长曼努埃尔 · 艾拓（Manuel Heitor）在葡萄牙北部城市布拉加与米尼奥大学的叙利亚学生共进午餐。席后，艾拓在接受记者采访时表示，此次会面的主要目的是为迎接来自叙利亚的难民学生做准备。毋庸置疑的是，已经在葡萄牙定居的叙利亚学子将作为与叙利亚难民沟通的桥梁。由于叙利亚难民的特殊情况，他们融入葡萄牙社会将会是一个艰难而漫长的过程。艾拓希望通过来自同胞的关怀来帮助难民能够更快融入葡萄牙社会。

在中小学教育方面，2016 年 3 月初，葡萄牙教育部下属教育总局出台了《学前教育及中小学教育收容指南》。该指南作为葡萄牙幼儿园和中小学的工作指导纲要，为接纳将在今后两年内陆续到来的青少年难民和婴幼儿难民做准备。

五、结　　语

要解决外来移民的融入问题，葡萄牙首先应表现出对多元文化的尊重和维护，因为新移民要融入当地社会，在客观上来说，也是多元文化和本地文化的融合与共存。在从制度上接纳外来移民的同时，应当给予他们充足的发展空间,并吸收其文化精华。

移民对融合政策的需求依然是强烈的,因为这一融合的过程又会产生许多就业、教育等方面的新问题。葡萄牙政府仍在探讨更新全国融合计划,并研究制定各市辖区的融合计划,以期出台满足多样需求的新政策。

第五节
葡萄牙移民的社会保障

古雯鋆*

“社会保障”(social security)一词最早出现于20世纪上半叶,与当时经济大萧条、第二次世界大战背景下的最低限度社会保障的概念相关联。1935年美国《社会保障法案》(Social Security Act)首次将该词用于正式的法律文件。1944年的《费城宣言》(Declaration of Philadelphia)和1948年的《世界人权宣言》(The Universal Declaration of Human Rights)也将“社会保障”一词收录,而后在许多国际组织和文件中成为标准用语沿用至今。

有关“社会保障”的定义,学界众说纷纭。国际劳工组织将“社会保障”描述为“社会通过一系列公共措施为其成员提供保护,以帮助人们安全度过由疾病、生育、工伤、失业、残疾、年老和死亡而造成的收入下降或缺失的难关”的制度,“这一制度由社会保险、社会救助、补贴和社会服务,以及其他辅助和补充计划所组成”①。英国学者威廉·贝弗里奇(William Beveridge)在其著名的《社会保险及其相关服务》(*Social Insurance and Allied Services*)报告中将“社会保障”理解为社会福利。美国社会保障总署编写的《全球社会保障制度》中则认为社会保障是指根据法律法规建立的,为个人提供中断或丧失劳动能力时的经济保护,因结婚、生育、死亡产生的特殊开支,以及抚育子女的家庭津贴的保障体系。② 基于自身的历史

---

* 古雯鋆,上海外国语大学西方语系葡萄牙语专业教师。

① ILO, Introduction to Social Security, Geneva, 1984. 转引自朱玲:《试论社会安全网》,载《中国人口科学》,1999年第3期,第12页。

② 许琳等:《社会保障学》,北京:清华大学出版社/北京交通大学出版社,2005年,第3页。

发展和社会需求,世界各国对于社会保障的定位和社会保障制度的设置有着各自不同的实践。

在葡萄牙现行体制下,国家对于公民的社会保障主要体现在两个方面:社会保障系统(Sistema de Segurança Social)与国家医疗系统(Sistema Nacional de Saúde)。这两个系统彼此独立运行,却相辅相成,为公民提供实现社会生存和参与社会活动基本权利的必要保护,这样的社会保障体制也同样惠及在葡萄牙生活的外国公民,在相关移民政策的规范下形成了当代葡萄牙移民的社会保障机制。

一、移民与葡萄牙社会保障系统

(一)葡萄牙社会保障系统

葡萄牙的社会保障制度致力于确保公民社会保障权的实现,优化社会保护条件,提高社会保护力度与社会公平,促进社会保障机制运行与管理效率的提升,具有普遍性、公平性、互济性、多样性等原则。①

葡萄牙现行的社会保障体系主要包括三个部分:社会保险、社会援助和社会补充保障,每个部分又基于不同的具体情况分为几个类别(如图1所示)。

社会保险旨在保障由于法律预见的特定情况(如疾病、生育、失业、工伤、职业病、残疾、年迈、死亡等)导致(一定时期内)无法劳动获取收入时的补偿,该制度适用于广大受雇于他人的劳动者、自由职业者以及其他特定职业类别的工作者。② 社会保险制度分为强制性与非强制性两个类别,其中强制性社会保险包括一般社会保险与特殊社会保险。前者的主要对

① 葡萄牙第4/2007号法律(Lei n.° 4/2007),http://www.seg-social.pt/documents/10152/18664/LEI_4_2007/c554d492-8dd4-476d-9b2d-a77d318b6b57/c554d492-8dd4-476d-9b2d-a77d318b6b57,访问日期:2016年2月10日。

② 葡萄牙《社会保障基本法》(Lei de Bases Gerais do Sistema de Segurança Social),第50—52条,http://www.seg-social.pt/documents/10152/2799643/L_83_A_2013/7b1e9aa0-97c6-4879-884d-7fa075239a53,访问日期:2016年2月7日。

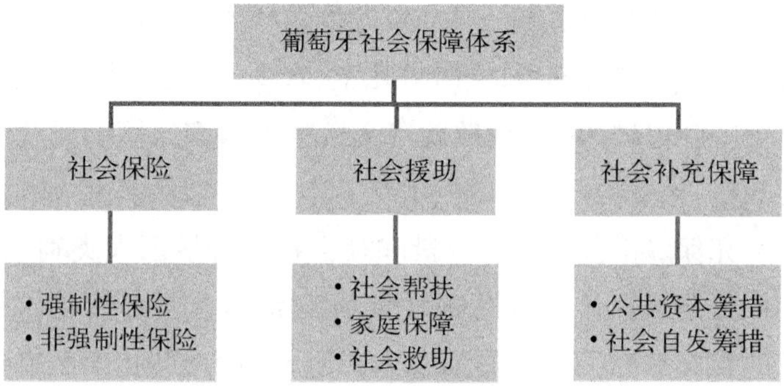

图 1　葡萄牙社会保障体系结构①

象为受雇的劳动者、自由职业者以及部分特定职业类别工作者（如公司、机构等管理人员）；而后者的主要对象为特定职业工作者，如公务员、银行职员、律师、农业工作者等。非强制性社会保险主要针对未被强制性社会保险涵盖的群体，如海员、研究员等，可根据个人意愿参与。② 社会保险金通常由保险涉及人员及其雇用单位共同缴纳。③

社会援助旨在保障公民的基本社会权利与公平机会，提升社会福利与凝聚力。④ 社会援助制度分为社会帮扶、家庭保障和社会救助三大类。社会帮扶致力于防止和根除贫困、孤立等现象，在社会保险制度范畴外的必要情况下，向个人或家庭提供基本生活扶助⑤；家庭保障致力于对因遭受法律预见的相关状况而负担加重的家庭进行救济⑥；社会救助则主要致

---

① 信息来源：Peixoto，J.，Marçalo，C，& Tolentino，Nancy C.，*Imigrantes e Segurança Social em Portugal*，http://www. om. acm. gov. pt/documents/58428/177157/Estudo49_WEB. pdf/565e8c98-8633-4d73-82dc-134a3b1540b3，访问日期：2016 年 2 月 8 日。

② Peixoto，J.，Marçalo，C，& Tolentino，Nancy C.，*Imigrantes e Segurança Social em Portugal*，http://www. om. acm. gov. pt/documents/58428/177157/Estudo49_WEB. pdf/565e8c98-8633-4d73-82dc-134a3b1540b3，访问日期：2016 年 2 月 8 日。

③ 葡萄牙《社会保障基本法》（Lei de Bases Gerais do Sistema de Segurança Social），第 90 条，http://www. seg-social. pt/documents/10152/2799643/L_83_A_2013/7b1e9aa0-97c6-4879-884d-7fa075239a53，访问日期：2016 年 2 月 7 日。

④ 同上，第 26 条。

⑤ 同上，第 36 条。

⑥ 同上，第 44 条。

力于预防和改善社会经济不公平或资源配置缺失、无独立生存能力、社会功能障碍、孤立、弱势等现象，同时对儿童、青少年、残障人士、老年人等弱势群体提供特别保护。① 社会援助资金通常由国家预算与税收专用部分共同支持。②

社会补充保障由公共资本筹措和社会自发筹措两大类别组成。③ 公共资本筹措机制以强化社会保障力度为目标，旨在为公民提供社会保险制度以外的补充保障。该机制以个人自愿参与为原则，由国家负责统筹和管理。每位参与者可依法拥有一个独立账户，专门用于其个人社会保障。④ 社会自发筹措机制通常以自发组织为形式，可分为团体筹措和个人筹措两种。团体筹措往往针对某一特定受益人群（如团体筹措机制中的职业补充保障机制就主要面向受雇于某一行业或跨行业的一家或多家企业或用人单位的劳动者，或是自由职业者，由用人单位或自由职业者本人定期缴纳保障资金以建立保障系统）⑤；个人自发筹措机制则视具体需求开展，有退休储蓄计划、人身保险计划、资本保险计划、互助计划等多种形式。⑥

（二）移民与社会保障

根据葡萄牙《社会保障基本法》总则第 2 条之规定："人人都享有获得社会保障的权利。"在此背景下，在葡萄牙境内合法工作、居留的外国公民及其家人，和葡萄牙公民具备同等的社会保障条件，其社会保障的权利及义务与葡萄牙本国公民基本一致，根据社会保障法律的有关规定实现。

① 葡萄牙《社会保障基本法》（Lei de Bases Gerais do Sistema de Segurança Social），第 90 条，http://www. seg-social. pt/documents/10152/2799643/L _ 83 _ A _ 2013/7b1e9aa0-97c6-4879-884d-7fa075239a53，访问日期：2016 年 2 月 7 日，第 29 条。

② 同上，第 90 条。

③ 同上，第 81 条。

④ 同上，第 82 条。

⑤ 葡萄牙《社会保障基本法》（Lei de Bases Gerais do Sistema de Segurança Social），第 90 条，http://www. seg-social. pt/documents/10152/2799643/L _ 83 _ A _ 2013/7b1e9aa0-97c6-4879-884d-7fa075239a53，访问日期：2016 年 2 月 7 日。

⑥ 同上，第 84 条。

就社会保险而言,在葡萄牙工作的外国公民,不论其国籍,只要办理了相关参保注册手续,并由其雇用单位或本人如期缴纳保险费用,都可以参加社会保险。从社会援助层面看,分为两种情况:外国公民若要在葡萄牙获得社会帮扶和家庭保障机制的援助需要满足一些条件,如必须在葡萄牙居住,或是达到最短合法居留时长等①;社会救助则可以无条件获得。

此外,根据葡萄牙法律规定,外国公民在葡萄牙的身份是否合法,原则上不会影响其在社会保障系统下的注册。换言之,无论是葡萄牙合法移民,还是以非常规形式在葡萄牙滞留或工作的外国公民都可以在葡萄牙社会保障系统下注册,注册时不会要求外国公民出具身份合法性的证明文件。然而,在社会保障系统下注册并不等同于拥有社会保障受益人的权益,在葡萄牙的外国公民及其家属只有在合法居留的前提下才能享受社会保障待遇,因此也可能出现移民在社保系统下注册并定期缴纳保险金却无法享受相应保障的情况。不过,葡萄牙也同时为此类移民群体提供了获得合法化居留身份的可能性,如葡萄牙第 6/2004 号法规(Decreto Regulamentar n.° 6/2004)第 71 条曾规定:2003 年 3 月 12 日之前入境葡萄牙工作的外国移民,若在葡萄牙第 34/2003 号法令(Decreto-Lei n.° 34/2003 de 25 de fevereiro)生效前注册于社会保障系统且按期缴纳社会保障金和税款超过 90 天,可向葡萄牙移民局(SEF)申请身份合法化。葡萄牙现行的移民法律中第 63/2015 号(Lei n.° 63/2015 de 30 de junho)第 88、89 条也对此可能性做出了类似的规定。

从移民对葡萄牙社会保障系统的贡献与使用比例来看,总体而言,移民对社保系统的贡献大于使用,近十年来,外国公民缴纳的社会保障费用始终高于社保系统在各类机制下对移民群体的支出,移民所涉社会保障资金的收支差额始终为正。即便在 2010—2013 年间,葡萄牙经济危机和失业率增长的背景下,移民社保收支差额也一直未低于 2 亿欧元。从这

① 葡萄牙《社会保障基本法》(Lei de Bases Gerais do Sistema de Segurança Social),第 90 条,http://www.seg-social.pt/documents/10152/2799643/L_83_A_2013/7b1e9aa0-97c6-4879-884d-7fa075239a53,访问日期:2016 年 2 月 7 日,第 37、40、47 条。

个角度来说,移民对葡萄牙社会保障的发展有一定积极的影响。然而值得注意的是,数据显示,这样正面的影响近几年有减弱的趋势,这一方面是由于移民人数减少影响了其社会保障的贡献率,另一方面也是因为社会保障系统对移民援助的支出上涨。① 据统计,外国公民在葡萄牙社会保障系统中主要受到的援助类别是:失业、疾病、生育、家庭和社会融入。②

二、移民与葡萄牙医疗系统

(一)葡萄牙国家医疗系统

葡萄牙国家医疗系统是葡萄牙保障公民健康权利的基础和实践,也是公民寻求自身健康维护与改善的重要渠道。葡萄牙国家医疗系统主要由国家卫生服务系统(SNS)③,所有从事促进健康、预防、治疗疾病等相关工作的公立和私立机构,以及全体致力于健康医疗事业的独立医护专业人员组成。

国家卫生服务系统(SNS)是葡萄牙卫生服务机构网络,由葡萄牙卫生部下属的全体官方卫生机构构成,且由专门的法律规范运行,致力于国家疾病监管防治等工作,维护公民的健康权益。除了公立机构以外,葡萄牙国家卫生部和地方有关管理部门也可以依照实际的需求与条件,通过签订合同的方式,聘用私立卫生机构为国家卫生服务系统的服务对象提供服务。这两大类医疗健康服务单位共同构成了国家层面的卫生服务供

---

① Oliveira, C. & Gomes, N., *Imigração em Números- Estatísticas de Bolso*, Alto Comissariado para as Migrações (ACM, IP), 2015, pp. 31 – 32, http://www.om.acm.gov.pt/documents/58428/179573/Estatisticas_de_Bolso.pdf/91e36011 – 0c65 – 48bf – b8ec – 1ca34a446f03,访问日期:2016 年 1 月 5 日。

② 此处的"社会融入援助"特指葡萄牙社会保障系统下为特定移民群体发放的社会融入援助金(Rendimento Social de Inserção, 简称 RSI),该项援助不与个人社会保障金的缴纳情况关联,主要针对处于严重贫困及濒于社会孤立状况的公民。移民获得该项援助需满足相应在葡合法居留年限—— 欧盟国移民需超过 1 年,第三国移民应超过 3 年。

③ 国家卫生服务系统(Serviço Nacional de Saúde,简称 SNS),成立于 1979 年。

应网络。①

葡萄牙国家医疗卫生服务可以分为三个类别：初级卫生保健、二级卫生保健和三级卫生保健。初级卫生保健服务是一般情况下公民寻求医疗保健服务的首要渠道，由各地区的卫生中心②执行，提供普通门诊、急诊等形式的基础医疗服务，原则上采取“对接医生”制，即为每位服务对象配备一位对应的“家庭医生”③或了解其病史及病情发展状况的医生，以提供更为有效的救助；二级卫生保健服务主要承接初级医疗保健难以应对的医疗诉求，其职能通过各级各类医院实现，提供的医疗形式包括住院治疗、门诊、急诊④、手术、辅助诊疗、日间疾病监控等；三级卫生保健通常指由医院提供的专家特定治疗，针对绝症病况采取的姑息治疗或为增强住院病人的自理能力而采取的持续性医疗手段，如康复治疗、新的身体状况适应训练、社会融入能力重塑等，该层级的卫生保健服务由国家持续性综合护理网络（RNCCI）⑤通过其下设的医疗机构和团队实现。在非紧急情况下，上述三种医疗卫生服务类别原则上依照顺序逐级发挥作用，关联协作，相辅相成。⑥

国家卫生服务系统（SNS）为公民提供的服务趋向于免费，全体葡萄

① 葡萄牙《卫生基本法》（Lei de Bases da Saúde），第 12 条。

② 卫生中心（Centro de Saúde），是葡萄牙向公民提供基础医疗保健服务的机构，是该国卫生服务系统（SNS）的重要组成部分。

③ 此处的“家庭医生”（médico de família）与中文里“私人医生”的概念有所不同，指的是葡萄牙医疗卫生服务中根据对应就诊者病况，为其提供有针对性医疗服务的医生，通常一个家庭的所有成员会由同一名医生负责。

④ 区别于初级医疗保健中的“急诊”，此处的“急诊”一般指危及生命的病况。

⑤ 国家持续性综合护理网络（Rede Nacional de Cuidados Continuados Integrados，简称 RNCCI），自 2006 年 6 月 6 日颁布的葡萄牙第 101/2006 号法令（Decreto-Lei n°. 101/2006）建立，由多种持续性护理机构与医疗团队组成，涉及医院、卫生中心、地区社会保障服务机构等单位，旨在为因病丧失身体、心理或智力自主能力，且欠缺家庭支持而无法实现日常生活的群体提供持续性综合护理服务。

⑥ Farinha, R., *Otimização de Redes de Cuidados de Saúde*, 2007, https://fenix.tecnico.ulisboa.pt/downloadFile/395137452025/Tese_Ricardo%20Farinha.pdf，访问日期：2016 年 3 月 2 日。Entidade Reguladora da Saúde, *Relatório sobre “a Carta dos Direitos dos Utentes”*, 2011, http://adeb.pt/ficheiros/uploads/b728835740d469726edcd5ee88f1362d.pdf，访问日期：2016 年 3 月 2 日。

牙公民都可享受该系统提供的医疗服务，其运作资金主要来源于国家预算，公民在就医时一般无须支付诊疗费用，但需要支付一定额度的就医税费（Taxa Moderadora），用于调控国家卫生服务的利用率，维护合理的系统使用。①

（二）移民与医疗保健

葡萄牙共和国宪法赋予所有人以“维护健康的权利”。② 在此基础上，葡萄牙《卫生基础法》将国家卫生服务系统（SNS）的惠及对象定义为：全体葡萄牙公民、欧洲共同体③成员国公民、国与国互惠协定下在葡萄牙居留的其他外国公民以及在葡萄牙居留的无国籍公民。

2001 年葡萄牙卫生部发布的第 25 260/2001 号公文（Despacho n° 25 260/2001 de 16 de novembro）明确指出：“在葡萄牙境内合法居留的外国公民与葡萄牙本国公民一样，拥有使用葡萄牙国家卫生服务系统（SNS）的权利；在该系统下，与本国公民享受同等的医疗保健服务待遇。”在使用卫生服务系统前，外国公民须前往相关卫生中心，出示合法居留证明文件或工作签证，办理卫生服务系统注册手续并申领医疗保健卡。若无法出具居留文件或工作签证，也可提供相应社区委员会（Junta de Freguesia）开具的文件，证明其在葡萄牙居留超过 90 天。不过在此情况下就医的外国公民，或须支付一定的医疗服务费用（处于危及公共健康的情况④除外），但医疗机构在收取费用时也需考虑社会保障机构核实的移民个人经济条件，可视具体情况而定。

对于被葡萄牙现行移民法律定义为非常规移民⑤的外来移民群体，葡

---

① 葡萄牙《卫生基本法》（Lei de Bases da Saúde），第 24 条。

② 《葡萄牙共和国宪法》（Constituição da República Portuguesa），第 64 条。

③ 伴随“欧盟”的成立，此概念现已较少使用，由于葡萄牙《卫生基本法》颁布年份较早，故在条款中仍有“欧洲共同体”一说。

④ 危及公共健康的情况指：与传染性疾病、健康监测（如孕产妇保健、婴幼儿健康、计划生育等）相关的情况。

⑤ 根据欧盟移民政策，非常规移民（migrante irregular）指的是未持有居留许可、相应签证入境，或超出签证居留许可时间滞留的移民群体。参见：www. europarl. europa. eu/ftu/pdf/pt/FTU_5. 12. 3. pdf，访问日期：2016 年 2 月 15 日。

萄牙第 135/99 号法令（Decreto-Lei n°135/99 de 22 de abril）第 34 条规定：如出示相应社区居委会开具的文件证明其在葡萄牙居留时间超过 90 天，也可享受医疗保健服务。对于既无居留许可文件也无法出示居委会开具的 90 天以上居留证明的外来移民，卫生机构可先为其提供所需的医疗救助，然后将其送往附近的国家移民援助中心（CNAI）或移民融入援助中心（CLAII）①，以帮助其处理移民身份问题②。在此情况下，所涉卫生机构可以依照相关收费标准，向就诊移民收取医疗服务费用，但也需考虑由社会保障机构核实的移民个人社会经济状况，视具体情况而定。

关于移民对葡萄牙医疗系统的使用情况，目前国家层面的统计数据还很有限，但是已有部分研究报告基于一定视角或一定范围的移民群体展开了调研，调研结果反映出移民在葡萄牙的部分医疗现状，如：2008 年发布的《移民健康报告》③显示，在接受调研的移民群体中，国家卫生系统（SNS）的注册用户占大部分（85%），购买健康保险（主要用于私立医疗形式）的占较少部分（12.2%），但要略高于葡萄牙公民中的健康保险受保比例（10.5%）。同年发表的《葡萄牙外来移民卫生保健服务使用的决定因素》④，在里斯本国家移民援助中心（CNAI）针对 1,513 名外来移民进行的统计发现，约 80% 的被调研移民有过使用国家卫生系统的经历，其中 35.6%在卫生中心接受医疗服务，12%在医院接受救治，54.4%的移民两种医疗类型都使用过，移民所涉卫生服务类别相对多元。上述结果也得

① 移民融入援助中心（Centro Local de Apoio à Integração dos Imigrantes，简称 CLAII），是有关外来移民接纳与融入问题的服务办事处，旨在为移民身份、家庭团聚、工作、社会保障、返乡、医疗健康、职业培训等方面提供信息。

② 葡萄牙卫生总局（Direção-Geral da Saúde，简称：DGS）第 12/DQS/DMD/07.05.09 号通知（Circular Informativa n° 12/DQS/DMD/07.05.09）。

③ Dias，C.，Paixão. E.，Branco M. & Falcão J.，*A Saúde dos Imigrantes: Inquérito Nacional de Saúde 2005－2006*，Departamento de Epidemiologia & Instituto Nacional de Saúde Dr. Ricardo Jorge，IP，2008，http://www.insa.pt/sites/INSA/Portugues/ComInf/Noticias/Documents/Migrantes_net.pdf，访问日期：2016 年 1 月 26 日。

④ Dias. S.，Milton Severo & Henrique Barros，Determinants of health care utilization by immigrants in Portugal，*BMC Health Services Research*，8，2008，pp. 1－8. 转引自：Entidade Reguladora da Saúde，Acesso a Cuidados de Saúde por Imigrantes，2015，https://www.ers.pt/uploads/writer_file/document/1480/Estudo_ERS_-_Acesso_a_Cuidados_de_Saude_por_Imigrantes__v2.pdf，访问日期：2016 年 2 月 19 日。

到了其他研究报告的印证。2011 年一项基于 1,375 位移民的调查①显示，大部分(77%)的在葡移民选择向公立医疗机构寻求卫生服务，其中半数为初级卫生保健，1/3 为二级卫生保健。此外，《葡萄牙外来移民卫生保健服务使用的决定因素》中还指出，在接受过国家卫生系统服务的移民中，对服务不满意或非常不满意的达 22.4%。可见，外来移民在葡萄牙就医时相较于私立医疗机构更倾向于选择国家卫生服务系统(SNS)下的公立医疗形式，接受的医疗服务类别趋于多样，对于医疗服务的质量存在一定程度的不满意情况。

三、葡萄牙移民社会保障面临的问题

在现行体制下，葡萄牙对于外来移民的基本社会生存与活动权利的保护主要通过国家社会保障系统和国家医疗系统，尤其是其下属的国家卫生服务系统(SNS)共同实现。从政策层面看，葡萄牙赋予了移民与本国公民同等的社会保障待遇，从立法角度充分维护了外来移民在葡萄牙的基本社会生存权利。然而，就实践层面而言，移民在法律框架下的社会保障仍然存在各种问题，一定程度上阻碍了移民对于社会保障资源及时有效的获得，影响了葡萄牙移民社会保障政策的运行效果，这一现象在移民参与度和关联度更高的医疗系统中更为明显。部分调查结果显示，葡萄牙移民的医疗保健服务问题主要可归结为几个方面。

第一，就医等待时间长。就医等待时间长是目前移民在葡萄牙寻求

① Dias, S. Ana Gama, Maria Cortes & Bruno de Sousa, Healthcare-seeking patterns among immigrants in Portugal, *Health and Social Care in the Community*, 19 (5), 2011, pp. 514 - 521. 转引自：Entidade Reguladora da Saúde, Acesso a Cuidados de Saúde por Imigrantes, 2015, https://www.ers.pt/uploads/writer_file/document/1480/Estudo_ERS_-_Acesso_a_Cuidados_de_Saude_por_Imigrantes__v2.pdf，访问日期：2016 年 2 月 19 日。

医疗保健服务时面临的最为窘迫的问题。研究人员在对移民的调研中发现，超过半数的受访移民反映，等待时长是他们在葡萄牙寻求卫生服务过程中遭遇的障碍。① 事实上，这一问题在葡萄牙本国公民中也是广遭诟病。在国家卫生服务系统下，公民由于小病症向卫生中心预约诊治可能需要等待一天以上，等待医院安排手术可能要数月甚至一年。这样的候诊时长是许多人购买健康保险，放弃公立医疗机构转而选择私立医疗保健渠道的重要原因之一。对于无法负担健康保险费用的移民而言，公立医疗的漫长的候诊时间也使得他们不得不放弃对于一些病症的及时医治。

第二，移民就医信息普及不足。外来移民对自身在葡萄牙所享有的医疗资源和权益了解不足也是该国移民社会保障中的一大缺陷。《葡萄牙外来移民卫生保健服务使用的决定因素》②显示，接受调研的移民中有 3.6%不知道健康出现问题时应该去哪里寻求救助，约 20%从未使用过葡萄牙卫生服务系统。此外，对于非常规移民群体，他们不了解“是否有权使用公立医疗资源”“有哪些权利”“其就医行为是否会带来某种程度的后果”等问题，这一定程度导致了非常规移民群体更倾向于不使用葡萄牙卫生服务系统的现象，因为他们担心使用了国家医疗资源后，医疗机构会发现其身份不合法而向有关部门报告，从而被驱逐出境。另外，葡萄牙公立医疗资源的使用方法似乎也并未在移民群体，尤其是新进移民中得到足够的宣传，这也解释了为何统计显示新移民较之“老”移民更

① Dias. S. , Milton Severo & Henrique Barros, Determinants of health care utilization by immigrants in Portugal, *BMC Health Services Research*, 8, 2008, pp. 1 - 8. 转引自：Entidade Reguladora da Saúde, Acesso a Cuidados de Saúde por Imigrantes, 2015, https://www.ers.pt/uploads/writer_file/document/1480/Estudo_ERS_-_Acesso_a_Cuidados_de_Saude_por_Imigrantes__v2.pdf，访问日期：2016 年 2 月 19 日。

② Dias. S. , Milton Severo & Henrique Barros, Determinants of health care utilization by immigrants in Portugal, *BMC Health Services Research*, 8, 2008, pp. 1 - 8. 转引自：Entidade Reguladora da Saúde, Acesso a Cuidados de Saúde por Imigrantes, 2015, https://www.ers.pt/uploads/writer_file/document/1480/Estudo_ERS_-_Acesso_a_Cuidados_de_Saude_por_Imigrantes__v2.pdf，访问日期：2016 年 2 月 19 日。

少使用国家卫生资源。①

第三,医疗机构与移民间的沟通欠佳。医疗服务供应方与就医移民间的沟通涉及许多主、客观因素,对医疗系统的有效运作有着重要作用。统计显示,除候诊时长外,医方态度是在葡移民反映最多的影响其就医的负面因素,占 17.9%。另外,语言也构成就医障碍之一,但影响力相对较弱,占 1.3%。②

除上述问题外,法律在具体情况中实施不到位,机构间工作缺乏衔接,移民与医方文化差异造成理解偏差等也是阻碍医疗保健活动有效开展的不利因素。

四、结　　语

总体而言,作为曾经的传统移民移出国和近年来新兴的移民移入国,葡萄牙对于移民群体在国内的基本社会生活有着一定程度的重视,通过立法的方式从政策高度维护移民的基本权利,给予外国公民与本国公民同等的社会保障权益与待遇。尽管葡萄牙为移民提供的社会保障,尤其是医疗层面的保障在具体实践中还存在不少问题,但是伴随葡萄牙政府对移民社会生存和保障的日益关注,相信这些问题会逐渐得到解决。近年来职能得到不断强化的葡萄牙国家移民援助中心(CNAI)便是佐证。

① Dias, S. Ana Gama, Maria Cortes e Bruno de Sousa, Healthcare-seeking patterns among immigrants in Portugal, *Health and Social Care in the Community*, 19 (5), 2011, pp. 514 – 521. 转引自: Entidade Reguladora da Saúde, Acesso a Cuidados de Saúde por Imigrantes, 2015, https://www.ers.pt/uploads/writer_file/document/1480/Estudo_ERS_-_Acesso_a_Cuidados_de_Saude_por_Imigrantes__v2.pdf,访问日期: 2016 年 2 月 19 日。

② Dias. S. , Milton Severo & Henrique Barros, Determinants of health care utilization by immigrants in Portugal, *BMC Health Services Research*, 8, 2008, pp. 1 – 8. 转引自: Entidade Reguladora da Saúde, Acesso a Cuidados de Saúde por Imigrantes, 2015, https://www.ers.pt/uploads/writer_file/document/1480/Estudo_ERS_-_Acesso_a_Cuidados_de_Saude_por_Imigrantes__v2.pdf,访问日期: 2016 年 2 月 19 日。

此外,新任政府对于国家医疗系统有着较强的改革意愿,多次表现出进一步规范与提升卫生系统运作效率,从而为公民提供更切实到位的医疗服务的意愿,这也是今后葡萄牙移民社会保障的发展契机和相关问题研究的关注焦点。

第六节

葡萄牙应对非法移民及其移民犯罪的政策和举措

张　黎*

对葡萄牙而言，所谓“非法移民”，就是那些无有效签证而进入葡萄牙境内的人，或者未获得有效居留许可而在葡萄牙居留的人，又或者在葡永久居留资格被取消的人。合法进入葡萄牙并居留的外国公民，如果违反2012年8月9日颁布的第29号法令[1]第85条第1、2款规定[2]，将被取消在葡居留资格。

一直以来，葡萄牙的非法移民主要来自葡萄牙以往的殖民地国家以及东欧一些国家，由于历史渊源、语言相通或者地理位置靠近，他们选择葡萄牙作为居留目的国。随着合法移民渠道的增多以及打击非法移民力度的增大，非法移民状况在过去的几年中得到一定的遏制，但是新的问题还在不断出现，因此应对非法移民任重而道远。

---

* 张黎，上海外国语大学西方语系葡萄牙语专业副教授。

① 该法令对2007年颁布的第23号法令进行了第一次修改和补充。

② 第85条第1、2款规定，在以下情况下，将被取消在葡居留资格：1）已被判强制离境或驱逐出境；2）通过使用虚假申报、伪造证件或者其他欺诈手段骗取居留许可；3）有确凿的理由认定他（她）犯了重罪或者确实存在试图犯罪的迹象，尤其在欧盟范围内；4）危害公共安全或公共秩序；5）持临时居留许可的，在许可证有效期内，没有恰当的理由，连续6个月不在葡萄牙或者8个月中断续不在葡萄牙；6）持永久居留许可的，连续24个月不在葡萄牙或者三年内30个月中断续不在葡萄牙。

一、应对非法移民及其移民犯罪的政策

葡萄牙移民法针对不同类型、不同情节的非法移民及其移民犯罪，规定了不同的处罚方式，包括强制离境或驱逐出境、通知自愿离境、判刑和处以罚款等。

（一）强制离境或驱逐出境

强制离境和驱逐出境的区别在于：前者由行政部门决定，只有非法移民才能被强制离境而无需法官的事先判决；后者由法官判决，在葡萄牙境内合法居留的外国公民只能通过司法程序被驱逐。被强制离境或驱逐出境的外国公民在5年内不得再进入葡萄牙境内。

第29号法令第134条第1款规定，以下几种类型的外国公民应被强制离境或驱逐出境：1）非法进入或者非法在葡萄牙居留；2）危害国家安全或扰乱公共秩序；3）他（她）的存在或者活动对葡萄牙及其国民的利益或尊严构成威胁；4）过分干涉葡萄牙公民行使政治参与的权利；5）入境前犯有不被葡萄牙当局知情的罪行，而该罪行如果被了解，就会禁止他（她）入境；6）有确凿的理由认定他（她）犯了重罪或者试图犯罪，尤其在欧盟范围内；7）持在另一个欧盟成员国居留的有效居留证或者其他证件，而不立即前往该国。

该法令第135条也规定了不能被强制离境或驱逐出境的情况：1）出生在葡萄牙，并且通常居住于此地；2）有居住在葡萄牙的葡萄牙籍或者外国籍的未成年子女需要其抚养和教育，以履行父母的责任；3）10岁之前就在葡萄牙，并通常居住在此地。但是，属于第134条第1款2）、3）和6）所述的情况除外。

葡萄牙移民法保护拥有在葡永久居留资格的移民，第136条规定，只有在他（她）确实对公共秩序或安全构成足够严重威胁的情况下才考虑驱逐，除此之外，还要考虑以下因素：1）在葡居留的时间；2）当事人的年龄；3）对当事人及其家属带来的后果；4）与居住国（葡萄牙）的密切关联或者与原居国关联的缺失。

关于被强制离境或驱逐的目的国，第143条规定，不能把外国公民送

往有可能遭受刑讯迫害或者非人待遇的国家;他(她)可以提出有可能遭受迫害的担忧,并证明这种担忧并非无稽之谈,以免被送至该国。

第 135、136 和 143 条的规定体现了葡萄牙移民法比较人性化的一面。

(二)通知自愿离境

第 29 号法令第 138 条规定,对于非法进入葡萄牙或者在葡非法居留或者被取消居留许可的外国公民,葡萄牙移民局可通知其在 10—20 天内自愿离境;移民局也可以延长期限,尤其当考虑到当事人在葡的居留时间、学龄期子女以及存在其他家庭成员或者社会关系等情况时。但是,如果当事人被取消居留资格,并有逃跑危险,或者当事人对葡萄牙公共秩序或国家安全构成威胁时,将被通知立即离境。

第 139 条规定,根据与国际组织制定的合作计划,葡萄牙可以帮助符合条件的自愿离境者返回原来的国家;享受帮助的外国公民应在边检站交出所持的居留许可;在离境后三年内,如果连本带息还清了资助费,可以重新被葡萄牙接受。

(三)判刑

第 29 号移民法第 183 条至第 187 条规定,以下几种情况构成犯罪,将视情节轻重,被处以不同年限的徒刑:1)以营利为目的协助非法移民;2)以营利为目的招募非法劳动力;3)以获取或者使获取签证、居留许可、"欧盟蓝卡"①或者国籍为唯一目的的结婚或者事实婚姻②;4)违反禁止入境的规定。

与 2007 年第 23 号法令相比,2012 年第 29 号法令根据新形势新变化,在这部分增加了"欧盟蓝卡"和"事实婚姻"等内容,并在量刑方面加大了力度。比如:以营利为目的协助非法移民的,从原来判 1—4 年监禁改

① 欧盟在 2007 年推出,旨在吸引全球范围内的技术移民来欧盟工作,以弥补巨大的高技术人才缺口。它实际上是一种工作和居留许可证,有效期为两年,并可以申请延期。

② 事实婚姻指没有配偶的男女未进行结婚登记便以夫妻关系同居生活。

为1—5年监禁；以营利为目的招募非法劳动力的，从原来判1—4年监禁改为1—5年监禁；以获取或者使获取签证、居留许可、“欧盟蓝卡”或者国籍为唯一目的的结婚或者事实婚姻，从原来判1—4年监禁改为1—5年监禁。

（四）罚款

第29号法令第192条至第203条规定，以下情况构成违规，将被处以不同数额的罚款：1）在葡境内居留时间超过允许时间；2）未经许可进入港口国际区；3）运送没有有效旅行证件、签证或者过境签证的外国公民进入葡萄牙境内或者空港；4）运输公司没有向葡萄牙移民局报送乘客的信息，或者报送的信息错误、不全、虚假，或者过期报送；5）未申报入境①；6）未经许可进行或者雇用进行职业活动；7）未递交旅行证件②；8）未申请居留证③；9）未及时续签居留许可④；10）未履行规定的义务⑤；11）未告知住宿情况。

该法令第205条还规定，在以上1）、5）、6）、7）以及违反10）当中第6条第1款规定的情况下，如果未缴纳罚款，将取消原本法律允许的延长居留时间。

二、针对非法移民及其移民犯罪的举措

除了在法律条款上杜绝漏洞、加大打击力度外，葡萄牙行政和司法部

① 第14条第1款规定，来自欧盟其他成员国的外国公民从没有受控的边境入境，必须从入境之日算起三个工作日之内向葡萄牙移民局申报这一事实。

② 第28条规定，未在葡萄牙居留的外国公民，若持有外国使领馆在葡萄牙签发的旅行证件，应在签发之日算起三天内递交葡萄牙移民局，以获取签证。

③ 第124条第1、第2款规定，在葡萄牙出生的子女享受与其父母同等的居留资格。父母应在子女出生登记后6个月内递交相关申请，以获取居留证。

④ 第78条第1款规定，应在临时居留许可失效前30天内申请续签。

⑤ 第86条规定，外国居民应在婚姻状况或者住所变动后60天内，向葡萄牙移民局告知变动情况；第6条第1款规定，应由指定有资质的边检站，在其工作时间办理入境或出境手续。

门还在行动上采取更积极、有效的措施,遏制非法移民及其移民犯罪。

葡萄牙移民局对移民的监控涉及三个主要方面: 对移民在葡居留和活动的控制;预防和打击移民犯罪;对证件安全的管理。

2014 年,葡萄牙移民局地方分局共采取了 11,651 次①监察行动,与 2013 年相比增加了 11.8%。其中: 9,082 次单独行动,占总数的 78%; 2,569 次与其他机构联合行动。在这一系列的行动中,检查了 168,742 人的身份,其中 38,843 人来自欧盟成员国以外的国家,158 人因非法居留被捕。这些行动的目的在于杜绝涉及外国公民的违法行为,包括非法打工、非法入境与居留、伪造证件和劳动合同、假结婚、协助非法移民和贩卖人口等。

2014 年,葡萄牙移民局共发出 3,265 个自愿离境通知,比 2013 年减少 13.2%(见图 1)。被通知对象主要来自巴西(1,125 人,占总数的 34.5%)以及佛得角、几内亚比绍、尼泊尔和乌克兰。共有 816 起案件被提起强制离境诉讼,比 2013 年下降 35.2%(见图 2),437 人被判驱逐出境(比 2013 年减少 5.6%),被判人主要来自佛得角、巴西、几内亚比绍、安哥拉、乌克兰、印度等,其中有 93 人涉嫌毒品交易、抢劫、偷盗和凶杀案等。强制离境诉讼的减少与更多合法移民途径的开通、检查和惩治手段的威

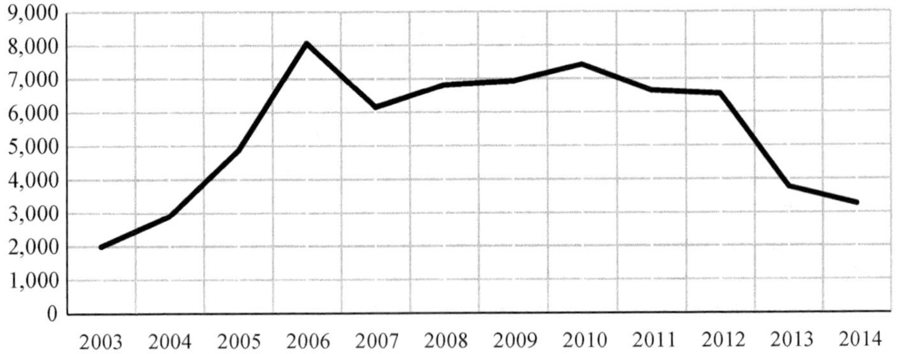

图 1 2003—2014 年自愿离境人数统计

① 本文中所有数据均来自葡萄牙移民局官方网站: http://www.sef.pt/portal/v10/PT/aspx/page.aspx,数据更新至 2014 年,访问日期: 2017 年 3 月 2 日。

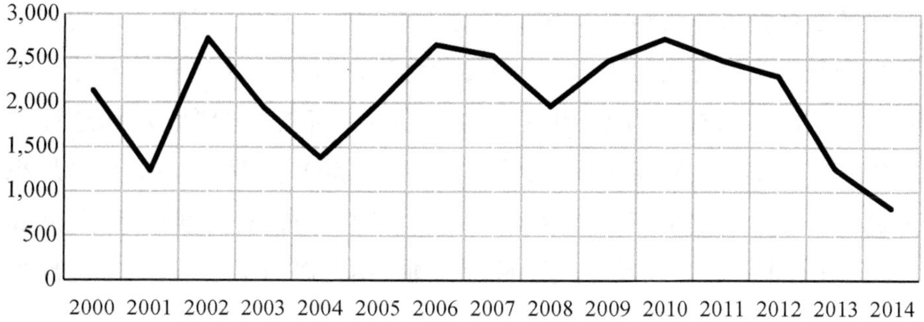

图 2　2000—2014 年强制离境诉讼统计

慑以及葡萄牙劳动市场的吸引力下降有关。

2014 年,共有 27,365 起违规案件提起诉讼,比 2013 年减少 9.7%,主要涉及非法居留(9,926 起)、未申报入境(1,712 起)、未及时续签居留许可(7,928 起)以及未履行规定的义务(5,618 起)等(见图 3)。按人数多少来排列,非法居留者主要来自巴西(2,907 人)、佛得角(1,516 人)、安哥拉(973 人)、几内亚比绍(743 人)和尼泊尔(647 人);未及时续签居留许可者主要来自巴西(2,875 人)、佛得角(1,393 人)、安哥拉(716 人)、乌克兰(463 人)和几内亚比绍(457 人)。

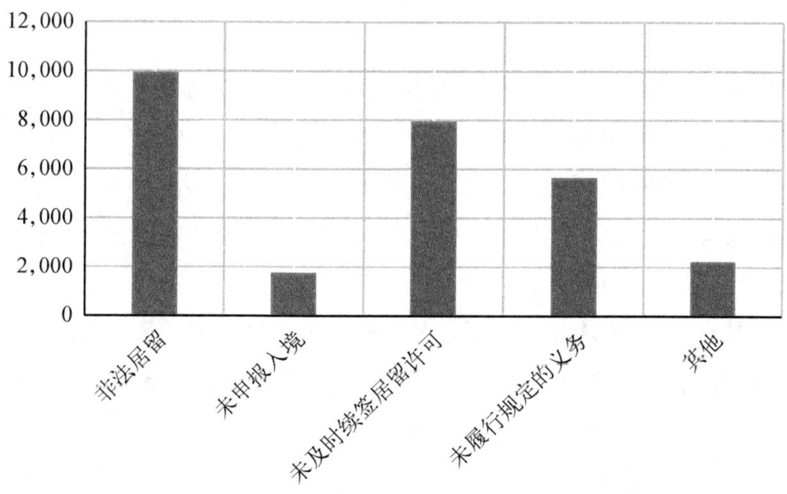

图 3　2014 年违规案件统计

预防和打击非法移民及其犯罪对于维护社会安宁、保障公民的安全和权利具有重要意义。2014 年,葡萄牙移民局加大对非法移民和非法劳动力地下网络的打击力度,共记录在案 305 起犯罪,主要涉及伪造证件(121 起)、假结婚(57 起)和协助非法移民(48 起)等(见图 4)。移民局犯罪调查小组共完成了 273 起诉讼,进行了 77 次搜查,打击卖淫嫖娼、贩卖人口、协助非法移民以及伪造证件等犯罪活动,逮捕了 48 人。在走刑事程序的总共 212 名被告当中,葡萄牙人有 92 名,其次是巴西人(32 名)。

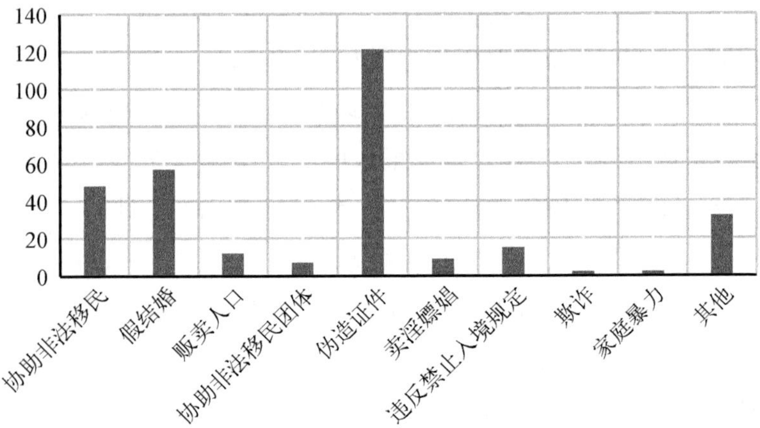

图 4　2014 年移民犯罪案件统计

在对证件安全的管理方面,2014 年葡萄牙移民局共侦破证件伪造案 529 起,比 2013 年减少 35. 3%,其中最多的是使用他人证件(171 起),而被伪造最多的证件是普通护照(311 本)和居留证(93 本)。被查出持伪造证件的地点主要在机场边检站(474 人),特别是里斯本、法罗、波尔图等机场边检站,其次是海港边检站(16 人)。伪造证件主要来源于欧洲(271),其次是非洲(167),包括法国(91)、东帝汶(54)、意大利(51)、西班牙(37)、塞内加尔(33)、安哥拉(32)、希腊(23)、玻利维亚(17)、葡萄牙(13)等。在 493 名持伪造证件者中,45%的国籍无法确定。在 55%可以确定国籍的持伪造证件者中,41 名是阿尔巴尼亚国籍,40 名是安哥拉国籍。值得引起注意的是,伪造证件的模式又出现了新改变,所以打击的任务依然艰巨。

从上述统计数据可以看出,与 2013 年相比,非法移民及其犯罪呈下降的态势。

2014 年,葡萄牙移民局进一步加强对边境的监控,采用新的技术手段,重视操作熟练度、信息采集以及与其他机构的合作,以提高边境监控的效率。此外,新一代乘客身份证件自动鉴别系统(RAPID)、护照商店①以及电子护照生产线也对更安全和有效的边境监控起到了决定性的作用。

2014 年,葡边境被监控总人数达 13,279,860 人,比 2013 年增加 7.2%,其中:空港边境被监控人数达 11,424,334 人,比 2013 年增加 10.5%;海港被监控人数达 1,185,597,减少 9.5%;被监控航班增加 10.8%,被监控船只达 45,024 艘。被拒入境 959 人,增加 18%,被拒理由主要是入境动机不明确、无合适的签证或签证失效以及伪造证件。99.8%的被拒入境发生在空港边检站,其中里斯本机场边检站被拒人数占 92.6%。33.8%的被拒者来自巴西,其他依次来自安哥拉、尼加拉瓜、马里亚纳、塞内加尔,另有 27 人无法确定国籍。在海港边境监控方面,逮捕了 44 名偷渡者,在查验纸质和电子证件方面,借助身份证件自动鉴别系统和出入境安全自动程序(PASSE),共查验 5,095,505 人,占总人数的 38.4%。此外,在各大主要空港启用签证信息系统(VIS),收集并核实乘客的指纹。

三、结　语

非法移民一直是困扰欧洲发达国家的棘手问题,葡萄牙虽非重灾区,但是也在此之列。葡萄牙政府应对非法移民的政策和做法既有强硬的一

① 护照商店设在里斯本和波尔图机场内,葡萄牙公民可以在店内申请普通护照,签发短期护照,也可以领取申请的护照。

面，又有人性化的一面。之所以人性化，与非法移民的来源国主要是葡萄牙以前的殖民地不无关系。历史上，葡萄牙曾通过多次大赦使非法移民的身份合法化。进入 21 世纪以来，就有 2000 年、2004 年底的大赦以及 2007 年《新移民法》（即第 23 号法令）的颁布和实施。每一次大赦都使非法移民数量激增，从而带来许多社会问题，迫使葡萄牙政府加大打击力度，如此循环往复。2012 年的第 29 号法令在对 2007 年的第 23 号法令条款加以完善的同时，加大了打击力度，再加上合法移民途径的拓宽以及现代技术的运用，使近几年非法移民及其犯罪的状况得到有效的遏制，这无疑归功于葡萄牙一系列相关政策和举措。

第七节

背景、动因及适应性：葡萄牙“黄金居留计划”之中国移民分析

张敏芬*

随着全球一体化进程的快速，世界各国之间的合作与交流都越来越频繁和密切。国际移民潮流方兴未艾，规模日益庞大，可以毫不夸张地说，当今时代是一个人口流动的时代，移民已经成为一个全球性的普遍现象。中国作为世界上人口最多的国家，人们迁徙的活动从未间断过，出国和移民的人数越来越多，特别是自改革开放以来，一方面国民经济飞速发展，人们的生活水平得到极大的改善，积累的财富日益增加；另一方面随着国门的打开、网络的普及和人们思想的解放，越来越多的中国人渴望走出国门，领略不一样的文化和生活。此外，近年来，世界各国出于各种原因，纷纷推出优惠的移民政策，“发达国家修改移民政策是国际移民潮形成的直接推力”。① 各国移民的利好政策加快了华人迈出国门的步伐，移民海外越来越快捷方便，很快形成了一股新的移民热潮。

中国历来就是一个移民大国，华人移居国外历史源远流长，可谓“有海水的地方就有华人”。传统上华人移民的热门地点是东南亚，以及日本、美国、加拿大、澳大利亚等国，但近年来，随着欧洲各国为解决国内各种困境相继推出宽松的移民政策，不少华人也把目光纷纷转向欧洲。2012 年 10 月，葡萄牙政府为应对人口老龄化和经济危机等困境而正式推出“黄金居留计划”，得到部分华人中产阶层的关注。笔者就有关“葡萄牙

* 张敏芬，上海外国语大学西方语系葡萄牙语专业副教授。

① 周敏、张国雄：《国际移民与社会发展》，广州：中山大学出版社，2012，前言，第 II 页。

黄金居留之中国移民的状况”进行问卷调查，收回有效问卷 36 份。问卷内容包括受访者的个人背景、移民动因以及融入葡萄牙当地社会的情况等，此外，笔者对一些移民进行访谈，希望通过此次问卷调查和访谈，分析和探讨华人移民葡萄牙的状况。

一、葡萄牙“黄金居留计划”

2012 年 8 月，葡萄牙政府为应对经济衰退、欧债危机、人口日益老龄化等问题以促进国内经济的发展，推出一个全新的投资移民政策，即葡萄牙“黄金居留计划”，并顺利得到葡萄牙议会的通过。2012 年 10 月，葡萄牙新的投资移民法正式实施。根据该项政策，外国投资者可以以下三种方式进行投资即可申请葡萄牙的居留权：（1）在葡萄牙银行存入 100 万欧元，定期五年；（2）在葡萄牙境内购买价值至少 50 万欧元的房产并持续持有至少 5 年；（3）创造至少 10 个就业岗位①。根据这一移民政策，只要一人投资，即可全家移民葡萄牙，包括配偶、未成年子女和双方父母。申请人首次申请获得一年签证，一年后申请人需要续签，但续签条件宽松：要求申请人第一年在葡萄牙累计至少居住 7 天，满足条件后申请人获得两年的签证，在这两年里累计至少居住 14 天后再续签两年。如此 5 年期满后，投资人可以申请永久居住权并可随意处置所购之房产；在通过基础葡萄牙语 A2 的考试后，投资人可以在第 6 年申请加入葡萄牙国籍。

二、黄金居留之中国移民背景综述

20 世纪 70 年代末，伴随着改革开放大潮，华人移民数量飞速增长。欧洲大陆继东南亚、美洲和澳洲之后，成为新一代华人移民的热点地区。

---

① http://www.sef.pt/documentos/56/ARIPT2.pdf，访问日期：2016 年 2 月 20 日。

尽管由于移民动因、移民传统和移民政策等原因，华人移居欧洲的国家主要为法国和英国，但 1985 年《申根协定》①的签署，规定申根成员国的居民和持有申根成员国签证的人员可以在申根区自由流动，以及 1991 年《欧洲联盟条约》②的签订，规定欧盟成员国公民和持有欧盟任一国家居住证的非欧盟公民可以在欧盟国家间自由通行和居住，随之葡萄牙的华人移民数量持续增长。根据葡萄牙移民局提供的数据，1995 年，在葡萄牙的华侨华人为 2, 202 人，到 2004 年激增到 11, 087 人。2007 年，葡萄牙修改移民法，大幅度降低了外国移民获得居留权的条件，宽松的移民政策为大批移民（包括早期进入欧洲的华人）提供了获得合法身份的大好机会，引发了一批华人移民葡萄牙的热潮，他们或在获得葡萄牙身份后进入其他欧盟国家，或返回原居住国，或定居葡萄牙。1995—2007 年，在葡萄牙的中国侨民增加了 476% ，其中一部分华人是因为家庭团聚，另一部分是原来居住在欧洲其他国家的华商看到南欧国家经济复苏，向这些国家迁移以寻求更好的商机，他们把葡萄牙看作一个新的经济增长点。③

葡萄牙政府于 2012 年 8 月推出的“黄金居留计划”吸引了相当一部分中国中产阶层投资者。葡萄牙移民局最新的统计数据显示，从该计划实施至今，葡萄牙政府共批准了 2, 853 个申请，其中中国人 2, 248 个，占总发放数量的 78. 8%④。笔者收到的有效问卷中，男性为 16 人，女性为 20 人，打破了以往以男性为移民主体的历史。从历史学的角度来看，20 世纪 70 年代以前移居葡萄牙的华人在地缘上表现出很强的同质性，大部分来

---

① 1985 年 6 月，法国、德国、荷兰、比利时和卢森堡在卢森堡边境小镇申根（Schengen）签订《申根协定》，规定其成员国对短期逗留者签发同意的签证格式，即申根签证，申请人只要获得一国的签证，即可在签证有效期内在申根成员国内自由通行，葡萄牙于 1990 年 6 月签署加入《申根协定》。

② 1991 年 12 月 9—10 日在第 46 届欧洲共同体首脑会议上签订的条约，为欧共体建立政治联盟和货币与经济联盟确立了目标，是建立欧洲联盟的基础。葡萄牙作为欧共体成员，是该条约首批签署国之一。

③ Neves, M. S.; Rocha-Trindade, M. B., *As diásporas e a globalização — a comunidade de negócios chinesa em Portugal e a integração da China naeconomia global*, in *Revista Migrações*, 2008/3, pp. 165 - 189.

④ http://www. sef. pt，访问日期：2016 年 2 月 20 日。

自浙江,还有部分来自福建和广东。因大多数移民是以劳工的身份进入葡萄牙,所以通常为男性。虽然移民局关于通过"黄金居留计划"移民的华人男女数量没有具体列出,但是根据葡萄牙外交部和葡萄牙驻外领事馆及领事事务管理系统(DGACCP)统计的数据,2014 年批准的华人居留签证为 418 个,其中男性 170 人,女性 248 人,因此也可以证明华人移民的性别不再单一以男性为主体。随着女性地位的大幅改善和受教育程度的不断提高,越来越多女性加入国际移民的行列。笔者收到的问卷调查的人群的年龄都在 50 岁以下,其中 15 人在 20—30 岁之间,30—40 岁之间有 6 人,40—50 岁之间有 15 人,由此我们可以看出,"黄金居留计划"的华人投资者大部分为青壮年群体,从理论上可以达到葡萄牙政府为应对人口老龄化而引进壮年劳动力以解决劳动力不足的目标。如前所述,20 世纪 70 年代以前华人移民来源地域比较单一,基本都来自浙江的温州和青田,而根据调查回收的问卷,"黄金居留计划"华人群体基本涉及中国各个地区,其中:最多的是经济发达的华东地区,占 44.44%(16 人);其次是华南地区,占受调查总人数的 22.22%(8 人);其后依次为华北、华中和西部地区。

20 世纪 70 年代之前的华人移民大多数是来自浙江的农民和劳工,他们的文化程度都比较低,从事低收入行业,或经营小规模的餐馆、小超市等。李明欢认为,欧盟华人经济一直处于主流经济的边缘,其基础一部分是华人移民内部以家庭为单位的自我雇佣,一部分是低工资水平下的本族群之间的雇佣。中餐业是华人经营的传统行业。[①] 自 2002 年中国华为和中兴两家公司派驻一些中国员工进驻葡萄牙,开始改变葡萄牙华人移民社会的知识结构和职业结构。根据回收的有效问卷,"黄金居留计划"中华人移民的文化程度较以前移民有大幅度提高。受调查的 36 人中,31 人具有高等学历,占总人数的 86.11%,其中硕士学历的有 6 人,占 16.67%。第一代华人移民学历低,基本不懂外语,更不会说葡萄牙语,而

① 李明欢:《改革开放以来欧盟国家中的中国大陆新移民》,载《世界民族》,2009 年第 1 期,第 60—67 页。

具有高学历的“黄金居留计划”的投资人则改写了这一历史。在受调查的人群中,有 23 人熟练掌握英语,占总人数的 63.89%;有 9 人熟练掌握葡萄牙语(25%);有 5 人(13.89%)会其他外语。笔者曾在里斯本采访过一些葡萄牙人,他们一致认为,现在生活在葡萄牙的中国人不再是没有知识文化而生活在主流社会之外的边缘人群。澳门科学文化中心图书馆馆长安娜·克里斯缇娜·科斯塔(Ana Cristina Costa)博士说:“我已经注意到现在的华人移民和以前大不一样,有很多来自中国的高学历专业人才活跃在各个行业。”的确如此,高学历华人移民不仅提高了华人在葡萄牙的社会地位和社会影响,在一定程度上也促进了葡萄牙经济的发展。关于“黄金居留计划”华人移民的职业,数据比较分散,各行各业的普通职员占 19.44%,高层管理人员/领导占 13.89%,企业业主/合伙人/股东、专业技术人员和个体户占 11.11%。从调查数据可以看出,“黄金居留计划”华人投资者改变了以低收入和餐饮业为主的中国移民的职业结构,提升了华人社群在葡萄牙的社会地位。他们已不再是从事简单低端行业的群体,而是分布在银行、电力、通讯、房产、科研、媒体等业界。在这些移民中,大部分投资者为中产阶层,税前年收入(人民币)在 10 万—50 万之间的占 66.67%,其中 10 万—20 万占 30.56%,20 万—30 万占 36.11%,50 万以上的占 5.56%。总之,“黄金居留计划”中国移民的来源和社会背景均呈多样化特点。

三、中国移民移居葡萄牙之动因分析

根据问卷调查,“黄金居留计划”中华人移民选择葡萄牙的一个重要原因是因为葡萄牙的宜居环境。素有“西欧之角”之称的葡萄牙面向大西洋,拥有绵延美丽的海岸线,景色秀美,气候宜人,既是美丽的旅游胜地,也是理想的生活家园,自然而然吸引了一批已经拥有一定经济实力的投资移民者。在受调查的华人移民中,77.78%的投资者把居住环境因素作为他们选择葡萄牙的一个重要原因。里斯本是葡萄牙的首都,经济发达,历史悠久，风景秀丽，名胜古迹众多，常年气温在 10—25 度之间，因此成为大部分投资者的首选，有 58.33%华人移民选择居住在里斯本；其次为以葡萄酒享誉世界的第二大城市波尔图，为 19.44%。另外，风光旖旎的海滨胜地阿尔加维和卡斯卡伊斯也是华人移民选择居住的城市之一。除了良好的生活环境，迈入中产阶层的华人移民更加关注健康和生活质量。有 61.11%选择移居葡萄牙是因为他们认为那里的食品比较安全，有利于健康。此外，生活和工作节奏慢、压力小也是一部人华人投资者看中葡萄牙的原因之一。

为了吸引更多投资者，葡萄牙政府推出颇为宽松的移民政策。有 50%认为，葡萄牙“黄金居留计划”门槛低是他们选择移居的一个重要原因。据统计，绝大部分“黄金居留计划”的华人投资者均选择购买房产，即在葡萄牙境内购买价值不低于 50 万欧元的房产并持续持有 5 年以上。一些受访者认为，一方面，和国内北京、上海等一线城市的房价相比，葡萄牙的房产价格比较便宜，在他们能承受的范围之内；另一方面，他们认为通过购买房产办理移民既可以达到移居国外的目的，又可以应对通货膨胀和货币贬值，是一个使既得财富保值增值的良好方式。根据调查，高达 88.89%的华人表示，他们移民后会选择居住在葡萄牙，但是大部分人认为，几乎没有移民监是他们选择移民葡萄牙的原因之一。受调查的华人投资者中，也有 44.44%表示，他们获得黄金居留签证后会继续居住在中国，因此，几乎没有移民监的葡萄牙得到他们的青睐。还有一些受访者表示，随着加拿大、澳大利亚等国收紧移民政策，他们愿意转向移民政策宽松得多的国家，例如葡萄牙，办理申请的手续和需准备的材料相对简单，既没有移民面试，也无须提供资产证明，对申请者的学历和语言也无任何要求。

如前所述，中国人历来重视教育，“望子成龙，望女成凤”的思想根深蒂固，而且“黄金居留计划”中华人移民大部分具有高等学历，受过良好的教育，因此，子女的教育问题是他们考虑的一个相当重要的因素。有 30.56%的华人投资者认为，选择移民葡萄牙是因为那里的教育比较发达，有利于自己深造或者下一代接受良好的教育。受访者大部分选择全家移民,他们认为,一旦拿到葡萄牙绿卡,孩子就可以免费就读葡萄牙公立学校,和葡萄牙孩子一样享受 12 年的免费教育。因此,他们一般会选择购买学区优良的房产。不过,也有部分受访者表示,他们是把葡萄牙当作去欧盟其他国家的跳板。一位来自北京的投资者通过购买房产获得黄金居留签证,她说:“我办理葡萄牙移民的目的是为了我女儿。她想到法国去读西方艺术史,但是我们没可能直接移民法国,所以我们先拿到葡萄牙的绿卡,最终的目的是去法国。”因葡萄牙是欧盟成员国,所以只要拥有葡萄牙的绿卡,他们就可以到欧盟其他国家工作或学习。

受调查者普遍认为,葡萄牙人善良、热情,容易相处,和英国、法国等其他欧洲国家相比,葡萄牙社会包容度比较高。拥有高学历的华人移民不会像第一代移民那样生活在自己的华人圈子,游离在主流社会之外。他们一般通晓外语,渴望和当地人交流,积极融入当地社会。在 2012 年“黄金居留计划”推出之时,中国还没有普遍放开“二胎”政策,促使一些想多生子女的人群移居国外,抱这一想法的移民占 25%。还有 19. 44%的投资者认为葡萄牙社会福利制度比较完善。生活成本也是移民考虑的一个很重要的因素,有 50%选择移居葡萄牙是因为那里的物价比较低。

调查结果显示,超过一半的华人投资者认为,办理移民后,他们会在葡萄牙进行其他投资,因为该国投资机会较多,且投资环境较好。把投资机会和环境作为考虑因素的华人移民占 16. 67%。他们表示愿意投资房地产(36. 11%)、旅游业(19. 44%)、开办企业(5. 56%)、股票投资(16. 67%)、债券投资(8. 33%)或其他领域(25%)。

四、中国移民适应和融入葡萄牙社会之状况及困难

调查结果显示,大部分“黄金居留计划”华人投资者对移居葡萄牙后的生活较为满意。在对“移民后的实际情况与您的期望值相比较”这一问题进行回答时,61. 11%的受调查者认为达到预期,和期望值差不多;有 16. 67%移民表示非常满意,超过期望值;但也有 22. 22%的移民表示和预

期有差距，不如期望的那样美好。总体来说，华人移民的满意度比较高。这一结果从一定侧面反映了“黄金居留计划”华人移民在葡萄牙融入当地社会状况较好。一位来自浙江且已经在里斯本生活了半年的投资者说：“我感到很满意，我现在居住在海边，风景优美，生活惬意，女儿顺利进入当地学校，老师非常友善，同学也相当友好，我们生活没有任何障碍，我们过上了自己想要的生活。”关于当地人对华人的态度，52.78%否认葡萄牙人对华人不友好；有19.44%的移民认为小部分葡萄牙人有种族歧视心理；还有2.78%表示孩子在学校被孤立。

适应和融入问题是每一个新移民需要面对的难题。语言是交际的工具，是移民融入主流社会和融入职场的必要工具。调查显示，50%华人移民表示，由于语言障碍，和葡萄牙人不能顺畅地进行日常沟通，因而很难融入他们的社交圈子。葡萄牙语在中国只在一些高校和外语培训机构可以学习，为非通用语种，通晓的人数量很少。大多数华人移民都不会讲葡萄牙语，虽然也可以用英语交流，但是对双方来说都不是母语，交流肯定会有障碍，所以语言障碍是造成华人移民不能顺利适应葡萄牙社会的一大因素，也使一部分移民不愿进入葡萄牙职场。有16.67%表示，他们不会选择在葡萄牙工作是因为语言障碍；还有5.56%表示他们不适应葡萄牙企业的文化氛围，因此也不会在葡萄牙工作。在融入葡萄牙社会的过程中，有11.11%表示他们不适应葡萄牙的风俗习惯，不能顺利融入他们的生活圈子。

华人移民面临的一个非常重要的问题是对亲人和故乡的思念。中国人历来注重亲情，“每逢佳节倍思亲”，而葡萄牙距离中国路途遥远，又没有直飞航线，回乡看望亲人颇费周折。受调查的华人移民中，有30.56%的移民表示想念故乡和回国不方便是他们的一大困扰。另外，医疗问题也给华人移民带来一些困扰。有25%的华人移民表示在葡萄牙看病难，在葡萄牙公立医院预约做一些检查项目可能要排队几个月甚至半年；如果在私立医院看病则费用非常昂贵。有25%的华人移民表示找工作是他们的一大困难。近几年来，葡萄牙由于经济持续下滑，失业率居高不下，这是无论当地人还是外来移民都面临的问题。华人移民还有一个困难是子女的教育问题，有 16.67%的华人移民表示孩子在葡萄牙跟不上学校的进度，另外还有 2.78%表示孩子在学校被孤立。饮食问题也困扰一部分华人移民，有 22.22%的华人移民表示吃不惯西餐。

五、结　　语

本文主要通过问卷，辅以访谈的调查的方式，以葡萄牙"黄金居留计划"华人移民为调查对象，着重调查他们社会背景、移民动机和融入当地的情况等。调查表明，申请葡萄牙"黄金居留计划"签证的华人移民的背景和第一代欧洲华人移民有天壤之别。和最初移民欧洲的华人侨民相比，"黄金居留计划"的华人移民地域来源不再单一为浙江或广东，几乎全国各地都有，大部分来自经济发达的大城市。这些华人移民年龄在 20—50 岁之间，为青壮年劳动力，能为葡萄牙劳动力市场注入新鲜血液。他们文化程度较高，普遍受过良好的教育，其中不乏具有高等学历的专业技术人才。很多华人通晓外语，甚至葡萄牙语，能和当地人交流，参与当地社团活动，不再游离于主流社会之外。

人们普遍认为，经济是推动移民的一个最重要的因素。第一代华人移民大多数为契约劳工，或小餐馆或小商品经营者，他们移民的最主要目的是寻求经济利益。调查表明，富裕的中产阶层华人投资者更加关注生活质量，因此生活环境、食品安全、医疗服务、社保制度等优势是他们选择移居葡萄牙的重要因素。另外，子女的教育问题也是华人投资者优先考虑的问题。他们普遍认可葡萄牙学校的教育质量，认为葡萄牙历史悠久、文化氛围浓厚。当然，移民政策门槛低及手续相对简单也是大多数华人选择葡萄牙的原因之一。

总之，这些"黄金居留计划"华人移民文化程度高，适应能力强，他们乐于接受葡国文化，参与职场和当地社团活动，不仅改变了华人移民的人口结构、居住方式和职业构成，也提高了华人在葡萄牙的社会地位和社会影响，在一定程度上促进了葡萄牙经济的发展。

第八节

欧洲难民危机下葡萄牙难民收容问题成因及应对政策探析

胡佳柠*

在2015年度葡萄牙热词评选活动中，“难民”一词“高票当选”，位居次席的是“恐怖主义”，“收容”则排名第三①。发起此项活动的波尔图出版社在解释“难民”一词时指出，中东地区武装冲突的升级导致叙利亚等国家陷入剧烈动荡，大批民众冒着生命危险长途跋涉进入欧洲，寻求庇护。

根据联合国难民事务高级专员办事处②（United Nations High Commissioner For Refugees，简称UNHCR）的统计，截至目前，全世界的难民总数高达5,120万人③。2015年，穿越爱琴海到达希腊，从而进入欧洲的难民和移民人数已经超过100万。他们中除叙利亚外，大多来自非洲国家，包括厄立特里亚、索马里、利比亚、冈比亚、尼日利亚等。2016年，来自中东与非洲的难民数量在此基础上又增7万。这些难民最方便的流亡地是邻近国家，其余大都涌向富裕的欧洲。如今的欧洲面临着自二战以来最严重的难民危机。

---

* 胡佳柠，上海外国语大学西方语系教学秘书。

① http://www.palavradoano.pt/，访问日期：2016年1月5日。

② 联合国难民事务高级专员办事处是联合国难民组织（United Nations High Commissioner For Refugees，简称UNHCR），受联合国委托指导和协调世界范围内保护难民和解决难民问题的国际组织。

③ hhttp://www.unhcr.org/en-us/news/latest/2015/12/5672c2576/2015-likely-break-records-forced-displacement-study.html，访问日期：2016年1月5日。

一、欧洲难民危机下葡萄牙难民收容问题形成背景

在联合国和国际组织的力推与欧盟高层的努力下，2015 年 4 月，欧盟各国内政部长会议原本达成一项共识，即一方面确认“欧盟各成员国都有义务分担难民接纳责任”的原则，另一方面强调“所有难民分摊都必须是各国自愿的”。但迫于内外强大压力，布鲁塞尔的态度很快从“自愿分配”变成“强制性分摊”，于 5 月 20 日确定了面对难民危机中的“难民配额”原则。

根据这项“难民配额”协议，难民接收国将获得每名难民 6, 000 美元的欧盟一次性安置费用，这些被分摊的难民有至少 75%的概率获得庇护国国籍，接收国不得随意驱逐或遣返他们，不过“是否给予难民以难民地位或接受入籍则由各成员国自行决定”。

欧盟各成员国的“难民配额”依照其经济规模、人口数量、以往接受难民的人数、失业率等多项指标进行计算。根据欧盟给予葡萄牙的“难民配额”与 2015 年 9 月通过的《紧急难民安置计划》[①]（Programa de Relocalização de Refugiados），在未来两年内，葡萄牙应收容 4, 295 名已在欧洲境内的难民与仍在第三国寻求避难的难民 191 人，为其提供庇护和必要的人道主义援助[②]。

“难民配额”仅获得德国、瑞典、奥地利等几个素有难民接纳传统的国家以及另外个别国家的有限度欢迎，而绝大多数国家则持谨慎、保留甚至公然反对的态度。当前严重的难民危机已经影响到诸多欧洲国家的政治、经济及社会秩序。其中，一些国家采取措施，建起栅栏和围墙，并重新建立边境管制，以阻止难民的大量涌入。

不过，并不是所有的国家都只看到此次事件的负面影响，其中甚至有

---

① 《紧急难民安置计划》由欧盟委员会主席容克（Jean-Claude Juncker）提出，欧洲议会于 2015 年 9 月 10 日通过。根据计划，欧盟中的 22 个成员国将分摊在匈牙利、希腊和意大利境内的十多万难民，以纾解欧盟边境国家面对涌入大批难民潮的沉重负担。

② http://expresso. sapo. pt/internacional/2016 - 02 - 19-Portugal-oferece-se-para-acolher-mais-refugiados，访问日期：2016 年 2 月 23 日。

一些张开双臂欢迎这些“远道而来的客人”——其他国家视为“烫手山芋”的难民们,如葡萄牙。2016 年 2 月 19 日,葡萄牙总理安东尼奥·科斯塔(António Costa)致信希腊总理阿莱克斯·齐普拉斯(Alexis Tsipras),表示在接受了第一批 2,800 名难民后,葡萄牙仍有能力安置 2,500—3,000 人。科斯塔称,在难民危机面前,这一决定体现了欧盟国家内部的“团结与凝聚力”①。此外,科斯塔还致信奥地利、意大利和瑞典等国家,也在与德国总理安吉拉·默克尔(Angela Merkel)会晤时表示,葡萄牙在原计划接收 4,500 个难民之外,将再多接收 5,800 人,总数将达到 10,300 人。

然而,理想与现实相差甚远。2015 年 12 月 17 日,第一批难民正式从意大利和希腊难民中心移入葡萄牙境内。抵达葡萄牙后,他们分别被安置在里斯本(Lisboa)、卡塞姆(Cacém)、托里什韦德拉什(Torres Vedras)、大马里尼亚(Marinha Grande)、佩纳菲耶儿(Penafiel)、维尼艾什(Vinhais)、吉马良斯(Guimarães)、圣塔伦(Santarém)和辛特拉(Sintra)等 15 个城市。首批难民共 24 人,由 6 个家庭组成,包括未成年的孩子和 1 名婴儿②。截至 2016 年 3 月 7 日,仅有 96 名难民抵达葡萄牙③。难民大多来自厄立特里亚、苏丹、伊拉克、叙利亚和突尼斯。实际到达的难民人数不到预期接受人数的百分之一,难民的冷淡态度使得葡国政府相当受挫。

二、欧洲难民危机下葡萄牙难民收容问题形成原因

(一)外部因素

在接受葡萄牙《新闻日报》(Diário de Notícias)报采访时,葡萄牙移民

① http://www. refugiados. pt/antonio-costa-envia-carta-a-tsipras-sobre-refugiados/,访问日期:2016 年 2 月 23 日。

② http://www. rtp. pt/noticias/pais/primeiros-refugiados-que-chegam-a-portugal-sao-sobretudo-casais_n88153,访问日期:2016 年 2 月 29 日。

③ http://www. rtp. pt/noticias/mundo/grupo-de-64-refugiados-chegou-a-lisboa_n901588,访问日期:2016 年 3 月 7 日。

局(Serviço de Estrangeiros e Fronteiras,简称 SEF)副局长路易斯·戈维亚(Luís Gouveia)表示,意大利和希腊负责在欧洲其他国家重新分配难民,但是,两国官僚主义盛行致使办事效率低下,使得这一问题一再搁置,难民们不得不在临时难民收容中心里等候,还严重影响了其他国家的难民接收进度。早些时候,葡萄牙总统卡瓦科·席尔瓦(Cavaco Silva)就表示,对难民们不能如期抵达接收国的现实感到遗憾。他认为,虽然这一接收难民的计划复杂而又庞大,但现在看来,被接收的难民数量十分有限,只有很少的难民踏上了前往目的地的道路。

危机恶化之初,寻求安置的难民被规定不能自由选择所前往的国家。然而,难民还是会想方设法逃离他们不想去的地方。2015 年 11 月,来自叙利亚的一家五口在最后一刻放弃了登机前往葡萄牙;2016 年 2 月,10 名难民从希腊移入葡萄牙的计划被迫取消,因为他们突然"消失"了。

葡萄牙在难民安置问题上的另一主要障碍是寻求庇护的难民自身拒绝前往葡萄牙。由于葡萄牙没有欧洲主要经济大国的"光环",加之信息不畅导致难民对葡萄牙缺乏了解,因而难民在申请避难时会忽略这个国家,甚至拒绝到葡萄牙进行安置,而是更希望到北欧和西欧(如瑞典和德国)等福利更好的国家寻求庇护。

申请安置的难民在安置中心登记后,没有相应的法律、法令规范他们的行为,因此,往往会有部分难民不遵守欧洲国家的入境规定。当他们对安置分配对象国不感兴趣时,即会选择"消失"。许多难民已经有家人和朋友在欧洲国家,因而很难说服他们去一个不认识任何人,且不熟悉当地文化和语言的地方。

(二)内部因素

正当欧洲各国想方设法阻挡难民入境之际,葡萄牙却表示欢迎难民的到来。近年来,葡萄牙深陷严重的移民①危机中,因此,国家急需补充年轻的劳动力。

① 此处"移民"指"移出"(emigração)。

近年来，经济危机对葡萄牙移民人数的影响颇深。在第一阶段，2008—2010年间，全球金融危机使得葡萄牙遭到重创，失业率不断升高，人们试图到海外寻求新的发展机会；第二阶段，到了2010年，受主权债务危机及财政紧缩政策的影响，这一问题渐趋严重，葡萄牙境内失业率高达12%。年轻人纷纷到海外寻找工作，导致人口大量外流。由表1可见，过去四年中，约有50万人离开葡萄牙，葡萄牙因此重新成为一个移出国。

表1　2005—2014年葡萄牙移民人数统计①

年　份	暂时性移民人数	永久性移民人数	移民总人数
2005	—	636	—
2006	—	56	—
2007	—	789	—
2008	—	20, 357	—
2009	—	16, 899	—
2010	—	2, 376	—
2011	56, 980	43, 998	100, 978
2012	69, 460	51, 958	121, 418
2013	74, 322	53, 786	128, 108
2014	85, 052	49, 572	134, 624

近年来，葡萄牙出生率不断下降，而死亡率则不断升高。此外，葡萄牙的新生儿出生率属欧盟最低。如按当前趋势持续下去，预计到2060年，该国人口将减少两成，人口将从现在的1, 050万减至860万。人口不断减少而导致的劳动力紧缺成为葡萄牙政府的新问题，因此当局希望通过接收更多难民来补充劳动力。

一方面，申请庇护的难民自身不愿意前往葡萄牙进行安置或因希腊、

① 数据来源：2015年葡萄牙移民统计报告（Emigração Portuguesa — Relatório Estatístico 2015），第31页。

意大利政府效率低下而迟迟无法进入葡国境内；另一方面，葡萄牙由于出生率降低、死亡率升高、向外移民人数增加等原因，人口不断减少，葡国政府希望通过接受难民这一举动来缓解劳动力不足带来的问题。外部与内部因素交织所引起的矛盾，使得葡萄牙在当前的难民接受问题面前陷入了困境，也给葡国政府采取措施改变现状带来了相当大的压力。

三、欧洲难民危机下葡萄牙难民收容问题应对政策

（一）吸引政策

面对难民不愿进入葡萄牙的现状，葡萄牙政府采取多项措施来吸引难民安置，并随时准备在欧盟分配的名额基础上再加收相当数量的难民。

葡萄牙难民安置委员会（Conselho Português para os Refugiados，简称CPR）主席特蕾莎·蒂托·德·莫赖斯（Teresa Tito de Morais）表示，许多难民对葡萄牙认识甚少，必须让难民更深入地了解这个地方。因此，葡萄牙政府选派代表到希腊等国的临时难民收容中心，向难民详细介绍葡萄牙所能提供的安置条件，包括语言课程、住宿和就业机会等，希望能通过这种方法让难民更加了解葡萄牙的政策，并选择葡萄牙作为其接收国。葡萄牙驻希腊大使胡伊·曼努培拉·泰瑞诺（Rui Manuppella Tereno）于2016年2月参访了希腊的一个临时难民收容中心，鼓励当地难民到葡萄牙定居。

同月初，葡萄牙政府出台了一项政策，向难民开放2,000个奖学金名额，以解决他们的食宿及葡萄牙语、英语课程的学费。这项措施对于申请理工学院同样适用。此举旨在通过提供难民进入高等学府接受教育的机会，从而吸引年轻的难民到葡萄牙进行安置。

对于想要工作的难民，葡萄牙政府承诺在人口密度较低的地区农业部门安排就业。目前在葡萄牙的许多农业区域，劳动力短缺问题十分严重，愿意工作的移民能够有效填补这一短缺。不过，葡萄牙对难民也不是照单全收。为填补劳动力的不足，政府计划接收2,000名大学生、800名职校生，以及2,500—3,000名农业和林业技工。葡萄牙政府发表声明说：

"这些行业因面临劳动力短缺的问题,不得不从越南和泰国招聘员工。"针对政府接受大批难民是否会导致国人失业的说法,政府官员回应:"那些都是葡萄牙人不愿从事的工作。"

(二) 融入政策

葡萄牙自 2015 年 10 月起就开始为接收难民做准备,以帮助抵达该国的难民更好、更快地融入当地社会。例如,创建机制将难民纳入公共卫生服务体系,允许他们入学学习葡萄牙语等。据葡萄牙副总理爱德华多·卡布里塔(Eduardo Cabrita)表示,在全国,约 100 个城市表示愿意接收难民并制订相关政策,以帮助他们融入当地生活。

里斯本市政府计划投入 200 万欧元财政资金,建立专项救助基金,为里斯本难民安置工作做好物质保障。此项基金将用于难民的食品、教育、医疗和葡语课程费用,以及新设立的临时难民收容中心(Centro de Acolhimento Temporário de Refugiados)。临时难民收容中心可容纳 24 名成人和 2 名婴儿。有两个房间可供家庭居住,两个房间均有上下铺,也可以住独身的人。另外,还有一个生活区,里面有一个小图书馆和一块供儿童玩耍的地方。除此以外,还配有一个有用餐区的厨房,几个帮助难民的技术人员工作用的办公室,以及一个培训室。同时,难民们还有一个用来祈祷的大房间与一个用来进行医疗护理和心理干预的房间。中心内的所有指示牌均标有葡萄牙语、英语、阿拉伯语三种语言。在葡萄牙语课程培训中适当引入葡萄牙文化、风俗介绍,使难民逐步适应新的生活。由此可见,里斯本市政府不仅仅满足于保证难民的物质生活,更在细节上体现尊重,努力修复难民的精神创伤,积极引导难民融入当地生活。

危机伊始,葡萄牙难民安置委员会、葡萄牙红十字会(Cruz Vermelha Portuguesa,简称 CVP)、国际移民组织(Organização Internacional para as Migrações,简称 OIM)及耶稣会难民服务处(Serviço Jesuíta aos Refugiados,简称 SJR)等社会组织联合搭建了难民援助平台(Plataforma de Apoio aos Refugiados,简称 PAR),方便难民登记注册,同时也方便政府的管理工作,为难民安置工作提供切实的保障。在难民融入方面,该平台对参加难民安置的工作人员进行培训,课程内容包括食品、伦理道德、服饰服装、精神创伤修复与宗教对话等,以保证难民在感受到精神平等的基础上逐渐适应并融入葡萄牙生活。除此之外,平台还针对难民设立了为期 10 个月的培训项目,内容包括儿童教育、医疗保健、葡萄牙语和职业培训,以保证难民家庭依靠自己的力量在葡萄牙开始新的生活。

四、结　　语

"难民"不仅仅是 2015 年葡萄牙的年度热词,更是全欧洲乃至全世界的年度关注点。在这种情况下,欧盟各国如果孤军奋战或是相互推诿,问题只会无限延宕,不可能得到解决。一个欧洲各国共同商议通过的解决方案和欧盟各成员国的协调配合是必不可少的。正如葡萄牙总理科斯塔所说,欧洲各国的"团结和凝聚力"是解决欧洲难民危机的关键。

葡萄牙一直都保持着人道主义的传统,对他国难民面临的困难感同身受。面对难民危机,配合欧盟积极应对,在欧盟框架下,一直扮演着建设性的、不可或缺的角色。在欧盟给予的规定"难民配额"之外,根据自身收容能力,提出可额外接收近 6,000 名难民。虽然在难民收容的过程中确实存在很多困难,但葡萄牙能针对内外因素及时采取措施克服障碍,兼顾"接收"与"安置",在保障难民物质生活的基础上,注重其精神创伤的修复,不仅"授之以鱼",更"授之以渔"。

然而,若要从根源上解决危机,还需要找到根本原因。必须缓和并改善难民输出国的政治、经济、宗教冲突、社会状况和地区安全局势,才能从根本上解决当前难民危机。葡萄牙除了出资 2,400 万欧元支持欧盟以 30 亿欧元资金帮助土耳其等国加强边境管控外①,还应配合欧盟建立相关的发展援助机制,从而从根源上解决难民危机。

① http://www.rtp.pt/noticias/mundo/governo-portugues-vai-contribuir-com-24-milhoes-de-euros-para-ajudar-turquia_v882045,访问日期:2016 年 3 月 6 日。

第九节

葡萄牙巴西裔移民的文化适应状况

薛 燕*

500 年前，葡萄牙航海家佩德罗·阿尔瓦雷斯·卡尔布拉（Pedro Alvares Cabral）发现了巴西。自此，葡萄牙人为了巩固殖民地，发展可可、烟草、咖啡种植业，以及解决废除奴隶制后劳动力匮乏的问题，开始源源不断地向巴西迁徙。20 世纪 60 年代，情况发生了逆转。越来越多的巴西人将葡萄牙作为移民的首选地，历经两次大规模的移民浪潮，最终成为葡萄牙最大的移民团体。

"殖民地"→"移民输入国"→"移民输出国"，巴西的国家身份几经变迁，然而它与葡萄牙的血缘关系以及在政治、经济和文化方面的密切往来却从未改变。通常说来，在两种不同文化相交之时，强势经济体会将自己的文化强加给弱势经济体。然而，这一说法似乎并不适用于生活在葡萄牙的巴西移民。共谱的历史、共通的语言、相似的文化、热播的巴西电视剧和无处不在的巴西足球成为巴西移民抵御文化同化的工具。同时，他们更是善加利用天生热情的性格特点，成为葡萄牙零售业、酒店业和餐饮业就业市场的宠儿，得以在葡萄牙享有其他移民无可比拟的特殊地位。本节将对这一群体进行分析，介绍巴西裔移民在葡萄牙的文化适应状况，探寻背后的历史和文化渊源。

* 薛燕，上海外国语大学欧洲语言文学硕士，四川省卫生计生委国际交流中心葡萄牙语教师。

一、葡萄牙：从移民输出国到移民输入国

数世纪以来，葡萄牙一直是移民输出国，在第二次世界大战之后，六七十年代之间，大约有 150 万葡萄牙人迁移到了欧洲和美洲。这主要有两方面的原因：一方面，经济的迟缓，几内亚、安哥拉、莫桑比克的殖民战争以及未来的暗淡前景使得葡萄牙人大量外出；另一方面，战后欧洲经济的回暖和缺少劳动力吸引着葡萄牙、希腊、意大利、西班牙这些欧洲边缘国家的人民前往德国、法国、荷兰、卢森堡和英国等工业化程度更高的国家。

自 1986 年起，葡萄牙开始成为国际移民潮的接收国。这种位置的互换源于葡萄牙在这一时期的社会、政治骤变。就国内背景而言，在 1974 年 4 月 25 日后，居住在前殖民地的葡萄牙人大量返乡，与此同时，非洲葡语国家的移民也大量涌入。在 1986 年，葡萄牙又加入了欧盟，促进了国家经济和社会发展的现代化进程，并由此产生了对移民劳动力的大量需求。就国际背景而言，1973 年的石油危机导致大量的葡萄牙人返乡，1989 年的东欧剧变则带来了地缘政治的变化，导致大量东欧人民离开祖国，来到葡萄牙。

生活在葡萄牙的移民群体有着如下特点：(1) 非洲移民大多来自前殖民地；(2) 移民大多处于就业年龄，国籍多元化；(3) 非法移民数目较大，而且多来自东欧，尤其是乌克兰、俄罗斯、摩尔达维亚和罗马尼亚。近几年，来自中国和印度的移民人数也在显著增长。

表 1　葡萄牙前五大移民输出国（1986—2014）（数量单位：人）①

年　份	1986		1996		2010		2014	
第一位	佛得角	26, 301	佛得角	39, 236	巴西	119, 363	巴西	87, 493
第二位	巴西	7, 470	巴西	20, 027	乌克兰	49, 505	佛得角	40, 912

① 作者根据葡萄牙移民和边境服务处（SEF）的历年移民、边境和庇护报告数据编制。

续　表

年　份	1986		1996		2010		2014	
第三位	西班牙	6, 958	安哥拉	16, 172	佛得角	43, 979	乌克兰	37, 852
第四位	美国	6, 326	几内亚比绍	12, 548	罗马尼亚	36, 830	罗马尼亚	31, 505
第五位	英国	5, 872	英国	11, 688	安哥拉	23, 494	中国	21, 402

二、巴西—葡萄牙移民潮及特点

自 20 世纪 60 年代开始，巴西移民开始陆续前往葡萄牙，历经两次移民浪潮后，巴西成为葡萄牙的最大移民输出国。

第一次移民潮开始于 1980 年。20 世纪 80 年代的巴西，经济极度低迷，政府施行的一系列稳定经济的政策均以失败告终，失业率屡创新高，暴力事件层出不穷。在这样的社会环境下，大批巴西人心灰意冷，决定前往其他国家寻找新的机遇，而此时的葡萄牙刚刚加入欧盟，充满希望和生机。1988 年 3 月 16 日的 *Veja* 杂志上刊登的一则报道中提到，有约一万巴西人前往葡萄牙，这就被认为是巴西在葡萄牙的第一次移民潮。这批移民大部分是中产阶级，从事的也是医生、广告人员、信息技术工程师等工作。1991 年葡萄牙有 12, 678 名合法巴西移民，其中 29. 6% 持大学以上学历。①

第二次移民潮始于 1998 年。此次移民潮在数量上远远大于第一次移民潮。在移民特点上也与第一次大为不同。移民大多为年轻人，教育程度低，来自巴西中小城市的郊区，48. 9% 仅接受过基础教育，只有 16% 受过完整的高等教育。因此，这一批的移民大多从事体力劳动。

2003 年 9 月，葡萄牙和巴西签署了双边协议，促进了巴西在葡移民的合法化进程，也为葡萄牙的巴西裔移民数量稳定增长打下了坚实的基础。

① 作者根据葡萄牙国家统计局（INE）1991 年普查统计数据绘制。

葡萄牙的巴西移民数量逐渐增长，根据葡萄牙移民和边境服务处提供的数据，2015年已有82,590名巴西人生活在葡萄牙，在数量上继续遥遥领先其他国家的移民群体。

三、巴西移民在葡萄牙的文化适应状况

巴西与葡萄牙有着盘综交错的历史、相同的语言和相似的文化，因而巴西移民有着自然融入葡萄牙的先天优势。诚然，在文化交融过程中，和其他移民群体一样，这一群体也同样遭遇到了一定的偏见，但他们在保持自己文化传统的同时，较好地融入了葡萄牙社会。

（一）巴西移民遭遇的偏见

文化适应是指“由个体所组成，且具有不同文化的两个群体之间发生持续的、直接的文化接触，导致一方或双方原有文化模式发生变化的现象。”①移民来到一个陌生的地方后，会与当地的主流文化进行交流和互动，最后形成一种平衡与共生的和谐状态。受不同语言、生活习惯、价值观乃至利益因素的影响，这一过程不可能一帆风顺。主流群体往往会歧视和排斥部分移民，并对移民群体的个人偏见扩大化，从而损害到移民整体的形象。

在对1,539个葡萄牙人进行的抽样调查后发现，葡萄牙人对巴西裔移民的主要偏见为：巴西女人很多从事卖淫活动及一些巴西人不够诚实。这样的评价自然带有强烈的主观色彩。

事实上，仅有少部分巴西女性在葡萄牙的按摩院、酒吧等娱乐场所服务，且这类群体多为非法移民，而大多数巴西女性在商业、保洁及酒店业从事正当工作。但葡萄牙社会往往却将巴西女性移民与“妓女”画上等

---

① 余伟、郑刚：“跨文化心理学中的文化适应研究”，《心理科学进展》2005年13卷第6期，第836页。

号。这一偏见的形成有着多种原因：第一，巴西人给人的传统印象就是开放、性感；第二，葡萄牙媒体似乎特别偏爱报道涉及巴西女性的性交易事件；第三，黄金档热播的巴西电视剧不断渲染着巴西女人的性感形象；第四，葡萄牙男性与巴西女性结婚的数目不断增加。在1996—2003年间，这一数字从122升到了1,165；在2003年，52.9%的涉外婚姻均为葡萄牙男性与巴西女性的婚姻。

与此同时，一些非正式社会活动公开抗议，要求巴西女性为葡萄牙家庭离婚率上升和家庭模式多样化负责。以“布拉干萨母亲”运动为例：2003年，葡萄牙布拉干萨市的一些已婚葡萄牙妇女聚在一起，建立“布拉干萨母亲”组织，抗议巴西女性在布拉干萨的酒吧从事卖淫或“三陪”活动。她们宣称这些巴西女性勾引已婚男性，给自己的婚姻带来了威胁，呼吁将巴西女性赶走。该活动最终导致了司法的介入，以关闭4家酒吧、判处6人入狱和遣返了数十名巴西女性告终。当时，媒体对此进行了大量报道，葡萄牙民众由此将巴西女性与“卖淫”联系在一起。自此，巴西女性移民开始饱受这一偏见带来的负面影响，不仅要忍受葡萄牙女性的歧视甚至同胞的敌意。

另外，有74.3%的葡萄牙人认为巴西人不够诚实、工作表现不佳，这与1990年的巴西牙医事件有关。20世纪90年代初，葡萄牙的牙医数量相对较少，巴西牙医由此看到了契机，纷纷来到葡萄牙发展自己的职业。巴西牙医技术精良，而且人数众多，一向养尊处优的葡萄牙牙医很快便感受到了威胁，以集体名义对此抗议。虽然葡萄牙和巴西在1966年就签署协议，认可两国大学文凭的等效性。但葡萄牙牙医协会却以教育培训体系不同为由，宣布巴西牙医执业的不合法性。争执不断升级，甚至将两个国家卷入外交纷争，直到1999年才最终达成和解。在这期间，媒体对此多加报道，巴西牙医往往被描绘成非法移民，不具备执业资格而非法执业。由此，巴西人“不够诚实”的名声便传播开去。

（二）巴西移民的文化适应状况

尽管葡萄牙人对巴西人有着种种偏见，但仍然觉得在所有的移民群体中，与巴西移民的关系最亲近。他们认为，东欧移民虽然素质较高，但和自己有距离感；非洲葡语国家移民则常常面临种族问题；巴西人则更让他们有亲近感。在一项与非洲移民、东欧移民和巴西移民做邻居的意愿调查中，葡萄牙人表示最不排斥与巴西人做邻居。这也从侧面反映了葡萄牙人对巴西移民的接受度。

与此同时，巴西人也感到葡萄牙社会对他们的接纳。绝大部分巴西人认为自己从未感受到过葡萄牙人的歧视，在警局、法院等司法机构中受到歧视较少，而在日常工作、生活中发生的歧视事件稍多。

巴西移民不仅较少感受到来自主流社会的歧视，反而在酒店、旅游、销售等领域大受用工单位青睐。巴西人天生的开放、大度、乐观的性格正是服务及销售行业员工最需要具备的特质。久而久之，巴西移民的服务质量得到了市场的肯定。深谙此道的企业家们在选择员工的时候倾向于招聘巴西人从事这类职位，而顾客们也会主动要求巴西人提供服务。“巴西式快乐”成了葡萄牙服务业不可或缺的元素，而巴西移民则因此获得了更大的就业优势。

（三）巴西移民对源文化的保留

在适应主流文化的过程中，巴西移民较少感受到阻力，从而也促进了他们对源文化的珍视与保留。一项对 376 名巴西移民进行的调查数据显示：88.8%的巴西人认为应该重视源文化，62.9%的巴西移民认为没有必要模仿葡萄牙人的性格、穿着、讲话方式。事实上，这也得益于巴西文化与葡萄牙文化的相近性。也正是这一相似性，让葡萄牙成为巴西移民的首选地之一。

巴西是众所周知的足球王国，巴西人几乎都是球迷，街头巷尾随处可见踢球的人，一有重大比赛，万人空巷。他们往往会通过选择和葡萄牙人支持同一个或不同的球队来表示融入或排斥的意愿。譬如：如果一个在波尔图生活的巴西人没有支持波尔图，而选择成为本菲卡或是葡萄牙竞技的球迷，那他就是在对周围的葡萄牙人表示不满；如果巴西人趁葡萄牙某一球队失败时取笑葡萄牙球迷，那也很有可能是在借机宣泄平日的不满。

饮食则是另一张文化名片。巴西人最爱黑豆饭和巴西烤肉,对他们而言,完整的一餐包括米饭、豆子、肉菜、配菜、沙拉和甜点。葡萄牙的巴西餐厅,尤其是巴西地方特色餐厅,都非常讲究空间装饰,会使用大量的手工艺品来营造特色,还会摆放乐器模型、绘画、动物雕塑、热带水果装饰件等,有时还会组织临时的巴西绘画展和雕塑展。就这样,巴西餐馆吸引着越来越多的葡萄牙人前来品尝自己的美食,也进一步拉近了葡萄牙人与巴西移民之间的关系。

四、结　　语

葡萄牙的巴西移民量庞大,他们在为葡萄牙创造发展机遇的同时,也带去了竞争以及一些文化上的冲突。所幸,葡萄牙和巴西两国之间有着很深的历史渊源,又有着语言、文化的高度相似性。这便为巴西移民在葡萄牙的文化适应提供了得天独厚的条件。另外,巴西人乐观、热情、快乐、开放的性格特点让他们能在文化适应过程中及时自我调整,在保留源文化的同时,最大限度地适应葡萄牙的主流文化,从而享有了其他移民群体所没有的地位,在葡萄牙社会赢得了自己的一席之地。

第六章 希腊移民问题研究

第一节 希腊移民历史溯源

胡晶晶*

自从人类有群居活动开始，就有人类的迁徙和群体移动。随着资本主义的扩张和全球一体化的出现，国际移民进一步壮大。大规模的移民潮出现在二战以后，尤其是20世纪80年代全球化飞速发展时期，这一国际环境加速了人口的流动，使国际移民的发生更加频繁。近二十年来，移民问题一直是全球社会关注的热点，也是国际学术界的研究重心。移民问题给大多数国家带来了巨大的影响，有利亦有弊。每个国家究竟该如何应对外来移民潮？如何制定合理的适应国际形势的移民政策？如何在解决移民问题时扩大优势、缩小劣势？这些都是各国政府目前迫切需要解决的问题。

希腊自陷入债务危机以来，无论在经济上、政治上还是社会

---

* 胡晶晶，上海外国语大学西方语系希腊语教研室主任、副教授。本文受到2014年度上海外国语大学区域国别研究中心项目“债务危机背景下希腊移民政策研究”(2014114076)资助。

上,都处于比较艰难的时期。要恢复到曾经的繁荣景象,可能需要希腊政府和人民长期的努力。2015 年 9 月,土耳其海滩上发现一个小男孩尸体,这将难民问题推上了国际舞台,成为国际社会热议的话题,也成为令欧洲各国首脑头疼的一大难题。如此大批的难民将何去何从?欧洲各国在这一问题上表现出了截然不同的态度,而风雨飘摇中的希腊却秉持着该民族一贯的大度和包容,欣然地接受、妥善地安置着这些难民。《纽约时报》的专栏作家曾评论:“希腊可以教给全世界什么?尊严和正派能够留存下来,哪怕是在最艰难的时刻。”

债务危机伴随着难民潮,对已经陷入窘境的希腊来说无疑是雪上加霜。一方面,大批难民(主要是叙利亚难民)入境希腊,给希腊的社会稳定带来了新的挑战,同时也给希腊的经济带来一定的压力;另一方面,受糟糕的经济环境影响,希腊许多年轻人迫于失业压力,纷纷涌向国外,希望找到更好的未来。在希腊遭受双重灾难打击的几年里,媒体每天播报着希腊的债务危机如何摧毁这个国家、失业率不断上升的新闻。整个国家被一片忧伤和不安的情绪笼罩着。

无论是移民输出还是移民输入,希腊都必须采取积极的措施来应对。在希腊历史上曾出现过多次移民潮,本文将追根溯源,探寻希腊移民的历史,解析希腊是在怎样的背景下从一个移民输出国转变成移民输入国的,历史上的希腊又是如何应对移民问题的。虽然难民问题并不能与移民问题画上等号,但是难民问题是移民问题的一部分,也是移民问题的基础。溯源希腊移民史,希望能给当今社会解决难民问题带来一点启发。

一、古希腊历史上的移民

虽然移民问题在近现代史上成为人们关注的话题,但是移民的出现却可以追溯到人类历史的起源。希腊的移民历史可以追溯到古希腊时期。大约在公元前 10 世纪的迈锡尼时期,迈锡尼人已经出现以扩张为目的的移民。当时的迈锡尼人试图向土地肥沃的小亚细亚扩张,却遭到了赫梯人①的强烈反抗。与此同时,希腊北部的各个部落民族开始南下扩张,以部落为单位的希腊各民族迁往爱琴海东部的各个岛屿以及小亚细亚沿岸。公元前 10 世纪的希腊移民潮拥有殖民扩张的特点,故被称为"第一次希腊殖民"②,移民潮的主流是伊奥利亚人、艾奥尼亚人和多利安人③。起初,殖民地的性质主要是发展农业,后来由于地理位置的优越性,渐渐发展成商业中心和文化中心。

公元前 8 世纪到 6 世纪,一方面希腊民族居住的区域耕地越来越少,另一方面希腊的贸易越来越发达,一大批居住在爱琴海诸岛和希腊大陆的居民开始向意大利南部、西西里岛和黑海迁移。这次移民潮导致了许多新兴城市的建立,也促进了希腊化文明的传播,故被称为"第二次希腊殖民"④。由于当时意大利南部和西西里岛上拥有大量的希腊殖民地,因此把意大利半岛上的希腊部分称为"大希腊"。不过希腊历史上规模最大的移民应该是亚历山大大帝东征时期,希腊殖民扩张一直延伸到了今天的印度地区。在拜占庭时期,大量东正教教徒迁往意大利半岛定居。

公元 15 世纪以后,希腊的移民输出始终没有停止过,一直持续到 19 世纪,大部分移民的外迁目的地都是意大利南部。这一次移民潮之所以持续近四个世纪,因为在这一历史时期,奥斯曼帝国攻占了拜占庭首都君士坦丁堡,拜占庭帝国灭亡后,土耳其人占领希腊领土近四百年。希腊人饱受战争的迫害和土耳其人的欺凌,纷纷外逃,寻求和平安宁的生活。他们将希腊的风俗习惯和传统文化带到了意大利,与意大利的乡村文化融合在一起。直到现在,意大利南部依然有很多说着希腊语、唱着希腊民歌的希腊族后裔。⑤

---

① 赫梯是位于小亚细亚的一个亚洲古国,赫梯人是一个习惯于征战的民族。

② Ταμιωλάκης M, "Αφιέρωμα στη Μετανάστευση", *Σπείρα*, ΄Εκδοση του Εναλλακτικού Σχολείου Ενηλίκων ΚΕΘΕΑ ΑΡΙΑΔΝΗ, Ηράκλειο, 2010, p. 6.

③ 古希腊四大主要部族中的三个,另一个是亚该亚人。

④ Ταμιωλάκης M, "Αφιέρωμα στη Μετανάστευση", *Σπείρα*, ΄Εκδοση του Εναλλακτικού Σχολείου Ενηλίκων ΚΕΘΕΑ ΑΡΙΑΔΝΗ, Ηράκλειο, 2010, p. 8.

⑤ Ταμιωλάκης M, "Αφιέρωμα στη Μετανάστευση", *Σπείρα*, ΄Εκδοση του Εναλλακτικού Σχολείου Ενηλίκων ΚΕΘΕΑ ΑΡΙΑΔΝΗ, Ηράκλειο, 2010, pp. 6 – 8.

二、近代希腊历史上的移民

在近代历史上，希腊爆发大规模移民可以追溯到 19 世纪末。1893 年，国际市场上的葡萄干价格大幅度下降，这严重影响了以葡萄干为主要出口商品的希腊经济。这次经济危机导致 20 世纪初发生了希腊近代史上第一次大规模移民，大约有 1/6 的希腊人口向外迁移，主要目的地为埃及、美国和澳大利亚。其中 1900—1925 年之间，约有 35 万希腊人移民美国，占当时人口总数的 8%。

希腊近代史上第二次规模更大的移民潮发生在二战结束以后。1946—1949 年发生的希腊内战，和刚结束的二战同时连续冲击希腊国内的经济状况，失业问题成为战后希腊社会最严重的问题之一。1950—1975 年间，约占希腊人口 12%的希腊人向海外移民。移民潮分为两个方向：一个是经济较发达的西欧国家，主要是德国；另一个是跨洋移民，包括北美和澳洲。

20 世纪 60 年代，战后德国需要大量廉价劳动力发展工业，而战后希腊需要安置成千上万的失业人员，于是两国签订工作协议，超过 150 万 25 岁以下的希腊年轻人经意大利前往德国，在德国的重工业企业工作。这些移民在解决国内失业问题的同时，汇回的钱也弥补了希腊在对外贸易中的巨大逆差。1960—1970 年间，大约有 40 亿德国马克的外汇流入希腊，为希腊带来了较高的经济增长。

希腊人移民澳大利亚可以追溯到 19 世纪 20 年代，主要是一些希腊水手非法进入澳大利亚，通过淘金发家致富。大规模的移民则同样出现在二战以后，希腊人远渡重洋，来到澳大利亚定居，而现在居住在澳大利亚的希腊人则大多是在当地出生的希腊后裔。

二战后，除了德国和澳大利亚这两个国家，希腊移民还选择比利时、法国等发达国家作为移民目的地。法国不仅在经济发展上吸引着希腊人，其浓郁的文化氛围也是希腊人选择法国的理由之一。希腊人移民法国可以追溯到公元前 6 世纪。18 世纪末到 19 世纪中期，大量希腊人选择移民至法国，首选的城市就是巴黎和马赛。马赛作为港口城市，出现了许多希腊商人和水手；巴黎作为文化中心，在 19 世纪初出现了希腊学术圈，成为欧洲启蒙思想在希腊的传播者。除此以外，巴黎还是许多被驱逐的希腊政客和知识分子的避难所。①

20 世纪 70 年代可以被看作是希腊移民史上一段过渡时期。1973 年，国际石油危机导致欧洲经济衰退，许多西方国家开始采取极为严厉的政策来控制移民的进入；1974 年，希腊推翻独裁统治，重新成为民主国家，经济实力逐渐增强；希腊以及南欧开始经历向外移民人数大减、向内移民人数大增的过渡时期。1974—1985 年间，有将近一半在欧洲的希腊移民被遣返回国。到了 80 年代中期，整体而言希腊的净移民趋向于平衡。② 当然，也有很多已经在国外拥有稳定工作或与当地人组成家庭的希腊移民决定留下继续发展。

三、90 年代以后的希腊移民状况

经历了 70 年代的移民回流和 80 年代的净移民平衡，加上 90 年代初的东欧剧变、苏联解体，世界格局的大转变使得希腊从 90 年代起逐渐从一个移民输出国转变成移民输入国。其实从 80 年代起，希腊经济社会逐渐稳定，又于 1981 年加入欧共体，希腊就开始成为东欧、东南亚以及北非一些国家移民的目的地。而经历多年移民输出的希腊，开始面临农村地区劳动力不足的情况，正需要输入大量移民来补充农村劳动力。当时希腊的外来移民主要来自波兰、非洲以及南亚一些国家和地区，其中大多数拥有合法工作证。

希腊真正转变成移民输入国要从 20 世纪 90 年代初算起。由于东欧

① Ταμιωλάκης Μ, "Αφιέρωμα στη Μετανάστευση", *Σπείρα*, ΄Εκδοση του Εναλλακτικού Σχολείου Ενηλίκων ΚΕΘΕΑ ΑΡΙΑΔΝΗ, Ηράκλειο, 2010, pp. 8 – 13.

② Fakiolas. R, *Migration and Unregistered labour in the Greek Economy. Migration in Southern Europe*, London: Macmillan, 2000, pp. 57 – 79.

及苏联解体，导致大量移民涌向南欧和西欧国家，位于东南欧的希腊则成为这一时期移民潮的首选目的地。这一时期移民主要有两大特点：一是大部分移民都是非法入境，二是移民政策的缺失。根据“地中海移民观测站”的研究数据，自 1997 年开始大量移民涌入希腊的七年以后，希腊第一次实行非法移民合法计划，即“大赦”。当时向所有递交申请的非法移民发放了“白卡”，有效期 6 个月。据统计，此次共发放 32.7 万张白卡。随后实行了第二次“大赦”，共发放有效期 1—3 年的“绿卡”22.8 万张。

成为移民输入国的十年内，希腊外来人口迅速增长，到 2001 年，已经拥有登记在册的非希腊籍外来人口 762, 191 万，占希腊人口总数的 7%。其中，48, 560 万来自欧盟，17, 426 万来自塞浦路斯，其余来自其他国家和地区。希腊的外来人口来源国主要包括阿尔巴尼亚、保加利亚、格鲁吉亚和罗马尼亚等巴尔干地区或东欧国家。值得一提的是，所有移民中有超过半数的外来移民为阿尔巴尼亚人，希腊也是欧盟成员国中唯一一个外来移民中有半数以上为阿尔巴尼亚人的国家。

根据希腊内政部的统计，2003—2004 年间，希腊政府发放了 70 万张居留证，其中 70%为依赖就业居留证，允许独立就业的居留证仅占 12%。这些外来移民分布在希腊的各行各业，位居首位的便是与农业有关的建筑工程，其次是工业和旅游业。如果按照外来人口的国籍划分，保加利亚人和印度人大多在农业领域就业，大多数巴基斯坦人以及少数波兰人和格鲁吉亚人在工业领域就业，而大多数阿尔巴尼亚人则在制造业领域就业。外来人口中的妇女则大部分从事家政行业，少数在建筑业和宾馆服务业就业。在希腊，完全没有外来移民就业的行业包括证券业和国家机构。①

---

① Ταμιωλάκης Μ, “Αφιέρωμα στη Μετανάστευση”, *Σπείρα*, ΄Εκδοση του Εναλλακτικού Σχολε ίου Ενηλ ίκων ΚΕΘΕΑ ΑΡΙΑΔΝΗ, Ηράκλειο, 2010, pp. 28 – 33.

四、从移民输出国到移民输入国

在历史长河中，希腊是如何从公元前 10 世纪的移民输出国发展成如今的移民输入国呢？国际移民研究领域已提出五个比较成熟的理论，即“推拉移民”“新古典经济均衡”“历史—结构主义”“双重劳动市场”和“移民系统理论”。综合这五大理论，我们不难发现，一个国家移民问题的形成受很多因素的影响，包括移民问题发生时所处的历史环境、移民来源国和目的国的经济社会状况、移民目的国的国家政策，当然也不排除移民自身的原因。① 根据上文所述，我们可以分三个阶段解析希腊移民史的成因和转变依据。

在古希腊时期发生过数次移民潮，从表面上来看，虽然移民潮的间隔时间较长，每次移民潮的跨度较大，但是却有着共同的特点，即以殖民扩张为主。究其原因，这与希腊的历史发展有很大关系。无论是从政治、经济还是文化的角度来看，古希腊有着极其辉煌灿烂的文明，经济发达、政体民主、文化繁荣。但是古希腊并不是一个统一的国家，而是由许多城邦国家组成的，每一个部落民族都有自己的领地，但有限的地域资源给古希腊人民的生活带来一定的困扰，尤其是人们赖以生存的农田。希腊是多山国家，可耕种土地面积并不大，有些城邦为了解决温饱问题，不得不选择侵略其他城邦或占领无人区，通过殖民扩张占领更多耕地，解决自己部落人民的生存问题。

商业的迅速发展也是古希腊人民需要移民的理由之一，尤其是在第二次殖民扩张时，希腊的商业达到了高度发达的水平，城邦内或城邦之间的贸易往来已经无法满足商业发展的需求，发展新的贸易伙伴是唯一的途径，向西扩张是必然的，因此越来越多的希腊商人向意大利迁移，包括后来移民至法国马赛，都是希腊商业发展的需要。

然而我们不能忽略希腊人本身的民族特性，从人文角度看，希腊人本

① 丁福金：《希腊移民及政策研究——基于非法移民合法化政策视角》，硕士学位论文，华东师范大学，2010 年，第 7—13 页。

身是一个好动、喜欢探寻新领地、发现新事物的民族。在迈锡尼时期，北方的部落民族都是骁勇善战型的，与南方相比，北方物资相对匮乏，于是南下侵略扩张是北方部落的最佳选择。希腊化时期的亚历山大大帝东征，则有更强烈的个人色彩。众所周知，亚历山大大帝自小就表现出超常的力量和智慧，作为一个时代的帝王，传播辉煌的希腊文化、深入了解东方文化，他责无旁贷，也借“东征”彰显其一代天骄的荣誉和成就。至于拜占庭时期的移民活动则拥有更多的宗教色彩。总的来说，古希腊时期的移民输出，希腊人拥有更多的主观能动性。

与古希腊相比，近代希腊移民输出更多的是无奈。从希腊国内来看，经济危机和连续不断的战争使近代希腊严重受创。希腊社会极其不稳定，人们流离失所，失业问题严重影响希腊人的生活。另一方面，二战之后希腊爆发内战，随之而来的是独裁统治，希腊政府对内失去民心，对外又失去了国际社会的支持。为了生计和更好的生存环境，希腊人选择背井离乡，向更发达的国家移民。从国际社会来看，美国、德国、澳大利亚等都是经济相对发达的国家，尤其是美国和澳大利亚，一方面地大物博人口少，急需外来移民辅助其发展经济，另一方面作为典型的移民国，对外来移民的包容性更大。选择这两个国家可以更快地被当地人接受，更好地融入当地社会，而这两个国家采取的移民政策也相对宽松。德国在二战中虽然是战败国，但是他们并没有被战争打垮。二战后的德国人迅速投入到恢复战后经济的过程中。德国的重工业非常发达，廉价劳动力是战后德国急需的资源同时又处在欧洲，就地理位置而言，离希腊更近。对于以移民作为短期目标的希腊年轻人而言，他们自然会选择通过两国的工作协议前往德国工厂就业，通过两三年的努力，积累一定的资本，再回到自己的祖国，相对而言也是比较容易的。

移民的回流和大量外来移民的涌入使希腊在移民问题上面临新的挑战，这一角色的转变与当时的国际社会格局的变化有着密不可分的关系。1973 年，国际石油危机爆发，导致欧洲经济大幅衰退；70 年代末，自动化进入重工业领域，许多战后移民西欧（主要是德国）的希腊劳工再次失业；与此同时，希腊推翻独裁政府，新成立的民主政府实施政治大赦。这几方面的因素促使大量希腊移民（包括经济移民和政治难民）回流至国内。

20 世纪 90 年代起，希腊逐渐成为移民输入国。这次移民潮是如何形成的，而希腊又是如何成为这些移民理想的目的地呢？我们可以从两方面研究其转变理由。从外部环境看，90 年代初苏联解体，随之而来的是南斯拉夫共和国解体，以及科索沃战争等一系列事件，导致成千上万的人无家可归，他们不得不选择移民到其他国家寻求新生活。从内部环境看，希腊成为移民目的地有其独特的理由。首先，希腊位于欧洲最东南端，是欧、亚、非三大洲之间重要的枢纽，同时位于巴尔干半岛最南端，与阿尔巴尼亚、保加利亚等国接壤，这一地理优势导致许多东欧和北非的非法移民选择希腊作为其进入欧洲的跳板。其次，希腊于 1981 年加入欧共体，这意味着希腊无论是经济还是政治都有了欧共体这个大靠山。第三，社会稳定后的希腊经济逐渐得到了恢复，社会福利制度也日趋完善，希腊与西欧、北欧等国的工资差距缩小，生活条件也有了改善。第四，希腊经济中存在大量的非正式经济，占到国内生产总值的 30%—35%，活跃的小型家庭经济需要大量的廉价劳动力，这些移民刚好可以满足这一需求①。第五，希腊民族与欧洲其他民族相比，并没有明显的排外性，移民政策相对比较宽松，同时绵长的海岸线加大了非法移民入境管理的难度。第六，从文化层面分析，东欧和巴尔干地区一些国家与希腊有着深厚的历史渊源，有相通的文化，而苏联各国与希腊有着相同的宗教信仰——东正教。② 综上所述，希腊在 90 年代从移民输出国转变成移民输入国既有国际社会的推动，也是其自身的吸引力所致。

---

① Ψαράκη Α, Χατζηδάκη Β, *Η οικονομική μετανάστευση σε Ελλάδα και Ευρώπη. Μια ματιά στο τότε και στο σήμερα*, Πειραιάς, 2014, pp. 43 - 45.

② 丁福金：《希腊移民及政策研究——基于非法移民合法化政策视角》，硕士学位论文，华东师范大学，2010 年，第 16—19 页。

五、结　　语

溯源希腊的移民史，我们不难发现，其移民问题发展的整个过程与希腊的历史发展是密不可分的。古希腊时期的殖民扩张和希腊化时期的亚历山大大帝东征，与希腊当时强大的国力息息相关。近代史上的移民输出主要包括经济移民和战争难民，动荡的社会与不堪一击的经济状况，使得希腊在这一时期的移民输出问题上完全处于被动地位。90 年代以后希腊的角色转变，是国际社会推动的结果，也是因为希腊自身拥有得天独厚的条件，经济实力的逐渐恢复为希腊社会打了一剂“强心针”，使得许多移民将其列入“移民天堂”的行列。但是这一角色的转变也给希腊政府带来了新的挑战。“大赦”只能解决一部分非法移民的问题，新移民一方面冲击着希腊的就业市场，另一方面也给社会带来一些不稳定因素。只有通过完善移民政策，有效利用外来移民资源，才能保持社会稳定、推动希腊经济发展。

第二节
浅析希腊移民政策沿革

胡晶晶 *

无论是在哪一个历史时期，以经济移民和战争难民为主的移民问题一直是各个国家面临的难题之一。当今社会的经济危机和地区战争又导致了新一轮的难民潮或移民潮，尤其是从叙利亚涌向欧盟各国的难民，使移民问题成为各个国家面临的巨大挑战之一。从历史上来看，对于移民接收国来说，移民问题有利有弊，对于历史发展有着一定的影响。一方面，外来移民对于移民接收国的经济发展作出了一定的贡献，但另一方面也给该国带来各种社会问题并引发矛盾。各国政府必须采取有效的措施，制定或调整适当的政策，利用移民问题带来的机遇，解决社会问题，避免可预计的矛盾。

与老牌的移民国相比，希腊成为移民输入国的历史非常短。希腊一直以移民输出为主，直到 20 世纪 70 年代，希腊才开始逐渐吸收移民，但当时的移民主要是从德国和北欧一些国家回流的希腊人，只有极少数非洲和亚洲移民进入希腊。经历了 80 年代的苏联解体，大批东欧移民涌入希腊以后，到 90 年代初，从数据统计来看，希腊真正从移民输出国转变成移民输入国。这一转变给希腊政府带来了极大的挑战，因为和当时其他南欧国家一样，涌入的移民几乎都是非法的，这些移民或是非法潜入，或是签证到期逾期逗留。这些新兴移民接收国几乎都面临着移民政策缺失的尴尬。希腊在 90 年代实施的两次“大赦”从一定程度上来说解决了燃眉

* 胡晶晶，上海外国语大学希腊语教研室主任、副教授。本文受到 2014 年度上海外国语大学区域国别研究中心项目“债务危机背景下希腊移民政策研究”(2014114076)资助。

之急,但随着移民数量的增加、移民性质的改变,最初的移民政策的弱点都暴露出来,修订原有的法律或制订新的法律来适应不断变化的形势是必不可少的。从20世纪90年代到今天,希腊的移民政策到底发生了哪些变化?为什么会发生这些变化?修订后的希腊移民法是否能解决希腊目前在移民问题上的困境呢?

一、希腊移民法的诞生

由于90年代初涌入希腊的移民几乎都是非法的,这些移民给希腊的就业市场以及整个社会带来了很多问题。首先,非法移民的出现导致了合法雇工和非法雇佣移民企业之间的不公平竞争。雇佣非法移民的企业一方面可以支付较低的工资,同时不需要缴纳雇员的社会保险,另一方面不需要遵守劳动法,可以随意解除雇佣关系。这些非法劳工无形中保护了雇主,因为非法劳工本身是不受法律保护的。这一不公平竞争冲击着正常的经济秩序,阻碍其他企业的发展,尤其是高新技术产业的发展,给国有经济带来许多负面影响。其次,非法移民的人权问题难以得到保障。由于这些移民是非法的,无论在工作或生活中,一旦遇到麻烦都无法求助于司法机构,也无法享受在接收国应该得到的各项保障,比如医疗保障等。这种情况还会衍生出其他问题,比如这些被社会"隔离"的人群无形中破坏了社会的凝聚力和稳定性,给社会制造紧张气氛。再者,非法移民的存在导致当地人民的排外情绪。无论是合法的还是非法的,不同社会阶层之间的鸿沟被无限放大,同时人民对政府的信任度也会降低。最后,从人口统计的角度来看,非法移民的涌入不利于进行人口统计,这可能导致政府做出错误的决定,制订不合理的政策,随之而来的将会是更严重的社会问题和矛盾。①

① Καβουνίδη Τ., *Η Πολιτική της Νομιμοποίησης Παράνομων Μεταναστών: Ελληνική και Διεθνής Εμπειρία*, Παρατηρητήριο Απασχόλησης Ερευνητική-Πληροφορική, 2004, pp. 6 – 8.

大量涌入的非法移民让希腊政府措手不及，因为在 90 年代初，从法律范畴来说，希腊没有任何措施控制移民的涌入。当时实行的移民法是 1929 年颁布、1948 年修订的法律，而从内容来看，只涉及移民输出的问题，根本无法解决移民大量涌入的困境。在这样的情形下，希腊政府于 1991 年颁布了第一部涉及移民输入问题的 1975/1991 号法律，名称是《外国人入境、出境、居留、工作、驱逐，难民认证程序及其他条例》。这部法律应该算是希腊第一部真正意义上的移民法。面对令人措手不及的大量非法移民的涌入，这部移民法旨在限制移民入境，更严格地管理边境以及驱逐所有非法移民。例如该法律明确指出，根据总统令规定，允许人员出入希腊的机场、码头及陆路边境①；政府专门组建警察队伍在希腊大陆边境、沿海边境打击非法入境者②；法律规定了外国人获得短期居留、工作居留、家庭成员居留、学习居留等情况的条件③；法律确定了难民认证的程序，决定成立难民救援中心并规定中心的运作④；法律还规定了在何种情况下，外国人会被驱逐出境⑤等。

虽然希腊的第一部移民法并不完善，也并没有解决当时出现的非法移民问题，但是这部法律依然标志着希腊移民政策的开端，表现出希腊政府解决移民问题的决心和努力。

二、两次“大赦”

希腊颁布第一部移民法之后的几年，移民问题并没有得到有效的缓解，许多没有合法证件的移民进入希腊，在希腊定居就业。他们中有些人在夜晚步行穿过希腊与保加利亚或阿尔巴尼亚边境上的山脉，有些人在

① 见 N. 1975/1991 第二章第 3 节第 2 条。
② 见 N. 1975/1991 第二章第 5 节第 1 条、第 2 条。
③ 见 N. 1975/1991 第四章第 12、13、14、15 节。
④ 见 N. 1975/1991 第六章第 24 节第 1a、2a 条，第六章第 25 节。
⑤ 见 N. 1975/1991 第七章第 27 节第 1 条。

"蛇头"的帮助下坐船抵达爱琴海上的岛屿或克里特岛，还有些人持旅游签证坐大巴、游轮或飞机入境，却逾期在希腊逗留。到了 1997 年，许多研究者估计，在希腊非法居住和工作的移民至少有 40 万①。希腊政府不得不承认，仅仅靠严格地边境控制和大量驱逐非法移民这一手段已经无法改变这一状况了。

358/1997 号和 359/1997 号总统令开启了第一次非法移民合法化计划，即所谓的"大赦"。该计划于 1998 年春天实施，分为两个阶段。在第一阶段，总共有 371,641 位移民递交申请并获得短期居留许可证"白卡"。有资格递交申请的移民只需符合在总统令颁布的前一天（1997 年 11 月 27 日）入境希腊即可。如此低的"门槛"旨在让尽可能多的非法移民获得在希腊合法逗留的许可。第二阶段又引入了补充申请条件，即在已经获得"白卡"的基础上，必须提供在希腊合法工作的证明，有一定的工作收入并且购买过保险，即可申请一年期的居留许可证"绿卡"。尽管这一计划的初衷是积极的，且雄心勃勃，然而在实施过程中却面临着许多问题。例如，医院方面在提供健康证明的过程中难以应对如此大量的申请者，同样的问题也出现在提供无犯罪记录证明的司法部相关部门，尤其是负责接收和处理申请的劳动局面临严重的人手不足问题。除了这些客观原因，各地相关部门负责处理申请的职员表现出的主观偏见在一定程度上也影响了该计划的进展。这些困难导致最终在第二阶段取得"绿卡"的移民数量远远低于实际存在的非法移民数量。尽管如此，第一次"大赦"计划仍然对当时希腊的移民现象"规范化"起到了一定的作用，也为移民问题研究提供了第一批数据。

2001 年，希腊政府在第一次"大赦"的基础上，通过了 2910/2001 号法律，即《外国人入境希腊和居留，通过入籍取得希腊国籍及其他条例》。该法律条款涉及边境监管问题，以工作和学习为目的的入境条件，以及已经在希腊居住的外国人的入籍问题。该法律的实施开启了希腊第二次非法

① Fakiolas R. , *Recent efforts to regularize undocumented immigrants*, WP/97/40/EN, European Foundation for the Improvement of Living and Working Conditions, Dublin, 1997.

移民合法化计划。该计划涉及的移民需符合已在希腊逗留至少一年的前提条件，且已购买一年期的保险。这一计划的实施一方面旨在短期时间内解决国内的非法移民现象，另一方面旨在为中长期内解决这一难题创造条件。大约有 37 万移民在该计划实施后递交了入籍申请。然而该计划再次遭遇前所未有的困难。即使在 2002 年，希腊政府修订了该法律，依然解决不了人手紧缺和行政资源缺失这两大难题。因为希腊的居留证和工作证通常有效期只有一年，当移民完成“两证”申请程序后，不得不开始更新“两证”的申请程序。这对该计划来说无疑是雪上加霜。

希腊移民史上的这两次“大赦”是希腊政府为了解决非法移民问题所做的努力，该政策既有积极的一面，也有负面效应。其优势是显而易见的。从人性的角度看，合法化政策的实施保障了非法移民的人权；从就业市场看，非法移民无须接受低于普通标准的收入，从而减少了不公平竞争。在此基础上，可以减少移民参与违法犯罪活动的机会，有助于加强公共安全。从政府角度看，非法移民合法化后，有助于政府部门收集数据和人口统计，便于各种政策的制定；从经济角度看，这一计划还可增加国家的社保收入，缓解当时金融危机带来的伤害。然而，该政策也拥有致命的弱点。首先这一政策的实施极有可能鼓励新的非法移民潮涌入希腊，尤其是已经入籍的外来移民可以给来源国同胞提供帮助和便利，而新的非法移民也会对新一轮“大赦”抱有希望。其次，该政策本身也是对违法现象的容忍，这对于合法申请入籍的外来移民也是不公平的。① 因此，“大赦”阻碍了政府建立正常的移民入籍系统，也并没有从根本上解决希腊的非法移民问题。

① Καβουνίδη Τ., *Η Πολιτική της Νομιμοποίησης Παράνομων Μεταναστών: Ελληνική και Διεθνής Εμπειρία*, Παρατηρητήριο Απασχόλησης Ερευνητική-Πληροφορική, 2004, pp. 9 – 12.

三、两次"大赦"后的移民法沿革

2002年,希腊在欧洲社会基金和欧洲委员会的支持下,出台了一项三年行动计划(2002—2005)。该计划主要包含了移民进入就业市场、提供健康医疗等措施。总的来说,这些措施主要为了消除希腊社会的种族歧视和排外现象。然而这项计划中的大部分措施只是纸上谈兵。

2005年8月,希腊通过了一部新的法律(N. 3386/2005)。该项法案涉及许多移民问题,包括移民家庭团聚的权利、长期居留政策等,同时也颁布了一项新的非法外来人员"大赦"计划。新的法律旨在合理发放外国人以工作、学习、家庭团聚等为理由的居留证和工作许可,比如该法律规范了外国人来希腊工作体系,明确规定根据专门成立的委员会每年最后一季度发布的岗位需求报告,由内政部、劳工局等决定向非欧盟国家提供每年工作居留的上限①。但是这一工作居留的申请与办理依然包括一个非常繁复的程序,在实际操作过程中遇到了很多问题。这部法律还首次提出了以来希腊投资为目的的外国人获得居留证的条件,如投资金额不得少于30万欧元②。

2005年出台的这部法律是希腊经历两次"大赦"后制定的非常详细的移民法,明确规定了以各种理由来希腊短期或长期逗留的外国人获得居留证的条件以及首次申请和更新居留的各项规定,涉及来希腊开展独立经济活动的外国人,以及外国公司派至希腊分公司工作的员工、运动员和教练、艺术团体成员、知识分子和文艺工作者、考古院校成员、外交人员子女、神职人员、旅游组织领导等,还规定了以各种特殊理由来希腊的外国人申请居留的条件和程序,包括学习、职业培训、参加各类项目、实习、开展学术研究等。值得一提的是,该法律在保护人口贩卖受害者方面采取了具体的措施③,明确规定该类"非法移民"获得居留证的条件,以及提供救助的可能性。

① 见N. 3386/2005第五章第14节第4条。
② 见N. 3386/2005第六章第26节第1条。
③ 见N. 3386/2005第九章第46—52节。

由于该项法案的实施并没有经过与实施对象集体协商的过程，希腊政府也并不能直接与移民对话，而是通过一个非政府组织侧面了解希腊移民状况，加上希腊政府对于实际的移民数量和国际上的移民浪潮了解甚微，导致实施过程中出现了一些意料之外的后果，比如调整过度或调整不足，移民群体也无法表达其在希腊社会中的需求和意愿。① 尽管如此，《N. 3386/2005》的出台对于解决希腊当时非法移民数量庞大的各种难题依然起到了一定的作用，同时为未来十年移民政策的制定打下了坚实的基础。

2006—2012 年间，希腊移民法总共经历大小 19 次修订，在《N. 3386/2005》的基础上不断改进和完善，以应对已经出现和即将出现的各类外国移民问题，以及随之而来的各类社会问题。其中 2006 年修订了一次，2007—2009 年间每年修订了两次，2010 年修订了六次，2011 年和 2012 年分别修订了三次。希腊政府一方面努力规范管理机制，提高效率，细化法律条文，更好地服务合法移民；另一方面提高惩治力度，更有效地打击非法移民。比如，2007 年修订内容包括成立了一个名为"移民社会融入国家委员会"的机构，隶属于希腊内政部，主要工作内容是为"跨部委委员会"②建言献策，就制定移民融入社会的政策与普通市民座谈和开展社会调查，在政策实施前开展培训，使有关人群更好地了解移民政策③。对于审核移民或居留的申请，通过几年的修订，有些细则更明确，有些则更简便，同时取消了一些不合理的措施。2007 年的修订内容中还包括递交在希腊长期居住的证明时，无须同时提供税号④；申请人在递交申办居留证的材料时，除本人到场、委托律师外，还可委托家人递交⑤。2005 年的移民法中就规定，申请永久居留的外国人需掌握足够好的希腊语以及希腊

① Τριανταφυλλίδου A, *Ελληνική Μεταναστευτική Πολιτική: Προβλήμματα και Κατευθύνσεις*, Ελληνικό Ίδρυμα Ευρωπαϊκής και Εξωτερικής Πολιτικής, Αθήνα, 2005, pp. 40 - 41.

② 见 N. 3386/2005 第 3 节。

③ 见 N. 3536/2007 第 1 节第 1、4 条。

④ 见 N. 3613/2007 第 28 节。

⑤ 见 N. 3536/2007 第 14 节第 1 条。

历史文化知识[①],2011 年的修订内容中补充了具体提供语言文化证书的官方机构[②],使申请人能够更有针对性地选择指定机构来获得相关证明。随着移民的增多,希腊社会也面临一些难题,所以在法律的修订中,希腊政府对于居留的发放变得更为谨慎。2008 年的修订内容就包括将无限期居留改为有限时间,如:原在希腊合法居住 10 年以上外国人可获得永久居留,现改为可获得 10 年期居留[③];以家庭团聚为目的的外国配偶原可获得永久居留,现改为可获得 5 年期居留,并允许在希腊就业[④]。除此以外,2011 年的修订内容包括取消季节性工作居留这一类别[⑤],旨在更好地规范就业市场的外来移民。

除了规范管理体系解决外来移民给希腊社会造成的问题、缓解外来移民给社会带来的压力外,打击非法移民也是非常重要的一面。希腊政府多次修订移民法,加大对非法移民的打击和惩治力度,以期降低非法移民对社会的危害。2007 年的修订内容中提到,帮助外国人非法逗留希腊境内,妨碍警方调查、抓捕、驱逐者,被判处一年以上监禁(原为 6 个月以上),罚款 5,000 欧元以上(原为 3,000 欧元以上),如以营利为目的,则判处两年以上监禁,罚款 10,000 欧元以上[⑥]。2009 年的修订内容再次加大打击力度,对于帮助外国人非法出入境者,判处 10 年以上有期徒刑(原为 6 个月以上),罚款 20,000 欧元以上(原为 3,000 欧元以上),如以盈利性为目的,以此为职业或两人以上团伙作案,则判处 10 年以上有期徒刑并罚款 50,000 欧元以上[⑦]。同年另一次修订中提到,合法居住在希腊的外来移民,若居住目的与获得的居留目的不同,将处以罚款[⑧]。在限制入境的条款中,2010 年法律修订时增加一项条款,对于涉嫌参与有组织的犯罪

① 见 N. 3386/2005 第 13 章第 68 节第 1 条。
② 见 N. 4018/2011 第 16 节。
③ 见 N. 3731/2008 第 39 节。
④ 见 N. 3731/2008 第 38 节。
⑤ 见 N. 4018/2011 第 15 节。
⑥ 见 N. 3536/2007 第 15 节第 5 条。
⑦ 见 N. 3772/2009 第 48 节第 3 条。
⑧ 见 N. 3801/2009 第 44 节第 5 条。

集团安排非法移民入境的，希腊监管部门有权取消其已经获得的签证，并将其列入黑名单①。2011 年修订法律时，虽然取消了季节性工作居留这一类别，但是对于季节性工作移民还是加强了管理，若工作结束而逾期非法逗留在希腊的，将被禁止五年内以任意理由入境②。

从上述这些重要的修订内容中不难看出希腊立法部门和希腊政府对于打击非法移民、管理合法移民的愿望和决心。通过不断完善移民法，保障了希腊社会的稳定和发展。

四、希腊现行移民法

2009 年希腊陷入债务危机后，国内就业市场遭重创，希腊人民的失业率，尤其是年轻人的失业率不断攀升，外来移民和本地居民在就业市场上的矛盾更加突出。另一方面，萧条的希腊经济又急需外来投资者刺激市场。然而 2015 年欧洲爆发了大规模的难民危机，希腊作为难民登陆欧洲的入口，同时面临着不堪重负的社会问题、安全问题和经济问题。在难民危机爆发前，希腊首先颁布了 N. 4146/2013 号法律，对之前的法律进行修订并增补条例，以应对债务危机。随后经过一年多的研究讨论，希腊政府于 2014 年对移民法进行了较大的调整，议会投票通过了名为《移民、社会融入及其他条例》的 N. 4251/2014 号法律，2015 和 2016 年又分别进行了修订，这些较大调整都是为了应对同时出现的债务危机和难民危机带来的双重压力。

N. 4145/2013 号法律的修订内容主要涉及为来希腊进行“战略投资和个人投资”的外国移民创造友好的发展环境。该法律第一条规定了可战略投资的领域以及投资额度，并且简化投资的办理程序，加快投资移民的办理速度③。所有来希腊进行战略投资的外国法人可申请居留，同时最

① 见 N. 3875/2010 第 4 节第 3 条。
② 见 N. 4018/2011 第 5 节。
③ 见 N. 4146/2013 第 1 节。

多可申请10名员工及其家属的居留,居留期限等同投资人居留期限①。除了吸引战略投资,吸引个人投资也是希腊政府应对债务危机的举措之一。在希腊购买不动产或拥有10年以上房屋、宾馆、度假村等租赁合同,且总金额达25万欧元的外国人,希腊政府将向其本人及其家庭成员签发五年期居留,并可续签②。2013年的这次修订为2014年颁布新的移民法做好了铺垫。

经过许多学者、专家、法官以及行政官员一年多的研究,2014年希腊议会投票通过了新的移民法——《移民、社会融入及其他条例》(N. 4251/2014)。该法律的基本创新点在于原先的十年期居留和无限期居留被五年期居留和长期居留所取代,后者可以行使其在欧盟成员国之间的流动权,并且可以进入欧盟成员国的就业市场。其他比较重要的改革包括程序的简化,为推动投资引入快速通道,为第二代移民申办居留提供便利,尤其是简化了居留更新的程序。另外,减少官僚作风和形式主义也是此次法律修订的核心内容,主要体现在三个方面:(1)将居留种类从50种减到19种;(2)取消更新居留所需提供的约20种材料;(3)解决更新居留过程中的各种官僚问题。为此希腊政府采用了"一站式"服务,各省市的移民局也配备了充足的人员,以提高办理居留的效率。

N. 4332/2015号法律对2014年移民法的内容又进行了一些修订,不难看出,比较重要的修订都是放宽了发放居留的条件,以此吸引更多的外国移民来希腊投资,以帮助希腊经济尽早复苏。比如,在希腊购买不动产的外国人其本人及家庭成员可获得五年期居留,而原本对于家庭成员的解释是指配偶及21周岁以下的子女,2015年的修订中增加了购买人的父母③。法律还简化了移民新生子女的居留申请过程与护照更新声明的程序,为外来移民及其子女提供便利④。2016年希腊政府又在N. 4384/2016号法律中新增条款,允许外来移民进入农业领域就业,规定了允许农业领

① 见N. 4146/2013第6节第1条。
② 见N. 4146/2013第6节第2条。
③ 见N. 4332/2015第8节第28条。
④ 见N. 4332/2015第8节第31条。

域雇主雇佣外来移民的条件，以及以此为由申请居留所需要提供的材料①。同年颁布的N. 4399/2016号法律中又将家庭成员中21周岁以下子女限定为未婚子女②。

现行的希腊移民法是希腊政府根据不断变化的形势和希腊社会面临的新问题制定的，虽然放宽移民政策意味着外来移民对市场的冲击，但从另一方面来说，也是在目前形势下采取的无奈之举，总体对于希腊经济复苏起到了积极的作用，表明希腊政府解决债务危机和难民危机的决心和努力。

五、结　语

希腊从移民输出国转变成移民输入国，从没有移民法到移民法的诞生，从控制移民输入、打击非法移民到实行“大赦”，再到放宽移民政策、吸引投资移民，这几十年间，希腊政府不断地通过对移民法修订来解决外来移民的社会融入问题，一方面用海纳百川的胸怀接受外来移民，另一方面不断缓解外来移民和本地居民的矛盾，减少社会的不稳定因素。这就是希腊政府不断完善移民政策的指导思想和最终目标。

① 见N. 4384/2016第58节。
② 见N. 4399/2016第84节第2、4条。

第三节
移民的宗教与文化传统在社会中的融入问题

崔文君*

打开世界地图，我们可以清晰地看到，希腊地处欧、亚、非三大洲的交汇处，北接阿尔巴尼亚、马其顿和保加利亚，西连土耳其，南部与利比亚、埃及隔海相望，西南方向若经由塞浦路斯中转则与叙利亚近在咫尺。希腊三面临海，国界线超过80%的部分都在海上，地中海星罗棋布的岛屿和常年风平浪静的气候保证了船只的畅行无阻。同时，北部的陆地国界线也鲜少高山阻隔。如此得天独厚的地理位置和自然条件，使得希腊成为中东及东欧众多第三世界国家移民欧洲的首选国之一。截至2007年，希腊已经继美国、瑞典、法国和英国之后成为世界第五大移民接收国，同时，它也是移民人口占国民比例最高的欧洲国家。根据2008年希腊内政部的统计数据显示，2008年是希腊近年来接收移民最多的一年，同比2007年增长了75.4%，入境的移民总人数超过15万人。在2001年的人口普查中，希腊的移民人口已经达到国民总人口的7%。2011年人口普查数据显示，希腊拥有合法身份的移民达到54.8万，占总人口的5%左右。但是随着近几年中东局势的不断恶化和2015年爆发的叙利亚难民潮，这个数字变成了冰山一角。据分析人士估计，目前希腊的移民人口比例恐怕已经远超总人口的10%，甚至达到了15%。

希腊本属欧盟中较不发达的国家之一，经济基础薄弱，工业制造业落

---

* 崔文君，上海外国语大学西方语系希腊语专业讲师，上外希腊研究中心成员。

后，收入主要依靠海运、旅游和侨汇。近年来，希腊深陷债务危机的漩涡，政府债台高筑，为得到欧盟援助连年实行紧缩政策，致使国民福利大幅缩水，臃肿的政府机构大幅裁员和大量中小企业倒闭使得失业率超过27%。在本国经济的寒冬时期，不断涌入的移民无疑大大加重了希腊社会的负担。一般来说，移民人口的过快增长势必对接纳国的就业、大众福利和社会治安带来负面影响，而移民所带来的不同文化传统、宗教习惯也会对本土文化产生一定的冲击。久而久之，这些不利因素的积聚容易引发两种不同阵营的激烈冲突，接纳国的保守和排外将严重阻碍外来移民融入社会，而外来移民在基本权利不能得到满足的情况下又会引发许多新的社会问题。正因如此，移民问题才会变成当下欧洲各国所面临的最大挑战。

以下将从文化角度入手，重点分析希腊移民在社会融入过程中所面临的挑战和困境。

一、希腊移民现状综述

进入21世纪以后，希腊的移民来源大致可以分成四类①：第一类来自欧洲发达国家；第二类来自巴尔干地区国家；第三类来自苏联解体后的东欧国家；第四类来自非洲、亚洲的第三世界国家。这四类人群有着不同的移民背景和诉求，因此在希腊社会中承担的社会角色也不尽相同。其中，第一类来自欧洲发达国家的移民大多是拥有希腊国籍而出生在其他国家的希腊侨民后代。由于希腊裔侨民社团的紧密联系，及其对子女学习希腊语和希腊文化的重视，因此这类移民的成长环境大多带有浓重的希腊色彩，移民希腊以后在语言和文化上适应过程相对顺利，因此不在本文的研究之列。后三类移民大部分为非希腊裔移民，是本章的研究重点。

① «Διάλογοι για τον σχεδιασμό του χώρου και την ανάπτυξη» , *Κριτική*, 2008.

根据 2011 年希腊人口普查数据①，希腊移民的主要来源国为邻国阿尔巴尼亚，该国移民占比高达 22. 2%；其次是保加利亚、罗马尼亚等东欧国家，分别占 16. 1%和 7. 4%；巴基斯坦和阿富汗也是希腊移民的主要输出国，占比皆超过 5%。另外，还有来自埃及、俄罗斯、印度、孟加拉国、中国等国家的移民，可见，其移民来源复杂，移民的文化背景多样。

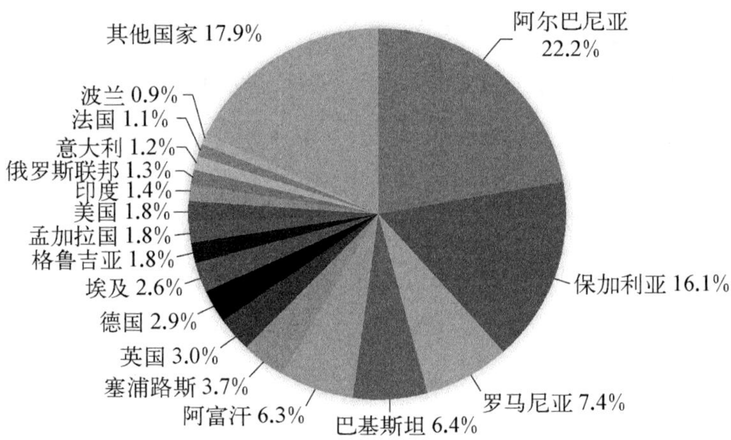

图 1　非希腊国籍移民来源国统计

这些移民选择来到希腊的原因大致可以归纳如下：首先是希腊特殊的地理位置，正如本文开头所说，希腊位于亚、非、欧三大洲交界的中心地带，巴尔干地区、非洲、中东国家移民不用长途跋涉便可以到达希腊。并且无论是合法入境还是偷渡入境，绵长的海岸线和无障碍的希腊国界线都为移民提供了便利的通道。其次，作为欧洲申根国之一，来到希腊的移

① http://www.statistics.gr/el/statistics?p_p_id=documents_WAR_publicationsportlet_INSTANCE_qDQ8fBKKo4lN&p_p_lifecycle=2&p_p_state=normal&p_p_mode=view&p_p_cacheability=cacheLevelPage&p_p_col_id=column-2&p_p_col_count=4&p_p_col_pos=1&_documents_WAR_publicationsportlet_INSTANCE_qDQ8fBKKo4lN_javax.faces.resource=document&_documents_WAR_publicationsportlet_INSTANCE_qDQ8fBKKo4lN_ln=downloadResources&_documents_WAR_publicationsportlet_INSTANCE_qDQ8fBKKo4lN_documentID=151584&_documents_WAR_publicationsportlet_INSTANCE_qDQ8fBKKo4lN_locale=el，数据查询时间：2017 年 6 月。

民（主要是目前的叙利亚、利比亚难民）在进入希腊之后可以很方便地前往欧洲其他国家。第三，也是最重要的一点，随着希腊社会老龄化的加重，加上本国经济形势不好，大量年轻人纷纷前往英美国家寻求更多的发展机会，使得希腊社会缺乏年轻劳动力，尤其在收入较少的服务行业如家政、保洁、基础设施建设、物流等领域，劳动力紧缺情况突出。这样的现实情况吸引了许多第三世界国家移民选择希腊，因为尽管收入有限，但是他们在希腊能够很快找到工作，比起在自己国家的生活，已经有了很大的改善。据统计，目前希腊的劳动力约有13%为外来移民，其中2.3%从事极低收入职业。

目前在希腊的移民按照其合法性可以分为三类，第一类为合法入境且持有长期居留的合法移民，他们在希腊拥有稳定工作，对于他们的国籍和人数有确切数据纪录。第二类为非法移民，他们可能最初就非法入境希腊，也可能曾经持有居留，而居留到期后没有提交相关文件却继续留在希腊。这类移民由于没有合法身份，往往只能打“黑工”，收入微薄，不能享受社会福利，流动性强，具体的人数和国籍目前也没有确切的数据。另外，从2015年开始，希腊还接收了大批来自叙利亚的战争难民。他们是否最终会留在希腊，以及他们未来将如何被安置，目前还是未知数。因此，本章内容主要探讨的对象将集中在前两类移民，因为他们才是目前希腊的移民主体，并且他们将长期生活在希腊社会。他们的到来对希腊社会带来的挑战是持续性的，因此他们所带来的新的文化特征与希腊本土文化的冲击和融合更值得我们关注。

二、移民的文化适应策略

2008年希腊移民政策研究中心发布了一项权威调查①，通过对601

---

① Ηλίας Γ. Μπεζεβέγκης και Βασίλης Γ. Παυλόπουλος, «Στρατηγικές Επιπολιτισμού και Προσαρμογή των Μεταναστών», *Μετανάστευση στην Ελλάδα: εμπειρίες, πολιτικές, προοπτικές*, Τόμος Β, 2008.

名希腊移民的问卷调查,深入分析了希腊移民群体的不同文化适应策略①,也从一个侧面反映了他们在社会融入过程中所面临的困境和挑战。该研究的调查对象覆盖了在希腊移民的主要输出国:受访者中46.1%来自阿尔巴尼亚;14.8%来自其他巴尔干地区国家(保加利亚、罗马尼亚、塞尔维亚等);18%来自东欧各国;8.3%来自伊斯兰国家;7.7%来自撒哈拉以南非洲国家(刚果、埃塞俄比亚、尼日利亚);3.3%来自亚洲国家(中国、斯里兰卡、孟加拉国);1.2%来自拉丁美洲国家(委内瑞拉、巴西、阿根廷)。调查对象的平均年龄为35岁,平均在希腊生活时间达到7.9年,受教育程度的平均指为3.8(该项评分标准为1—7分,其中1代表基础小学教育,7代表研究生学历),可以说基本覆盖了希腊外来移民中最具代表性的各大人群,得出的结论具有很大的准确性。

与文化适应策略调查相关的问卷包括以下四个问题:(1)与本国同胞接触的频繁程度;(2)与希腊当地人接触的频繁程度;(3)使用希腊语的频繁程度;(4)使用本国语言的频繁程度。通过问卷结果分析,得出的结论如下:在希腊移民与本国同胞接触的机会和与希腊当地人接触的机会相当。但是在语言使用上,移民使用本国语言的机会远远大于使用希腊语。在希腊移民中,有46%的移民采用整合的文化适应策略,21%倾向于同化的文化适应策略,25%的移民采用分离的文化适应策略,而有8%的移民采用边缘化的文化适应策略。移民的来源国对移民的文化适应策略有显著影响,表现为:很大一部分撒哈拉以南非洲国家(86.7%)、亚洲国家(59.3%)和伊斯兰国家的移民(40.8%)更倾向于重视自己的原有文化并避免与其他群体进行交流,采用此种文化适应策略的移民占比远高

① 约翰·贝利(John W. Berry),著名跨文化心理学家,文化适应策略是他在1992年提出的理论体系,用来解释两个不同文化在接触中的相互影响和文化适应的方式。该理论从两个维度对文化适应进行考量:保持传统文化和身份的倾向性以及和其他民族文化群体交流的倾向性。在此基础上,从非主流文化族群的角度将文化适应策略分为四大类:1)整合,即文化适应中的个体既重视保持传统文化,也注重于其他群体进行日常的交往;2)同化,即个体不愿意保持他们原来的文化认同,却与其他文化群体有频繁的交往;3)分离,即个体重视自己原有文化,希望避免与其他群体进行交流;4)边缘化(最难以接受)——个体既不能保持原来文化,又不被其他群体文化所接受。

于平均水平。更多来自阿尔巴尼亚的移民善于采用整合的文化适应策略,来自苏联及东欧各国的移民则徘徊在文化适应的边缘地带。

在心理适应方面,受访者大多表示出正面的回应。81.5%的被调查者表示,他们在新的国家通过学习掌握了新的技术,63.4%的被调查者认为对希腊的满意度趋于"良好"和"非常好"之间。移民在融入希腊社会的过程中获得的积极感受包括:对家庭的经济贡献、更大的个人发展空间、自由的氛围和更多的选择;而消极感受具体体现为:语言和环境方面的障碍(如语言交流障碍、工作资质不受承认等),远离家庭,精神支持的缺失,以及极少一部分人表示受到希腊当地人的区别对待。

综合所有数据分析显示,依靠希腊较为宽容的社会环境、相对健全的法律保障以及希腊主流文化所奉行的多元文化主义策略,更多的移民在融入社会的过程中采取整合的文化适应策略,他们既保持了自身的文化身份和历史传统,同时又能适应希腊当地的文化群体,并开展积极的交流。在这样的大环境下,希腊的外来移民与本土群体的关系总体发展平稳,和谐共处,鲜有极端种族主义事件发生。但是通过此次研究,我们也不能忽视在希腊移民中个别族群所面临的困境,其中最为显著的是来自伊斯兰国家的移民。他们在社会融入过程中所表现出较不乐观的指征显示,这种融入困难更多体现在宗教方面。

三、在希腊穆斯林移民的宗教困境

希腊宪法规定希腊东正教是希腊的国教,教会在国民心中占据着稳固的地位。义务教育中必须包括宗教科目,教授宗教的教理和历史。星期日几乎所有的店铺都关门,电视和广播都会现场直播教堂的弥撒。教会的节日就是每年国家的法定节日。另外,国家所有重要的典礼都要在神职人员的主持下进行。

来自苏联、东欧国家的移民大多信仰东正教,希腊任何教堂都不会针对教徒的国籍采取区别对待,即使移民中的教众更倾向于与自己的同胞

"抱团"前往特定的教堂举行带有地方特色宗教仪式,但是这些具有民族特征的宗教小团体与希腊本土宗教团体和谐共存,几乎没有发生过冲突。

与此产生鲜明对比的是,来自伊斯兰国家的在希腊移民面临着一个非常尴尬的现实:在希腊的所有主要城市,没有一座清真寺可供他们进行宗教活动。而从移民数量来看,仅在雅典一个城市,来自不同国家的穆斯林移民数量就达到了30万人①,其中最主要的群体来自阿尔巴尼亚、巴基斯坦、埃及和叙利亚。

希腊其实早在1880年就出台了第一部保障宗教自由的法律,当时希腊北部的塞萨利亚大区从土耳其控制中获得解放,为希腊带来了第一批信仰伊斯兰教的少数族裔。当时议会投票通过了三项法案,保护穆斯林教徒的宗教自由,承认伊斯兰教义的绝对权威,保障穆斯林学校的正常办学②。在此之后的137年间,历任希腊政府在穆斯林问题上都保持着相同的原则:(1)承认温和派穆斯林是希腊享有特权的政治盟友;(2)支持穆斯林的宗教自由和宗教身份;(3)维护伊斯兰教义。

这样对穆斯林友好的政治原则在欧洲绝无仅有,甚至相比于许多伊斯兰国家都更为宽容和公正。这也帮助希腊在伊斯兰国家,尤其是阿拉伯国家拥有良好的国际形象,并且成为目前欧洲最安全的国家之一。

但是这些原则似乎总是停留在理论层面,与国家政策相矛盾的现实让人哑然:一直以来,穆斯林移民们只能在客厅、隐蔽的空间或地下室进行礼拜活动。直到2017年5月25日,希腊议会才通过决议③,将在雅典Votaniko地区修建希腊第一座正式的清真寺,以满足日益增长的穆斯林教徒的宗教需求。而这一决议从提出到通过的数年间一直伴随着持续不断的反对声浪,其中还包括希腊东正教社群的恐慌。比雷埃夫斯大主教

① 这个笼统的数字来自希腊穆斯林联盟根据希腊移民局签发的居留证数量所估算出来的,因为至今官方没有任何针对希腊穆斯林移民总体数量的正式统计,另外由于宗教信仰属于个人隐私,也很难具体将其记录在案。鉴于希腊还拥有大量来自孟加拉国、伊朗、巴基斯坦、阿富汗等伊斯兰国家的非法移民,因此在希腊实际居住的穆斯林移民数量可能远超这个数据。

② http://www.tovima.gr/opinions/article/?aid=516129.

③ http://www.tovima.gr/society/article/?aid=881912.

Serafeim 在接受采访时说:“雅典 Vatoniko 的清真寺标志着希腊这个东正教国家的终结。[①]”

希腊的东正教教徒超过 95%,因此人数上不足 3%的穆斯林教徒在宗教问题上缺乏话语权也许可以让人理解,但是更深层次矛盾的原因也许与近年来在希腊悄然兴起的民族主义浪潮密不可分。1993 年,极右翼政党“金色黎明”(Golden Dawn)在希腊建立,该党凭借反紧缩和主张退出欧元区的民族主义思想很快获得社会底层民众的支持,于 2012 年 6 月首次进入议会,在 2015 年 9 月的选举中赢得 18 个议席,跃升为希腊第三大党。希腊学者普遍认为,该党具有民族主义和仇视外来者倾向。2012 年年底,该党国会议员 Eleni Zaroulia 在国会上以“次等人”形容希腊境内移民,引起极大争议[②]。

尽管大多数希腊人并不认同金色黎明党的极端民族主义思想,仍然保持着对外来移民友好开放的态度,但是随着经济危机所造成的影响波及越来越多底层民众,社会福利大幅缩水,失业率不断刷历史新高,这些负面报道正在不断为希腊民众的排外情绪推波助澜。越来越低迷的经济环境和拮据的生活让不少希腊人将怒火发泄在外来移民身上,认为他们抢夺了希腊人的工作机会。另一方面,频发的社会治安问题也涉及一定比例的外来移民,这更加重了一部分希腊民众对外来移民的消极态度。同时,来自非洲世界和中东地区的移民所带来的不同的风俗习惯与宗教信仰,也让缺乏了解的当地民众迷茫和困惑,尤其是在欧洲严峻的反恐形势下,加上一些媒体不负责任的报道、极端组织的误导性煽动,希腊对建立第一座清真寺所产生抵触情绪也在情理之中。

四、在希腊移民的文化距离与语言困境

除了将宗教视作文化认同的标准之外,在希腊人的心目中有一个根

---

① https://youtu.be/WoUi8j_5nnw.

② https://www.youtube.com/watch?v=6Y09xr846cg.

深蒂固的观念：只有“会说希腊语的人”才是真正的希腊人，才能获得当地人完全的信任。这个观念可能诞生于古希腊时期。古代希腊并非一个统一的国家，而是一个文化概念，泛指拥有共同的宗教信仰、使用共同语言、生活在希腊大陆的所有族群。另外，古希腊时期奉行的城邦制使希腊人从未有“一统”的概念，而是根据语言和信仰来划分本土文化和外来文化。古希腊人对于外邦人的泛称为 Βάρβαρος(barbarian)，这个词本身便是演变自异族语言中与希腊语发音不同的辅音组合。因此，语言是希腊文化认同的另一大标准，而语言技能上的缺乏是妨碍在希腊的移民融入社会的第二大障碍。

不同于欧洲其他发达国家，希腊的英语普及率并不高，尤其是在旅游区以外的小城市，几乎很难用英语和当地希腊人进行有效沟通。在希腊移民中，有很大一部分来自非洲和亚洲的移民由于不能熟练使用希腊语而无法表达自己的诉求，难以融入当地社群，或是在工作中遭受到区别对待。来自撒哈拉以南非洲的移民本身受教育程度较低，而来自亚洲的移民由于本国语言与希腊语的差别较大，因此这两个族群在语言掌握上明显不如来自巴尔干地区及东欧国家的移民。语言上的隔阂使得这些移民与本国同胞交往的机会大大高于与希腊当地人的交往，他们的生活交往仅限于很小的范围，从事着一些不需要使用语言的低收入职业(如贩售小商品、庭院清洁和家庭保洁、快递等工作)。较低的收入标准只能满足温饱，而不能满足他们学习新技能和语言的需求，但是这些必要技能的缺乏也阻碍了他们去胜任其他更好的工作，因而陷入一个恶性循环。因为没有赖以为生的技能，缺乏稳定的收入来源，不能熟练运用希腊语言，这些移民无法获得希腊本地人的公正对待，也间接造成了他们迫于生存压力去从事一些非法行为(如盗窃、抢劫、贩卖毒品等)，这又进一步加深了希腊民众对这类移民群体的排斥，因此他们只能徘徊在社会边缘。

文化距离(culture distance)也是阻碍移民融入社会的一大因素。相对于来自东方世界和非洲世界的移民，来自欧盟国家、东欧国家和巴尔干地区国家的移民在文化上与希腊文化有天然的亲近感，因为欧洲文化的源头在希腊，并在此基础上发展出了各自独立但是互有关联的各国文化。

这些国家的移民来到希腊以后适应过程相对较短，希腊民众对他们所带来的外国文化也具有一定的认可度，加上相似的信仰和相通的价值体系，因此不需要很长时间的磨合，主客族文化便能达到融合共生；而来自非洲国家和亚洲国家的移民在文化融合上就面临更多的挑战，非洲的部落文化和亚洲的东方文化都与希腊主流文化有着相当大的差异，加上互相之间缺乏了解和交流，自然会衍生出许多偏见和猜疑，甚至是对某一个族群的刻板印象。一个典型的例子就反映出这样的文化冲突：希腊作为东正教国家，一直奉行星期天商店休业的做法，而在雅典的中国城，中国商店都是一周七天营业。很长一段时间以来，由于经营范围有限，中国商店的星期日营业并未对雅典本地零售业产生影响，因此两个社群之间相安无事。但是在经济危机的当下，政府为了实行紧缩政策，拉动国内消费，正在逐渐改变当前实行的商业政策。议会已通过决议，敦促希腊零售业每年保持32个星期日开门营业，这项决议在希腊零售业激起强烈反响，希腊总工会、希腊小企业主联合会等多个民间社团组织游行抗议，少数激进的民众甚至错误地认为是那些在星期日营业的中国商店违反了新法令，并以此为理由向法院起诉，要求对中国商店展开调查①。

五、结　　语

综上所述，不同的宗教信仰、难以跨域的语言障碍和文化距离造成了在希腊移民融入社会的困境，阻碍了他们与接收国社群的交流，导致了一定程度的文化冲突。幸运的是，当代希腊社会保持着古希腊“好客”的传统，即使在当前严峻的经济形式面前，大多数希腊人依然欢迎来自世界各地的移民，本地居民与移民群体总体上还是能够和谐共处。尽管有一部分希腊人表现出排外情绪，对某些国家的移民持保留意见，但是他们仍然认可外来移民对希腊经济所作出的贡献。从政府机构到民间社团，都正

① http://www. ert. gr/ston-isangelea-ebori-gia-ta-kinezika-katastimata.

在努力帮助越来越多的在希腊移民融入当地社群，缩小隔阂，增加边缘化移民团体的话语权，以确保所有移民的宗教自由和个人权利得到完全的尊重。

第四节
希腊外来移民就业现状及对希腊社会经济的影响

王　群*

希腊地处欧洲巴尔干半岛最南端，北与阿尔巴尼亚、马其顿、保加利亚接壤，东北与土耳其交界，南与非洲隔海相望。希腊三面环海，岛屿众多，海岸线漫长。因其独特的地理位置和欧盟成员国的地位，希腊成为很多移民进入欧洲的首选站。从历史上看，现代希腊移民的进程分大致为三个阶段①：一是20世纪70年代以前的移民输出阶段，受战争和经济原因影响，希腊一直是移民输出国，移民输出方向主要是西欧、北美和澳大利亚；二是70年代到80年代中期的移民回流阶段，回流国内的希腊侨民人数增多，来自东欧、东南亚、北非地区的政治或经济移民也不断增加；三是80年代末以后的移民输入阶段，随着东欧剧变、苏联解体、希腊经济的快速发展和希腊相对宽松的移民政策，希腊国内的外来移民数量与日俱增，移民占全部人口的比重越来越大，希腊成为名副其实的移民输入国，尤其是近五年来受中东局势影响，越来越多的难民涌入希腊等南欧国家。进入希腊的移民总体可分为回流的希腊侨民和迁入的外国人两大群体，本文的研究对象为移居希腊而不拥有希腊国籍的外来移民。

希腊国内已有相当多的学者研究外来移民的就业现状。移民主要从

* 王群，上海外国语大学西方语系希腊语专业讲师。

① 丁福金，“希腊移民及政策研究”，华东师范大学，2010年，第15页。

事低技术要求的服务业和手工制造业①,移民的工作性质由其受教育程度和掌握的技艺决定②,移民取得的工作报酬常常会低于希腊本国居民③,移民多从事本地居民不愿做的低端工作④。外来移民给希腊社会经济带来了积极影响,推动了经济发展,开创了新的行业,提高了服务质量⑤,甚至移民的就业带来所在地区的人均 GDP 产值增加⑥。本文将先从希腊外来移民的概况着手,进而分析其就业现状和对希腊社会经济的影响。

一、希腊外来移民概况

希腊统计局(Hellenic Statistical Authority)2011 年进行的人口普查显示,希腊总人口为 10,816,286 人,不拥有希腊国籍的外来移民为 912,000 人,占总人口的 8.4%。外来移民中男性 466,947 名,女性 445,053 名;拥有欧盟国家国籍的人数为 199,121 名,拥有其他国家国籍的人数为 706,174 名,国籍不详的人数为 6,705 名。⑦

从表 1 中可以看到希腊外来移民的年龄占比和在希腊的地区分布情况:20—59 岁的青壮年劳动力占希腊外来移民总数的 71.9%;57.3%的

① Demoussis, Michael, Giannakopoulos, N. & Zografakis, S., "Native-immigrant wage differentials and occupational segregation in the Greek labour market", *Applied Economics*, 2008.

② Cholezas, I. and Tsakloglou, P., "The Economic Impact of Immigration in Greece: Taking Stock of the Existing Evidence", *IZA Discussion Paper*, No. 3754, 2008.

③ Lianos, T. P., Sarris, A. H. & Katseli, L. T., "Illegal Immigration and Local Labour Markets: The Case of Northern Greece", *International Migration*, 34, 1996.

④ Fakiolas, R. "Socio-Economic Effects of Immigration in Greece", *Journal of European Social Policy*, vol. 9(3), 1999.

⑤ Labrianidis, L., A. Lyberaki, P. Tinios and P. Hatziprokopiou, "Inflow of Migrants and Outflow of Investment: Aspects of Interdependence between Greece and the Balkans", *Journal of Ethnic and Migration Studies*, 30(6), 2004.

⑥ Lianos, T. P., "Illegal Migrants to Greece and their Choice of Destination", *International Migration*, 35(2), 2001.

⑦ 数据来源:http://www.statistics.gr/el/statistics/-/publication/SAM03/2011,访问日期:2016-02-11。

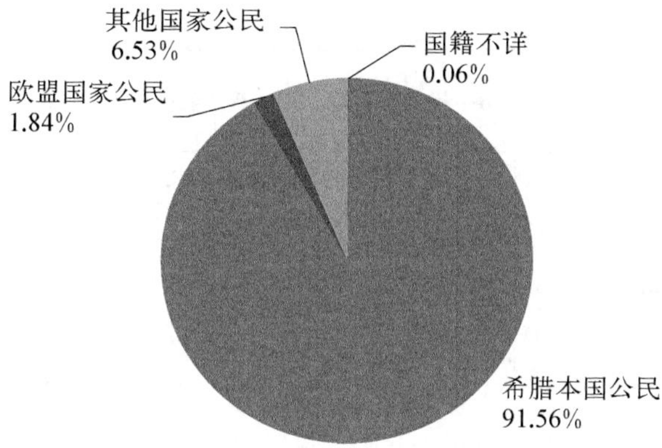

图 1　2011 年希腊常住人口的国籍统计

希腊外来移民分布在首都雅典所在的阿提卡大区和第二大城市萨洛尼卡所在的中马其顿大区。为了寻求更多的工作机会，大部分移民居住在城市地区。

表 1　希腊 2011 年人口普查之外来移民年龄和地区分布情况①

希腊行政大区	总计	0—9	10—19	20—29	30—39	40—49	50—59	60—69	70+
东马其顿和色雷斯	21, 956	2, 269	2, 358	4, 618	5, 362	3, 947	2, 063	842	497
中马其顿	116, 918	14, 619	13, 798	22, 899	28, 378	19, 910	11, 201	3, 879	2, 234
西马其顿	11, 598	1, 580	1, 648	2, 242	2, 695	2, 070	942	281	140
伊庇鲁斯	18, 979	2, 153	2, 591	4, 212	3, 901	3, 063	1, 815	711	533
色萨利	44, 575	6, 288	5, 795	8, 961	10, 785	7, 317	3, 374	1, 375	680
中部希腊	51, 538	6, 157	5, 881	11, 703	13, 458	8, 822	3, 840	1, 182	395
爱奥尼亚群岛	23, 813	2, 647	2, 436	4, 199	5, 348	4, 147	2, 745	1, 595	696
西部希腊	41, 475	4, 378	5, 040	9, 737	10, 199	6, 887	3, 446	1, 187	601

① 数据来源：http://www. statistics. gr/el/statistics/-/publication/SAM03/2011，访问日期：2016－02－11。

续　表

希腊行政大区	总计	0—9	10—19	20—29	30—39	40—49	50—59	60—69	70+
伯罗奔尼撒	61, 902	7, 141	6, 881	13, 509	15, 356	10, 287	5, 344	2, 294	1, 090
阿提卡	405, 831	42, 722	39, 871	82, 417	97, 758	73, 507	44, 002	16, 109	9, 445
北爱琴海	12, 334	1, 585	1, 506	2, 525	2, 895	1, 942	1, 135	522	224
南爱琴海	37, 746	4, 695	3, 790	7, 446	9, 213	6, 582	3, 731	1, 620	669
克里特	63, 335	8, 043	6, 821	12, 575	15, 094	10, 642	6, 014	3, 158	988
总　计	912, 000	104, 277	98, 416	187, 043	220, 442	159, 123	89, 652	34, 755	18, 192

在图 2 和表 2 中，我们能看到希腊统计局在 2011 年人口普查时对希腊外来移民来源国的调查结果：52.7%的外来移民为阿尔巴尼亚人，其次所占比例较高的是保加利亚人（8.3%）。希腊移民来源国多为邻近国家（如罗马尼亚、埃及、突尼斯、阿尔及利亚、摩尔多瓦等）、中东欧部分国家（如乌克兰、波兰、格鲁吉亚、俄罗斯等）、希腊侨民聚居国（德国、英国、澳大利亚、塞浦路斯、美国等），以及亚洲、美洲非发达国家或战乱国家（如巴基斯坦、阿富汗、叙利亚、巴西等）。来自同一国家的移民性别比也呈现多样化的态势，来自保加利亚、乌克兰、俄罗斯、摩尔多瓦、格鲁吉亚和菲律宾等国的移民中女性远多于男性，而来自埃及、印度、巴基斯坦、孟

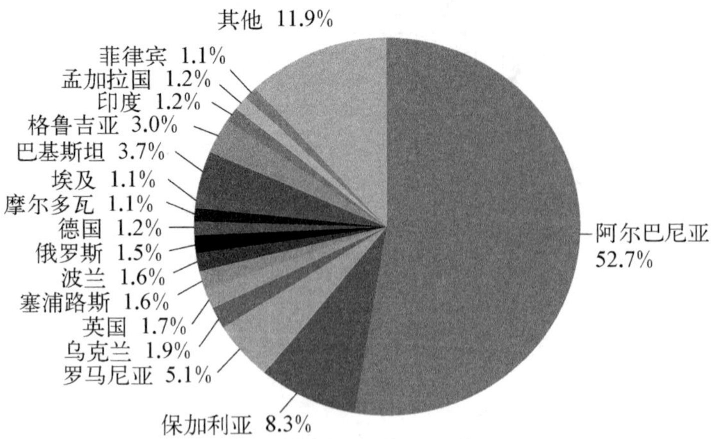

图 2　2011 年希腊外来移民来源国统计

表 2　2011 年希腊人口普查之外来移民来源国统计①

地　区	国　家	男　性	女　性	总　数	百分比
欧　洲	阿尔巴尼亚	255, 541	225, 310	480, 851	52. 72%
	保加利亚	28, 687	47, 230	75, 917	8. 32%
	罗马尼亚	21, 004	25, 520	46, 524	5. 10%
	乌克兰	3, 602	13, 406	17, 008	1. 86%
	英　国	6, 530	8, 858	15, 388	1. 69%
	塞浦路斯	7, 295	7, 153	14, 448	1. 58%
	波　兰	5, 412	8, 733	14, 145	1. 55%
	俄罗斯	2, 782	11, 027	13, 809	1. 51%
	德　国	4, 138	6, 644	10, 782	1. 18%
	摩尔多瓦	3, 257	7, 134	10, 391	1. 14%
	其　他	10, 987	19, 115	30, 102	3. 30%
非　洲	埃　及	8, 044	2, 411	10, 455	1. 15%
	其　他	10, 195	5, 200	15, 395	1. 69%
亚　洲	巴基斯坦	32, 714	1, 464	34, 178	3. 75%
	格鲁吉亚	9, 243	18, 164	27, 407	3. 01%
	印　度	9, 030	2, 303	11, 333	1. 24%
	孟加拉国	10, 299	777	11, 076	1. 21%
	菲律宾	2, 982	6, 825	9, 807	1. 08%
	其　他	26, 979	17, 494	44, 473	4. 88%
北美洲		3, 223	4, 025	7, 248	0. 79%
中南美洲		743	1, 821	2, 564	0. 28%
大洋洲		856	1, 138	1, 994	0. 22%
国籍不详		3, 404	3, 301	6, 705	0. 74%

加拉国等国的移民中男性远多于女性。

在表 3 中，我们能看到希腊统计局 2014 年对希腊外来移民迁入原因

① 数据来源：http://www. statistics. gr/el/statistics/-/publication/SAM03/2011（访问日期 2016 - 02 - 11）

表 3　2014 年希腊外来移民迁入原因①

		总　计	工　　作		家庭团聚		学　　习		避　　难		其他原因	
性别	男　性	284, 054	181, 269	63. 8%	43, 904	15. 5%	4, 663	1. 6%	1, 216	0. 4%	53, 002	18. 7%
	女　性	304, 271	120, 730	39. 7%	118, 502	38. 9%	2, 670	0. 9%	350	0. 1%	62, 019	20. 4%
年龄	15—24	72, 870	13, 138	18. 0%	43, 423	59. 6%	3, 339	4. 6%	174	0. 2%	12, 796	17. 6%
	25—34	162, 007	74, 995	46. 3%	50, 714	31. 3%	1, 987	1. 2%	240	0. 1%	34, 071	21. 0%
	35—44	174, 911	105, 979	60. 6%	35, 491	20. 3%	1, 036	0. 6%	652	0. 4%	31, 753	18. 2%
	45—54	124, 337	78, 728	63. 3%	21, 564	17. 3%	971	0. 8%	499	0. 4%	22, 574	18. 2%
	55—64	54, 200	29, 159	53. 8%	11, 215	20. 7%	0	0. 0%	0	0. 0%	13, 826	25. 5%
来源国	欧盟国家	105, 810	50, 309	47. 5%	24, 115	22. 8%	2, 070	2. 0%	93	0. 1%	29, 223	27. 6%
	其他欧洲国家	405, 023	211, 210	52. 1%	127, 609	31. 5%	3, 335	0. 8%	378	0. 1%	62, 490	15. 4%
	非洲国家	13, 864	6, 743	48. 6%	2, 473	17. 8%	525	3. 8%	0	0. 0%	4, 122	29. 7%
	亚洲国家	56, 367	32, 810	58. 2%	6, 559	11. 6%	1, 403	2. 5%	1, 095	1. 9%	14, 500	25. 7%
	美洲大洋洲	7, 262	926	12. 8%	1, 651	22. 7%	0	0. 0%	0	0. 0%	4, 685	64. 5%
	总　计	588, 326	301, 999	51. 3%	162, 407	27. 6%	7, 333	1. 2%	1, 566	0. 3%	115, 021	19. 6%

① 数据来源：http://www. statistics. gr/statistics/-/publication/SJO27/-（访问日期 2016/02/20）

的调查结果：受调查的外来移民中 51.3%的人是为了工作的原因来到希腊，主要以青壮年劳动力为主。此外，男性的工作比例比女性高，女性和儿童更多是出于家庭团聚的原因迁入希腊。

根据希腊统计局 2015 年 9 月公布的《2014 年外来移民及后代在劳动力市场的地位调查报告》，我们可以看到希腊外来移民的就业状况和受教育水平：超过一半的移民拥有工作，同时移民的失业率也高达 26.92%。大部分外来移民的受教育水平不高，只有小学或初高中文凭，仅有 13.39%的移民拥有大学以上学历。

表 4　希腊外来移民就业状况和受教育水平①

		生于国外父母双方为希腊人	生于国外父母一方为外国人	生于国外父母双方为外国人	生于国外父母国籍不详	总　计	
		数量	数量	数量	数量	数量	百分比
就业状况	工作中	5, 832	4, 891	254, 124	61, 158	326, 005	50. 35%
	失业	3, 168	3, 984	141, 059	26, 093	174, 304	26. 92%
	无劳动能力	4, 267	5, 212	116, 194	21, 533	147, 206	22. 73%
受教育水平	文盲	0	434	8, 166	1, 335	9, 935	1. 53%
	小学	4, 303	4, 149	229, 646	41, 653	279, 751	43. 20%
	初高中	6, 349	4, 805	213, 233	46, 717	271, 104	41. 87%
	大学	2, 614	4, 698	60, 331	19, 079	86, 722	13. 39%
总　计		13, 266	14, 086	511, 376	108, 784	647, 512	

二、希腊外来移民就业现状

（一）就业总体状况

根据希腊统计局发布的 2014 年第二季度劳动市场报告，3, 539, 085

① 数据来源：http://www. statistics. gr/statistics/-/publication/SJO27/-(访问日期 2016/02/20)

名就业人员中有 362,282 名外来移民，占就业总人数的 10.4%。其中，65.3%的就业移民为领取薪酬的雇员，超过 50%的在就业移民在雅典所在的阿提卡大区、萨洛尼卡所在的中马其顿大区和南爱琴海海岛上。在表 5 中我们可以看出，外来移民最主要的就业行业依次为是住宿和餐饮业（16.63%）、商业（16.24%）、建筑业（12.33%）以及制造工业（10.81%）。在希腊的个体私营企业和建筑行业中，外来移民的就业比例分别达到 82.83%和 30.3%。

表 5　2014 年第二季度希腊外来移民就业行业调查结果①

行　　业	人　数	全国同行业人数占比	移民总人数占比
农业/林业/渔业	34,638	7.70%	9.56%
采　矿	475	4.12%	0.13%
工业制造	39,145	12.43%	10.81%
电力天然气	333	1.19%	0.09%
供水和垃圾处理	347	1.38%	0.10%
建　筑	44,670	30.30%	12.33%
商　业	58,833	9.53%	16.24%
运输存储	10,707	6.30%	2.96%
住宿餐饮	60,244	20.21%	16.63%
信息传媒	3,871	5.18%	1.07%
金融保险	3,302	3.47%	0.91%
房地产	129	5.58%	0.04%
科学技术	8,307	4.52%	2.29%
社会福利保障	18,912	22.15%	5.22%
公共管理	4,121	1.31%	1.14%
教　育	9,068	3.12%	2.50%

① 数据来源：http://www.statistics.gr/statistics/-/publication/SJO27/-（访问日期 2016/02/20）

续　表

行　　业	人　数	全国同行业人数占比	移民总人数占比
医疗卫生	12, 497	6. 03%	3. 45%
艺术、娱乐	5, 810	12. 03%	1. 60%
其他服务业	7, 962	11. 29%	2. 20%
私营个体	38, 663	82. 83%	10. 67%
外事机构	251	20. 78%	0. 07%
总　计	362, 282	10. 40%	100. 00%

不同国家和不同性别的外来移民就业方向不太一致，因此在某种程度上外来移民之间的就业竞争氛围不强。例如，保加利亚和印度男性更多从事农业工作，巴基斯坦和乌克兰男性多就业于制造业，近80%的土耳其、波兰和亚美尼亚男性在建筑行业工作，德国和澳大利亚男性多从事房地产工作，①阿尔巴尼亚、保加利亚、乌克兰、格鲁吉亚、罗马尼亚和波兰的女性多在个体私营企业工作，菲律宾女性几乎多从事家政或手工制作，美国、英国、俄罗斯的女性多从事住宿和餐饮业以及手工制造业，塞浦路斯的女性主要从事教育和医疗卫生行业。②

在希腊统计局发布的《2014年外来移民及后代在劳动力市场的地位调查报告》中涉及了外来移民从事的职业调查，从中我们可以看到：30. 6%的外来移民从事的是无专业技术要求的初级和体力工作（建筑工人、手工个人）；24. 83%的人是服务业人员（售货员、餐馆工人、旅社服务员、家政工人等）；19. 45%的人是在各种工厂或个体私营企业工作的技术工人。

① Αικατερίνη Ψαράκη, Βασιλική Χατζηδάκη, "Η Οικονομική μετανάστευση σε Ελλάδα και Ευρώπη: Μια ματιά στο τότε και στο σήμερα", Σχολή Διοίκησης και Οικονομίας, 2014, σελίδα 50.

② Παναγιώτης Αμανατίδης, "Οικονομικές δραστηριότητες μεταναστών και η συμβολή τους στο περιφερειακό Ακαθάριστο Εθνικό Προϊόν: Μελέτη περίπτωσης της Περιφέρειας Ιονίων Νήσων", Εθνική Σχολή Τοπικής Αυτοδιοίκησης, 2008, σελίδα 32.

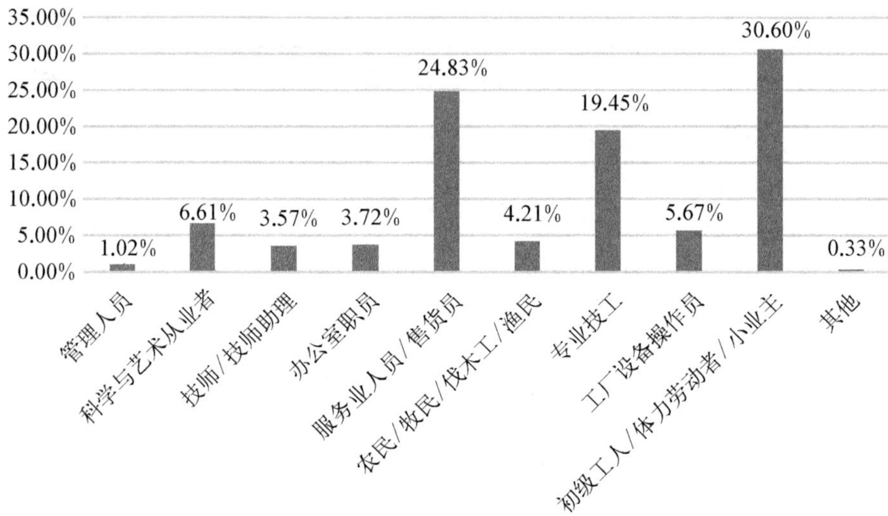

图 3　2014 年希腊外来移民从事的职业调查结果

（二）就业的方式

希腊统计局在《2014 年外来移民及后代在劳动力市场的地位调查报告》中对移民的就业方式和途径进行了详细分析。从中我们可以看到，不论性别、年龄和学历，希腊外来移民最常见的就业方式是亲戚、朋友的介绍。外来移民倾向于以国别为单位组成社团，互相介绍工作，来自同一国家的移民在就业的领域和地区分布上趋同。从年龄上来看，年轻移民（25—44 岁）主要通过网络、报纸、面试等更现代化的途径就业，他们学习和适应能力更强，在劳动力市场上竞争力更大。在学历上来看，学历越高的外来移民会更多地参加工作培训，学习新技艺并成功就业；文化程度越高的移民也更容易利用网络和报纸等途径找到工作。

（三）阻碍外来移民就业的原因分析

希腊统计局发布的《2014 年外来移民及后代在劳动力市场的地位调查报告》对阻碍外来移民就业的原因进行了抽样调查和分析。数据显示：不论性别、年龄、学历和就业状况，希腊外来移民在就业时最常遇到的障碍是种族歧视或宗教歧视，希腊语语言水平低是阻碍外来移民在希腊就

表 6　希腊外来移民就业方式和途径①

		未回答	报纸与网络	亲戚、朋友介绍	就业办	猎头	工作培训机构	参加面试	雇主直接招聘	其他方式
性别	男　性	7.8%	8.6%	29.1%	1.0%	0.1%	3.8%	10.3%	1.9%	37.4%
	女　性	8.2%	11.7%	29.7%	1.8%	0.5%	3.6%	8.8%	2.3%	33.6%
年龄	15—24	8.2%	9.0%	39.6%	3.9%	0.2%	4.7%	9.5%	3.2%	21.8%
	25—34	9.3%	13.0%	33.1%	2.2%	0.2%	3.9%	11.5%	2.4%	24.4%
	35—44	8.2%	11.5%	28.1%	1.2%	0.2%	3.7%	10.5%	2.1%	34.5%
	45—54	6.9%	7.8%	27.6%	0.7%	0.4%	3.9%	9.1%	1.8%	41.8%
	55—64	7.2%	5.0%	25.9%	0.5%	0.2%	2.8%	5.3%	1.6%	51.5%
学历等级	文　盲	5.7%	3.7%	27.8%	0.0%	0.5%	0.0%	2.8%	3.0%	56.4%
	小　学	8.7%	4.6%	37.2%	0.8%	0.2%	0.3%	9.3%	2.0%	36.8%
	初高中	7.6%	11.2%	33.4%	1.6%	0.3%	1.6%	10.6%	1.9%	31.7%
	大　学	7.9%	12.3%	18.5%	1.3%	0.3%	9.0%	8.8%	2.3%	39.7%

① 数据来源：http://www.statistics.gr/statistics/-/publication/SJO27/，访问日期：2016/02/20。

业的第二大因素，未获得希腊国籍或居留证也是影响移民就业的重要因素。当然，希腊经济危机是阻碍外来移民就业的重要外部原因。

表 7　阻碍希腊外来移民就业的原因①

		希腊语水平低	学历不受认可	无希腊工作居留证	种族或宗教歧视	其他原因	未回答
性别	男性	23.5%	11.4%	16.1%	39.1%	60.5%	4.1%
	女性	30.1%	14.5%	19.2%	35.3%	58.2%	4.5%
年龄	15—24	17.9%	1.7%	20.2%	35.1%	63.8%	8.3%
	25—34	36.6%	9.2%	21.3%	40.6%	57.5%	2.1%
	35—44	28.9%	16.6%	18.4%	38.5%	56.3%	4.2%
	45—54	24.5%	17.3%	13.7%	38.6%	62.3%	3.3%
	55—64	21.2%	20.0%	15.1%	24.2%	57.3%	6.2%
学历等级	文盲	33.2%	0.4%	18.9%	45.4%	60.0%	4.5%
	小学	27.6%	4.7%	21.1%	45.2%	57.4%	4.7%
	初高中	22.4%	6.9%	17.8%	35.6%	66.1%	5.5%
	大学	32.2%	43.5%	13.8%	25.4%	46.7%	1.3%
就业状况	工作中	26.3%	28.9%	21.0%	34.3%	49.8%	1.4%
	失业	25.5%	9.1%	16.8%	39.6%	61.9%	6.3%
	无劳动能力	31.4%	7.5%	17.1%	34.3%	62.2%	2.9%
* 该调查为多选项回答，因此比例总和会超过 100%。							

具体来说，在希腊语水平方面，根据希腊统计局 2014 年针对外来移民做的希腊语水平调查报告显示，未受过教育的外来移民中 54.8%的人表示“只简单掌握希腊语”，而处在同一语言水平、拥有小学学历的移民人数占 36.9%。相对而言，拥有高中学历和大学学历的移民分别有 50.3%和 47.9%的人表示“希腊语说得不错”。由于大部分希腊外来移民受教育

① 数据来源：http://www.statistics.gr/statistics/-/publication/SJO27/，访问日期：2016/02/20。

程度不高,希腊语语言水平低成为他们就业的一大障碍。

对于拥有高等教育背景的外来移民来说,最大的就业障碍是学历不受认可。根据希腊第3328/2005号法律①的规定,希腊外来移民在希腊境外取得的高等学历证书需要送交希腊国家学历认证中心(Hellenic National Academic Recognition and Information Center)进行认证。学历认证的程序繁琐,所需材料繁多。若是移民所受高等教育的教学内容、学习时数、考试方式不符合希腊同等学历的认证标准,或是希腊没有开设过外来移民所学的专业,则学历认证很可能会失败,从而间接阻碍拥有高等学历的外来移民在希腊就业或深造。

三、外来移民对希腊社会的影响

许多经济学家研究了外来移民对本国经济发展、劳动力市场、居民收入和生产效率等方面的影响。希腊作为一个中等发达国家,外来移民给希腊社会既有积极影响,也有消极影响。

(一)积极影响

首先,外来移民为希腊劳动力市场注入新的活力,缓解了希腊劳动力短缺的状况。希腊对劳动力需求旺盛的行业一般表现为工作不稳定(弹性制或季节性)、技术要求低、工作强度大、工资待遇差。② 希腊本国公民一般不愿意从事危险性的、待遇差的或危害健康的体力活(如冶炼工、清洁工、护工、保姆、畜牧工人、渔民等),大量外来青壮年移民的涌入弥补了劳动力市场的空缺,大大促进了希腊个体经营经济和家庭经济的发展,也

---

① ΝΟΜΟΣ 3328/2005 — ΦΕΚ 80/Α/1. 4. 2005 με τίτλο "*Διεπιστημονικός Οργανισμός Αναγνώρισης Τίτλων Ακαδημαϊκών και Πληροφόρησης και άλλες διατάξεις*".

② Κώστας Παππάς, "Μεταν άστες, οικονομική δραστηριότητα και τοπικές αγορές εργασίας της υπαίθρου", Πανεπιστήμιο Ιωαννίνων, 2008, σελίδα 8.

丰富了希腊服务业的行业种类。另外，一系列调查显示，外来移民并未像预期地那样对希腊本国公民就业造成冲击。①

其次，外来移民的低薪需求降低了希腊产品的生产成本，从而提高了希腊产品的国际市场竞争力。外来移民的就业推动了希腊 GDP 的增长，拉动了希腊国内的消费。

再次，外来移民为希腊社保体系不断提供新鲜血液，增强了希腊社保制度延续的稳定性。据希腊移民政策研究所（Hellenic Migration Policy Institute）的调查，希腊外来移民平均收入的 11%缴纳给希腊社会保障机构。② 由于外来移民以青壮年为主，在医疗保险和退休养老金的花费需求低，对目前希腊负担沉重的社保体系来说，是很重要的收入来源群体。

最后，外来移民延缓了希腊的老龄化进程，改善了希腊人口结构。根据希腊统计局的数据，希腊出生人数自 2008 年后逐年下降（如图 3 所示），与此同时，希腊郊区和农村人口老龄化问题益发突出，而居住在希腊郊区和农村的外来移民解决了生产劳动力匮乏的问题，为希腊郊区和农

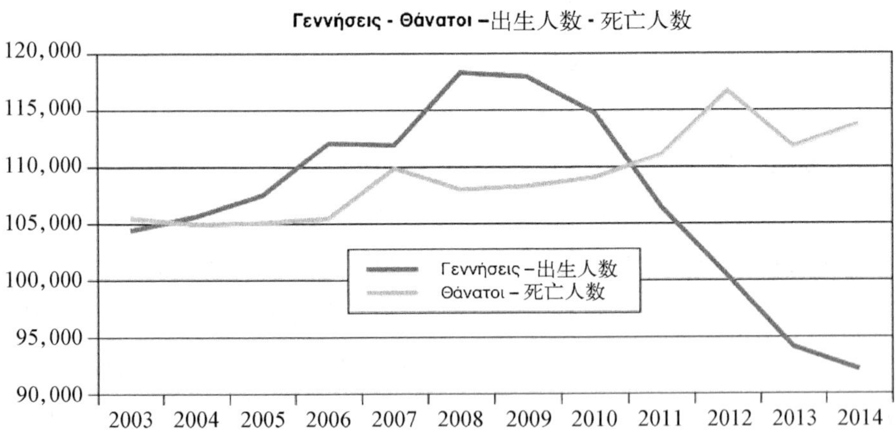

图 3　希腊 2003—2014 年出生人数和死亡人数趋势图

① Θεόδωρος ΄Ανθης, “Οι επιπτώσεις της μετανάστευσης στην Ελληνική αγορά εργασίας”, Πανεπιστήμιο Πατρών, 2009, σελίδα 55.

② Αικατερίνη Ψαράκη, Βασιλική Χατζηδάκη, “Η Οικονομική μετανάστευση σε Ελλάδα και Ευρώπη: Μια ματιά στο τότε και στο σήμερα”, Σχολή Διοίκησης και Οικονομίας, 2014, σελίδα 56.

村的经济持续发展作出了很大贡献。

（二）消极影响

首先，大量低技能、低文化程度的外来移民涌入希腊，既不利于希腊行业的技术升级，也拉低了行业的平均工资待遇。据统计，外来移民的就业使得希腊本国公民的整体工资待遇降低了6%左右。① 在希腊遭受经济危机的时期，用工低廉的外来移民也影响了希腊本国低技能公民的就业。

其次，相当数量的非法移民是希腊社会经济发展的不稳定因素。这部分非法移民没有合法居留证而非法停留在希腊境内，因不能合法就业，还会影响就业秩序和社会稳定。

四、结　　语

一方面，希腊外来移民群体的人数不断增加，是希腊劳动力市场的重要补充，为希腊社会和经济带来很多积极的影响；另一方面，外来移民背井离乡，远离熟悉的家庭和社会环境移居希腊，受教育水平低、专业技艺的缺失和社会保障的缺乏给移民们带来许多挑战。因此，希腊政府需要进一步完善移民政策，增强对移民的职业培训，提高移民的社会地位，健全移民的各项福利保障制度，才能让外来移民更好地融入希腊社会，为希腊经济发展作出更大贡献。

① Αικατερίνη Ψαράκη, Βασιλική Χατζηδάκη, "Η Οικονομική μετανάστευση σε Ελλάδα και Ευρώπη: Μια ματιά στο τότε και στο σήμερα", Σχολή Διοίκησης και Οικονομίας, 2014, σελίδα 56.

第五节

希腊社会福利制度下的移民生存现状——教育、住房和社会保障

王　群*

自 20 世纪 90 年代以来，来自巴尔干地区和苏联的大量移民涌入希腊，希腊由历史上的移民输出国转变成欧盟的移民输入大国。希腊统计局 2011 年人口普查的数据显示，当年希腊境内的外来移民数量为 912, 000 人，占总人口的 8. 4%。① 近几年中东战乱，大量难民将希腊作为进入欧洲的通道，尤其 2015 年涌入希腊的叙利亚难民剧增。有希腊学者将希腊的外来移民分为四类：合法移民、希腊侨民、难民和非法移民。② 合法移民是指拥有居住许可证且合法地居住在希腊境内的移民；希腊侨民是指迁回希腊的希腊移民、以前的政治难民或侨民后代；难民是指因本国战乱或其他原因来希腊寻求政治避难或人道主义庇护等的人群；非法移民是指不拥有居住许可证或许可证已过期而非法停留在希腊境内的移民。希腊历经多年经济危机，本国公民所享受的社会福利因政府推行紧缩财政政策而被大幅削减。在此背景下，希腊境内的外来移民和难民的生活是怎么样的呢？本文将从教育、住房和社会保障三方面来研究希腊外来移民在现有希腊社会福利制度下的生存现状和所遇问题，并介绍希腊相应的社会福利政策。

---

* 王群，上海外国语大学西方语系希腊语专业讲师。

① 数据来源：http://www. statistics. gr/el/statistics/-/publication/SAM03/2011，访问日期：2016 - 02 - 11。

② Pandelis Kiprianos, Stathis Balias, Vaggelis Passas, "Greek Policy towards Immigration and Immigrants", Social Policy and Administration, 37 (2), 2003, pp. 148 - 164.

一、希腊外来移民及后代的教育和培训状况

（一）针对希腊成年外来移民的教育和培训状况

根据希腊统计局在 2011 年人口普查希腊外来移民文化程度的调查结果(见表 1)：30.7%的移民有普通高中或职业高中的学历;20.42%的移民有初中或职业初中的学历;18.7%的移民有小学学历;仅有 9.56%的移民有大学以上学历。此外,对于外来移民来说,掌握希腊语是移民顺利融入希腊社会的必要条件。希腊统计局发布的《2014 年外来移民及后代在劳动力市场的地位调查报告》中对外来移民希腊语掌握程度的调查显示：文化程度越低,希腊语水平越低;在职和失业的外来移民都只有一半左右的人拥有较高的希腊语水平。除去返回希腊的侨民群体,来自欧洲的移民比来自非洲和亚洲的外来移民拥有更高的希腊语水平。

表 1　2011 年希腊外来移民文化程度调查①

	欧盟国家	欧盟外	非洲	美洲	亚洲	大洋洲	总计	百分比
博士	875	192	37	156	147	10	1,417	0.16%
硕士	2,723	695	113	541	599	49	4,720	0.52%
本科	22,158	26,629	2,554	2,064	13,237	308	66,950	7.40%
专科	4,019	6,854	340	286	1,869	77	13,445	1.49%
职业高中	18,282	28,998	1,405	1,116	8,054	1,256	58,111	6.42%
高中	62,120	117,185	6,528	2,856	30,555	559	219,803	24.28%
技术学校	4,812	6,911	356	146	1,657	37	13,919	1.54%
初中	28,435	117,736	3,282	844	20,416	227	170,940	18.88%
小学	26,603	106,584	4,931	812	30,092	284	169,306	18.70%
小学肄业	4,453	9,120	1,632	100	7,701	35	23,041	2.55%
学前教育	9,026	48,142	1,307	433	4,837	86	63,831	7.05%

① 数据来源：http://www.statistics.gr/el/statistics/-/publication/SAM03/2011，访问日期：2016/02/11。

续 表

	欧盟国家	欧盟外	非洲	美洲	亚洲	大洋洲	总计	百分比
文盲	5,720	13,070	1,638	106	13,051	19	33,604	3.71%
未回答	9,895	48,128	1,727	352	6,059	47	66,208	7.31%

希腊统计局在《2014年外来移民及后代在劳动力市场的地位调查报告》中指出，外来移民的文化程度和希腊语水平是影响移民在希腊就业的重要因素。

在学历方面，拥有高等学历的外来移民可以根据希腊第3328/2005条法律①的规定，将自己在希腊境外取得的高等学历证书送交希腊国家学历认证中心（Hellenic National Academic Recognition and Information Center）进行认证。外来移民可凭认证通过后的学历在希腊就业或继续深造。此外，希腊拥有比较完善的成人职业技术培训体系和终身学习制度，文化程度较低的成年外来移民若是持有失业证明，可以参加各级职业培训中心提供的语言和技术培训课程并获得资格证书。然而受希腊语语言水平不足的影响，很多外来移民不能很好地受益于希腊成人职业技术培训体系。

在希腊语言学习方面，希腊境内的许多院校、文化推广机构、非政府组织和语言培训学校等都为外来移民提供希腊语言、文化和历史等方面的课程，从而提高外来移民的希腊语水平，增强移民对希腊文化和历史的了解。比如希腊雅典大学、萨洛尼卡大学、帕特拉大学等都有专门的对外希腊语教学中心，定期组织各类语言培训班和历史文化讲座。外来移民在学完希腊语课程后可以报名参加由希腊教育部下属的希腊语言中心（Greek Language Centre）组织的官方希腊语等级考试，并获得相应的希腊语语言水平证书。希腊教育部为了促进移民的融入进程，在2009年对希腊语等级考试进行了改革，降低了考试难度。在表3中我们可以看到希

① ΝΟΜΟΣ 3328/2005 — ΦΕΚ 80/Α/1. 4. 2005 με τίτλο "*Διεπιστημονικός Οργανισμός Αναγνώρισης Τίτλων Ακαδημαϊκών και Πληροφόρησης και άλλες διατάξεις*".

表 2　2014 年希腊外来移民希腊语水平调查①

	总　计	母　语		很　好		一　般		入　门		未回答	
		数量	%	数量	%	数量	%	数量	%	数量	%
文　盲	9, 935	815	8. 2%	1, 017	10. 2%	5, 446	54. 8%	1, 069	10. 8%	1, 588	16. 0%
小　学	282, 657	15, 290	5. 4%	104, 378	36. 9%	106, 328	37. 6%	13, 551	4. 8%	43, 109	15. 3%
初、高中	278, 633	35, 840	12. 9%	140, 151	50. 3%	61, 203	22. 0%	6, 227	2. 2%	35, 212	12. 6%
大　学	88, 491	19, 446	22. 0%	42, 348	47. 9%	16, 477	18. 6%	1, 731	2. 0%	8, 489	9. 6%
在　职	333, 021	37, 449	11. 2%	141, 065	42. 4%	100, 018	30. 0%	9, 029	2. 7%	45, 459	13. 7%
失　业	176, 876	15, 447	8. 7%	79, 015	44. 7%	54, 982	31. 1%	6, 335	3. 6%	21, 097	11. 9%
无工作能力	149, 819	18, 495	12. 3%	67, 814	45. 3%	34, 455	23. 0%	7, 214	4. 8%	21, 843	14. 6%
欧　盟	135, 911	30, 101	22. 1%	45, 254	33. 3%	36, 998	27. 2%	3, 515	2. 6%	20, 044	14. 7%
欧洲其他	432, 069	27, 046	6. 3%	221, 879	51. 4%	123, 798	28. 7%	9, 510	2. 2%	49, 835	11. 5%
非　洲	15, 965	2, 101	13. 2%	5, 230	32. 8%	4, 207	26. 4%	872	5. 5%	3, 555	22. 3%
亚　洲	61, 496	5, 128	8. 3%	13, 440	21. 9%	24, 093	39. 2%	8, 255	13. 4%	10, 579	17. 2%
美洲大洋洲	14, 276	7, 014	49. 1%	2, 092	14. 7%	359	2. 5%	426	3. 0%	4, 385	30. 7%
总　计	659, 716	71, 391	10. 8%	287, 894	43. 6%	189, 455	28. 7%	22, 578	3. 4%	88, 399	13. 4%

① 数据来源：http://www. statistics. gr/statistics/-/publication/SJO27/，访问日期：2016/02/20。

表 3　2014 年希腊外来移民参加希腊语课程情况①

		总　计	参　加		不需要参加		因其他原因不参加		未回答	
			数量	%	数量	%	数量	%	数量	%
文化程度	文　盲	9, 121	94	1. 0%	2, 623	28. 8%	4, 576	50. 2%	1, 828	20. 0%
	小　学	267, 367	29, 942	11. 2%	71, 280	26. 7%	119, 153	44. 6%	46, 991	17. 6%
	初高中	242, 793	47, 665	19. 6%	65, 896	27. 1%	89, 248	36. 8%	39, 984	16. 5%
	大　学	69, 045	14, 269	20. 7%	22, 604	32. 7%	21, 812	31. 6%	10, 360	15. 0%
就业状况	在　职	295, 572	35, 883	12. 1%	83, 967	28. 4%	124, 939	42. 3%	50, 783	17. 2%
	失　业	161, 429	27, 114	16. 8%	45, 096	27. 9%	65, 756	40. 7%	23, 462	14. 5%
	无劳动能力	131, 325	28, 973	22. 1%	33, 340	25. 4%	44, 094	33. 6%	24, 917	19. 0%
来源国	欧　盟	105, 810	9, 864	9. 3%	33, 575	31. 7%	40, 158	38. 0%	22, 214	21. 0%
	欧洲其他	405, 023	75, 854	18. 7%	110, 508	27. 3%	161, 526	39. 9%	57, 134	14. 1%
	非　洲	13, 864	1, 637	11. 8%	4, 410	31. 8%	4, 262	30. 7%	3, 555	25. 6%
	亚　洲	56, 367	3, 611	6. 4%	12, 445	22. 1%	28, 437	50. 4%	11, 875	21. 1%
	美洲大洋洲	7, 262	1, 004	13. 8%	1, 465	20. 2%	408	5. 6%	4, 385	60. 4%
总　　计		588, 326	91, 970	15. 6%	162, 403	27. 6%	234, 790	39. 9%	99, 163	16. 9%

① 数据来源：http://www. statistics. gr/statistics/-/publication/SJO27/,访问日期：2016/02/20。

腊统计局 2014 年对外来移民参加希腊语课程的调查情况，近 2/3 的希腊外来移民没有参加希腊语课程。文化程度越高的移民对希腊语课程的参与度越高，绝大多数小学及以下文化程度的外来移民或因学习能力或因学习费用等原因而没有参加希腊语课程；42.3%的在职移民和 40.7%的失业外来移民都因各种缘由没有参加过希腊语课程；来自亚洲和非洲的外来移民在希腊语课程参与度上低于来自欧洲、美洲和大洋洲的移民。总之，受语言水平、经济能力和工作时间所限，希腊外来移民面临着希腊语课程参与度不高、希腊语水平提高受限的现状。

（二）针对希腊未成年外来移民和移民后代的教育状况

20 世纪 90 年代，随着移民大潮涌入希腊，作为适龄学生的未成年移民人数也不断攀升，由 1996 年的 44,000 人上升到 2000 年的 86,000 人，随后再到 2003 年的 11,900 人。① 按照希腊第 2910/2001 号法律②第 40 条关于未成年外来移民就学的规定，每个未成年外来移民都可在希腊公立学校接受 9 年制的免费义务教育。完成初级和中级教育的外来移民还可以在希腊继续接受高等教育。根据希腊教育和宗教事务部提供的数据，在 2013—2014 学年希腊初级和中级教育体系中，共有 143,840 名外来移民学生，占当年希腊学生总数的 10.9%。③ 如图 1 所示，外来移民学生在幼儿园、小学、初中、职校、高中的人数分别为 17,253 人、67,410 人、32,477 人、13,143 人、13,557 人，其中小学人数占比最高，为移民学生总人数的 46.86%。④ 从小学到高中的外来移民学生数量呈现下降趋势，相当一部分学生不能顺利完成小学或初中学业。

---

① Ιωάννης Κυριάκου, “Στατιστικά δεδομένα για τους μετανάστες στην Ελλάδα”, Πάντειο Πανεπιστήμιο, 2004, σελίδα 21.

② Νόμος 2910/2001 με τίτλο «*Είσοδος και παραμονή αλλοδαπών στην Ελληνική Επικράτεια. Κτήση της ιθαγένειας με πολιτογράφηση και άλλες διατάξεις*».

③ 数据来源：http://www.statistics.gr/documents/20181/7d64aa2a-48c0-4269-b7a0-d850689aab06，访问日期：2016/02/11。

④ 数据来源：www.statistics.gr/documents/20181/752dcb36-aa5d-4115-9b2f-7f109c1afa03，访问日期：2016/02/11。

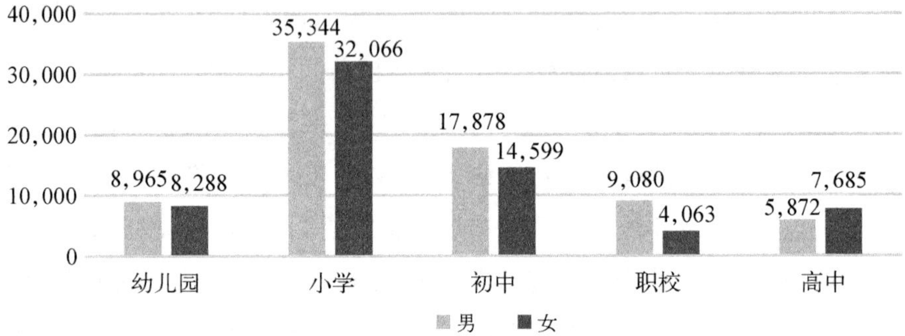

图 1　2013—2014 学年希腊初级和中级教育体系中外来移民学生数量统计

从表 4 中我们可以看到 2013 年希腊外来移民学生就读技术专科学校的专业选择情况。选择人数最多的三大专业是工商管理、医学护理、会计税务。男生多就读于电气自动化、电力能源、计算机技术、机械制造等专业;女生多选择工商管理、医学护理、会计税务等专业。这些都是技术专业性强、就业率相对高的专业,在一定程度上反映了年轻的希腊外来移民在受到良好教育后的就业愿景和方向。

表 4　2013 年希腊外来移民学生就读技术专科学校的专业选择情况①

就读专业	男	女	总　计	百分比
工商管理	589	1,046	1,635	16.97%
医学护理	200	834	1,034	10.74%
会计税务	312	515	827	8.59%
电气自动化	640	146	786	8.16%
电力能源	568	32	600	6.23%
计算机技术	297	218	515	5.35%
机械制造	389	39	428	4.44%
建筑工程	273	139	412	4.28%
全员总计	4,738	4,894	9,632	

① 数据来源:http://www.statistics.gr/statistics/-/publication/SJO27/,访问日期:2016/02/20。

希腊教育部早在 20 世纪 80 年代就开始关注外来移民学生的教育问题。根据 1894/1990 条法律①的规定，希腊教育部自 1990 年开始在希腊普通公立学校中建立外来移民学生接收班，为不懂希腊语的外来移民学生提供希腊语言、文化和历史课程。1994 年希腊教育部决定加大教育措施，聘请教师教授外来移民学生来源国的语言和文化，然而因经费原因，此项措施贯彻得不完全。1996 年在颁布第 2413/1996 条法律②后，希腊教育部提出建立以跨文化教育为主的专门学校，并在有外来移民学生的普通学校中实行交叉文化教育政策。③ 从 2003 年开始，希腊教育部推行针对希腊侨民子弟和外来移民学生的教育措施，在外来移民学生占大多数的学校中开设针对性的语言班，帮助希腊语基础为零的移民学生学习希腊语，让他们能更快融入希腊语的教学环境中；同时为希腊语水平稍好但学习落后的移民学生开设补习提高班，利用课后的时间由专门的老师辅导功课，帮助外来移民学生提高学习成绩，进而使他们更顺利地融入希腊社会。④

如今由于外来移民学生人数的增加改变了希腊的学生结构，多元文化差异成为了希腊教育体系的新特点，也构成了新挑战。由于语言、文化和宗教等方面的差异，外来移民学生很容易与希腊本土学生发生冲突，遭到排斥和歧视而被边缘化。因希腊语水平有限，外来移民学生多在学生年龄比自己小的班级学习，年龄的隔阂在一定程度上阻碍了外来移民学生融入希腊教育环境中。

虽然希腊教育界已经认识到文化差异给教育带来的挑战，不断调整了移民接收班和补习提高班的发展策略，但是还有很多工作要做。首先有必要在学校对外来移民学生教授来源国的语言和文化，其次需要加大

---

① ΝΟΜΟΣ ΥΠ ΄ΑΡΙΘ. 1894/1990. ΦΕΚ 110/Α/27. 8. 1990 με τίτλο «*Για την Ακαδημία Αθηνών και άλλες εκπαιδευτικές διατάξεις*».

② ΝΟΜΟΣ ΥΠ΄ΑΡΙΘ. 2413 με τίτλο «*Η ελληνική παιδεία στο εξωτερικό, η διαπολιτισμική εκπαίδευση και άλλες διατάξεις*».

③ 丁福金，“希腊移民及政策研究”，华东师范大学，2010 年，第 28 页。

④ Θεόδωρος Χριστοδούλου, “Μετανάστες και διαπολιτισμική εκπαίδευση στην Ελλάδα”, 12° Διεθνές Συνέδριο Πάτρας, 2009.

培养跨文化背景下的专门教师，另外还需要增加对外来移民学生教育的投入，将跨文化教育的措施推广到希腊所有学校，并覆盖从幼儿园到高中的整个教育阶段。①

二、希腊外来移民的住房状况

在住房方面，希腊政府对一般的外来移民没有特殊政策照顾，只有一类由地方辖区支付的归国住房津贴，提供给经济困难且超过 60 岁的希腊归国侨民或希腊血统新移民，金额大概为每月 35 欧(2001 年数据)。② 如图 2 所示，受访的 1,441 名外来移民中，81.6%的人居住在租赁房里，7.8%的人购买了住房，4.7%的人居住在雇工老板提供的宿舍里，2.1%的人借住亲朋家中。租赁房屋的外来移民平均支付的每月房租为 238 欧元，占受访的外来移民家庭月均净收入的 21.9%。如图 3 所示，每月房租低于 201 欧元的移民占比 41.5%，只有很少部分的移民支付的每月房租超过 400 欧元。大部分情况下，外来移民都以家庭或团体为单位实行群租以降低人均的房租支出。

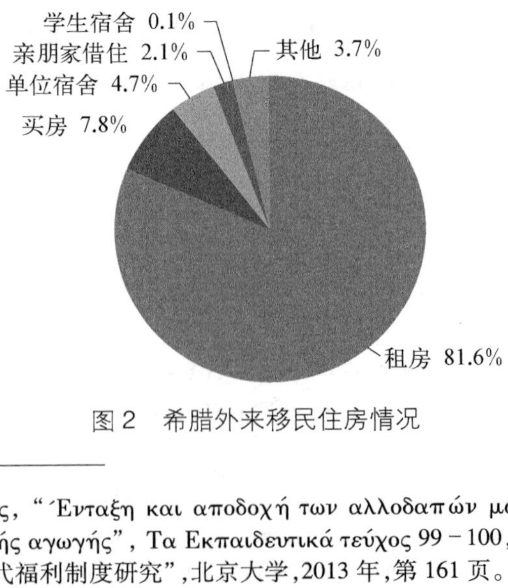

图 2　希腊外来移民住房情况

① Ηλίας Γεραρής, "Ένταξη και αποδοχή των αλλοδαπών μαθητών μέσω της διαπολιτισμικής αγωγής", Τα Εκπαιδευτικά τεύχος 99 – 100, 2007, σελίδα 26.
② 檀柯,"希腊现代福利制度研究",北京大学,2013 年,第 161 页。

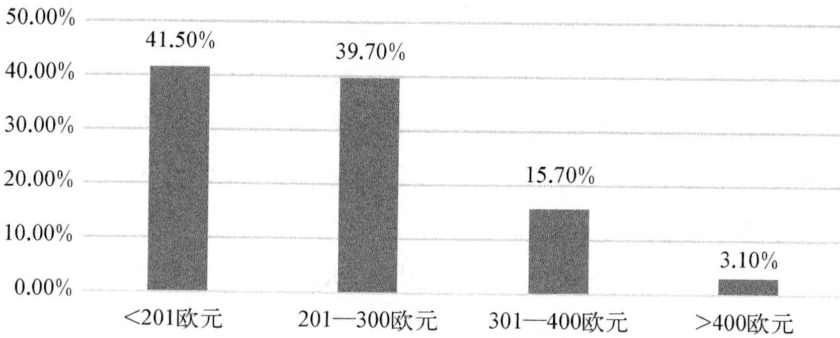

图 3　希腊外来移民每月房租支付情况

在受访的外来移民中，有 7.8%的人选择购买住房不动产，大多是出于与希腊人婚配的原因。在住房的购买方式上，34.5%的人是现金支付房屋全款，平均住房价格为 73,743 欧元。剩余的人向银行部分或全部借贷来支付房款，借贷的平均数额为 90,000 欧元，贷款平均周期为 18 年，每月平均还贷 360 欧元。①

来希腊寻求庇护的各类难民可以向希腊内政部难民管理局（Υπηρεσία Ασύλου）提出住房申请，在符合相关规定下暂时居住在相应的安置房或难民营内（直到领取难民身份证明），但是难民营生活条件较差，安置房规模有限，即便是利用废弃的场地设施也不能满足所有难民的居住要求。此外，希腊境内还有大量的非法移民，这类人群的住房状况无法准确统计。

三、希腊外来移民享有的社会保障状况

根据希腊第 4251 号法律②的规定，长期停留在希腊境内的外来移民均需办理居住许可证（´Αδεια διαμονής）。希腊的居住许可证有七大类：

① 檀柯，"希腊现代福利制度研究"，北京大学，2013 年，第 125 页。

② Νόμος 4251 με τίτλο «*Κώδικας Μετανάστευσης και Κοινωνικής ´Ενταξης και λοιπές διατάξεις*».

工作居住许可证；临时居住许可证；留学居住许可证；避难居住许可证；家庭团聚居住许可证；长期居住许可证；给偷渡者或人口交易受害者颁发的居住许可证。居住许可证到期后还需申请更新以保证其有效性。一般来说，外来移民在持有有效的居住许可证、依法纳税并参加了社会保障体系后才能在希腊享受部分社会福利。

希腊的外来移民主要在三个社会保障机构投保：希腊私营企业员工社保基金（I. K. A.）；农民社保基金（O. Γ. A）；自由职业者和个体户社保基金（O. A. E. E.）。此外，移民若想领取失业津贴也需参加希腊劳动力就业组织（O. A. E. Δ.）提供的失业保险。

已经在社保机构登记过的外来移民若想享受免费的基础医疗，需要先获得医保手册，而医保手册的发放需要移民在特定时间段缴满特定的保险天数。例如，I. K. A. 要求在登记后一年内有 50 天（按收入全额的比例缴纳）或 80 天（按收入一半数额的比例缴纳）的保险缴费记录。

在 2008 年的希腊外来移民参加社保情况的调查报告中，有工作许可证的外来移民在希腊社会保障局、农村社保组织和自由职业者社保组织投保的比例分别为 62.6%、13.1%、4.1%，此外，还有 17.4%的移民没有参加社保体系。① 已经参加社保的外来移民可以按照所交比例和所选种类享受相应的社会保障福利（法定疾病偿付、生育津贴、工伤津贴等），没有参加社保的移民则没法享受。

获取失业津贴的前提条件是在失业前 26 个月内的 24 个月里至少有 200 天中有保险缴费记录。② 希腊的大多数外来移民要么没有参加失业保险，要么不符合领取条件。在上述 2008 年的调查报告中，受访的 1,425 位外来移民中，只有 10 人领取过失业津贴。③

---

① Θεοδώρα Καραμανλή, "Η Επίδραση της μετανάστευσης στην αγορά εργασίας και στην εκπαίδευση στην Ελλάδα", Πανεπιστήμιο Μακεδονίας, 2008, σελίδα 136.

② 檀柯，"希腊现代福利制度研究"，北京大学，2013 年，第 155 页。

③ Θεοδώρα Καραμανλή, "Η Επίδραση της μετανάστευσης στην αγορά εργασίας και στην εκπαίδευση στην Ελλάδα", Πανεπιστήμιο Μακεδονίας, 2008, σελίδα 136.

根据希腊内政部难民管理局的规定，难民身份的申请者和获取者均可在希腊境内自由往来，享受免费医疗；未成年者可以入学，符合特定条件后还可以就业。难民在获取身份证明后还可免费得到为期三年的居住许可证，也可以申请将父母、配偶和子女接来希腊团聚。除了残障人员外，难民无法获得政府发放的任何种类的津贴。

对于没有有效居住许可证的非法移民，根据希腊第 2910/2001 条法律①的规定，非法移民不能获得任何希腊公共部门提供的服务，不能享受希腊政府提供的免费医疗服务和各类津贴，只能向非政府的人道救援组织（如无国界医生、红十字会、世界医生组织等）寻求免费的医疗帮助。

四、结　　语

综上所述，依据希腊现行的社会福利制度，合法的外来移民在符合条件的情况下可以享受教育和社会保障方面的某些福利，但总体上还是处在弱势地位。一是受经济危机和国内民众对移民态度的影响，希腊政府并不会给移民群体太多投入；二是移民自身的文化程度和技能有限，工作不稳定，平均收入不高，造成达不到社保所需的缴费天数或缴费额度，影响了各项福利的享受。然而即便是处于这样的生活状况，大多数外来移民仍然愿意选择留在希腊。

① Νόμος 2910/2001 με τίτλο «*Είσοδος και παραμονή αλλοδαπών στην Ελληνική Επικράτεια. Κτήση της ιθαγένειας με πολιτογράφηση και άλλες διατάξεις*».

第六节
当前希腊移民融入的应对政策

崔文君*

希腊作为国民中移民比例最高的欧洲国家之一,加上移民的来源国构成复杂,近年来在移民的社会融入、社会福利分配等方面面临着越来越多的挑战。为了缓解外来移民在融入希腊社会过程中所带来的社会矛盾和文化冲突,希腊政府、民间组织和教育机构各方共同努力,针对移民的宗教诉求、文化差异、政治话语权等多个方面采取相应对策,确保来到希腊的各国移民都能受到公平、公正的对待。

一、希腊政府:移民融入委员会

政府立法层面,前几章已经详细介绍了希腊的移民政策,在此不再赘述。这一部分将聚焦希腊近年来建立的一个新的政府机构——移民融入委员会(Συμβούλιο Ένταξης Μεταναστών)。

2010 年,希腊通过第 3852 号法令,其中第 78 条规定①,将成立希腊移民融入委员会。该委员会执行市政府决议,主要工作是记录和解决该地区外来移民群体所面临的各种问题,通过政府的多层面管理模式,消除民族隔阂来解决矛盾,以确保希腊每个县(市)都能帮助外来移民顺利融入

---

* 崔文君,上海外国语大学西方语系希腊语专业讲师,上外希腊研究中心成员。

① Νίκος Σαρρής, «Η συμβολή των Συμβουλίων Ένταξης Μεταναστών στην προοπτική ένταξης μεταναστών στην Ελλάδα», *Ένταξη των Μεταναστών: αντιλήψεις, πολιτικές, πρακτικές*, National Center for Social Research, 2012.

当地社会。这个委员会的成立不仅是对当前社会需求的迅速回应，更是整个欧洲移民法律框架下希腊职能部门的积极尝试。

按照法律规定，该委员会由 5—11 人组成，任期五年，委员会人选由相应的市政府从市政委员会、外来移民侨团代表或移民群体推举的代表，以及与移民群体有直接联系或者与移民问题密切相关的社会组织成员中指定。政府指派市政委员会的成员担任移民融合委员会主席，且该委员会必须有外籍委员参与。委员会每两个月举行一次代表会议，若有紧急议题需要商讨，也可以召开临时会议。另外，委员会每次到会人数必须超过缺席人数，以确保决议具有法律效应。所有决议，将按法律规定，经投票通过后执行。

移民融入委员会的主要任务除了记录和解决该区域移民所面临的问题外，还为外来移民群体提供了直接参与地方政治的通道。同时，通过委员会的组建，外来移民也将能够直接就社会融入、宗教权利、社会福利分配等议题提出诉求，建立解决矛盾的长效机制，同时展开区域间合作，与其他县（市）以及希腊各部委合作，举办各项活动，帮助缩小主客族文化差距，加强移民群体的教育，在入籍、就业、医疗等各方面为外来移民提供政策帮助。

移民融入委员会的建立是希腊政府在移民问题上的一次民主化尝试，它的出现第一次赋予了外来移民积极参与政府决策的机会，同时也使当地居民不再将外来移民看作是“外来者”，而真正视他们为同一个社群的成员，因此移民的社会融入被认为是整个社会共同的目标，从而在意识形态上逐步弱化本国人民对外来移民的种族歧视和排外情绪。

一项决策的成功与否将由它的实践效果来评定。在此法令通过之前，希腊阿提卡地区的 Koridallos 市已经率先建立了移民融入委员会，并与当地的移民侨团展开密切合作，定期举办多民族艺术节，帮助外来移民与当地居民开展有效沟通，对当地的移民所面临的问题进行公开讨论，并听取来自社会各界的声音，最终使得矛盾得到了有效解决。在这样的范例引领下，希腊有 15% 的县（市）已经成立或即将成立移民融入委员会。

相信在不久的将来,这种模式还将覆盖到更广的地域,成为希腊政府层面帮助移民融入社会最有效的策略之一。

二、教育机构——语言教学

欧盟委员会欧盟移民和内政委员塞西莉娅·马姆斯特罗姆(C. Malmstrom)女士曾指出:“移民在接收国的顺利融入离不开他们自身的积极努力,其中包括对接收国语言的学习、就业机会的取得和经济上的自给自足。”其中,排在第一位的就是语言学习。

每个移民来到新的国家,同时也带来了本民族特殊的文化背景,如何尽快适应新的环境,其本质是缩小自身文化与接受国文化的差异,在保持自身文化身份的同时,认同接受国的文化特征。作为文化最直接的载体——语言,在这个过程中扮演了极为重要的作用。通过沟通,能够消除彼此之间的隔阂;通过交流,能够达到互相理解。

因此,希腊政府极为重视对外希腊语的教学工作,希腊教育部附属的各大教育机构是这项计划的具体实施者。目前希腊的三大公立大学——雅典大学①、萨洛尼卡大学②和约安尼纳大学③——常年开设针对外国人的希腊语课程,一周 15 个课时。授课的教师为大学对外希腊语教学专业的毕业生和教师,具有相当丰富的教学经验,尤其是针对不同国籍的学生会采取不同的教学手段。他们面对语际距离较小的欧洲学生,在教学过程中会更注重语法、句法教学;而对于语际距离较大的亚洲和非洲学生,则更侧重口语训练。持续十个月的教学能够很好地帮助初到希腊的外国移民掌握语言技能,从而帮助他们尽快融入社会。同时,希腊语言中心④还在全世界范围内每年举办希腊语等级考试,考生在考试后将获得官方

① http://www.greekcourses.uoa.gr.
② https://www.auth.gr/units/51.
③ http://hellenic-center.uoi.gr/index.php?lang=el-GR.
④ http://www.greeklanguage.gr.

认证的语言水平证书,这在之后的求学、就业、入籍等各阶段都具有法律效应。

三、民间组织——多方位援助

希腊社会整体对外来移民还是持欢迎态度,在这样友好、宽容的大环境下,许多民间组织也自发组织、开展了许多有益于移民融入的公益活动。类似组织的数量没有具体的统计,但有资料显示①,仅在人口最集中的阿提卡大区就有超过 35 家法律援助机构和民间慈善机构为在希腊的外来移民提供援助,他们的服务涵盖法律咨询、政治避难、难民安置、医疗服务、心理咨询、社会公益等各个方面,建立了一张完善的援助网络。

其中笔者选择了两个较有代表性的民间组织,在此做一简要介绍。

位于雅典 Eksarchia 区的移民俱乐部(Στέκι Μεταναστών στα Εξάρχεια②)创办于 1997 年,是一个完全由志愿者自发筹资建立的民间公益组织,成立至今已经帮助了成千上万来到希腊寻求更好生活的外来移民。这里欢迎来自世界各地的在希腊移民,但是主要的帮助对象是来自非洲和亚洲等不发达地区的移民及难民。针对他们缺乏工作技能且语言能力有限的现实情况,俱乐部定期为他们开设希腊语课和计算机课,教师均为希腊各行各业的志愿者,免费为有需要的学员授课。同时,为了帮助来自不同文化背景的外来移民更快融入希腊社会,俱乐部还会定期举办各种形式的文化活动,宣传包括希腊本土文化在内的多国文化,拉近主客族文化的距离。俱乐部也充分尊重不同移民的宗教信仰,包括在俱乐部的厨房禁止烹饪猪肉,另外,俱乐部也考虑到一部分移民的最终目的国可能是别的欧洲国家,在希腊语课程以外还提供英语课程。尽管来到俱

① http://www. keelpno. gr/Portals/0/Αρχεία/Δράσεις%20ΚΕΕΛΠΝΟ/Πρόγραμμα%20΄Εβρου/Λίστα%20οργανώσεων%20για%20μετανάστες%20στην%20Ελλάδα.pdf,访问日期:2017 年 6 月。

② http://www. lifo. gr/team/athens/59479.

乐部的移民有着不同的文化背景和移民诉求,但在这里均受到一视同仁的照顾和关怀。俱乐部负责人表示:"俱乐部存在的意义不言而喻,就是在这里让受到帮助的移民能够更好地融入希腊当地社会,并将这份善意一直传递下去。"

位于雅典 Keramikos 区的 ANASA 文化中心近年来得到越来越多的社会关注。这是一个致力于传播非洲文化的民间组织,其名字 ANASA 来自斯瓦希里语,意为"生活的乐趣"。该组织借助富有非洲民族特色的舞蹈、音乐、文学、艺术作品,搭建了一座连接希腊和非洲的桥梁,为不同民族的跨文化交流提供了广阔的平台,从而帮助非洲文化更好地融入希腊主流文化。文化中心常年开设非洲舞蹈与非洲音乐课程、跨文化教育课程和非洲民间文学课程,同时还定期举办音乐会、艺术展,吸引了一大批来自非洲的移民和热爱非洲文化的希腊人参与其中,让来自非洲国家的外来移民获得一个欣赏本国文化和表达内心诉求的机会,也让更多希腊当地人对非洲文化有了更直观的感受。通过文化中心的努力,打破了多年来根植于希腊人心目中对非洲移民的偏见,拉近了彼此的距离,为非洲移民更好地融入希腊社会作出了很大贡献。

四、结　　语

以上只是两个最典型的民间组织,相类似的组织和机构在希腊还有许多,在此无法一一列举。由于政府和民间人士的共同努力,让我们可以感受到希腊社会自上而下对外来移民的理解和包容,这也是为什么即使处在艰难的经济大环境下——失业率屡创新高以及社会福利大幅缩水,希腊人民依然能够做到和外来移民社群和谐相处,极少出现群体性的排外事件和针对外来移民的大规模反对声浪。可以预见,在未来的几十年,希腊人民仍将和在希腊工作和生活的外来移民一起努力,重振经济,携手渡过难关。

第七章

比利时与瑞典移民问题研究

第一节

比利时移民历史、政策研究及启示

陈琰璟 *

比利时是西欧的中心，无论在地理、政治还是文化上都处于欧洲的十字路口，被喻为欧洲的“民族大熔炉”，在历史上凯尔特人、罗马人、德意志人、荷兰人、法兰西人、西班牙人以及奥地利人都在此留下了遗迹。第二次世界大战后，比利时急需大量劳动力，大量劳动力来到这里，为战后重建起到了重要的作用，而他们以及他们的子孙也就顺理成章地成为“欧洲公民”。由于信仰、文化、经济地位、社会地位以及教育水平上的诸多差异，这些新移民在融入当地社会的过程中遇到了诸多问题。随之，社会上也产生了不同的声音，有的呼吁比利时社会宽容对待这些移民，而有的则发出了极端声音，要求移民离开。

* 陈琰璟，上海外国语大学西方语系荷兰语教师，复旦大学博士研究生，上外欧盟研究中心兼职研究员。

一、战后比利时移民概况

比利时是西欧的中心,欧盟总部所在地。从地理位置上来说,比利时自古就是欧洲政治、军事、经济以及文化交流的中心,欧洲公民在比利时的流动非常频繁,历史上的凯尔特人、罗马人、德意志人、荷兰人、法兰西人、西班牙人以及奥地利人都在此留下过自己的足迹。二战之后的60年代,由于国民经济、社会生产力需要得到恢复和发展,越来越多的非欧洲公民来到这里谋生,久而久之便在这里扎下了根,这些人绝大多数来自土耳其和摩洛哥。到了1995年,《申根协定》在欧盟内部正式生效后,签约国消除了过境关卡限制,使得会员国间无国界,而比利时凭借着其优越的地理位置、高度发达的社会保障体系,以及良好的教育、医疗环境等诸多优势,吸引了来自其他欧盟国家的移民。从战后比利时移民的几次高潮来看,可以将其分为两个阶段,即:第一阶段为50年代初期至60年代中期的务工移民潮;第二阶段为90年代中后期至今欧盟东扩所带来的移民潮。

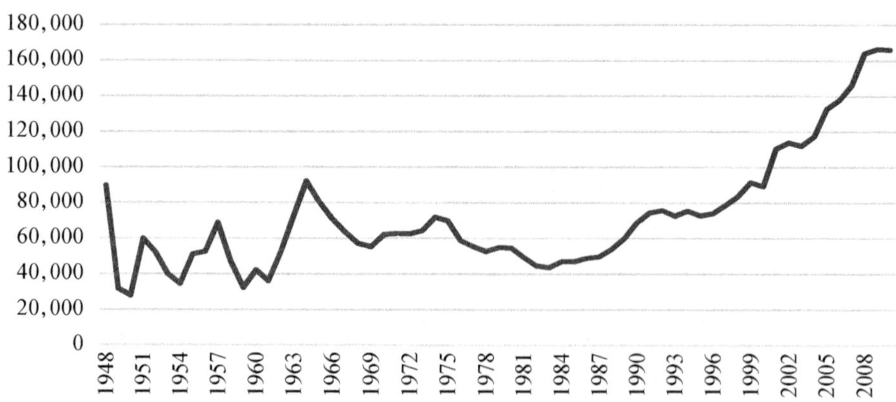

图1　1948—2010年比利时外来移民统计①

50年代初期至60年代中期,比利时同其他西欧主要国家一样,开始

① 数据来源:比利时统计局。

招募外籍劳工,着手战后重建工作。这些劳工主要是意大利人,从事煤矿和钢铁等行业居多。这一招募制度一直实行到 1963 年,此后外籍劳工被允许自愿进入。为鼓励更多的外籍劳工来到比利时,1964 年政府发行了一本具有自我推销性质的宣传小册子,题为《在比利时安居乐业》。到 70 年代初期,在比利时的外籍劳工的数量达到 83.5 万,占人口总数的 8.5% 左右,其中将近 46 万是通过招募制度进入比利时的①。这一阶段的移民涌入构成了比利时战后的第一次移民潮。

20 世纪 90 年代中后期,随着经济一体化的发展、欧盟成员国的东扩及人口迁移的增加,出现了新一轮前往欧盟国家的国际移民。比利时作为欧洲的中心,自然成为许多移民的首选地。1995 年前后,鉴于比利时人口的负增长和老龄化的加速,其认识到,若要想确保社会、经济的可持续发展,则必须更多地依赖于外来移民。所以,此后 10 年里,比利时有意识地放宽移民及侨民入籍条件,并且出台政策吸纳移民精英②。

这两次移民高潮奠定了比利时的移民人口基础,也构成了当今比利时人口重要组成部分,在社会生活有着重要的作用。然而,2010 年底爆发"阿拉伯之春"后,从中东、非洲和亚洲等地经地中海及巴尔干半岛进入欧盟国家的移民潮,使得原本就存在的移民问题更加尖锐,种族间的矛盾也日益激化。

二、移民政策的沿革和变迁

(一) 比利时移民政策概况

比利时是一个极其复杂的联邦制国家,在联邦政府以下根据语言族

---

① Stephen Castles and Mark J. Miller, *The Age of Migration: International Population Movements in the Modern World* (Guilford Press, 1998), p. 72;薛永生,"战后欧洲移民与移民政策研究"(硕士,西北大学,2005),第 4 页。

② 傅义强:《欧盟国家的移民问题与移民政策》,载《世界民族》,2008 年第 1 期,第 31—42 页。

群设立了三个社区，即荷兰语社区、法语社区以及德语社区；同时又设立了三个行政区，即布鲁塞尔—首都区、弗拉芒区（荷语区，大约占60%的人口）和瓦隆区（法语区，大约占40%的人口）。任何政策的制定都涉及多层面沟通和协调，有时候因为各自利益诉求的不同，导致许多政策难以落实，这种情况在比利时时有发生①。显然，如何处理移民问题在荷兰语区和法语区存在着巨大的争议。

在战后相当长的一段时间里，比利时同许多国家签署了双边协议，引进大量劳工进行战后重建，这些劳工有的来自南欧国家（比如意大利、西班牙、葡萄牙、希腊以及南斯拉夫），有的来自地中海国家（比如摩洛哥、土耳其以及阿尔及利亚），这一举措为比利时战后经济的恢复以及国民生活的改善提供了充足的人力保障。然而20世纪70年代以后，随着石油危机的爆发，比利时的经济增速放缓，失业人口的数量日益攀升，外来移民挤占了本国居民的工作岗位。从1973年起，比利时政府决定不再接受来自非欧盟国家的移民，但不包括家庭团聚、避难以及高技术工种移民等几种情况。值得注意的是，和欧洲其他老牌帝国主义相比，比利时从来不承认殖民地国家的公民为自己的国民，因此在其国内很少有来自刚果和卢旺达—乌隆地的劳工。

（二）比利时主要移民政策变革

在移民家庭团聚政策方面，比利时的签证政策和其他国家的实践相一致。1980年比利时的《外国人法》以及1945年之后同其他各国签署的双边协议都将家庭团聚的具体细则确定了下来。比利时的法律规定，非欧洲的公民在比利时获得居住许可3个月以上便可申请，其配偶至少要18周岁，子女必须未满18周岁才能进入比利时。同时，比利时政府还制定政策限制连锁移民现象的出现，即：移民家属首次进入比利时获得的是一张有效期一年的临时居住许可；一年后，如果一切记录保持良好，再考

① Adrian Favell and Marco Martiniello, *Multi-National, Multi-Cultural and Multi-Levelled Brussels: National and Ethnic Politics in the"Capital of Europe"* (University of Oxford. Transnational Communities Programme, 1999).

虑给其签发无限制居住许可①。但许多人利用政策漏洞,以“虚假婚姻”的手法进入比利时并且合法获得长期居住权,这一现象造成了社会层面的一些不稳定因素,同时也在一定程度上造成了比利时的公共资源流失。因此,2006 年开始,比利时开始尝试性地收紧移民家庭团聚政策,并且严惩这些利用“虚假婚姻”的移民。2011 年比利时开始实施新的团聚政策,规定申请人年龄必须达到 21 周岁,并且提供稳定的收入来源证明(每月收入至少到达政府规定的最低收入的 120%)。除此之外,政府还要求移民输出国提供该居民拥有“良好居住环境”(具体标准由比利时政府决定)的证明。这一系列更严格的政策确实在一定程度上限制了许多移民的进入。据数据统计,2012 年已经有一半的申请者没能获得申请资格。

在工作移民政策方面,尽管在 2003 年比利时采取措施限制工作移民的数量。但事实上,1974 年之后,国家从未颁布过工作移民的限制政策②。从政府的统计数据来看,1974—1984 年间,比利时一共签发了约 100,000 张工作签证,其中大约有 1/3 的人拿到了移民的资格;1985—1993 年间,比利时又签发了 100,000 张工作签证,其中 27,000 人成为正式移民③。1999 年比利时出台了新的外国劳工法案,用以替换 1936 年老的法令,并且在 2003 年进行了修订。从新法案的修订和实施来看,许多条款仍旧鼓励某些工种的劳动力移民进入比利时。比如:高技术移民能够较为方便地申请 4 年的居住延长期或者更长;高水平运动员以及博士研究员等移民能够获得无限制的居留权。

在难民收容政策方面,从 20 世纪 80 年代开始,比利时多次修改了有

① *Jan Niessen, Yongmi Schibel, and Raphaële Magoni, “EU and US Approaches to the Management of Immigration,” Comparative Perspectives”, Migration Policy Group, Brussels, 2003.*

② Anna Triandafyllidou and Ruby Gropas, *European Immigration: A Sourcebook* (Ashgate Publishing, Ltd., 2008), p. 37.

③ Martiniello Marco and Rea Andrea, *Belgium's Immigration Policy Brings Renewal and Challenges*, 2003, http://www.migrationpolicy.org/article/belgiums-immigration-policy-brings-renewal-and-challenges.

关难民收容政策，以确保有关部门的收容程序更加简便、快速和高效。为了达到这一政策效果，政府决定限制难民申请的人数，1992—2007 年期间，难民身份认定的数量持续下降①。作为《都柏林公约》的签约国，比利时在接收难民时有自己的原则，即只在缔约国都不接受某难民时为其提供庇护。2001 年比利时的难民收容政策发生了一个重大的变动，即政府不再直接向难民提供经济援助，而是以实物的方式进行援助，并且规定难民必须待在指定的难民收容站内。除此之外，政府还决定采用“后进先出”的原则，即优先处理新的难民申请。如果难民评估无法通过，那么将立即遣返申请人。

在移民融入政策上，比利时的两大语区有着自己各自的考量。一方面，各语区都要对自己所管辖的语区负责，移民的融入会产生各种各样的社会问题，因此融入政策的制定要符合本区情况；另一方面，各语区制定的政策也要对国家的发展起到积极的作用，并要考虑到同其他政策的兼容问题。因此，移民融入政策的制定是一项极其复杂的工程。在荷兰语区，移民必须完成一系列“移民融入程序”，了解荷兰语区的文化、历史、社会现状以及自己肩负的相应责任。在这一系列程序中，荷兰语区政府最为重视荷兰语的掌握，他们认为通过语言学习能够帮助移民迅速融入当地人的生活，感受他们的文化。相反的是，布鲁塞尔大区以及法语区并没有强制要求移民学习自己的语言以及文化，也不提供相应的融入课程，这使得移民到法语区的门槛大幅度降低。特别是近些年来，荷兰语区的一些政客在积极谋求独立，并且希望建立一个拥有弗莱芒文化价值观的政权，因此在制定融入政策时偏向于设置高标准，保持价值观的纯粹性；而法语区的政策恰恰相反，为了争夺在国家政府以及议会的话语权，他们将移民视为争夺政治席位的重要砝码，有意地降低进入的门槛，增加社区人口数量。

① Anna Triandafyllidou and Ruby Gropas, European Immigration: A Sourcebook (Ashgate Publishing, Ltd., 2008), p. 37.

三、比利时非法移民的处理

目前,在比利时生活着人数众多的非法移民,由于这些移民的来源不明并且同社会的正常交流较少,因此比利时并没有确切的非法移民人数。据 2007 年一项不完全统计,比利时非法移民数量达到 11 万人,这一数字令许多比利时人咋舌。这些非法移民由于没有经过政府的身份认定,无法进入正常的劳动市场,只能从事非法工作,收入极不稳定,因此对于社会的安定有着极大的隐患。我们以下探讨比利时非法移民的现状以及比利时政府如何处置这些非法居留现象。

(一) 非法移民的定义

比利时的法律将两类人视为非法移民:第一类为未获得比利时官方正式的居住许可而居留在比利时的移民;第二类为居住许可过期仍然滞留在比利时的移民。不过,比利时政府对于这些移民使用的官方定义为"无许可移民"或者"无登记移民"。可以看出,官方并没有对这些移民采取非常强硬的态度和立场。

第一类非法移民主要的来源为非法偷渡,这些移民来到比利时的目的是为了打工谋生,因为这里的收入要远远高于自己本土国家;第二类非法移民的来源较多,他们在非法逗留之前获得过相关的入境签证,但是由于超过了有效期,没有继续申请居住许可或者申请被驳回而继续选择滞留在比利时,这些人包括临时居住证已过期的难民、旅行签证过期的游客以及非法滞留超过 3 个月的欧盟公民。

(二) 非法移民的处理

同许多国家一样,比利时也面临着处理非法移民的难题。从法律角度来说,非法移民需要被驱逐出境①;但从实际来看,许多非法移民并没有

---

① *Mensen Zonder Wettig Verblijf*, accessed February 24, 2016, http://www.kruispuntmi.be/thema/bijzondere-groepen/mensen-zonder-wettig-verblijf.

被驱逐出境，几年后政府经常会对这部分移民进行特赦或者合法化。这一点我们从比利时官方对于这些移民的定义就能看出。

从遣返非法移民的角度来看，政府官员有义务告知移民，逾期或者无许可滞留在比利时是非法的行为，并且规劝其放弃滞留的念头，并在法律的框架下内提供积极的人道主义援助。我们看到，比利时处理非法移民遣返时采取较为温和的方式，一方面给予人道主义的考量，另一方面有法律的制约。据比利时官方近年来的统计，2011 年比利时强制遣返了 2, 420 名非法移民，2012 年为 2, 638 人，2013 年强制遣返 3, 200 人，并且有 4, 707 人自愿遣返。这一数据的上升也表明，比利时政府各个职能部门在处理非法移民的问题上有了高效的协调机制①。

从合法化这些移民的角度来看，比利时政府也在积极寻求解决各方矛盾的方法。比利时为了体现在人道主义方面的救助，在某些特殊情况下，即使有些移民已被确定非法滞留的身份，也会考虑将其合法化，让其成为合法移民。比利时政府确定在以下四种情况下会重新认定其身份，将其认定为合法移民：第一类为身患重病的非法移民，政府认为如果将这些移民遣返回本国，由于医疗条件的限制，可能会造成移民的死亡，这时候政府会选择合法化这些移民，使其能够享受社会救助和医疗服务；第二类为战乱国家的非法移民，比如来自叙利亚、阿富汗以及安哥拉等饱受战乱的国家的移民，比利时的法律规定，难民署可以拒绝移民提出的避难申请，但不能向相关部门建议遣返这些非法移民，只要经过核实这些移民回国可能有生命危险，那么政府就会考虑合法化这些移民；第三类为已向相关部门提出避难申请，但在 3—4 年的时间内没有获得任何答复的移民；第四类为在比利时滞留多年，并且已形成了一些社会关系的移民②。

总之，基于人道主义的原则，比利时政府通常会选择为非法移民开绿

---

① MB, *30% More Illegal Immigrants Deported*, 2014, http://deredactie. be/cm/vrtnieuws. english/News/1. 1962981.

② Mathieu Fische, "THE REGULARISATION OF ILLEGAL IMMIGRANTS IN BELGIUM: ITS SPECIFIC CHARACTER IN A EUROPEAN CONTEXT" (Paris: Ministry of the Interior of Belgium, 2001), http://www. cicerofoundation. org/lectures/p4fischer. html.

灯。这样宽松的非法移民处理政策,使得违法的成本非常低,许多偷渡者会铤而走险来到比利时,而一旦站稳脚跟,便能够比较容易获得合法的身份。

四、比利时移民政策对我国的启示

国际移民占本国人口的比例,是衡量一个国家国际化程度的标准之一。欧美国家的这一数值可以达到 10%—15%,而我国尚不足 0.1%。很明显,我国还不是一个传统移民目的地国家。不过,随着中国国家地位的不断提高,中国融入世界的步伐不断加快,中国同外国的交流日渐频繁,而高频次的人口移动便是交流中最显著的特点。如何有效管理流动人口,是摆在中国面前的一个大问题。以下我们讨论中国如何借鉴比利时的经验来有效管理移民流动问题。

(一) 我国面临的主要移民问题——“比例低,人才少”

众所周知,中国并不是一个移民国家,很多人一直都没有“移民”的概念,多数人仍旧使用“老外”或者“外国人”等称呼。中国现行的涉外法律都以“防控”思想为主①,但随着中国的市场对于外界吸引力的增强,一味防控已经跟不上现实的需求。

以 2010 年的数据为例,全国范围内在华居住超过 3 个月以上的移民仅占入境外国人人数的 2%,而在上海约有 53%的移民居留时间为 1—5 年。造成在华外国人居留期限较短的主要原因之一,是我国的准入政策。在入境签证方面的政策,2012 年的《中华人民共和国出境入境管理法》中规定外国人居住有效期不得超过 5 年,严格限定居留期限。据统计,1985—2012 年间,总计有 6,000 多外国人取得中国永久居住权,年均才

① 刘云刚、陈跃:《全球化背景下的中国移民政策:评述与展望》,载《世界地理研究》,2015 年第 24 期,第 1—10 页。

200 人。

为了进一步改变这一状况，2014 年中国为了吸引更多高端海外人才，建立了四种永久居留移民类型：投资移民、技术移民、贡献移民以及团聚移民。据联合国估计，2013 年居住在中国境内的外籍人士为 84. 85 万人，近十多年的年均增长率为 3. 9%，比 1990—2000 年的 3. 0%有所提高；2011 年，持外国专家证在中国工作的外国人共 53 万人次，比 2010 年增加了 4. 5 万人次；2004—2011 年间，外籍高层次人才及家属共有 1, 735 人取得中国永久居留；从 2008 年开始，中国启动“海外高层次人才引进计划”，至 2014 年 5 月，共有 1, 306 外籍人才及其家属获得中国“绿卡”。

虽然近年来的高技术移民数量有所增长，但是同欧美发达国家甚至和亚洲移民国家相比，我们仍有差距。以美国为例，出生在国外的人口只占美国总人口的 14%，而他们获得的美国创新专利的数量却占了 1/3。在教育领域，据 2011 年统计，美国大学电子工程专业的全日制在校研究生中国际学生占 71%；美国计算机科学专业的国际学生占 65%；在美国科学与工程领域拥有博士学位的就业者中，外国人比例从 1993 年的 23%增至 2010 年的 42%。在创业方面，移民表现尤为突出，移民创建了美国 1/4 的高科技公司。中国、印度和韩国是向美国输送移民创业家的前十位的主要国家。美国市值前 50 名的上市公司中，有近一半是移民创建或共同创建。在硅谷，36. 4% 人口出生于国外，1/3 初创企业是印度裔美国人创立①。

通过国内外数据的比较，我们能够直观地看到，我国境内国际移民的结构仍然存在着“比例低，人才少”的特点。相比传统欧美移民国家，我国的移民只是集中在某些国家重点扶持的行业以及领域。但值得注意的是，政府已经从战略的角度看到了这一问题的根源，2016 年中共中央办公厅和国务院办公厅印发的《关于加强外国人永久居留服务管理的意见》，就是根据我国社会形势发展的需要而制定的新政策，对外国人永久居留

① 王辉耀、郑金连、苗绿：《国际移民现状特点》，获取时间：2016 年 3 月 8 日 http://qwgzyj. gqb. gov. cn/yjytt/182/2611. shtml。

服务管理制度进行了全面改革和创新,签发对象进一步扩大,待遇更为优惠,服务更加完善,这对于进一步便利外国人申请永久居留、深化对外开放、促进经济社会发展将起到重要作用。

(二)比利时移民政策对我国的借鉴意义

"比例低,人才少"是目前我国高层次移民人才引进面临的现状。如何打破这一不利局面,吸引更多优秀移民是放在我国移民政策首先要考虑的问题。但作为一个"非传统"的移民国家,如何有效制定移民政策、落实移民政策、及时解决移民带来的社会问题等都是政府面临的任务。比利时作为一个有着悠久历史的移民国家,其移民政策对我国有一定的借鉴意义。

1. 开设融入课程

对于大多数想要移民到中国的外国人来说,面临最大的障碍便是"语言文化"问题。语言作为一个国家文化的基本载体,其重要性不言而喻,而中文对于绝大多数外来移民来说都是一门全新的语言。从目前的实际情况来看,外来移民在我国境内多数仍旧使用英语,英语作为其工作以及日常生活的语言,其使用频率大大超过了中文的使用,这很难让移民真正了解中国文化。

造成目前这一状况的原因在于,我们尚没有对外来移民提供系统的社区语言融入课程,而移民通常在私人补习班参加中文培训,往往"成本高,效果不显著"。相比而言,比利时在语言融入政策及实施方面的投入就要大得多。不管是荷兰语社区政府还是法语社区政府,都将语言融入作为移民融入的第一步来看待。以荷兰语社区为例,政府会委派具有丰富教学经验的荷兰语教师对新来的移民进行授课,并且规定年满 18 周岁并且已在比利时注册为移民身份的人都要学习规定的融入课程,课程主要内容包括:荷兰语作为第二语言习得、融入社会指导、职业生涯规划以及个人发展规划等,并且规定必须完成 80%的课程量。这一系列举措旨在帮助移民更好地了解当地语言、社会、风土人情,以尽快融入到社会中去。

中国在制定移民融入政策的时候,可以借鉴比利时的某些方法,来帮助移民消除语言以及文化障碍。首先,从立法上重视融入课程的重要性,从法律上保证外来移民在华接受语言文化培训将有利于快速融入中国的生活模式。其次,社区应该积极同对外汉语教师联系,为社区开设语言培训课程,相关院校要积极根据融入课程的具体需要来配备专门的语言教师。

2. 管控非法移民

非法移民进入一个国家会对这一国家管理外来人口造成巨大的压力。中国目前也面临着同样的问题。由于中国经济的快速发展、对外交流的日益频繁吸引了许多外国人,其中大部分外国公民都是通过合法途径进入中国,并且在我国出入境都有备案。但不可否认的是,由于种种原因,一些外国人在签证有效期过后没有继续进行相关的出入境报备和登记注册,这些非法滞留活动给我国的外来人口管理造成了一定的压力。

中国作为全世界最大的发展中国家,必须拥有一个稳定的内部环境,社会治安是国家发展和重大战略实施的基础保障。非法移民区有身份的不确定性、社会关系的不稳定性、融入过程不安全性等诸多问题。首先,应尽快制定《移民法》,使之制度化、规范化,只有这样才能有法可依,有章可循。其次,加大签证审核力度,对有正当理由、正当工作、有稳定收入来源且具有相应工作能力的移民提供签证,同时,各地管理部门要与外交部、出入境管理局、海关等部门密切配合,做到资源信息共享。最后,对非法用人企业进行清理整顿,对非法中介也要进行登记备案。当地管理部门要与外籍人士的"组织"(如商会、区域社团等)建立经常性联系和沟通,协同完成各项工作。

第二节
比利时移民困境与社会问题分析

陈琰璟*

2017年6月20日当晚，一名30多岁的男子在布鲁塞尔中央火车站引爆携带的爆炸装置，所幸没有造成人员伤亡，这名男子被随后赶来的军警开枪击毙。比利时检方随后将这一恶性事件定性为“恐怖袭击”。如果仔细梳理近些年来发生的重大恐怖袭击事件来看，我们会发现，有多次发生在比利时，如：2011年12月13日，比利时东部城市列日发生手榴弹袭击及枪击事件，共造成6人死亡、123人受伤；2015年1月16日，在《查理周刊》事件发生后不到10天之后，比利时警方在韦尔维耶的一地铁站附近和恐怖袭击嫌疑人发生枪战，2名疑似恐怖分子被击毙，另有1人被捕；2016年3月22日，在首都布鲁塞尔扎芬特姆机场发生爆炸事件后，一个靠近欧盟总部的地铁站也发生爆炸，爆炸共造成31人身亡，逾270人受伤。欧洲中心似乎笼罩在“恐袭”的阴影之下。究竟是什么让原本宁静的“啤酒之乡”“巧克力之国”“欧洲心脏”一夜之间成为多起恐怖袭击的策源地呢？

一、比利时基本国情对于移民的影响

比利时是一个联邦制国家，在联邦政府以下根据语言族群设立了三

* 陈琰璟，上海外国语大学西方语系荷兰语教师，复旦大学博士研究生，上外欧盟研究中心兼职研究员。

个社区,即荷兰语社区、法语社区以及德语社区;同时又设立了三个行政区,即布鲁塞尔—首都区、弗拉芒区和瓦隆区。由于语言不通、文化差异、地区经济发展不平衡,尤其是各政党政治诉求不同等各方面原因,造成了比利时国内政治环境极其复杂的现状,如荷兰语区的新弗拉芒联盟党就主张自由民族主义,并致力于将该地区和平地从比利时分离出去;而法语区各政党则是为了争夺在布鲁塞尔更多的话语权。两派都极力推动符合自身利益的政策实施,虽然表面上看来为自己的政治阵营谋求利益,但其实质是损害了比利时整个国家的健康发展。2004 年 2 月 20 日比利时通过了《移民选举权法》,这部法律中明确指出,凡在比利时居住满 5 年的非欧盟移民都有权利参加市议会的选举,这一选举的结果将直接决定市政府的执政党归属和组织的架构。这样一来,不管是荷兰语区还是法语区的政党都意识到了移民这一群体对于自己的重要性,因此他们想方设法地拉拢本地区的外来移民,谋求各自政党的利益最大化。这一政策的通过是导致比利时目前移民政策过于宽松的主要原因。

二、移民社会融入问题

由于荷、法两大语区的长期对立以及不同的政治诉求,造成了比利时两大主要社区的融入政策大相径庭。以下具体研究比利时移民在这些政策范围内的生活现状,分析他们融入当地社会生活的情况。

(一) 比利时穆斯林现状

对于穆斯林移民来说,首要问题便是宗教融入,更准确地说,是宗教接受度问题。欧洲的穆斯林人口众多,特别是移民中穆斯林的比率极高,大量穆斯林的涌入造成了欧洲社会的许多现实问题,比如社会治安、占用社会资源以及种群矛盾等。诚然,这些问题并不是由于宗教直接导致的,但人们习惯性地将宗教信仰差异放大,将诸多问题的来源归咎于信仰差别，最终导致了社会不同宗教群体之间的隔阂，甚至错误地认定“穆斯林”便是“极端恐怖主义”的代名词。

据统计，在比利时约有58%的人口信仰天主教，其他基督教流派的信仰人口达到7%，而穆斯林的人口达到全国总人数的8.1%，成为比利时第二大宗教信仰[①]。由于其社会地位的重要性，比利时政府于1974年认定伊斯兰教是与天主教、犹太教、新教具有同等地位的宗教，承认其教职人员和宗教活动场所，并且规定其可以享受公共财政的支持、在国立学校传播教义以及在医院和监狱中实施宗教帮助等[②]。

由于穆斯林移民大多来自欠发达国家和地区，受教育程度普遍偏低，缺乏相应的技能，在职场上的竞争优势并不突出，这样一系列的问题导致了穆斯林在比利时社会阶层中所处的地位不高。加之比利时本国居民对穆斯林的不理解和歧视，造成了移民难以融入当地社会生活的困局[③]。而随着《查理周刊》遇袭、巴黎恐怖袭击案等极端事件的发生，欧洲穆斯林（特别是比利时的穆斯林）又一次站在了风口浪尖。比利时存在一小撮分子的穆斯林激进活动是不可否认的事实，这些极端组织为此不惜使用暴力手段，常常在清真寺周围招募新的成员[④]。而新闻媒体热衷于把全部的穆斯林与激进的政治运动和暴力活动联系混淆起来，这样便使得舆论的风向标朝着不利于普通穆斯林的方向偏转，进一步加剧了不同社会群体的矛盾。虽然国家法律对穆斯林团体予以了肯定，但是现实生活中的不公平待遇依旧导致穆斯林的融入困难。

（二）比利时穆斯林的婚姻状况

在移民融入问题上，学术界将社会融入分为两种类别：一为结构性融

① *Religious Beliefs in Belgium*, 2012, http://www.studycountry.com/guide/BE-religion.htm.

② Luice De Myttenera 和马平中：《伊斯兰教在欧洲心脏：现代比利时的存在》，载《中国穆斯林》，2000年第2期，第53—55页。

③ Camatsos Stratis, *Belgium's Integration Problem*, 2012, http://neurope.eu/article/belgiums-integration-problem/.

④ De Myttenera and 马：“伊斯兰教在欧洲心脏：现代比利时的存在”。

入,一般指移民融入到日常生活中去,包括参加工作、接受当地教育等;二为身份融入,一般指移民身份受到本国居民认可,如结识本土朋友、与本国居民通婚等①。移民的到来增强了比利时社会的流动性,因此势必会增加不同社区之间通婚的比率。以下根据 2009 年的一份调查结果,简述移民在比利时的通婚情况。

宗教信仰是一个影响移民通婚的重要因素。不同宗教背景的移民往往会选择与自己宗教背景相同的对象结婚,比如印度教教徒和穆斯林只会同自己有着相同宗教背景的教徒结婚。不仅如此,绝大多数的移民会受到家庭以及社区的影响,除了选择有着相同宗教的配偶之外,还要选择同一移民来源国的人,这一点在穆斯林社区里更为明显。比如,土耳其穆斯林一般情况下不会同摩洛哥穆斯林通婚,更不会同非穆斯林族群的人通婚。同时,宗教信仰对于婚姻的影响在东亚、东南亚移民身上表现得并不是非常明显,这些移民具有较强的融入能力。一方面,这些国家的宗教教义并不是非常严苛,因此涉及婚姻问题时首先考虑的是感情因素②;另一方面,东亚、东南亚各国的文化包容性较强,这些地区的宗教从根源上来说没有一神教的传统,并且较容易接纳外来的世界性宗教,包括一神教,并使之东方化③,因此亚洲移民更加能够接受不同宗教背景的比利时本国居民。据比利时统一文化交流机构(VCS)的统计显示,比利时男性选择亚洲女性通婚的比例较高,其中同菲律宾女性移民结婚的比例最高,这些菲律宾移民在融入当地社会后还会介绍身边的其他朋友以通婚的形式进入比利时社会。所以我们一些有着严格教义以及一神教传统的移民通过通婚的形式融入比利时社会的情况并不多见,主要是宗教以及家庭的原因。

---

① Leo Lucassen and Charlotte Laarman, "Immigration, Intermarriage and the Changing Face of Europe in the Post War Period," *History of the Family* 14, no. 1 (2009): 52—68, doi: 10. 1016/j. hisfam. 2008. 12. 001.

② Catrin Nähr, Katrin Mahnkopf, and Mária Guličová-Grethe, "Marriage Migration in Belgium Country Study Project," 2005.

③ 牟钟鉴,《东亚宗教文化模式及其现代意义》,载《探索与争鸣》, 2013 年第 4 期: 第 87—89 页。

从性别角度来看，部分女性移民的通婚比男性移民会承受更多来自社区、家庭以及宗教的压力，这些移民主要集中在摩洛哥以及土耳其社区。对于摩洛哥女性移民来说，2004 年新《家庭法》(*Mudawana*)颁布之前，在男权穆斯林社区中她们的社会地位极低，几乎不可能和比利时本土男性通婚，因为旧版《家庭法》规定：妇女不得自行订立婚约，必须由婚姻监护人作为代表①。除此之外，由于比利时和摩洛哥承认双重国籍，许多妇女即使离婚了，她们依然处于已婚状态，因为旧版《家庭法》对她们仍旧适用。即使在 2004 年新《家庭法》颁布实施之后，同比利时本国居民通婚的比例也非常低，这是由于这些移民依旧受着宗教教义的束缚。而对于土耳其女性移民来说，对父辈的命令需要言听计从，父母会让其回到土耳其与本国人男性结婚，有时甚至扣留其护照，避免逃婚现象的发生②。移民家庭中，受教育程度较高的妇女会比较容易接受跨种族、跨宗教的婚姻，但来自家庭的压力依然巨大③。

三、比利时移民教育和工作现状

(一) 比利时移民就业率

一般来说，受教育程度同收入的高低有着较为直接的关联，也影响着个人的社会地位，对于移民来说也是同样如此④。

① 薇兰婷·M·莫哈丹和黄觉：《女性主义、法律改革和中东北非的妇女赋权运动：研究、实践和政策相结合》，载《国际社会科学杂志(中文版)》，2008 年第 2 期：第 10—17 页。

② Nähr, Mahnkopf, and Guličová-Grethe, “Marriage Migration in Belgium Country Study Project”.

③ Sarah Carol, “The Intergenerational Transmission of Intermarriage Attitudes and Intergroup Friendships: The Role of Turkish Migrant Parents,” *Journal of Ethnic and Migration Studies* 40, no. 10 (2014): 1550 - 1571, doi: 10. 1080/1369183X. 2013. 872557.

④ LF Katz, “Changes in the Wage Structure and Earnings Inequality,” *Handbook of Labor Economics*, 1999, http://www. sciencedirect. com/science/article/pii/S1573446399030072.

2014 年，比利时著名社会政策学家 Vincent Corluy 和 Gerlinde Verbist 指出，1996—2008 年间，比利时社会总体就业率从 70%上升到了 76%。其中，欧盟移民在比利时的就业率有了较大幅度的提升，从 1996 年的 59%提升到了 2008 年的 73%；而非欧盟移民的就业率上升幅度则明显低于平均水平，8 年的增幅只达到了 6%①。这也进一步表明，最近几年来新的欧盟移民在求职市场上的表现要比"前辈们"有了长足的进步，因为第一代欧盟移民主要为六七十年代的劳务输出，而新一代欧盟移民则主要从事以知识经济或者服务为主的行业。反观非欧盟移民在比利时的就业处境，可以发现，他们和欧盟移民的情况有着较大的差距：第一代非欧盟移民即使在比利时生活了较长的时间，在职场上的竞争力同本国居民还有着巨大的差距，主要由于教育水平普遍较低，并且缺乏过硬的劳动技能；而第二代非欧盟移民对于社会有着更好的认知度，但是由于特定社区内

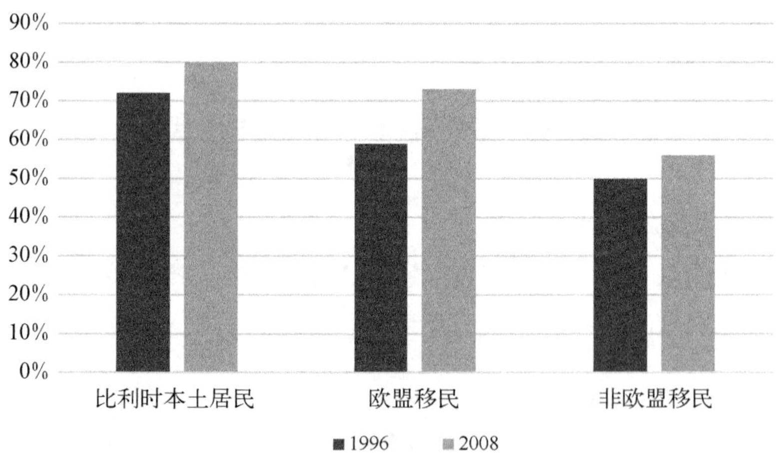

图 1　1996—2008 年比利时就业率增长②

① Vincent Corluy, Gerlinde Verbist, and others, "Can Education Bridge the Gap? Education and the Employment Position of Immigrants in Belgium" (Herman Deleeck Centre for Social Policy, University of Antwerp, 2014), http://www.centrumvoorsociaalbeleid. be/ImPRovE/Working% 20Papers/ImPRovE% 20WP% 201402_1. pdf.

② Ibid.

同生群效应的影响，融入社会的意愿不强，最终导致了他们融入职场的状况相比欧盟移民有很大差异。

除了移民差异之外，影响就业率高低的另一个重要因素便是性别差异。比利时本土男性以及欧盟男性移民在职场上最具优势，比利时本土男性的就业率一直稳定在84%左右，而欧盟男性移民的就业率则从1996年的74%增长到2008年的82%；与之相比，非欧盟男性移民的就业率在这几年的发展过程中，一直处于较低的水平，增长率仅为7%，2008年达到43%。从全世界的就业情况来看，女性总体低于男性的。比利时本土女性的就业率在12年时间中提高了约10%，达到了71%。在此期间，欧盟女性移民的就业率有了大幅度的提升，从1996年的45%提高到了2008年的63%，而非欧盟女性移民的就业增长率只有10%左右。从劳动总量来说，欧盟女性移民的数量要远远大于非欧盟女性移民。一方面，文化之间的

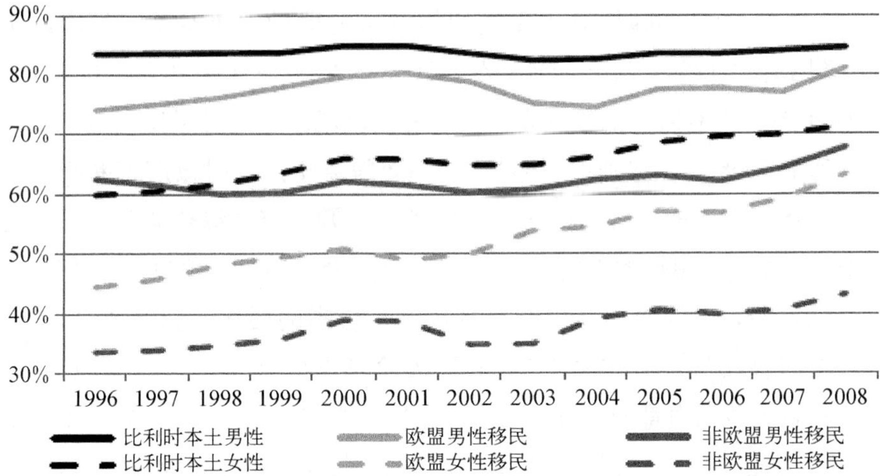

图2　比利时职场各种群性别差异比较①

① Vincent Corluy, Gerlinde Verbist, and others, "Can Education Bridge the Gap? Education and the Employment Position of Immigrants in Belgium" (Herman Deleeck Centre for Social Policy, University of Antwerp, 2014), http://www.centrumvoorsociaalbeleid.be/ImPRovE/Working%20Papers/ImPRovE%20WP%201402_1.pdf.

差异较小使得欧盟女性移民对于比利时的工作环境有着更好的融入，积极、独立并且善于交流是她们能够胜任许多职业的一大因素；另一方面，非欧盟女性移民在教育水平以及劳动技能等方面存在着不足，这也导致了她们在劳动力市场上并没有绝对优势，即使是参加工作的移民，从事的也是较为低端的工种。因此，我们可以看出受教育程度的高低也直接影响到了就业情况。

（二）比利时移民教育情况

根据 Vincent Corluy 和 Gerlinde Verbist 的统计，1996—2008 年间，无论是比利时本国居民还是外来移民，在教育层次方面都有了提升，但仍旧存在发展不均衡的问题①。

比利时本国居民的教育水平大幅度提升，而这些提升主要集中在高等教育（2008 年 33%的工作人口接受过高等教育，而在 1996 年的统计中只有 26%）。与此同时，只接受过初等教育的劳动力也有了大幅度的下降，降幅达到 12%。与之相比，欧盟移民也在大幅度提升自己的学历，1996 年新一代欧盟移民受过高等教育的比例就已经超过了比利时本土公民，到了 2008 年优势则更为明显，这主要得益于比利时政府不断吸引具有高学历层次的欧盟移民进入劳动市场来提升国家的综合竞争力。与此同时，只接受过初等教育的欧盟移民数量已经削减到了 20%，可以看出，新一代欧盟移民的受教育程度普遍达到了较高的层次。相比而言，老一代比利时移民的教育水平普遍偏低，无论是欧盟移民还是非欧盟移民，50%左右的劳动力都只接受过初等教育，这些老一辈的移民绝大多数是 20 世纪六七十年代来到比利时务工的，主要是煤矿工人以及体力劳动者，而当时的移民政策对于学历要求以及劳动技能并不是很高，造成了上一

① Vincent Corluy, Gerlinde Verbist, and others, "Can Education Bridge the Gap? Education and the Employment Position of Immigrants in Belgium" (Herman Deleeck Centre for Social Policy, University of Antwerp, 2014), http://www.centrumvoorsociaalbeleid.be/ImPRovE/Working%20Papers/ImPRovE%20WP%201402_1.pdf.

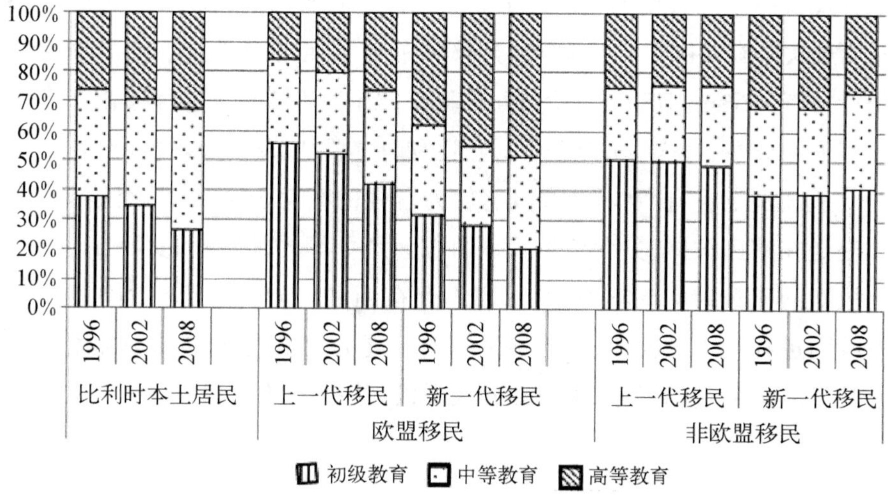

图 3　比利时工作人口教育层次分布图(以种群划分)①

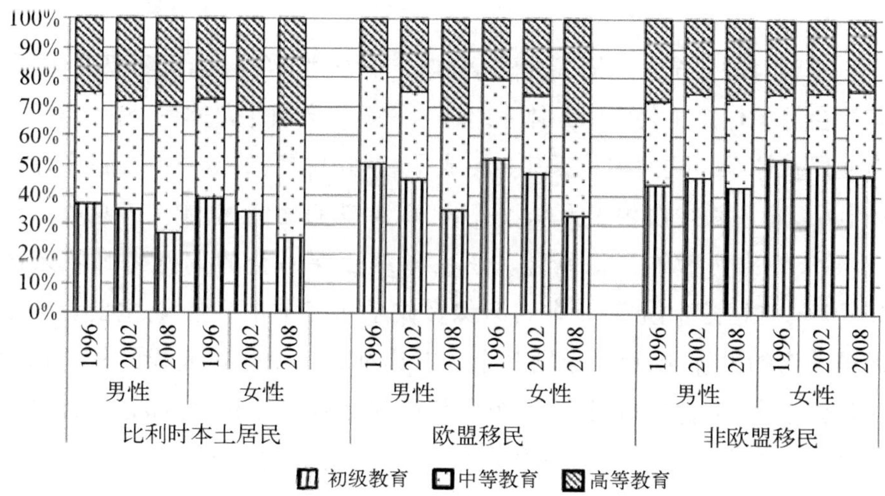

图 4　比利时工作人口教育层次分布图(以性别划分)②

① Vincent Corluy, Gerlinde Verbist, and others, "Can Education Bridge the Gap? Education and the Employment Position of Immigrants in Belgium" (Herman Deleeck Centre for Social Policy, University of Antwerp, 2014), http://www.centrumvoorsociaalbeleid.be/ImPRovE/Working% 20Papers/ImPRovE% 20WP% 201402_1.pdf.

② Ibid.

代移民普遍学历较低的情况产生。第二代非欧盟移民相比自己的父辈，在学历层次上有所提升。但是同欧盟移民相比，差距依然明显。据 2008 年的统计，只有 26%的劳动人口受过高等教育，而同一时期的欧盟移民比例已经达到了 49%左右，这些非欧盟移民在比利时主要从事相对低端的行业。

从性别上看，比利时社会具有较为良好的教育公平性，无论是本土群体还是在移民群体，男女接受教育的机会是平等的，男性和女性在不同学历层次的人数结构基本保持一致，不存在明显差异。由于比利时近年来持续引进高端人才就业，欧盟移民的教育资历大幅提升；而非欧盟移民依旧从事较为低端的行业，学历提升几乎没有明显变化。

四、比利时移民的社保问题

比利时是传统的欧洲福利国家，有着较为健全的社会福利保障体系，其社会保障体系主要由两大体系组成：一类为自缴保费体系，另一类是非自缴保费体系。这两类社保基金构成了比利时福利的基石。在自缴保费体制中，雇主须按白领工人总收入约 32. 44%的比例、蓝领工人总收入约 38. 44%的比例缴纳社保基金。职工缴纳社保基金的比例为其收入的 13. 07%，如医疗保险等；而非自缴保费体系和工作并不挂钩，主要资金来源是政府的税收，即社会救助基金。在比利时这个相对完善的社会福利保障体系中，不管是本国居民、短期移民还是永久性移民，都必须通过工作将自己纳入这个体系中，承担相应的义务，即按时缴纳社保金。只有这样，他们才能享受到政府的福利政策。

比利时的社会保障体系属于“全民型社保体系”，几乎所有在比利时登记注册的人在缴纳最低要求的社保金之后便能享受包括疾病补助、失业救济、工伤补助、家庭补助以及退休金等在内的基本社会福利。当然，比利时的移民也不例外，政府会根据移民的身份决定移民能够享受哪些福利。不过随着欧盟一体化的推进，现在欧盟移民也同样可以同比利时本国居民享受同样的待遇；而非欧盟移民如果需要享受某些特殊的社会救助或者福利小项,则必须满足比利时规定的“在比居住时间”。

可以说,比利时的社会保障政策在对待自己本国居民和外来移民时基本保证了“一视同仁”,只在个别小项中有些许区别①。但在欧盟移民网络(EMN)的一份报告中指出,比利时的非欧盟移民就业率在所有欧盟成员国中排名垫底,根据近期的统计数据显示,他们的就业率只有 60%不到,而本国适龄的工作人口就业率则达到了 80%。因此,目前在比利时社会中对于移民是否应该享有绝大多数的社会福利问题进行了广泛的讨论。持支持意见的人认为,应该对于移民实行区别对待,因为他们无法接受用自己辛劳工作的所得来供养收入偏低的外来移民;反对者则认为,如果区别对待,会产生社会歧视现象,造成社会不公,进一步影响移民融入社会的步伐。不过,到目前为止,这一讨论还是在持续之中。

五、非欧盟移民与恐怖组织素有渊源?

2015 年 10 月,联合国在比利时进行独立调查的负责人在报告中称,比利时是加入恐怖组织人口比例最高的欧洲国家。报告中提到,从 2010 年以来,被招募前往叙利亚和伊拉克等地参加恐怖组织培训的比利时人近 500 人,其中至少 207 人仍在活跃作战,77 人已经死亡,128 人返回比利时,62 人因各种原因受阻未能成行。这一数据在一定程度上反映了如今恐怖主义思潮在比利时的蔓延。早在 20 世纪 90 年代,比利时和某些恐怖组织就有了“渊源”,阿尔及利亚伊斯兰武装组织、摩洛哥伊斯兰战斗团以及伊斯兰马格里布“基地”组织都曾在 20 世纪先后进入比利时首都布鲁塞尔郊区的莫伦贝克附近实施恐怖活动,这一时期的恐怖分子把比利时

① Vincent Corluy, Gerlinde Verbist, and others, “Can Education Bridge the Gap? Education and the Employment Position of Immigrants in Belgium” (Herman Deleeck Centre for Social Policy, University of Antwerp, 2014), http://www.centrumvoorsociaalbeleid.be/ImPRovE/Working%20Papers/ImPRovE%20WP%201402_1.pdf.

当作了自己的“庇护所”，策划了多起针对境外的恐怖袭击事件，其中就包括2011年刺杀阿富汗军事领导人艾哈迈德·沙阿·马苏德，而这一事件就发生在“9·11事件”前两天。恐怖组织选择布鲁塞尔作为自己的落脚点有许多方面的考虑。首先，布鲁塞尔作为欧洲中心，人员往来相当密集，对外交往及其频繁，而由于警力不足和管理松散等原因，恐怖组织能够较为隐蔽地生存下来；其次，布鲁塞尔生活着不少穷人，失业率高，他们又很难在比利时融入社会主流，甚至生活难以为继。而随着欧洲难民问题的凸显以及之后带来的欧洲政治格局变化，在比利时落脚的恐怖组织为了制造更多社会恐慌，从欧洲中心开始向外策划更多的袭击事件，巴黎恐怖袭击和布鲁塞尔的恐怖袭击就是其中最典型的代表。其实，布鲁塞尔的恐怖袭击事件值得全世界深思和反省，如果我们将比利时同叙利亚、伊拉克、阿富汗这些国家相比，就不难发现，这些国家的国内政治局势极不稳定，恐怖主义正是利用了这些漏洞才慢慢安营扎寨，一步步来实施犯罪活动。

六、结　　语

比利时移民问题是欧洲移民问题的一个缩影，该问题由来已久，并且环环相扣：一部分移民不被当地人认可⇆移民身份认同存在巨大问题→不愿融入当地社会→一些穆斯林移民易忽视教育→知识和劳动技能普遍低下→工作收入以及社会地位普遍不高→极少数人出现仇视情绪→易被极端思想利用。如果本土居民和移民都不愿意从自身进行改变的话，那么移民问题的解决将会成为一个“伪命题”，在这一点上比利时的近邻——荷兰——有着较为丰富的实践经验。它鼓励移民积极融入社会，建立穆斯林学校，提高移民的文化水平；培养移民劳动技能，开放社会各种工种；给予相同的福利待遇，解除移民的后顾之忧；加强舆论导向，提倡人人平等。

比利时的内政问题也是导致移民问题的一大诱因。由于不同社区各自为政,只重视自身利益最大化。移民问题的解决,需要比利时各大社区共同携手,只有在立法、管理以及疏导等诸多方面达成更多共识,才能为解决移民问题奠定坚实的政治基础。

由于欧盟一体化的成形,比利时的问题不仅仅是单一的国内问题,它会牵涉到各方利益。欧洲内部的移民问题成因相似,症结雷同,欧盟大多数国家需要明白并且接受这样的现实:移民已经成为自己国家的“新公民”,随着人口数量日益增加,他们也有可能在某一天成为城市乃至国家的管理者。因此,满足移民的政治需求,让他们参与治国理政,可能是解决移民问题的一个新的途径。

第三节
瑞典移民历史、政策研究与启示

沈贇璐*

瑞典的土地面积排名位列欧洲第五,人口只有900多万,属于地广人稀的国家。出于工业发展需要,瑞典的入境移民从近代起已形成较大的规模。从1940年起,欧洲便有大量的技术工人来到瑞典。而到了90年代,加入欧盟和《申根协定》让瑞典再度成为移民目的地的佳选。瑞典则在每个时期都出台了相关的移民政策和社会融入政策。近几年来,中东、前南斯拉夫和西巴尔干等地区的动荡形势,使得瑞典的难民申请量显著增加。本文拟探寻瑞典的移民政策,了解瑞典多元的文化特性和较强的社会吸纳能力,为移民研究夯实基础,也为我国制定未来的移民政策提供借鉴。

一、瑞典移民历史渊源

最早居住在瑞典的居民可以追溯到冰河世纪。今天的部分瑞典人也是从那时候迁徙过来的,距今已有12,000—13,000年的历史。冰河世纪之后,欧洲至少经历了两次大规模的迁徙潮,第一次是由于冰河退去,第二次则是发生在10,000—6,000年前,和农业的引进有关。科学考察表明,和欧洲大陆的其他国家有所不同,新石器时代的农民虽于6,200年前涌入欧洲,但瑞典的祖先主要是中石器时代的捕猎者和拾穗者。

* 沈贇璐,上海外国语大学瑞典语专业负责人,瑞典研究中心主任,上外欧盟研究中心兼职研究员。

从中世纪开始直至第二次世界大战结束，迁入瑞典的人口则相对有限。跨洲际的迁徙对普通老百姓来说在 17 世纪前并不常见。要真称得上移民，则是汉萨同盟时期的事了。[①] 德国的商人和手工业者在 1,400—1,500 年间主要在瑞典的大城市定居下来，也有部分人定居在山里。除此之外，少数瓦隆人也在 17 世纪左右迁徙至瑞典。瓦隆人的炼铁技术被广泛流传，就算在瑞典也是家喻户晓。古斯塔夫二世曾鼓励瓦隆人迁徙至瑞典境内，以促进瑞典制铁行业的发展。

总体而言，17 世纪前，由于交通工具的落后，跨洲际的迁徙并不常见。中世纪时期，瑞典各大城市（如卡尔玛、南雪平、维斯比以及斯德哥尔摩）中，德国人占据了很大的比例，据历史记载，1350 年左右乌普萨拉市近 40%的人口来自德国，1450 年的斯德哥尔摩有 1/3 的人口来自德国。17 世纪开始，英国和荷兰的商人和企业家主要迁入哥德堡境内，最大规模的迁徙则非芬兰莫属，当时的芬兰属于瑞典，将近 4 万名芬兰农民迁入瑞典的韦姆兰省和达拉纳省。

1860—1917 年间瑞典尚无具体的移民政策。由于移民的数量相对较少，进入瑞典既不需要护照，也不需要居留许可证或是得以在瑞典定居的工作许可证。国家有权驱逐乞讨者、吉卜赛人以及罪犯。

1917—1945 年间，全球开始实行对人口迁徙的管制。没有护照、签证或是居留许可的外国人会被瑞典警方驱逐出境。与此同时，瑞典在 1851—1930 年间迎来人口迁出的历史最高点，在此期间共有约 150 万人移出瑞典，约占瑞典人口的 1/4，这其中的 120 万人移民的目的地都是北美。移民主要被北美的高生活水平吸引。从人口比例来看，瑞典是欧洲继挪威和爱尔兰之后最大的移民输出国。相比之下，同期迁入瑞典的技术移民则十分有限。

20 世纪 30 年代的难民政策也很有限，但二战期间瑞典接纳了来自丹麦和挪威的大量难民。从那时起，涌入瑞典的移民数量开始逐渐超过离

① 尼尔·肯特著，吴英译：《瑞典史》，中国大百科全书出版社，2010 年，第 35—45 页。

开瑞典的移民数量。二战结束后,涌入瑞典的战争难民除北欧国家外,主要来自波罗的海国家。仅1944—1945年期间,从瑞典邻国至少有20万难民来到瑞典,之后则大幅增加。从芬兰来的难民儿童在战后多数返回芬兰,波兰难民则大部分回国或继续往北美迁徙。爱沙尼亚则有近3万人定居瑞典。

由于瑞典的工业发展需要,瑞典的入境移民数量大幅上涨。1940—1970年间大量的技术工人来到瑞典,瑞典公司向南斯拉夫、意大利、土耳其、希腊和奥地利广泛招工。20世纪80年代起,前往瑞典的移民则主要是家庭团聚类移民居多。1967年,瑞典政府规定所有北欧国家外的移民申请者必须获得工作许可、工作录用证明以及住房条件。芬兰由于在北欧国家内部具有相对较低的生活水准与工资水平,因此成为瑞典的劳动力来源大国。1970年登陆瑞典的芬兰移民打破历史纪录,达9万名之多。1945—1980年间前往瑞典的芬兰居民共计40万余人,其间随着工业发展的停滞,许多外籍雇工纷纷返回祖国。但总体而言,70年代后期,瑞典移入的人数又回到比移出人数多的状况。①

随后的年代里,移民的数量呈现大幅增加的趋势,这是瑞典将移民政策宽松化的后果。前往瑞典的移民数量明显高于前往其他发达国家的移民数量。几乎所有的移民都是以难民身份或难民家属身份移入瑞典,而其他发达国家移民的主要来源则是劳工移民。1980—2002年之间,难民的移民比例高达33.3%,难民家属的移民占总移民比例51%。而劳工移民则只有1.2%的比重。

二、瑞典移民政策沿革

(一) 20世纪六七十年代移民政策

在第二次世界大战之前,移入瑞典的人口数量大约每年几千人,移民

① https://en.wikipedia.org/wiki/Immigration_to_Sweden,访问时间:2017年3月2日。

的来源国主要是邻国。一大部分的原因是瑞典自身在19世纪也属于发展中国家及人口外迁型国家,19世纪瑞典曾反复经历过大饥荒,当时属于欧洲最贫穷国家之一,但在第二次世界大战之后一跃成为发达的福利国家。20世纪50年代瑞典需要大量的劳动力,因此在二战后总共接纳了200万移民。1970年瑞典的移民数量达到顶峰。因此瑞典也是从该时开始正式出台移民政策。

60年代末,瑞典引入了规范的移民政策。瑞典议会决定,想要移民到瑞典的人原则上必须先获得居留许可证。① 要进入瑞典工作的人需要获得工作邀请信,同时要求当时管理移民事务的移民局(Invandrarverket,现改名为Migrationsverket②)对劳工市场的雇佣方进行劳工情况的审查。这意味着只有瑞典公司需要外国雇员的时候,它们才会发出工作邀请信,移民局才会批准该公司的雇佣申请。如果在瑞典境内可以找到失业人员从事该项工作,那雇佣方则不允许向外籍员工颁发居留许可证。

但该项规定对以下几类人员则不适用:在1951年起便居住在北欧其他国家的居民,并且无须任何特殊许可证已在北欧地区工作过的居民;难民;家庭团聚类移民。

70年代实施的新移民政策带来了一系列的后果,其中包括:北欧地区外的劳工移民数量骤减;北欧移民,尤其是从芬兰来的移民数量在随后的几年内猛增;北欧地区外的家庭团聚类移民增多;难民的涌入断断续续,往往在发生战争或危机后有大量难民涌入。

(二) 20世纪八九十年代移民政策

80年代中期,来自伊朗、伊拉克、黎巴嫩、叙利亚、土耳其和厄立特里亚的难民数量开始急剧增加,整个西欧都是如此。80年代末,来自索马里、科索沃等国家难民开始排队申请。

---

① The Swedish Integration Board, *Pocket Facts: Statistics on Integration*. Integrationsverket, 2006.

② 更多信息详见瑞典移民局官网: www. migrationsverket. se, 访问时间: 2017年5月1日。

1985 年瑞典对接收难民申请的体系进行改革。负责难民申请和审核的机构从原先的工作市场局调整为国家移民局。这一时期的移民审核速度相对较慢,排队等待的时间也变得越来越长。许多难民的申请被搁置或被拒绝。许多人移民到瑞典并非受到迫害,更多是因为贫困而寻求更好的生活。

1990 年的国际形势既有积极因素也有消极因素。1990 年冷战结束,一些威权政治国家结束独裁统治,开始民主化进程,经济也逐渐发展起来。部分国家处于战争状态的局面也随之终止,来自如黎巴嫩、厄立特里亚、伊朗、伊拉克等地的难民数量开始减少。

消极因素则主要来自南斯拉夫的解体,国家分裂、战争、恐惧和种族清洗也随之而来。这是继第二次世界大战以来,欧洲最大规模人数的迁徙行动。瑞典接收了近 10 万南斯拉夫难民,以及后来建国的波斯尼亚的难民。

到 20 世纪末,瑞典同许多国家一起,加入了联合国难民署的行动,从马其顿撤离了 3, 600 名科索沃的阿尔巴尼亚人,安置他们到瑞典避难,为其提供避难的场所。

(三) 21 世纪左右的瑞典移民政策

瑞典 1995 年加入欧盟,在世纪之交之际,移民问题也成为欧盟政治领域的主要工作之一。欧盟对移民问题进行立法。1999 年欧洲理事会决心要在将来制定统一的难民和移民政策。来自欧盟内部的移民成为瑞典移民的新生力军。①

1997 年,瑞典引入了针对家庭团聚类移民的限制性措施。对于父母在瑞典定居从而申请家庭团聚类移民的申请者来说,年龄限制从 20 岁降为 18 岁。除此之外,瑞典取消了子女在瑞典定居从而申请家庭团聚类移民的申请选项,这类申请中大部分是丧偶的申请者。对于家庭所有亲戚

① http://www. regeringen. se/artiklar/2017/06/brexit-migration-sakerhet-och-andra-fragor-nar-europeiska-radet-forbereds/,访问时间:2017 年 5 月 4 日。

均在瑞典定居从而申请家庭团聚类移民的申请情况，也被取消。

2001年春季伊始，瑞典加入《申根协定》组织，这意味着13个申根国家的边界将彼此开放，持申根签证者将自由在申根区域内流动。与此同时，横跨瑞典和丹麦的厄勒颂德大桥也正式开通。随后，瑞典的难民申请量显著增加。

三、瑞典移民的社会融入

大部分欧洲国家以及波罗的海国家都或多或少经历着多文化的融合。在当今现代社会中，人们会不断地遇见不同种族、民族的人，在一些范围内，人们已经学会如何处理这种差异。近三百年来，瑞典人口的组成发生着巨大的变化，几乎有150万人口来自世界各地。每四个孩子之中，就有一个孩子的其中一方父母有着移民的背景。

要融入一个陌生的文化环境会碰到许多问题。移民本身的背景、个性和健康状况都对融入新文化起着重要的作用。当移民进入新的国度，面对不同的状况做出何种反应并采取何种态度都十分重要。如果根据自身的文化和经历来处理问题，可能会导致错误的做法。

瑞典通常被视为一个单一文化、单一宗教、单一思维方式的单质性国家。其实从19世纪起，瑞典已经是一个非单一民族的国家了。这意味着自那时起，瑞典就已经存在移民的文化适应和文化冲击问题。从20世纪90年代初，瑞典人对待移民的态度[①]渐渐好转，支持减少移民数量的人员从1990年的65%降为2009年的45%。但在2009年，瑞典也出现了以民族主义（或者更精确地说，民粹主义）为标志的执政党派——瑞典民主党（SD）。2014年该党成为继瑞典社会民主党与温和党之后的第三大党。该党以反对移民、反对加入任何国际组织为其核心纲领，[②]将社会矛盾归

① http://www.dn.se/debatt/svenskarna-blir-alltmer-positiva-till-invandrare-1.1110166，访问时间：2017年3月22日。

② Amna Hadzic, Mångkulturella möten i dagens Sverige, Högskolan i Gävle, 2004.

咎在移民群体上,瑞典移民的社会融入问题终浮出水面。

如今的瑞典是一个不同文化和不同信仰交织融合的国家,可以确定的是,比起来自瑞典有着相似社会文化传统国家的移民,来自同瑞典文化差异较大国家的移民对学习和适应瑞典的社会规则的需求更大。大部分欧洲国家的文化习俗较相近,基于此,来自欧洲其他国家的移民要适应瑞典文化就简单得多。除了地理因素之外,影响个体融入一个新环境的因素还包括民族、宗教、语言等。另外,虽然欧洲片区地理位置接近,但一些特定的文化差异即使对欧洲移民来说也十分难以接受。同时,同一国家的移民,其内部的文化属性也并不相同,其原有社会阶级也呈现分化趋势。①

在许多中东地区,权力和宗教之间的纽带并没有根除。在那里,宗教掌控着法律和权力。如今的西方国家,其立法最初都是由宗教为基础。

中东地区的宗教和文化传统在塑造人们的民族身份时扮演着重要的角色,宗教的功能不仅仅是围绕着信仰和文化。宗教、民族、文化、家庭交织成中东的社会文化体系,成为身份建构的深层元素。伊斯兰世界和世俗文化为主的欧洲世界大相径庭。1930 年瑞典有 15 个伊斯兰教徒,但 1995 年的伊斯兰教徒已达近 200,000 名。伊斯兰教成为瑞典第二大宗教。在瑞典的媒体上,关于伊斯兰的介绍以及辩论也塑造着伊斯兰世界的形象。②

四、瑞典移民的教育与就业

(一) 移民的瑞典语教育

为解决移民的社会融入,瑞典特别为移民开设了瑞典语课程(SFI)。

---

① E. Wadensjö, Immigration Policy in Sweden: From Assimilation to Integration and Diversity, Stockholms University, 2009.

② Anna Abrahamsson, Adeline Belsö, En studie om invandrares upplevelse av integration, Lunds Universitet, 2004.

这一课程是免费的，只要取得瑞典的长期居留证就可以就读，这意味着在瑞典留学和务工的人员也可以享受该项服务。该项服务政策自 20 世纪 60 年代开始实行。除了提供瑞典语的学习课程外，SFI 还为移民提供社会融入等活动。[①] 对于未受教育者，SFI 还提供基本的阅读、数学课程。除此之外，SFI 还根据移民的受教育程度，将课程分为四个等级，年纪较小且未受教育者可选择 A 级课程，D 级课程结束后则可以选择就业。根据政策，在 SFI 就读的移民如果找到工作，其雇主可以获得一份雇佣补贴。但即便如此，移民认为 SFI 的课程周期太长，教学质量并不高。即使通过 SFI 的课程之后，移民的瑞典语知识仍十分匮乏，他们在就业市场上的竞争力非常有限，要真正融入瑞典社会也备受压力。

针对 2015 年的难民危机，瑞典政府于 3 月 17 日决定在东约特兰岛地区的五个城市内，将高中的语言培训课程移交给高等职业技术学校开设。一部分高等职业技术学校甚至提供住宿。这五个城市包括林雪平、北雪平、奥特维达贝里、约德霍格以及新德。初到瑞典的年轻难民除了可以在高等职业技术学校学习到语言的入门课程外，还可以同时参加高中学校的职业规划课程、健康课程以及母语课程。

瑞典统计局（SCB）的数据显示，2006 年瑞典每三位移民中有一位是失业人员，这其中不包括在读人员以及无能力工作的人员。为帮助移民找到工作，瑞典职业介绍局（Arbetsförmedling）规定，20—64 岁的移民，包括已获永久居留证或与亲人团聚的在 6 个月内的新登陆人员，可参加职业介绍局提供的课程，该课程由瑞典的民办大学负责。25 岁以上且具有教育背景和工作经验的移民通过瑞典职业介绍局，可获得实习的机会，从而获取职业介绍局的工作能力评级证明；25 岁以上且有自主创业经验的移民，瑞典职业介绍局提供自主创业补助计划；25 岁以下并已失业 3 个月的移民，可以参加职业介绍局的实习项目，从而获得与雇主接触的机会。

---

① L. Jederlund, V. Kayfetz, In Transition: From Immigration Policy to Integration Policy in Sweden, Scandinavian Review, Vol. 87, No. 1, 1999.

（二）瑞典语教育与就业

瑞典的劳工类移民首先是来自邻近的一些国家，主要是基于战争或动乱，而非因为瑞典需要更多的劳动力。根据弗兰茨①的研究，移民的来源国与瑞典的地理距离越远，移民所面临的各方面差异和挑战也就越多。

战后的瑞典从一个工业型社会慢慢发展为一个服务型社会。制造业的劳动力数量锐减，而服务业的劳动力数量则剧增。在工业型社会中，职业群体都有自己的标准，但对瑞典语水平的要求并不高；而在服务型社会中的职业要求掌握瑞典语。不仅如此，服务类行业需要工作人员具备瑞典社会基础知识，在少数行业中，英语水平也成为非常重要的因素。

艾克伯格曾将瑞典的移民政策和欧盟其他成员国的移民政策进行过比较。相比其他欧盟成员国，瑞典给移民提供的社会保障和经济保障都相对较好，但瑞典的移民就业率要比其他欧盟成员国的移民就业率低。这其中有一部分原因是瑞典缺乏对移民的语言培训。因此，要提高瑞典的移民就业率，改善移民的就业情况，需要加大对移民的语言培训力度。

（三）移民就业的历史情况

20 世纪五六十年代，对劳工类移民来说，市场环境非常好。外来移民的就业率比瑞典本土人口的就业率要高 20%，这可能是由于大部分瑞典的女性仍未踏入就业市场。同期进入瑞典的移民也能较快地在瑞典获得工作。70 年代中期，移民的就业率相较本土人员的就业率有所下滑②。

从 80 年代开始，移民和瑞典本土居民的就业率之间的差距进一步拉大。同时，瑞典各地区的就业情况也产生了差异，虽然 80 年代瑞典经历了飞速发展的时期，瑞典市场的劳动力需求也非常大，但劳工类移民的前景却变得十分渺茫。80 年代末，外来移民的就业率比本土地区人民的就业率低 17%，不过这个数据并不能概括所有移民的状况。其中，已取得瑞

① Patursson, Liv, and A. Franzén. "Migrationsverkets mångfaldsplan — et casestudie af forholdet mellem ideal og virkelighed." *Social Sciences*, 2009.

② Gustafsson, Björn, and J. Zheng. "Earnings of Immigrants in Sweden, 1978 to 1999." *International Migration*, Vol. 44, No. 2, 2010, pp. 79 – 117.

典国籍的移民，其就业率和本土瑞典居民则不相上下。

90 年代，瑞典的发展速度开始放缓，进入长期的停滞阶段。无论是出生在瑞典或是移居至瑞典的居民，其就业稳定性都受到了削弱。与此相对应的是 90 年代末的回迁潮，有一部分外来居民开始返回自己的祖国。

除了就业环境恶化之外，移民的工作收入也不如从前。不同的移民群体也各有差异。来自北欧地区、西欧地区、美国和澳大利亚的移民，其工资待遇最高；而来自东欧、南欧，以及非欧洲地区（如黎巴嫩、索马里、伊朗、伊拉克的移民）移民的工资待遇则处于底层。这些地区移民的就业情况在整个瑞典也是最令人担忧的，尤其是年逾中年的这些移民，他们的工作条件和工作环境相对最差。尽管如此，年轻移民的发展则比较顺利，比起瑞典本土居民，年轻代移民的就业状况反而更好。①

失去工作的机会同时意味着失去了社会保险金、失业保险金以及医疗保险金。这就导致那些未获得工作机会的移民更多地依靠提前退休领取退休金，或者是靠社会补助金维持基本生活。

五、瑞典移民的健康与医疗

（一）移民的健康状况

根据瑞典社会署和瑞典统计局②的数据，人的社会差异性（例如教育水平、工资收入、居住条件、家庭环境）和人的健康状况有一定的关系。这不仅涉及瑞典居民，也涉及移民。如果将性别、年龄、家庭状况和教育水平等因素放入移民和瑞典居民的健康情况中进行考察，就会发现，移民的健康状况面临更大的风险。这其中，难民的居住条件是导致这一结果的主要原因。由于居住条件堪忧，无论何种教育背景和工作经验的难民，都

① Lidén, Gustav, and J. Nyhlén. "Explaining Local Swedish Refugee Policy." *Journal of International Migration & Integration*, Vol. 15, No. 3, 2014, pp. 547 - 565.

② http://www.scb.se/sv_/Hitta-statistik/Lonedatabasen/，访问时间：2016 年 12 月 11 日。

在健康状况上受到负面的影响。

1980—2000年期间,移民群体的健康问题比瑞典本土居民的健康问题更令人担忧。雷尼略[①]曾研究过80年代晚期至90年代早期不同移民群体和瑞典居民的健康状况。他以年龄、性别和社会经济状况为分类指标,研究结果显示,1/10的瑞典本土居民曾有头痛病史、失眠病史,以及焦虑、不安的精神状态。其中,南斯拉夫移民的情况则要严重五倍,芬兰移民的情况则大致相同。南斯拉夫和芬兰移民的健康状况,包括生理健康和心理健康,都比瑞典居民差。根据瑞典统计局1997年的数据显示,几乎1/4的难民因疾病而生活困难,比瑞典居民的同期数据要高出许多。移民中有15%的人因功能障碍而丧失了一部分工作能力。部分难民群体中,健康状况差的人员则需要经常休病假。1990年,瑞典本土居民一年的带薪病假天数为25天,移民则为42天。[②]

(二)瑞典的医疗情况

根据瑞典社会署[③]的报道,瑞典的医疗制度主要帮助了高学历的瑞典人而非低学历的移民。移民的就医过程中,往往有不被尊重的经历。此外,移民从医护人员获得的信息也较瑞典人少。低学历者所获得的医疗待遇与高学历者的医疗待遇不一样,在一些疾病的死亡率方面,低学历者要比高学历者高出两倍多。

(三)移民的医疗情况

获得难民身份的移民将获得由瑞典移民局发放的社保卡——LMA卡。LMA卡同时也是难民的临时身份证。凭此卡所有难民都可以进行一次健康检查。在健康体检期间,难民可以获得健康的相关建议,以及瑞

① Leiniö: Jämförelsen är gjord mellan svenskar och invandrare som har samma kön, ålder och samma socioekonomiska status, 1995, p. 207.

② Emina Budimir, Päivi Tervonen, Invandrares upplevelser av bemötande inom hälso- och sjukvården i ett mångkulturellt samhälle, Luleå tekniska universitet, 2005.

③ http://www.dn.se/nyheter/sverige/svarare-fa-bra-vard-for-lagutbildade-och-invandrare/,访问时间:2016年5月3日。

典医疗社保的基本信息。尚未获得难民身份或居住证的移民，也有享受医疗服务的权利，但须出示移民局提供的难民申请处理回单。对于未获得瑞典居留证或国籍的18岁以下移民，可以免费获得医疗服务；18岁以上的瑞典移民有权获得医疗服务，包括分娩、流产及避孕等服务。①

需要医疗护理的移民必须第一时间联系当地地段医院，在去医院前一般需要提前预约。如果需要紧急救治或需要救护车，必须拨打救护热线。

对移民来说，就医时可能面临无法与医生沟通的情况。瑞典医院安排了有移民背景的医护人员提供翻译服务。

在支付医疗和药物费用之后，移民有权向瑞典移民局申请医疗补助津贴。

六、瑞典对于当前非法移民问题的应对政策

根据瑞典2011年的移民局数据指出，在瑞典停留的第三世界非法移民中，来自希腊的移民占比最高。瑞典拥有的非法移民数量也在整个北欧地区位居榜首，总计达20,765名，而邻国丹麦只有400名。

（一）信息互通

根据瑞典移民局对“非法移民”的定义，非法移民原则上是指来自第三世界国家的居民，通过偷渡的手段，或借助其他犯罪团伙进入瑞典国境的移民。因此要应对非法移民问题，瑞典首先把重心放在调查与非法移民有关的手段和运作机制上。在应对非法移民问题中，瑞典一般采取两种态度：驱逐出境或是通过授予居住证使非法移民合法化。事实上，在非法移民发生前的预防措施更为重要。对于已经在瑞典境内居住的非法移民人员，政府很难辨认和调查，因为这涉及相当多的部门，需要部门之间

① Elisabeth Björk Brömberg, Att vara invandrare och patient i Sverige. Växjö University Press, 2008.

资源共享。如果非法移民人员来源国较远,也会增大辨识的难度。在各个空运海运公司、边境管理部门、警方和政府间共享乘客信息,是打击非法移民的有效预防手段。目前欧盟成员国各国之间的边境入境信息成为共享的数据库。但要有效打击非法移民,申根国家的边境线管理显得尤为重要。

(二)国际协作与人权问题

鲜少有非法移民是直接从来源国入境的,大多数非法移民的迁徙途径多样化,辗转地区也较多。大多数中转国家不愿意严格控制移民的入境,因此瑞典也加强开展同中转国的对话,希望中转国家能在解决非法移民问题上给予帮助。

在打击非法移民的同时,瑞典需要关注来自第三世界国家的居民寻求国际庇护的问题,对于这一些非法移民在国土范围内居住并寻求保护,认定或拒绝难民身份成为一个难题。根据《日内瓦公约》以及欧盟人权保护公约的条款,欧盟成员国有责任保护难民的人身权和基本自由权。

(三)对来源国的建设

如果非法移民链的最前端出现问题,制止非法移民的措施就不能发挥充分的作用。因此,瑞典常年拨款用于联合国人道主义援助,帮助第三世界国家维护稳定和可持续的经济发展。

七、瑞典移民政策对于我国的借鉴

(一)完善移民事务机构设置

瑞典的国土面积在欧洲排名第五①,仅次于俄罗斯、乌克兰、法国和西

① 杨振武:《各国概况:欧洲部分》,北京:世界知识出版社,1994年,第120—160页。

班牙。截至2015年年底，瑞典的人口总数为979万人①。由此可见，瑞典是一个人均面积较大的国家，同时又是一个具有深厚工业发展基础的国家。一直以来，瑞典也因此急需大量的劳动力来补充该国巨大的造船业、制造业和林木业等工业生产线。这样的局面迫使瑞典官方制定一系列的移民迁徙政策，并在20世纪初就建立了瑞典移民局。从目前的机构设置来看，瑞典移民局共设有三大部分：总部办公室、运营部门和质量管理部门。总部办公室内包括局长、人事处、合作交流处、经济财务处、权利保障处、业务运营支持处及国际处；运营部门包括部门总监及六大地区运营机构，覆盖整个瑞典境内，每个机构又分别根据移民程序划分为不同的科室，涉及进入瑞典、在瑞典居留、成为瑞典居民、寻求庇护以及遣返各个环节。②

对于我国而言，移民多集中在移出的方向上，管理移民的事务也日益庞大，因此需要设计一套行之有效的管理体系来做好移民的登记备案和管理监控等工作。目前我国的外国人出入境归属公安部管辖，面对日益庞大的移民团体，若有一个专门管理移民事务的部门，制定一系列的移民相关政策，并提供数据咨询服务，则对我国的人员管理将更为有效。在这方面，可参考瑞典等诸如此类移民事务发展较为成熟的国家的做法。

（二）发挥多方力量共建和谐移民社会

对于移入方向的移民，除了加强管理和登记之外，还需要后续一系列的工作，包括青少年的教育，以及成年人的教育等。目前我国在部分地区，尤其是粤闵地区存在较多海外移民。且较过去，现在的移民人种群更为多元。虽然目前我国的国际人口比例仅有约0.04%，但这是由于我国人口基数庞大，目前在我国的外来人口约85万，并且处于上升态势。因此，当地政府在接收移民的同时，需要尽快提供一系列的配套条件，如建

① http://data.worldbank.org/indicator/SP.POP.TOTL?locations=SE，访问时间：2017年6月1日。

② Wiesbrock, Anja. "The Integration of Immigrants in Sweden: a Model for the European Union?." *International Migration*, Vol. 49, No. 4, 2011, pp. 48－66.

立能用移民母语或英语交流的公立学校、公立医院等，因为教育和医疗资源是移民来到中国之后面对的最直接的两个生活必须要素。

除教育和医疗外，社会服务的其他领域也需要根据新时期的移民情况进行调整和跟进。一些交通枢纽和公共服务也需要尽快提供双语服务，包括银行、邮政等与生活密切相关的领域。最重要的是，鼓励当地大学或高中开设一些免费的语言类课程供移民选修，以便帮助移民尽快融入我国的社会，这也更有利于让世界了解中国，有利于我国实施“走出去”战略。

第四节
瑞典移民困境与社会问题分析

沈贇璐*

瑞典的土地面积位列欧洲第五，而人口只有900多万，属于劳动力严重不足的国家。为了扩充劳动力市场，填补低端劳动力人口的空缺，瑞典在2015年难民危机爆发时，一直积极吸收难民，成为欧洲内部人均难民数量最高的国家。近五年来，瑞典的移民人口基本由利比亚、索马里以及一些无国籍的难民组成，因此现在的移民即为难民。在大量移民迁徙进入瑞典后，虽然瑞典政府提供了周到的住宿、语言课程培训和用工机会，但移民问题仍层出不穷。瑞典近年来犯罪率大幅提升，极右翼政党势力崛起为全国第三大党派，移民成为社会矛盾的主要根源。究其原因，宗教信仰、语言障碍、瑞典本地居民优越的生活状态成为移民难以融入主流社会的潜在原因，极右翼政党在议会中对移民的强硬态度则是构成移民不堪压力、爆发恶性事件的导火索。

一、瑞典移民引起的社会问题

瑞典自1993年起接受了84,000份难民申请。德国的难民接受数量为322,000，但瑞典的人口只占德国的1/10。从这点来看，瑞典的移民数量在近代以来一直属于缓慢增加的类型，较一些热门移民国家（如澳大利

* 沈贇璐，上海外国语大学瑞典语专业负责人，瑞典研究中心主任，上外欧盟研究中心兼职研究员。

亚、加拿大)相比,瑞典的移民政策比较保守,和传统的欧洲国家一致。瑞典本土的居民数量较少,相较其位列欧洲第五的国土面积而言,瑞典属于地广人稀的国家典型,这与其长期保持的高福利政策有密切的关系。然而20世纪末开始,瑞典的低出生率满足不了目前的劳动力市场需求,一些基础劳动岗位如护理工人、公共交通系统驾驶员、车间工人等,都面临青黄不接的局面。

2015年开始,整片欧洲大陆爆发了难民危机,经过欧委会、欧洲内政部长理事会及特别首脑峰会的多轮磋商,德国、法国、匈牙利、意大利、瑞典接收了90%的难民数量。而就难民数量与本国人口数量的比重来看,瑞典承担的难民份额是最大的。瑞典政府宣称,自承受难民以来,瑞典经历着自第二次世界大战以来最艰难的一段时期,瑞典所承担的责任比西方世界任何一个国家都要大,并呼吁欧盟成员国携手应对难民危机。

(一) 福利体系摇摇欲坠

根据瑞典移民局官方数据,瑞典难民接收量仅在2015年10月20日至10月26日就已高达8,843人。① 2015年整年,经过审批获得瑞典国籍的有35,867起申请(个人或家庭为单位),而2017年则上升至55,420起。由于高福利制度的吸引力,可以预想,许多获得欧盟成员国难民身份的人,会凭借欧盟人员自由流通的便利条件,想方设法地迁徙到北欧国家。

为做好难民接待准备,瑞典、芬兰等国发动全国各界力量,如:派遣人手前往各大中央火车站及渡船枢纽,以帮助刚刚乘火车或轮船到达瑞典的难民;利用体育馆、学校操场等建立简易的难民收容所与难民营地,并从各大医疗机构调遣医护人员为难民做身体检查;同时议会拨款用于培训大量的职业教育教师,帮助难民获得就业技能。老年看护所、学校以及各社会服务部门所承载的难民接收量前所未有。除此之外,所有符合申请难民身份的登陆者都有权申请住房及经济补助,单身难民的综合福利

① 瑞典移民局网站:www. migrationsverket. se,访问时间:2017年3月24日。

津贴高达 5, 945 克朗,折合约 5, 700 人民币。

在难民获得符合资格的就业技能并正式投入北欧国家的劳动市场之前,议会必须持续拨巨额的款项用于难民的生活起居和教育开支。这些财政支出实质上剥夺了高税收带来的高福利,福利体系的运转绝大部分依靠国民的税收来源。与此同时,许多难民难以进入劳动就业市场,犯罪率升高,税收收入大幅缩水。因此,大量移民和难民的涌入最首先带来的挑战和问题便是经济领域。

右翼政党面对渐渐失控的难民危机"火上浇油",屡屡发声,并建议在北欧国家应减少难民分摊量,在国内实行低税收制度,恢复资本主义的经济模式,鼓励公民承担更多的就医与养老责任。根据瑞典财政部 2016 年度的政府预算,瑞典在 2016 年将减少 2 亿瑞典克朗的住房补贴。北欧国家的高税收、高福利制度正摇摇欲坠。

(二) 犯罪率上升

2013 年前,瑞典的年统计犯罪案件数量始终保持在 130 万起以下,而从 2014 年起,犯罪案件的数量节节上升,2017 年突破了 150 万起。2018 年上半年的犯罪案件数量超过了 75. 2 万起,同比 2017 年增加了 3%。根据瑞典犯罪预防局(The Swedish National Council for Crime Prevention)所披露的信息来看,现在全国犯罪的几大特征就是: 仇恨、骚扰、暴力。① 在对 12, 000 位民众做的民意调查后发现,瑞典在 2005—2016 年内,民众对"威胁、骚扰、诈骗、虐待、性犯罪、个人抢劫"的担忧程度从 2015 年开始呈显著上升趋势(如图 1)。

此外,在 16—79 岁的民众中,有 15. 6%的民众表示自己在 2016 年期间,曾遭遇一次或多次针对个人的犯罪侵害。2015 年,受上述个人犯罪伤害的人群为 13. 3%。其中,涨幅最明显的个人犯罪类别是骚扰、诈骗和性犯罪。② 与此同时,瑞典各大媒体报业在近年来披露了多起强奸案,犯罪

---

① 瑞典犯罪预防局网站: https://www. bra. se/,访问时间: 2018 年 8 月 24 日。

② 瑞典犯罪预防局网站: https://www. bra. se/statistik/statistiska-undersokningar/nationella-trygghetsundersokningen. html,访问时间: 2018 年 8 月 24 日。

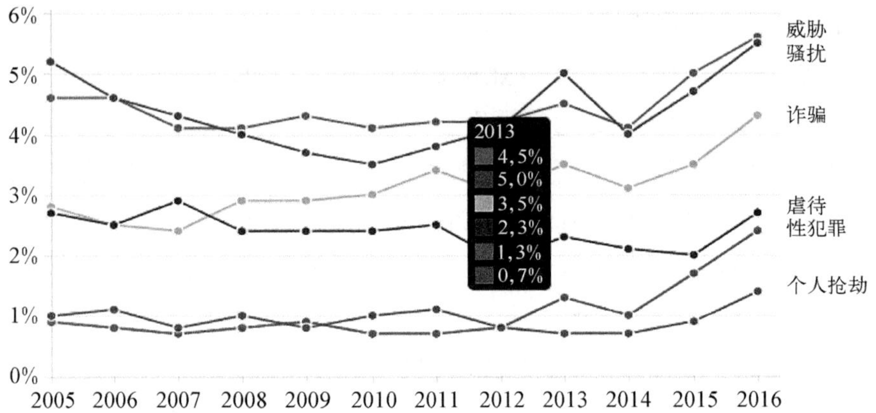

图 1　民众对各类犯罪担忧程度调查

人员几乎都是具有移民或难民背景的人员。

据瑞典中央统计局的数据，截至 2016 年 12 月，瑞典全国人口约为 998 万①，而具有移民背景的人口约为 232 万②，占到总人口比例约 23%。据皮尤研究所统计，瑞典国内穆斯林人口占到总人口的 4.6%③，而由于穆斯林移民善群居的特点，在瑞典大城市的穆斯林人口的比例则更高。过去的移民人群大多是东欧或其他邻近国家地区的人民，因此在宗教和文化上不存在冲突和对抗。而现在的移民、难民大多具有复杂的宗教和文化背景，一旦犯罪披上了宗教的外衣，那将不再只是单纯的犯罪案件，而是令人不寒而栗的“极端主义”甚至“恐怖主义”行为。

近年来有影响的案件当属瑞典首都斯德哥尔摩于 2017 年 4 月 7 日遭到的恐怖袭击：一辆货车驶入市中心的皇后街，并冲撞人群。斯德哥尔摩皇后街是斯京的旅游景点，货车冲入人群造成多人伤亡。嫌犯来自乌兹别克斯坦，39 岁。瑞典警方已经将该起事件定性为伊斯兰极端主义分子

---

① 来源：瑞典中央统计局 Statistiska centralbyrån http://www.scb.se/。

② 来源：瑞典中央统计局 Statistiska centralbyrån http://www.scb.se/en/finding-statistics/statistics-by-subject-area/population/population-composition/population-statistics/。

③ 来源：皮尤研究所 http://www.pewresearch.org/fact-tank/2016/07/19/5-facts-about-the-muslim-population-in-europe/。

实施的恐怖主义行为。

虽然在指责难民是引起瑞典犯罪率大幅上升罪魁祸首时确实存在或多或少的种族和原生国家歧视,但糟糕的生活状况和经济情况确实大大刺激了这些难民们的神经,从而引起了社会纠纷和社会矛盾,进而升级为犯罪。

(三)瑞典极右翼势力的崛起

瑞典自开始议会制的政治模式以来,政局一直较为平稳。虽然作为一个多党制国家,却鲜少出现诸如魏玛共和国及法兰西第三共和国之类的频繁政权更迭的情况。一方面,这得益于瑞典长期以来稳定的经济发展以及以此为基础推出的一系列覆盖全社会阶层的福利政策;另一方面,尽管左、右两派在意识形态上有所分歧,但独特的地理位置也使它能远离意识形态论争的主战场,用实际的作为取代形而上的纷争。

就是在这样一片没有受到二战洗礼的净土上,竟然也出现了以民族主义——或者更精确地说,以民粹主义为标志的执政党派。它的名字与瑞典的最大党瑞典社会民主党仅一词之差,即瑞典民主党。而这一政党最大的口号便是"把瑞典还给我们",意思即排斥外来移民,在意识形态上属于极右,同丹麦德国的一些极右翼政党为姐妹党派。

根据瑞典民主党官方网站的数据显示,瑞典民主党在2006年初露锋芒,2010年选票超过5%,得以加入议会。目前的民调显示,瑞典民主党的支持率已经超过12%。① 可能在起初,有着良好素养以及不可动摇的优越感的瑞典本土人民对于离乡背井、衣衫褴褛的难民们有着深深的同情,但工作岗位的竞争、外部经济形势的低迷以及宗教文化的迥异引起的误解渐渐引起了本族人民与外来移民之间的矛盾。正是这样一种局面给了以反移民为标签的瑞典民主党滋生的土壤。

与瑞典大多数其他政党流派迥异的,不仅是它独特的意识形态,还有其支持者在社会中的层次分布。瑞典民主党的支持者中年轻男性占据主

① 瑞典民主党网站:www.svd.se,访问时间:2018年8月24日。

导地位，并且相较其他政党该党支持者的教育水平较低。27%的支持者仅有初中教育水平(整个选民规模则是17%)，具有高等教育学历的支持者只占15%(整个选民规模中则是38%)。不仅如此，从分析支持者的职业来看，瑞典民主党的支持者中有一大部分是失业人群、提前退休人群、接受国家就业帮助的群体以及将自己称为工人的群体。

从选民的地理分布来看，瑞典南部的斯科纳省的支持率是最高的。这种地理上的奇特现象也反映出该政党与社会人口地理分布的高度相关性。这些地区无疑都是瑞典移民的重负荷地区。2010年发生在该地区的枪杀事件，就足以反映瑞典社会现在愈发明显的不和谐性。

有些学历层次低、拥有的社会资源较少而又生活不如意的人会将自己的不顺与难民的迁徙联系在一块儿，进而萌生对难民的不满。这些人迫切地想通过政策来限制甚至禁止更多难民的入境。这种排外的心理是很多社会学家探讨的课题，这里旨在说明，瑞典民主党基于社会因素而产生的背景，并由于这种复杂的社会心理因素催生了一个新政党登上了历史政治舞台。

如果未来瑞典民主党的支持率居高不下，甚至超过一些大中型党派，那么社民党将不与之携手组成联盟，届时瑞典政局乃至社会将掀起一股飓风，瑞典本土民众和海外移民之间的矛盾冲突将不断升级，从而造成社会分裂，这对瑞典整体社会治安和经济发展都将形成巨大的障碍。

(四) 问题的产生

因为语言问题，许多新进移民或难民无法快速获得一份合适的工作，而根据瑞典国家的福利政策，这些人将由国家税赋赡养，而非依靠自己的工作收入。对于有高学历背景的移民人士，包括稀缺人才等，瑞典又设置有税负减免的优惠政策。如此一来，移民的增加将导致国库紧缩、公共经济开支缩减等一系列宏观经济问题。

为了获取社会物质等资源，许多难民投身加入“黑工”行列，这些“黑工”不只是逃税漏税，而且还对社会上的消费者产生许多危害。如果是食品行业，则会对消费者存在一定的健康隐患，这在无形中加大了司法行政部门监管成本和人力成本。

为帮助移民和难民快速融入社会，瑞典各公办的中小学，包括高中、社区大学等，纷纷开设免费的语言课程，这些课程的开设又将聘请大量的教师和教辅人员。为吸引广大社会人士加入教师团队，这意味着政府需要投入大量资金作为对教学的补贴，包括支付人员工资、场地费用、学习资料等。

除了经济成本大幅上升之外，社会稳定性也遭到了前所未有的巨大挑战，主要是因为目前的移民群体主要由各地难民组成，相较以往大多来自欧洲或因工作、学习、家庭团聚等原因的移民群体来说，目前的移民群体参差不齐，且与瑞典文化存在较大差异。然而，瑞典是一个尊重宗教多样性的国度，首都斯德哥尔摩的伊斯兰联盟会便是典型的伊斯兰教徒聚会组织。这些聚会组织虽然在一定程度上确实缓解了移民的生活压力，满足了他们一定的精神需求，但大量新登陆的移民未必能及时获得归属感，巨大的文化差异与其中存在的宗教隔阂容易在短时间内引发矛盾爆发。

不仅如此，瑞典教育体系和主流社会价值观也与这些宗教思想存在较大差距，新生代或二代移民和老一辈移民之间的价值观冲突在所难免。身份认同和认知往往是许多移民存在的心理问题，而从目前的社会分工和职业群体来看，移民又大多处在社会边缘，因为经济地位和文化冲突而引起的犯罪案件正在逐步增加，因无法融入主流社会而误入歧途的移民更不在少数。

犯罪率的上升和文化冲突除了增加维稳成本外，还会增加普通民众的心理恐慌和对移民群体的排斥情绪，进一步加重本土人群和移民群体的隔阂，对移民的接纳程度和包容度将会进一步受损，形成恶性循环。

就在移民群体不断壮大的同时，许多因为工作机会、社会资源等矛盾而对移民群体产生敌视情绪的人也开始抱团发声，瑞典民主党便是本土保守主义的典型代表。不断上升的党派支持率反映了目前移民群体所遭受到的排挤处境。这个党派的存在无疑是在时刻提醒移民，有一大批瑞典民众并不欢迎他们的到来。

二、瑞典移民问题解决方案

(一) 教学投入

解决移民融入主流社会的第一个方法便是大量开设语言课程,帮助移民掌握瑞典语,以便他们顺利找到工作并融入社会。瑞典在爆发难民危机后大量招聘老师,即使是没有教师资格证或从未接受过师范教育,但对教育有热情和信念的人士,都可以申请参加在职职业教育师范培训。已经担任教师但没有教师资格的人可以减除25%工作时间,政府还给予50%的新手补偿,以壮大教师队伍。①

除此之外,考虑到年轻移民的读书需求,学校开始大量扩招,为帮助移民顺利跟上同龄的学生,学校还免费开设类似晚托班的课程,对移民类学生进行额外的课后辅导。

为照顾移民的心理情绪,政府还号召在瑞典居住时间较长的移民为新移民开设母语课程,以帮助其延续母语教育,从而获得定居后的归属感。② 这些课程的开设也在无形中有助于移民之间建立一定的人际关系,而不至于游离于社会边缘。

除了校园外的帮助,瑞典为解决校园内部的欺凌和民族歧视事件,也提出了比较周到的解决方案。瑞典的小学和初中是一体的,称为基础学校,高年级学生对低年级学生的校园欺凌现象十分普遍。除此之外,移民群体,尤其是近十年来其他民族和肤色的移民学生,常遭到本土学生的欺凌,这也是移民入学后所面临的新挑战。瑞典教育部为解决这一难题,要求每个学校安排两名教师作为监督指导员,除规范学生之间的相处之外,还确保教师在课上和课后对学生的公平性。

从开设瑞典语课程、广聘教师、增拨教育经费、特设母语课程、开展晚

① 瑞典教育部网站: http://www. regeringen. se/pressmeddelanden/2015/12/ytterligare-satsningar-for-att-hoja-yrkesprogrammens-kvalitet/,访问时间:2018年3月11日。

② 瑞典教育部网站: http://www. regeringen. se/rattsdokument/statens-offentliga-utredningar/2017/11/sou-201791/,访问时间:2018年8月25日。

托班服务、促进校园平等等措施可以发现，瑞典政府相当重视移民进入瑞典境内的生活质量，教育不仅可以充实移民的日常生活，维护社会稳定，同时也向其灌输主流价值观，这一过程的投资无疑是巨大的。

（二）职业培训和介绍

除了青少年之外，移民群体内有许多是已经过了读书年龄的成年人，这些人要在瑞典有稳定的生活，光靠福利政策会对整个国家的经济有很大的负面作用，因此瑞典政府制定了多项政策，鼓励身心健康的移民进入劳动力市场，并且由职业介绍所积极为移民提供工作机会。

移民除了接受语言培训外，必须定期去职业介绍所报到，每个月提交自己在前一个月找工作和面试的报告，并且陈述为何没有通过面试以及没有获得工作的理由。如果没有及时提交报告，将无法继续获得失业保障金等最低生活补助款。①

如果移民在长达一年的时间内都没有找到合适的工作，那就将被职业介绍所纳入扶持计划。参与该项扶持计划的人将免费获得技能培训，包括车间操作、公交车辆驾驶、马路清洁、超市收银、老年看护等各项简单的低附加值工作培训。中途因就学深造而退出计划的人将不再获得职业介绍所发放的生活补助，改由教育部发放学习津贴。

为让这些移民顺利找到工作，职业介绍所还推出一项“赔钱”方案，即给录用移民的公司或企业发放为期几个月的补助金，贴补该项企业对移民发放的薪水与福利等支出，直到该移民在企业内获得稳定职位后为止。

三、瑞典移民问题的走向

（一）福利制度的保障

瑞典是否能通过教育和就业等一系列政策将这场移民危机转危为

① 瑞典职业介绍所网站：www. arbetsformedling. se，访问时间：2018 年 4 月 15 日。

安，取决于瑞典长期稳定的经济发展环境和较低的失业率。没有充足的国库就无法满足过渡阶段移民们生活的最低需求，进而滋生犯罪。没有高就业率去保证税收，就无法实施现阶段的福利政策。在此层面上，瑞典作为一个十分依赖进出口贸易的国家，需要在今后的几年中与区域化和全球化组织紧密合作，巩固欧盟和其与东亚国家的贸易关系，以确保经济的稳步发展。

（二）低学历和低社会地位

为了帮助移民进入高等学府深造，瑞典所推出的教育政策中，对移民学生的学分要求有所不同，即瑞典语学科只需达到高二水平，无需同其他毕业生一样完成瑞典语高三课程。所有 11 门学科中可以有两门学科免考。但即便如此，教育部始终也无法回避的事实是，具有移民背景的孩子大多会为了家庭原因而较早完成学业，即在高中阶段选择职业方向而非高等教育，或直接选读职业技能学校，尽早赚钱养家。

较低的学历背景造成移民群体很难在各政党组织中进入高层地位，难以出现一个代表移民集团利益的人物在各党派内发声。这样的情况下，移民的利益得不到申诉又是造成社会动荡的一个重要因素。

（三）工作环境中的歧视

虽然瑞典政府为让移民找到工作制定了许多方案，但即使移民有了工作，也可能在工作中受到歧视。歧视问题在用工、就医、生活服务等方面尤为突出，特别是背景为欧洲以外地区的移民。根据延姆的研究，关于就业的移民可分为两种情况：第一，偏好性偏见。这是指雇用单位在招聘人才时偏好瑞典本地居民，或称为主流人口群体。第二，统计性偏见。这种情况意味着雇用单位不具备考察移民技能的知识水平，移民的工作能力和长处无法得到充分的展示。① 由于不同形式的偏见，移民进入就业市

① Lena Södergran, Swedish immigrant and integration policy: a question of equality, democracy and human rights, Umeå universitet, 2000.

场的条件逐步恶化，获取工作机会的等待时间也被相应延长。根据《瑞典日报》①的调查，由于出身不同，就连在房产市场上移民也备受歧视。在租房阶段，阿拉伯姓名的移民要比瑞典姓名的妇女多花五倍时间找房。

虽然困难重重，但瑞典也并未走进“死胡同”。在 2015 年之前，瑞典陆陆续续收容了许多来自战乱地区的难民和移民，包括一些在 21 世纪前来到瑞典的移民，他们当中已经有一批在瑞典扎稳脚跟。同时，瑞典各地区的当地政府应多组织开展一些老移民和新移民的交流活动，以帮助新移民融入社会。教育、医疗、就业、生活等福利政策的实施是主要手段，心理方面的辅导和疏通则是必要的辅助手段。两者相结合，才能慢慢缓解移民群体的焦虑心理。

目前瑞典政府已经收紧了移民申请条件，并将移民资格的审理时间恢复至往常的速度。根据移民局数据显示，2017 年开始，瑞典移民局收到的移民申请量已经恢复到了 2014 年以前的水平②。虽然如此，许多 2014—2016 期间移民的家属仍焦急地等待着移民局的签证审理。

---

① http://www. dn. se/arkiv/nyheter/johansson-till-karlsson-du-ar-emot-invandrare-inte-mot-brott/，访问时间：2017 年 2 月 27 日。

② 瑞典移民局网站：www. migrationsverket. se/statisk，访问时间：2018 年 7 月 12 日。